Ursula Schmitz

Das LEBEN!
Nichts als das LEBEN!

Reinkarnationstherapie
Zeit zur Transformation

Titel des Buches: «Das LEBEN! Nichts als das LEBEN»
Name des Autors: Ursula Schmitz

Herstellung und Verlag: BoD – Books on Demand, Norderstedt
Selbstverleger: Ursula Schmitz

Satz: Ursula Schmitz

ISBN: 9783744819053

Printed in Germany
Bibliografische Information der Deutschen Nationalbibliothek:
Die Deutsche Nationalbibliothek verzeichnet diese Publikation in der Deutschen Nationalbibliografie; detaillierte bibliografische Daten sind im Internet über dnb.dnb.de abrufbar.

Inhalt Seite

Kapitel 4
Problemkreise & Problementschlüsselung

Kapitel 5
Die Reinkarnationstherapie in der Praxis

Kapitel 6
Besonderheiten der Reinkarnationstherapie

Vorwort

Als ich 1987 bei einer Stuttgarter Psychologin meine Reinkarnationstherapie begonnen hatte, lag die Reinkarnationstherapie zu dieser Zeit noch in den Kinderschuhen. Bewusst ausgesucht, hätte ich mir diese Therapie als frischgebackene Beamtin auf Lebenszeit zu diesem Zeitpunkt wohl nicht, wären da nicht diese Ungereimtheiten gewesen: Welches Ziel ich auch erreichen wollte, selten entsprach das Ergebnis dem, was ich beabsichtigte. Dafür fand ich einfach keine Erklärung. Zudem kam ich auf die Idee, zu hinterfragen, warum ich Verhaltensweisen hatte, die mich an mir störten. Ich entschied: «Jetzt ist genug, es muss was passieren!» Dann ging es wie von selbst. Es tat sich der Weg zu meiner zukünftigen Therapeutin auf. Ich wusste: «Da bin ich richtig!» Nachdem ich mein Problem geschildert habe, fragte sie mich: «Wollen Sie mal eine Therapie machen?» Spontan antwortete ich: «Ja klar!» Insgeheim dachte ich: «Na, wenn es sein muss.» Dann stellte sie mir die alles entscheidende Frage: «Wollen sie mal eine Reinkarnationstherapie machen?» Nach einem inneren skeptischen: «Huch, was ist das denn???», gab ich die alles entscheidende Antwort: «Ist mir egal, Hauptsache es geht schnell und es wirkt.» Ohne zu wissen, um was es sich dreht, ließ ich mich auf diese Therapie ein. Von Skepsis keine Rede mehr, diese Geschichten, die da plötzlich aus meinem Unbewussten raus sprudelten waren spannend und sehr bewegend. Meine Erkenntnisse drehten mein Leben um 180°: Ich konnte die nächsten Sitzungen kaum erwarten, insbesondere die Antworten auf meine vielen Fragen nach dem, «wie alles zusammenhängt.» Sie sprengten den Rahmen meiner Sitzungen. Im März 1988 besuchte ich deshalb für eine ganze Woche mein erstes Reinkarnationsseminar. Das war der Startschuss für meine weitere berufliche Zukunft. Die gravierenden Veränderungen in meinem Leben und dem anderer, haben mich von dieser Therapie überzeugt. Ich bat einige Zeit später um die Entlassung aus dem Beamtenverhältnis, damals wie «eine kleine Revolution». Die Entscheidung war getroffen: «Ich möchte die Reinkarnationstherapie erlernen.» Ich wollte Menschen die Möglichkeit geben, ihr Leben wieder zu drehen, bevor sie eines der Schicksale teilen müssen, mit denen ich jeden Tag in der Arbeitsverwaltung konfrontiert wurde.

Dieser Schritt hat mich an den Platz gebracht, an dem ich meine Potenziale und Stärken verwirklichen kann. Es macht mir Freude, hinter die Kulissen zu blicken, Hintergründe aufzudecken und die Dinge «auf den Punkt» zu bringen. Jede Sitzung und jeder Kurs, den ich gebe, macht mich und meine Forschungsarbeiten reicher.

Durch diese Reinkarnationstherapie hat sich für mich ein vollkommen anderes, als das übliche Verstehen der Menschen eingestellt. Ich habe ein tieferes Verständnis für das Verhalten von mir und das der anderen bekommen. Für das «Warum» und «Wieso», eben einen anderen Blick für das, was dahintersteht. Und ich habe erkannt: «Nur Erkenntnisse verändern mich. Ich kann meine Umwelt nicht ändern, nur mich selbst.»

Für andere Menschen, war und bin ich oft noch «anders als andere». Anders in seinem Sosein zu sein, ist nicht immer einfach, aber: «Lieber anders sein, als nicht ich selbst zu sein.»

Dieses Buch schreibe ich, weil jetzt die Zeit dafür ist. Es ist ausreichend praktische Erfahrung da, um die Komplexität der Zusammenhänge des Lebens für andere Menschen verständlich und nachvollziehbar zu machen.

Dieses Buch beschreibt ausschließlich, die von mir praktizierte Reinkarnationstherapie. Die Fallbeispiele aus der Praxis am Ende der Kapitel erheben keinen Anspruch auf historische Authentizität, da die Therapie ihren Schwerpunkt auf Erkenntnisprozesse legt. Sämtliche Fallbeispiele sind weitgehend im Originalwortlaut der Therapiesitzungen übernommen worden. Sie zeigen dadurch auch den Facettenreichtum dessen, wie man Rückführungen erleben kann.

Ein dickes Dankeschön an alle meine Klienten, ohne die dieses Buch gar nicht möglich wäre. Ein besonderer Dank geht an meinen Kollegen und Freund Stefan Lanz für sein immer treffendes Feedback in der Entstehungsphase dieses Buches. Ich bedanke mich auch bei meinen Klienten für ihren Anteil an der Lebendigkeit des Buches: Sie haben zugstimmt, dass ich ihre früheren Leben als Fallbeispiele in diesem Buch veröffentlichen darf. Das verleiht dem Buch einen Einblick in die außergewöhnlichen Reisen durch die Vergangenheit und den Sinn und die Qualität dieser Reinkarnationstherapie.

Einleitung

Enge! Was ist das, wo ich hier bin? Totale Dunkelheit. Ich bin wach, ich versuche zu schreien, ich schreie mir die Seele aus dem Leib, vergeblich. Es hört mich niemand. Wo bin ich? Es ist so eng. Ich kann mich kaum bewegen. Es ist alles zu um mich herum. Ich versuche mich zu befreien, ich weine, ich versuche verzweifelt an das über mir zu schlagen. Es wird doch nicht ...? Nein, das kann nicht sein. Es ist ... ich bin unter der Erde. Ist das ein Sarg? Es ist ein Sarg! Das ist der Sargdeckel. Ich schlage um mich. Es ist kein Platz nach oben. Seitlich ist auch kein Platz. «Sterben!», dieser Gedanke treibt mir eisiges Schauer in den Nacken. Ich zittere. Es ist kalt, ich friere, ich bin wohl unter der Erde. Ich versuche zu klopfen. Mit meinen Armen komme ich kaum hoch, ich kann sie nicht biegen, es ist kein Platz. Ich klopfe an der Seite und mit der Hand oben. Und jetzt spüre ich, dass ich unruhig werde. Angst kommt. Sitzt in der Brust, direkt auf der Brust, ich schlucke schwer. Ich kann kaum noch antworten. «Ich komme hier nie wieder raus, ich werde hier qualvoll ersticken.» Ich klopfe und es hört mich niemand. Es riecht hier nass und modrig, wie in einem feuchten Keller. Ich sterbe tief unter der Erde des Friedhofs, einsam und von allen verlassen! «Nein, nein, nein, das kann nicht sein, irgendjemand muss mich hören.» Es streift was meine Nase. Ein Stoff? «Ein billiger Seidenstoff und das mir, na wenigstens keine einfache Holzkiste.» Diese Berührung hat mich aus einem tiefen Schlaf geweckt. Er ist an der Innenseite des Sargdeckels befestigt und hängt ein wenig runter, bis zu meiner Nase. Ich sehe es nicht, aber es kann nur Stoff sein. Da ist ein Geräusch, da kratzt etwas. Bestimmt ekelige Würmer. Panik, wenn sie dann reinkommen. Die Luft wird jetzt knapp, ich kann nicht mehr durchatmen. Es schmerzt, auf der Brust, stechend. Panik, ich schreie. «Ich halte das nicht mehr aus.» Ich weine. Ich bin so traurig. Ich kann nicht mehr schlucken. Ich schnappe nach Luft. Es ist keine Luft mehr da. Jetzt fühle ich nichts mehr. «Ich bin frei.» Ich bin jetzt neben meinem Körper. Ich will nach oben. Ein schönes befreiendes Gefühl, als meine Seele den Körper für immer verlassen hat. Ich sehe jetzt den Friedhof von oben, es ist Nacht, es ist ein Halbmond am Himmel...

Dieses ist eine rückgeführte Todessituation einer Klientin. Sie kam zur mir in die Therapie, weil sie unter einer, für sie unerklärlichen, Angst litt: Einmal lebendig begraben zu werden. Diese Angst beherrschte teilweise ihre Gedankengänge massiv. In ihren Gedanken haderte sie zu Beginn der Rückführung noch mit sich; ob sie durch das Trauma durchgehen soll. Das aber änderte sich sofort, nachdem sie sich dafür entschieden hatte. Ein Abbruch der Rückführung in einer hochtraumatischen Situation hätte unübersehbare Folgen. Die Zeit ist reif, das Geschehen zu konfrontieren. Sie hadert lediglich, weil sie die innere Spannung abbauen möchte. Für ihren Mut wurde die Klientin belohnt, wie wir später noch erfahren werden. Direkt nach dem sie ihren Tod erlebt hat, bitte ich sie, einen Blick auf den Friedhof zu werfen und frage, was sie da sieht.

Ich schaue auf meine Beerdigung. Ich bin traurig über dieses, so ungeschickt verlebte Leben. Es ist kalt und dunkel, alles grau, windig und nass. Sehr wenige Menschen sind dabei, eine Köchin, eine Nachbarin, meine Vermieterin, der Hausmeister, der Pfarrer, alles Franzosen, alles Fremde. «Oh, meine Tochter ist dabei», sehe ich und sie weint bitterlich. Sie hat billige und ärmliche Kleidung an. Das macht mich jetzt noch wütend. Sie wollte es nicht anders haben! Wut... Warum ist sie überhaupt gekommen? Meine Tochter ist schon eine ältere Frau, etwa vierzig, ungepflegt und verbraucht. Ich war älter, eine siebzigjährige Frau, zierlich, klein mit langen weißen Haaren. Ich bin in dem Sarg, ich lebe noch, aber keiner merkt es. Fest verschlossen. Ich kann mich nicht bemerkbar machen, sie denken, ich bin tot und ganz allein, hilflos in der Enge und Dunkelheit - auf einem französischen Friedhof im Winter 1927.
Das ist kein Traum. Es ist die Realität, das ist ein Schock. Ich sehe es klar vor mir, aber ganz glauben, kann ich das nicht. Es ist immer noch wie ein seltsamer Traum. So fühlt es sich an, ab dem Zeitpunkt als ich im Sarg liege, bis ich *aufwache.*

Es gibt offensichtlich einen Anteil von ihr, der ihren Tod noch nicht ganz realisiert. Sie befindet sich nach ihrem Tod in einem Schockzustand. Es ist wichtig für sie, dass sie jetzt ihren eigenen Tod realisiert, damit sich der Schock auflösen kann. Ich frage sie, was sie nicht glauben kann.

Ich kann nicht glauben, dass es wirklich passiert ist. Es fühlt sich immer noch so an, als träume ich, obwohl ich weiß, dass ich da unter der Erde liege und tot bin. Ich sehe es, aber ich glaube es nicht. Würde ich es glauben, dann müsste ich wohl sehen, dass «alles für was ich gelebt habe, umsonst war.»

Die letzte Aussage deutet auf eine Lebensblockade hin, die weitere und das aktuelle Leben zum Scheitern bringen würde. Ich bitte sie daher zurück zu gehen an den Punkt ihres Leben, an dem alles seinen Anfang genommen hat, mit dem Ziel diese Blockade aufzulösen.

Ich bin eine russische Fürstin. Ich sehe meine Tochter. Ein hübsches Mädchen mit dunkelblonden langen Haaren und einem frischen Lächeln. Begeistert und unbeschwert läuft sie in einem weißen langen Kleid durch die großen sonnengefluteten Räume unseres Anwesens. Ich liebe sie, ich zeige es ihr aber nicht. Ich bin streng. Ich höre mich selbst sagen: «Wir als Elite unseres Landes können es uns nicht leisten, ein schlechtes Vorbild für unser Personal und für das gemeine Volk zu sein, indem wir uns von den gleichen niederen Emotionen und Regungen leiten lassen wie die einfachen Leute. Wir müssen immer gefasst sein, immer korrekt, immer gerecht. Unser Herz muss immer ruhig sein, immer gleich schlagen, immer unter Kontrolle unseres Geistes sein. Und unser Verstand muss immer wach bleiben, immer klar und immer tätig. Das ist unser Grundsatz.»

An ihrer Schilderung ist die Lebensphilosophie der Fürstin zu erkennen und es ist an dieser Stelle schon zu erahnen, welches Drama sich daraus entwickeln könnte. Die Beschreibungen sind sehr ausschmückend und detailbewusst. Eine authentische Wiedergabe des Lebens einer russischen Fürstin zur vorrevolutionären Zeit. Das zeigt, worauf die Fürstin ihre Prioritäten legt. Wie wirkt das in das aktuelle Leben hinein? Ist die Wirkung eventuell blockierend für die Klientin? Ich frage weiter nach ihren Familienumständen und ihren Beziehungen, etc.

Ich bin verheiratet und habe einen Mann. Wir haben wegen unserer gesellschaftlichen Position eine schwere Bürde zu tragen. Wir haben eine Vor-

bildfunktion. Das trichtere ich meiner Tochter täglich ein. Sie ist unaufmerksam, will immer nur lachen und tanzen wie eine Ballerina. Ich muss sie maßregeln. Sie braucht Kontrolle. Ich kontrolliere sie, damit sie an ihre Pflichten denkt und eine perfekte Haltung hat. Mein Mann ist beschäftigt, er kümmert sich nicht um solche Dinge. Sie hat raffinierte Kleidungsstücke, dafür sorge ich. Das zeigt, dass wir es uns leisten können. «Kleidung ist wichtig, denn sie zeigt, wer du bist.»
Ich erwarte von ihr, dass sie sich fügt und sich meinen Regeln anpasst damit sie in der Gesellschaft bestehen kann. «Es muss sein, das ist sie ihrem Stand schuldig.» Ich habe einen Streit mit ihr ...

Kleidung scheint ein wichtiges Statussymbol zu sein, denn darauf nahm die Klientin bereits nach ihrem Tod Bezug. Ich frage weiter, um die Bedeutung der Streitsituation näher zu explorieren. Die Vorgeschichte der Klientin zeigt auch, dass sie Streitsituationen im aktuellen Leben verhindert. Liegen hier eventuell schon die Ursachen dafür?

Ich sitze in meinem Empfangszimmer an einem großen Tisch und höre meiner Tochter zu. Sie steht vor mir und redet. Sie ist total aufgeregt. Das gefällt mir gar nicht. Sie ist begeistert. Auch das gefällt mir nicht, weil sie ihre Gefühle nicht im Griff hat. Mit strahlenden Augen und zerzausten langen Haaren steht sie mir gegenüber. Ihre Wangen blühen wie Rosen. Sie ist umwerfend schön. Das hat sie von mir. Ich sage es ihr nicht, sonst bildet sie sich etwas darauf ein. Ja, ich lasse sie im Glauben, dass sie nichts Besonderes ist. «Spiel Dich nicht so auf, meine Liebe, jeder wird einmal heiraten?» Ich bin stolz auf sie, aber ich sage es ihr nicht. Sie ist achtzehn. Sie ist verlobt. Ein schönes erfülltes Leben steht vor ihr, voller Glück in Glanz und Gloria.
Es wird alles so, wie ich es vorgesehen habe. Zuerst höre ich ihr gar nicht zu und genieße einfach nur ihre Stimme und ihren Liebreiz.

Erkennbar ist, die Fürstin spart mit Lob und Anerkennung. Das Verhalten ist unterdrückerisch. Sie sendet Doppelbotschaften aus, indem sie ihre Zuneigung zurückhält und nach außen ein völlig anderes Bild vermittelt – mit fatalen Folgen. Wir gehen weiter.

Jetzt aber wird es verwirrend und bedrohlich. «Das gibt es doch nicht!» Wut steigt in mir auf. Heiß, mächtig, sitzt in der Brust auf dem Weg in den Kopf. Ich verstehe jetzt was sie sagt. Ich fühle mich, wie vor einem Abgrund. Direkt vor meinen Füßen öffnet sich eine bodenlose Tiefe. Träume ich? «Habe ich versagt? Es ist zu spät. Ich habe meine Tochter verloren.» Ich bin vollkommen schockiert. Was sagt sie???? Sie will Geld für die Revolution? Ich bin völlig ohnmächtig vor Wut. Ich ohrfeige meine Tochter. Immer und immer wieder. Ich kann nicht aufhören, ich schlage, immer wieder. Ich nehme gar nichts mehr wahr, außer meiner Wut. Ich schlage immer nur zu. Wieder die Wut, wie in Wellen. Ich nehme meine Tochter auch nicht mehr wahr. Sie weint und Blut läuft aus ihrer Lippe. Ich sperre sie ein in ihr Zimmer. Ich sage ihr: «Du bleibst hier, du bist wohl wahrsinnig geworden. Revolution, das kann doch nicht wahr sein. Wer hat dir das denn beigebracht?»
Sie bekommt das Essen aufs Zimmer, natürlich vom Dienstpersonal. Von mir bekommt sie nichts mehr zu sehen. Das ist ihre Strafe. Sie muss zur Vernunft kommen. Ich strafe sie durch Schweigen und ignoriere sie. Ich denke: «Das habe ich nicht verdient! Ich habe ihr alles gegeben, was sie braucht.»
Nach drei Monaten darf sie ihr Zimmer wieder verlassen. Ich denke: «Von mir hat sie nichts zu erwarten, wenn sie raus kommt. Zuerst muss sie zeigen, dass sie es verdient hat.» Ich sitze im Salon. Ich kann auf die Treppe schauen. Dann sehe ich, wie sie trotz der unendlichen Schikanen, stolz, mir fremd, kalt und gefasst, mit einem geraden Rücken die Treppe herunter kommt. Ein versteinertes Gesicht und eine perfekte Haltung, wie ich ihr es ihr beigebracht habe. Sie verlässt das Haus ungebrochen, nach dem Hausarrest. Ich erinnere mich an die Schläge meiner beiden Hände, wie ich meine geliebte Tochter geohrfeigt habe. «So ist es besser, als anders.» Für mich ist sie gestorben.

Die Klientin berichtet, dass es das Jahr 1907 ist und sie in St. Petersburg lebt und beabsichtigt, ihre Tochter zu enterben, damit ihr Vermögen nicht an die Revolutionäre fällt. Ihr eigener Ehemann ist inzwischen im Russisch-Japanischen Krieg als General verstorben. Ich frage sie, ob sie weitere Kinder hat.

Noch zwei ältere Söhne, sie waren beim Militär, genau wie mein Mann. Sie sind beide im Bürgerkrieg gefallen.» Sie sind nicht mehr zurückgekommen. Sie haben ihre Pflicht getan. Es waren wunderbare Söhne. Sie sind in die Fußstapfen des Vaters getreten. Da gab es keine andere Wahl für sie. Sie waren sich dessen bewusst, was sie ihrem Vater schuldig sind.

In der Rückführung reagiert sie auf den Tod des Mannes und der Söhne sachlich. Die Klientin kann sich in der Rückführung nur so verhalten, wie es der Charakter als Fürstin zulässt. Es ist wichtig, dass sich die Klientin ihre Reaktionen auf traumatische Erlebnisse bewusst macht, da sie dieses Verhalten ins aktuelle Leben übernommen hat und es aufgelöst werden soll.
Dann bitte ich sie, sich in die Situation zu begeben, in der sie ihre Tochter enterbt. Da sie diese einerseits sehr liebt, andererseits sie aber nicht so funktioniert, wie sie möchte, ist es wichtig zu erfahren, wie sich dieser innere Konflikt zeigt.

Ich sehe Dokumente, die ich unterschreibe. Im Kabinett meines verstorbenen Mannes. Mein Herz blutet und brennt, als hätte ich es aus der Brust ausgerissen. Vor Schmerzen nehme ich alles verzerrt wahr. Am liebsten will ich mich auf den Boden werfen und heulen wie eine gemeine Bäuerin, wie ein Schlosshund, aber ich halte mich mit der letzten Kraft aufrecht «Haltung bewahren!». Mein alter Notar schaut mich prüfend an. Ich presse die Lippen zusammen und mache ein kaltes Gesicht. Stempel, Siegel, Stempel, meine Unterschriften. Ich habe sie enterbt und verstoßen.
Würdevoll, still und gefasst verabschiede ich mich und gehe aus dem Zimmer. Ich denke: «Ich habe keine Tochter mehr. Es muss sein. Sie ist es nicht würdig, dass sie erbt, was sie zerstört hat.» Jetzt bin ich ganz allein, fühle mich aber gut.

Kurz danach entscheidet die Klientin aufgrund der bestehenden Gefahr für ihr Leben, ihre Heimat zu verlassen. Als Ursache dafür sieht sie die Veränderungen in ihrem Land durch die revolutionäre Bewegung. Andere Adelige ihres Standes haben sich bereits nach Frankreich begeben. Dort sei sie dann auch nicht allein.

Ich sehe meine feine blasse Hand in schwarzer Spitze gehüllt. Ich schiebe die schweren Gardinen zur Seite. Hinter dem Fenster tobte eine Katastrophe. Es ist die Revolution. Die Katastrophe, die meine Tochter die ganzen Jahre vorbereitet hat, zerstört jetzt alles. 1917. Zerstört ist unser altes schönes Leben. Alle haben mich verlassen. Vielleicht wurden sie sogar getötet. Vielleich sind sie einfach nur weggelaufen. Es ist auch egal. Wichtig ist nur eins: «Ich bin allein und nur auf mich gestellt.»
Ich muss aus Russland weg, und zwar so schnell wie möglich. Jetzt sehe ich, wie ich meine Juwelen, in die Kleidung meiner verstorbenen Zofe einnähe. Ich habe die ganze Zeit vor Augen, wie sie mit dem geöffneten Mund auf dem grellen weißen Schnee liegt, in Sonnenstahlen; in ihrem eigenen Blut, das an den Rändern langsam vereist. Ich nehme ihren Pass. Ich bin jetzt eine Bürgerliche und damit fliehe ich nach Frankreich. Ich sehe mich auf dem Weg. Kalt und wohl überlegt, emotionslos, mechanisch, als hätte ich mein Herz ausgeschaltet. Das kann ich! Ich bin jetzt meine Zofe und trage ihre Kleidung - einfacher, aber gut. Nach mehreren aufreibenden Episoden komme ich in Paris an. Ich denke: «Man darf kein Mitleid haben, sonst wird man wahnsinnig.» Ich bin klar im Kopf und tue, was zu tun ist.

Wie gewohnt, handelt sie alle traumatischen Erlebnisse sachlich ab. Diese bleiben unverarbeitet. Die gesamten Verdrängungen der Gefühlswelt der Fürstin haben sich inzwischen bereits auf ihren Geisteszustand ausgewirkt. Die Aussage der Klientin «...sonst wird man wahnsinnig» lässt vermuten, dass sie beim Anblick ihrer toten Zofe oder dem Anblick des auf der Reise Erlebten, selbst wahnsinnig geworden ist. Das lässt an dieser Stelle bereits erahnen, weshalb sie später für tot gehalten und lebendig begraben wurde.
Aus der Vorgeschichte ist bekannt, dass sie nicht mehr lange Leben wird; ich erfrage daher als nächstes die Umstände, die in Zusammenhang mit ihrem Tod stehen.

Paris, das ist wenig erwähnenswert. Ich lebe bescheiden in Armut, Einschränkungen, Einsamkeit. Es ist kein Vergleich zu St. Petersburg. Ich denke: «Mein Leben ist zu Ende, noch lange bevor es zu Ende ist.» Ich lebe nicht mehr, sondern warte nur auf den Tod. Ich habe kein Ziel, ich sehe keinen Sinn mehr in meiner Existenz, keine Erfüllung. Ich will nur sterben.

Ich habe keine Freunde um mich herum. Ich bin anderen gegenüber arrogant und abweisend, kühl und distanziert. Ich will keine Kontakte, weil die einfachen Menschen kein guter Umgang für so jemanden sind, wie mich. «Ich kann meine erhabenen Gedanken mit so einem Pöbel nicht teilen, sie würden mich nicht verstehen.» Die Menschen aus meinen Kreisen sind im Exil richtig herunter gekommen und haben Haltung und Stand absolut verloren. Ich will es nicht mit ansehen. Und man weiß ja nie ... Man weiß nie, auf welcher Seite sie stehen. Es ist für mich wie ein Weltuntergang. Ich bete viel und warte auf den Tod.

Die Fürstin schottet sich ab. Ursache ist, sie hat den Kontakt zu sich selbst verloren. Ihr Misstrauen anderen gegenüber bestätigt die Vermutung, dass sie nicht mehr in Vollbesitz ihrer geistigen Kräfte ist. Ich frage sie, ob sie noch an ihre Tochter denkt oder sie nochmals sieht.

Ja, ich sehe meine Tochter noch einmal. Sie ist in Paris. Ich sehe sie in einem kleinen Café. Meine Tochter ist alt geworden, sieht schlecht aus. Ich vermute, dass sie krank ist. Ihr schönes langes Haar ist ab. Sie raucht. Sie redet natürlich von der Revolution, sie ist immer noch dabei. Sie ist nach Frankreich gekommen, um Geld aufzutreiben. Für ihre sch... Revolution! Wut kommt hoch, mir bleibt die Stimme weg. Sie hätte alles haben können: Reichtum, Liebe, Familie, Glück, Luxus, guten Ruf, vollkommene Erfüllung! Sie hat es vorgezogen, hier im Dreck, Elend und Zigarettenrauch, ohne ihre schönen Haare, zu sitzen und ihre alte Mutter nach Geld zu fragen! Sie hat alles zerstört, was mit dem Geld, was sie haben will, erschaffen wurde! Ich denke: «Ist sie vielleicht wahnsinnig?» Ich will sie anschreien, dass sie nicht mehr meine Tochter ist, dass ich sie nicht mehr kenne, dass sie sich nur bei meiner Beerdigung nicht blicken lassen soll! Meine Stimme versagt. Ich schreie trotzdem weiter. Ich weiß gar nicht, ob sie das alles mitbekommt. Ich stehe auf, lasse sie sitzen und gehe weg. Mit einem geraden Rücken und perfekter Haltung. Ich denke: «Der Stand verpflichtet auch jetzt und hier. Ich bin schließlich ein Vorbild für andere - das in jeder Situation - auch in dieser!» Ich bin so wütend wie noch nie. Sie hat gehofft, dass ich noch ein bisschen Geld übrig habe, vielleicht ein paar Juwelen oder so,

irgendwo versteckt. «So ein Luder! Gut, dass ich sie enterbt habe! Das hat sie verdient!»
Nach dem Treffen gehe ich in meine Wohnung. Die Wut ist weg und ich fühle mich sehr ruhig. Ich bin lethargisch. Ich singe summend vor mich hin und lege mich schlafen; ich schlafe bis ich im Sarg wieder aufwache.

Das Schicksal hat ihr eine letzte Chance gegeben, ihren Weg und ihr Verhalten zu korrigieren. Sie hat diese Chance nicht genutzt. Das erschwert die Beziehung zwischen beiden Personen für weitere Begegnungen in Folgeleben. Ihren eigenen Wahnsinn hat sie auf ihre Tochter projiziert. Ich bitte sie nochmals in die Situation nach ihren Tod zu gehen und über das vergangen Leben wertneutral zu reflektieren. Die Erkenntnisse, die folgen, bilden Programme für die weiteren und der heutigen Inkarnation. Keiner dieser Erkenntnisse jedoch dient zur persönlichen Weiterentwicklung. Dazu hätte sie ihre Chance, vor ihrem Tod, beim letzten Treffen mit der Tochter nutzen müssen.

Das ganze Leben liegt vor mir, ausgebreitet wie ein offenes Buch. Und ich sehe, was ich vorher nicht erkannt habe.
Es war ein trauriges und bitteres Leben bis zum Ende. Ich bin erstaunt über mich selbst, dass eine heitere und humorvolle Person wie ich, so ein tristes und oberflächliches Leben leben konnte. Ich habe in Verbitterung und Selbstbeschränkung gelebt, mit diesen gesellschaftlichen Regeln und der harten Pflichterfüllung. Ich habe auf meine Lebensfreude verzichtet. Was für ein Irrsinn. Ich war gar nicht mehr menschlich. Ich selbst habe meine Familie zerstört. Ich habe nichts mehr zugelassen, was ich vor meiner Heirat war.
Mein Mann hat mich geheiratet, weil ich unbeschwert und fröhlich war. Und ich dachte immer, ich könne ihm nur würdig sein, wenn ich seinen Haushalt als Frau der Gesellschaft nach straffen Regeln führe. Er und meine Kinder sind auch nicht mehr zurückgekommen. Meine Tochter auch nicht. Ich würde an deren Stelle auch nicht mehr zurück wollen in so ein gefühlloses, unlebendiges Zuhause. Ich war ja schon im Leben «lebendig begraben». Wie gelebt so gestorben. Das passt.

Ich dachte, ich hätte meiner Tochter beigebracht, wie man das Leben lebt. Das ist falsch. Ich selbst habe ihr vorgelebt, wie man fanatisch eine Sache verfolgt. Getan mit meiner Fixierung auf eine perfekt geführte Familie. Die Menschen, die mir nahe standen, waren nur noch Schachfiguren, die ich nach meinen Vorstellungen zurechtgebogen habe. Ich habe jegliche Leidenschaft in ihr unterdrückt. Damit habe ich sie in die Arme der Revolutionäre getrieben. Dort hat sie sich einer Illusion der ultimativen Freiheit hingegeben, wo es scheinbar keine Grenzen gibt.
Dabei war ich durch meine Herkunft geeignet dafür, gesellschaftliche Normen im kleinen Rahmen aufzubrechen und aufzulockern. Was meine Tochter stellvertretend fanatisch getan hat, aber zu viel, habe ich zu wenig getan.

Die Klientin erkennt, dass sie in ihrer Tochter die Lebensfreude unterdrückt hat, die sie bei sich selbst abgespalten hatte. Es war die zweite Rückführung der Klientin in ihrer Therapie. Diese hat in ihrem Leben «alles verändert», wie sie berichtet hat. Die größten Veränderungen waren:

1. Ein sehr gravierender Punkt, war ihr Thema «Nasenspitze». Mag es für anderen lächerlich erscheinen, für die Klientin war es ein großes Problem. Die Nasenspitze war eine Tabuzone ihres Körpers. Niemand durfte sie an der Nase berühren. Sie rastete dabei förmlich aus und verlor so einige Partnerschaften, die ihr wert waren. Aufgrund des früheren Lebens setzte ihr Unbewusstes, diese Berührung mit dem Tod gleich. Ihre Worte heute: «Jetzt bin ich in der Lage, meine Nase von meinem Mann berühren oder küssen zu lassen, ohne ihm eine Ohrfeige zu verpassen, wie es vor der Rückführung war.»
2. Ihre Angst eingeschlossen zu werden und vor allem lebendig begraben zu werden, ist vollkommen verflogen. Sie sagte: «Ich fahre jetzt jeden Aufzug und ich kann mich in der Röhre untersuchen lassen.»
3. Erst nach der Rückführung erkannte sie, dass sie sich immer noch in der früheren Lethargie des früheren Lebensendes befand. Sie nimmt jetzt aktiv am Leben teil.
4. Ihre Panik und das Ekelgefühl bei Würmern, Maden, etc. sind weg. Bisher rannte sie schreiend aus der Wohnung; jetzt kann sie diese Tiere anschauen, ohne zu schreien.

Beim Explorieren der Auswirkungen und Parallelen zu ihrem aktuellen Leben habe ich sie gefragt, wo sie in ihrem Alltag immer noch in der Rolle der russischen Fürstin ist.
Sie war anfänglich der Meinung, dass sie das nicht mehr ist, musste aber dann zugeben, dass sie den Zustand des «abgeschalteten Herzens» durchaus kennt. Sie sagte: «Vielleicht manchmal, ab und zu, aber selten.» Dann fiel es ihr wie Schuppen von den Augen, denn sie erkannte plötzlich, dass ihr die Gefühle und Haltung der Fürstin sehr bekannt vorkamen. Durch die fehlende Erkenntnis in dem früheren Leben, hatte sie ihr aktuelles Leben in weiten Teilen exakt nach dem Vorbild der Fürstin ausgerichtet. Sie wurde bereits in ihrem Elternhaus darauf «gedrillt», gesellschaftliche Normen höher zu stellen als menschliche Bedürfnisse. Dadurch wurde das frühere Leben reaktiviert. All ihre Ängste, die aufflammten, waren eine Folgeerscheinung davon. Sie sollten aufzeigen, dass sie erneut dabei war, ihr aktuelles Leben wieder zum Scheitern zu bringen.
Ihre Worte dazu sind: «Es ist das Gefühl, «the show must go on», egal, was du fühlst, Hauptsache du hast die perfekte Haltung! Du hast dich verpflichtet, sei also so nett und erfülle deine Pflicht!» Es schmerzte sie, zu erkennen, dass sie arrogant ist, wenn sie mit Fremden zu tun hat, beim Einkaufen oder wenn Männer sie ansprechen. Ihre Arroganz tauschte sie inzwischen gegen echte Freundlichkeit ein. Ihr Verhältnis zu ihrer heutigen Tochter ist geprägt durch Entfaltungsspielraum. Grenzen setzen, geht jetzt besser. Vor der Rückführung hatte sie immer ein schlechtes Gewissen dafür.

Im Nachhinein gestand die Klientin, dass ihr zu Beginn der Rückführung, klar wurde, dass es das Schlimmste für sie war: Lebendig begraben zu werden. Sie habe sich schon als kleines Kind öfters überlegt, was sie dagegen machen kann. Sich jetzt in genau das frühere Leben zu begeben, in dem ihr genau das passiert ist, habe sie in einen schockähnlichen Zustand versetzt. Und in der Tat, hörte sie zu Beginn der Rückführung plötzlich auf zu sprechen. Mit ihren Worten gesagt:

Jetzt hat sie mich ausgerechnet da rein geschickt. Dass ich Angst vor diesem Tod hatte, weil ich das schon mal erlebt habe, kam mir noch nie in den Sinn. Mich daran zu erinnern, dass ich mal Kleopatra oder Kaiserin Sissi gewesen bin, dafür war ich gerne zu haben, aber das??? Ich habe gedacht: «Ob ich das Grauen noch mal erleben will?» Und dann habe ich mich entschieden: «Ich will es wissen!» Ok, ich antworte weiter. Ich mache den ersten Schritt in die bodenlosen Abgründe meines unergründlichen Wesens.

Ihr Fazit einige Zeit nach dieser Rückführung war:
Ich bin dankbar, dass ich den Mut hatte, mich meiner Angst zu stellen. Das entsetzliche Erlebnis verlor sein Grauen, je mehr ich geredet habe und es wurde mir immer leichter. Und vor allem aber die Fragen nach Ende der Rückführung haben sich als viel interessanter rausgestellt, als die Rückführung selbst! Sie haben mir viele wertvolle Erkenntnisse über mich selbst gebracht. Wenn ich vor der Rückführung dachte, dass ich mich mit meinen 35 Jahren ziemlich gut kenne, erkenne ich dass das bei weitem nicht der Fall ist: «Ich beginne jetzt mich kennenzulernen!» Als Kind habe ich mich gefragt, wie es wohl ist, wenn man aufhört zu existieren. Das Gefühl der Nichtexistenz konnte ich jedoch nie aufspüren. Nach der Rückführung weiß ich, dass es dieses Gefühl gar nicht gibt, weil es keine Nichtexistenz gibt. Es gibt genau genommen keinen Tod. Es gibt nämlich nichts anderes als das Leben, nur das pure Leben ...

«Die Erfahrung ist der Anfang aller Kunst und jedes Wissens»
Aristoteles

Kapitel 1
Die Theorie der Wiedergeburt

In diesem Kapitel geht es um folgende Themen:

∞ Sinn der Wiedergeburt
∞ Karma und Wiedergeburt.
∞ Woran erkennen wir Karma?
∞ Wiedergeburt in den Weltreligionen

Sinn der Wiedergeburt

Der Gedanke an die Vorstellung, wiedergeboren zu werden, ist nicht neu. Der Gedanke daran, dass dieses Leben nicht das letzte Leben auf dieser Erde sein soll, ist eine logische Konsequenz daraus.

Nach dieser Vorstellung haben wir Menschen bereits mehrmals gelebt und werden auch noch mehrmals leben. Der Gedanke daran, dass dieses Leben nicht das erste Leben ist und es die Wiedergeburt gibt, trifft in unserer Gesellschaft auf immer größeres Interesse. Die Menschen finden es spannend, zu ergründen, was in ihren Vorleben gewesen ist und wie es weiter geht. Unsere heutige schnelllebige Gesellschaft ist einerseits geprägt von technischer Weiterentwicklung und andererseits von dem Bedürfnis, immer mehr in tiefgreifende Bewusstseinsentwicklung einzutauchen. In gleichem Maße, wie Globalisierung und weltweite Vernetzung fortschreiten, entwickelt sich auf der anderen Seite im Menschen immer mehr die Bewusstheit, dass es ein All-Bewusstsein gibt. Ebenso, wie die wissenschaftlichen Forschungen in den letzten Jahrzehnten immer wieder bisherige Grenzen sprengten, nahm die Persönlichkeits- und Bewusstseinsforschung des Menschen gleichermaßen zu - über die Grenzen des bisherigen Wissens hinaus.

Ende der 60er Jahre und in den 70er Jahren haben sich fernöstliche Philosophien über das Leben auch in der westlichen Welt verbreitet. Meditation und Yoga erreichte eine Vielzahl von Menschen. Der Besuch indischer Gurus durch zahlreiche Prominente galt als Meilenstein auf dem Weg, dem Leben einen tieferen Sinn zu geben. Vielfach wurde ein Leben in materieller Sicherheit als hohl und schal empfunden. Es verbreitet sich der Gedanken, dass es mehr geben muss, als nur ein Leben; für viele Menschen machte es keinen Sinn mehr, dass alles mit dem Tod zu Ende sein sollte. Es kamen Fragen auf wie:

- Was ist der tiefere Sinn meines Lebens?
- Das kann doch nicht alles sein, oder?
- Wer bin ich? Wer war ich? Was werde ich sein?
- Habe ich schon einmal gelebt?
- Was sind das für Bilder, die mir immer in den Kopf kommen? Sind das Erinnerungen aus vergangenen Zeiten?
- Warum glaubten unsere Vorfahren an die Wiedergeburt?

Geht man in der Weltgeschichte zurück, finden wir im westlichen Kulturkreis große Denker und Persönlichkeiten, wie Goethe, Victor Hugo, Wilhelm Busch, Plato, Pythagoras und viele mehr, die an die Wiedergeburt glaubten. Der Reinkarnationsgedanke war in unserer vorchristlichen Zeit auch in den religiösen Anschauungen der Kelten und Germanen verankert. Betrachtet man die Ziele der großen Weltreligionen, lässt das nur einen Schluss zu: «Da, wo wir hin wollen, waren wir schon einmal!» Nennen wir es «Himmel», «Einheit», «Erleuchtung», «Nirwana» oder «Glückliche Jagdgründe» oder «Freiheit.» Diese Ziele waren und sind es sogar wert, Kriege für ihre religiöse Überzeugung zu führen. Es ist äußerst unlogisch und vor allem unsinnig, solchen Aufwand nur für ein einziges Leben zu betreiben. Es lässt den Schluss zu, dass es im Menschen noch weitere Antriebskräfte geben muss, als die, das aktuelle Leben gut zu Ende zu bringen. Tief in seinem Innern vermutet jeder Mensch, dass es für ihn nach diesem Leben noch etwas gibt.

Für viele Menschen ist das bereits eine tiefe innere Gewissheit, wiederum andere halten es für möglich, dass es die Wiedergeburt gibt. Ein erheblicher Prozentsatz der Menschen, die daran glauben, dass sie wiedergeboren werden, hält sich häufig mit dieser Sichtweise bedeckt. Sie befürchten, Nachteile für sich und Menschen in ihrem Umfeld, da der Glaube an die Reinkarnation teilweise verpönt ist. Vielfach wird der Wiedergeburtsgedanke mit der Zugehörigkeit zum Buddhismus gleichgesetzt. Das sind Verallgemeinerungen oder Vorurteile. Der Wiedergeburtsgedanke an sich ist jedoch neutral und beschreibt keinerlei Zugehörigkeit zu einer Religionsgemeinschaft, sondern beschreibt lediglich den Vorgang der Wiedergeburt.

Für viele frühere Kulturkreise, auch in den westlichen Breitengraden, war der Glaube daran, dass der Mensch wiedergeboren wird, selbstverständlich. Es ist zwar weit verbreitet, dass der Reinkarnationsgedanke auf Befehl eines Papstes oder beim zweiten Konzil von Konstantinopel (553 n. Chr.) oder dem Konzil von Nicäa (325 n. Chr.) aus der christlichen Lehre verbannt wurde, aber wissenschaftlich nicht vertretbar. Unstrittig ist aber, dass der Reinkarnationsgedanke weitgehend aus dem Gedankengut der westlichen Welt verschwunden ist, aber seit je her vorhanden war. Kann etwas nicht gesehen, gefühlt, gehört oder angefasst werden, kann es aber dennoch existieren.
Der Wiedergeburtsgedanke wird häufig in Zusammenhang mit dem Begriff «Esoterik» in Verbindung gebracht (von griechisch: das Innere). Die ursprüngliche Bedeutung des Begriffs beschreibt eine philosophische Lehre, die nur einem begrenzten, elitären, inneren Personenkreis zugänglich war und folglich nicht öffentlich zugänglich. Andere Deutungen beschreiben einen spirituellen Erkenntnisweg (Spiritualität - von lat. *spiritus* «Geist, Hauch» bzw. *spiro* «ich atme»), synonym mit «Mystik» oder auf ein «höheres absolutes» Wissen bezogen. Spiritualität im spezifisch religiösen Sinn steht für die Vorstellung einer geistigen Verbindung zum Transzendenten, dem Jenseits oder der Unendlichkeit. Daneben wird der Begriff Esoterik in freier Weise für ein breites Spektrum verschiedenartiger spiritueller und okkulter Lehren und Praktiken gebraucht. Esoterik bedeutet heute im weitesten Sinne «Geistigkeit».

Die Wiedergeburt ist in unserer Zeit weder eine geheime Lehre mit dem Anspruch auf höheres oder elitäres Wissensgut, noch etwas Mystisch-Okkultes. Das Wissen über die Wiedergeburt erklärt logisch und nachvollziehbar lediglich die Zusammenhänge der menschlichen Entwicklung und zeigt den Sinn des Lebens auf. Die Reinkarnationstherapie zählt sich daher auch nicht zur Esoterik, sondern ist eine Therapie, die sich der seelischen Entwicklung und Reifung widmet.

Die Seele des Menschen

Was ist das, was re-inkarniert und wiedergeboren wird? Die Theorie der Wiedergeburt geht davon aus, dass sich im physischen Körper eine Seele befindet. Die Seele wird auch als das «Höhere Selbst» des Menschen bezeichnet. Sie wird als ein Energiezustand beschrieben, der sich im Tod wieder vom physischen Körper trennt. Für den Menschen selbst ist seine Seele unsichtbar. Die Seele bleibt solange von einem physischen Körper getrennt, bis sie erneut in einen Körper inkarniert. Das passiert jeweils im Augenblick der Zeugung eines Kindes. Diesen Vorgang nennen wir Reinkarnation oder Wiedergeburt. Dem physischen Körper, der nun entsteht und heranwächst, wird im Augenblick des Inkarnierens der Seele, Leben eingehaucht. Stirbt der Mensch, verlässt die Seele den physischen Körper wieder. Menschen, die andere bei ihren letzten Atemzügen begleiten, schildern oft, dass sie das Gefühl hatten «es hätte einen kleinen Ruck» gegeben oder plötzlich sei der Körper wie «leer und anders.» Dieser Vorgang wiederholt sich im gleichbleibenden Rhythmus: Auf Leben folgt Tod, auf Tod folgt ein neues Leben. Die Seele kann nicht aufhören zu existieren. Nach dieser Theorie lebt die Seele ewig und der physische Körper stirbt. In einer Vielzahl der Menschen löst diese Vorstellung Unbehagen aus, nicht zuletzt deshalb, weil diese Vorstellung ihre Sicht auf das herkömmliche Weltbild verändern würde. Dazu später mehr.

Die Kette der Wiedergeburt

Die Kette der Wiedergeburt hat einen Anfang und ein Ende, sowie das aktuelle Leben einen Anfang und ein Ende hat. Freundet man sich mit dem Gedanken an, dass es die Wiedergeburt gibt und die Seele ewig lebt, verschiebt sich die Entstehung der Kette der Wiedergeburten weit zurück in die

Vergangenheit. Das Ende verschiebt sich, als logische Konsequenz, in einen für uns nicht fassbaren Bereich der Zukunft.
Am Anfang ist die Seele in ihrem Ursprung reines Bewusstsein und frei; sie ist «eins» mit sich. Im freien Zustand weiß die Seele «nichts», sie ist mit keinerlei Wissensdaten behaftet. Sie braucht kein Wissen, sie verfügt über ein Allbewusstsein. Es gibt nichts, was sich ihr entziehen könnte, sie ist allgegenwärtig. Sie ist in ihrer Einheit, sie hat alle Möglichkeiten, vergleichbar mit einem paradiesischen Zustand.
Stellen wir uns nun vor, im Spiel mit ihren unendlichen Möglichkeiten «verspielt» die Seele aus einer kleinen Dummheit heraus, die Freiheit ihres Urzustandes. Damit ist die Trennung in «Ich» und «Du» vollzogen und ihre Polarität beginnt. Die Kette der Wiedergeburten hat ihren Anfang genommen. Seit diesem Moment denkt die Seele, anstatt zu wissen; sie hat ihre Einheit verlassen. Ein Teil der Seele ist jedoch immer ewig und dieser Teil besitzt Allbewusstsein und Allgegenwärtigkeit. Mit dem Teil macht man Reinkarnationstherapie. Die Seele befindet sich nach der Trennung in ihrem persönlichen «Kreislauf des Lebens». Inkarnation um Inkarnation versucht sie seitdem ihre ursprüngliche Freiheit wiederzuerlangen. Durchaus vergleichbar mit einem Menschen, der die Zeit zurück zu drehen und einen Vorgang wieder rückgängig machen möchte. Jede Wiedergeburt ist demnach ein erneuter Versuch der Seele, in ihren freien Urzustand zurückzukehren. Wir nennen diesen gesamten Prozess auch «den Rauswurf aus dem Paradies» oder «den Sündenfall.»
Im Laufe zahlreicher Versuche innerhalb ihrer Inkarnationen, immer auf anderen Bühnen des Lebens, hat die Seele immer weitere Begrenzungen erfahren, die sie noch unfreier werden lassen. Sie hat und hatte zu jeder Zeit immer das Potenzial, wieder frei zu werden und an ihren Ursprung zurück zu gelangen. Daraus ergibt sich die primäre Aufgabe des Menschen:

- ∞ Bewusstheit über die Gründe der Trennung von Ich und Du zu erlangen
- ∞ Bewusstheit zu erlangen, dass diese Trennung zwar da ist, aber gleichzeitig eine Illusion ist, weil das Allbewusstsein in einem Teil der Seele immer da ist
- ∞ Die Trennung von Ich und Du in sich selbst zu verstehen und Einheit (Freiheit) in sich selbst herzustellen

Der tiefere Sinn der Wiedergeburt liegt darin, sich Leben für Leben aus dem Kreislauf der Wiedergeburten heraus, Schritt für Schritt zurück in die Einheit zu entwickeln. Diese Entwicklung zurück zum Ursprung ist ein Prozess über oft mehrere Leben hinweg.
Die Seele findet im Alltag eine gute Spiegelung für ihre Trennung in Ich und Du. Sie kann Themen bearbeiten, um sich aus den Konditionierungen zu lösen, die sie sich im Laufe der Wiedergeburten erworbenen hat. Das Ziel ist innere Freiheit. Die Reinkarnationstherapie ist dem Menschen dabei eine effektive Möglichkeit, den Entwicklungsprozess zurück zum Ursprung zu beschleunigen und zu unterstützen. Der Therapeut stärkt dabei, wie ein «Anwalt der Seele», den Seelenanteil, der immer «ganz» geblieben ist.

Karma und Wiedergeburt

Die Karmatheorie beruht auf dem universalen Gesetz, dass aus «Nichts» nichts kommen kann und dass zu einer Wirkung konsequenterweise eine Ursache gehört.
Irrtümlicherweise wird Karma oft mit Vergeltung, Strafe, Leiden und Vergleichbarem gleichgesetzt. Das Wort «Karma» ist in seiner Bedeutung neutral und bedeutet «Handlung» oder «Arbeit». Die «Frucht» oder die «Wirkung» daraus wird «Karma-Phala» genannt. Karma beschreibt demnach die Handlung und Karma-Phala die Wirkung davon. Alles im Universum ist dem primären «Gesetz von Ursache und Wirkung» untergeordnet. Ob wir es wollen oder nicht, alles, jeder Mensch, jedes andere Lebewesen, jede Energieform ist in diese Gesetzmäßigkeit eingebunden.
Die Reinkarnationslehre geht davon aus, dass der Mensch Ursache und Wirkung in einem ist und dass die Zukunft und die Gegenwart nicht getrennt voneinander betrachtet werden können, wie auch die Gegenwart und die Vergangenheit nicht getrennt voneinander gesehen werden können. Danach ergibt sich die Gegenwart aus der Vergangenheit und die Zukunft aus der Gegenwart. Linear gesehen, ergibt sich somit die Zukunft aus der Vergangenheit. Was immer der Mensch in seiner Vergangenheit erlebt und

getan hat, ist in seinem Unbewussten gespeichert und prägt das Denken und Handeln des Menschen in der Gegenwart. Nichts ist wirklich neu. Wird die Prägung der Vergangenheit beibehalten, wird das Denken und Handeln der Vergangenheit auch das Denken und Handeln der Gegenwart und der Zukunft sein. Nur so lässt sich das Schicksal wirklich erklären.

Jeder Wunsch und Gedanke, jede Erkenntnis, jedes Wort, jede Handlung ist Karma und somit eine Ursache für eine bestimmte Wirkung in der Zukunft. Auf diese Weise schafft der Mensch unaufhörlich Karma, dessen Auswirkungen den Ursachen entsprechen. So sind Gedanken, Erkenntnisse, Worte und Handlungen ein Karma, vergleichbar einer Saat und Karma-Phala ihre Früchte. Es lohnt sich demnach, zu prüfen, welche Gedanken gedacht, welche Erkenntnisse geprägt, welche Worte gesprochen und welche Handlungen getan werden. Denn sie bestimmen die Zukunft und zeigen sich wieder als Wirkung.

«Das Glück deines Lebens hängt von der Beschaffenheit deiner Gedanken ab»
(Marc Aurel)

Unsere Gedanken und unsere Taten sind die Ursache für die Richtung, in die wir gehen. «Was wir säen, werden wir ernten.» Die Bühne des Lebens ist der formale Rahmen eines selbst inszenierten Lebensspiels. Wenn wir also ernten, was wir säen, dann sollten wir unsere Saatkörner mit Bedacht wählen. Wer seine Ellbogen einsetzt, um auf der Karriereleiter weiter empor zu steigen, wird auf Ellbogenmentalität treffen. Wer auf Know-how und Selbstbewusstsein setzt, um als Mensch zu überzeugen, wird genau das ernten. Aus Karrierebeschleunigern im Wettbewerb, wie Mobbing und andere unfaire Verhalten, können nur Mobbing und unfaires Verhalten erwachsen. Wer Mitgefühl walten lässt, wird Mitgefühl ernten. Wer wertet, wird bewertet werden. Wer lügt, wird Unehrlichkeit erfahren. Wer verdrängt, wird Illusionen und Täuschung erleben. Wer manipuliert wird Siechtum ernten. Wer Hass in sich trägt, wird auf Hass treffen. Wer tötet, für den wird es existenziell und wer sich selbst betrügt oder belügt, der kann nur betrogen und belogen werden. Wer keine Grenzen setzt, wird die Gren-

zenlosigkeit anderer erfahren. Die Annahme der Wiedergeburt ist also ein logischer Prozess im Gesetz von Ursache und Wirkung.
So bereiten wir uns selbst den Teppich für die Zukunft. «Wie man in den Wald hinein ruft, so schallt es heraus», war der Spruch so mancher Eltern an ihre Sprösslinge, um ihnen für die Beschreitung ihres Lebensweges die Prinzipien des Lebens zu erklären. Es wirkt das einfache, immer gerechte und zuverlässige Prinzip von Ursache und Wirkung. Ausgestattet mit Fähigkeiten und Möglichkeiten schafft jeder Mensch in dieser Weise die Startbedingungen seiner eigenen Existenz. Das Gesetz von Ursache und Wirkung trifft auf alle Lebewesen zu und wirkt geistig, physisch und spirituell.

Das erlebte Schicksal, als Ergebnis dieses Prinzips, wird oft als ungerecht betrachtet. Das passiert dem Menschen häufig, wenn die Ursache nicht klar erkannt und die karmische Wirkung noch nicht auf die Ursache zurückgeführt werden kann. Der Mensch sollte sich nicht irreführen lassen von den scheinbaren Ungerechtigkeiten, von denen er hört oder sieht. In eine arme Familie oder in scheinbar ungünstige Umstände hineingeboren zu werden, erscheint nur vordergründig ungerecht. Tatsächlich kann in genau diesen Umständen das Karma am besten aufgearbeitet und die Lebensaufgabe am besten erfüllt werden. Das gilt auch, wenn ehrliche und hart arbeitende Leute hauptsächlich Undank erfahren und Hindernisse vor sich sehen oder wenn schlechte und unmoralische Menschen Erfolg haben. In solchen Fällen sehen wir vielleicht nur die Spitze des Eisbergs; das Karma aus dem früheren Leben, welches dahinter liegen mag, können wir nicht sehen. Wir können nicht in die Zukunft sehen, wie sich das Leben dieser Menschen weiterentwickelt. Schicksalsschläge, Horrorerlebnisse, Kriege und zahlreiche andere prägende Weltereignisse sind ebenso in die Gesetzmäßigkeit von Ursache und Wirkung eingebunden, wie alles andere. Wie traumatisch, unausweichlich und furchtbar das Erleben für den Menschen auch sein mag, es ist in jedem Fall eine Wirkung auf eine Ursache – auch wenn wir deren Verbindung (noch) nicht sehen. Ist die Wirkung einmal eingetreten, dann fühlen wir mit und sind im ersten Augenblick voller Bestürzung, Trauer und Bedauern. Möchte der Mensch aber für die Zukunft verhindern, dass sich das Erleben wiederholt, ist es sinnvoll, sich mit den wirklichen Ursachen zu

beschäftigen. Nur so kann aus der Gegenwart eine andere Zukunft werden als die, die aus der Vergangenheit entstanden ist.
Ob kollektives Erleben durch Katastrophen, Terroranschläge, Kriege oder persönliche Schicksalsschläge, die Gesetzmäßigkeit von Ursache und Wirkung hat nur eine entsprechende Wirkung auf eine Ursache stattfinden lassen. Deswegen können Abwehrstrategien, wie Verschärfung der Gesetze, höhere Mauern, stärkere Sicherheitssysteme oder noch schärfere Kontrollen immer nur sinnvolle flankierende Maßnahmen sein; sie sind aber nie eine echte Lösung. Die Lösung liegt darin, die wirkliche Ursache aufzuheben.

Wäre es eine Tatsache, dass Menschen und andere Lebewesen nur einmal geboren würden, wäre das Leben tatsächlich eine ungerechte und sinnlose Existenz. Jeder Erklärungsversuch würde ein schales Gefühl der Unzufriedenheit hinterlassen. Einen tieferen Nutzen bekommt das Dasein erst dann, wenn sich der Mensch in das Gesetz von Ursache und Wirkung eingebunden fühlt und sein Dasein nicht auf ein Leben von seiner Geburt bis zu seinem Tod begrenzt. Das gibt Hoffnung, sein Leben und das Weltgeschehen verarbeiten zu können. Für viele Menschen ist es die einzige Möglichkeit, in ihrer, oft absurd anmutenden chaotischen Welt, Sinnhaftigkeit zu entdecken. Zudem gibt es den unterschiedlichen Umständen des Lebens Sinn: Es gibt keine Wirkung ohne eine Ursache. Das ist Karma. Die Ursachen, die wir nicht in diesem Leben finden, finden wir in einem früheren Leben.

Grundsätze des Karmas und seine Wirkung

Das Land, die sozialen Bedingungen und das Umfeld in die ein Mensch hinein geboren wird, hängen eng mit dem Karma seiner eigenen vorhergehenden Inkarnationen zusammen. Er wird sich immer die Bedingungen aussuchen, unter denen er seine Lebensaufgabe am besten erfüllen kann.
Das gilt für die Familie, Kindheit, Umgebung, Freunde oder Verwandte ebenso, wie für die wirtschaftliche Lage und den gesellschaftlichen Status eines Menschen. Auch Körper, Physiognomie, Gesundheitszustand, Geist und Intellekt gehören zum Karma des Menschen. Gerechtigkeit oder gar

Gleichheit darin zu sehen, fällt vielen Menschen oftmals nicht leicht. Lehnt ein Mensch sein Äußeres ab und findet er sich hässlich, wird er infolgedessen auf Ablehnung treffen. Selbstliebe und Akzeptanz zieht oft nach sich, dass man auch von anderen als «schön» empfunden und geliebt wird. Eine Grundregel ist:

Steht der Mensch mit sich und der Umwelt im Einklang, hat er die besten Voraussetzungen für eine gute Weiterentwicklung.

Ein guter Mensch, der aber wiederholt Misserfolge erlebt, trägt vielleicht eine Reihe von Misserfolgsgedanken oder Blockierungen aus früheren Leben in sich. Diese können durchaus der Hintergrund für die Misserfolge im aktuellen Leben sein. Jedes Leben ist ein, in sich geschlossenes System von Ursache und Wirkung. Um im jetzigen Leben eine Wirkung hervorzurufen, muss die dementsprechende Ursache im jetzigen Leben gesetzt sein. Irrtümlicherweise wird der Karmagedanke manchmal so gedeutet, als würde das jetzige Leben ausschließlich die Wirkung der Handlungen von früher sein. Diese Auslegung der Karmatheorie widerspricht dem echten Karmagedanken. Ursache und Wirkung sind nicht zu trennen. Es heißt ja auch nicht: «Wie es aus dem Wald heraus kommt, schallt es wieder rein», sondern «wie es in den Wald hinein schallt, kommt wieder heraus.» Alles was der Mensch verursacht, wird Wirkungen haben. Dafür muss er geradestehen. Trugschluss des Karmas ist, dass es erlaubt sei, anderen etwas zu wünschen oder anzutun, was man für sich selbst aber nicht für richtig hält. Wenn ich also denke: «Andere können leiden, Hauptsache ich leider nicht», gebe ich damit gleichzeitig die Erlaubnis, dass das Schicksal mich auch leiden lässt. Es gilt der Grundsatz:

Alles was man denkt und tut, bezieht sich augenblicklich auf sich selbst.

Nur weil zwischen Ursache und Wirkung Zeit vergeht, also zwischen der Tat und der Quittung dafür, unterliegt der Mensch oftmals dem Trugschluss, die Tat hätte keine Wirkung gehabt. Er neigt zudem dazu, den Anteil der

Tat zu verdrängen, die eine Wirkung nach sich zieht. Zusammengefasst gibt es folgende Karma-Prinzipien:

- ∞ Alle Probleme, Verstimmungen, Krankheiten, Unfälle sind selbstverursacht als Folge von schuldhaftem Verhalten. Sie stellen die Wirkung aus einem vorangegangenen eigenen Handeln dar
- ∞ Was man anderen antut, tut man gleichzeitig sich selbst an
- ∞ Was man sich selbst antut, tut man gleichzeitig auch anderen an

Missachtet der Mensch diese Prinzipien werden die Ergebnisse seiner Handlungen folglich Probleme sein. Wendet der Mensch diese Prinzipien konsequent auf sein Leben an, hat er keine Probleme. Er wäre mit den Ergebnissen seiner Handlungen zufrieden.

Woran erkennen wir Karma?

Grundsätzlich bringt jeder Mensch Karma aus seiner Vergangenheit in dieses Leben mit. Sein belastendes Karma zeigt sich in Hemmungen und Blockierungen, sein positives Karma zeigt sich in dem, was ihm gelingt und in den Lebensbereichen, in denen es «fließt.» Seinem positiven Karma gibt der Mensch kaum Bedeutung, da es keine Probleme aufwirft.
Unter Karma verstehen daher die meisten Menschen das negative Karma und setzen es in Verbindung zu ihren Problemen. Das negative Karma zeigt sich erkennbar über die Konflikte, die der Mensch hat; sie lösen in ihm innere Spannungen aus. Die Spannungen sollen ihn darauf hinweisen, dass es frühere Leben gibt, die damals nicht rund abgeschlossen werden konnten. Es obliegt ihm jedoch immer selbst, ob er die Hinweise seines Karmas wahrnehmen möchte. Schaut der Mensch weg, verdrängt er es erneut und die Problematik verstärkt sich. Kann der Mensch die Folgen seines Karmas als etwas Gutes wahrnehmen, kann er den wahren Wert seiner Probleme entdecken. Probleme sind der direkte Weg zu einem echten Schatz: dem Weg zu sich selbst.

Merkmale für Spannungen aus früheren Leben

Es wäre schön, wenn der Mensch von seinem Karma ganz direkt begrüßt würde, etwa durch: «Hallo hier bin ich, ich bin dein Karma!». Dann würde es ihm sicher leichter fallen, hinzuschauen und sein Karma wahrzunehmen. Karma zeigt sich zwar erkennbar, aber oft indirekt. Die folgenden Punkte geben einen Überblick, auf welchem Weg sich sein Karma zeigt und was er sich näher anschauen sollte:

∞ **Sich wiederholende Probleme, Situationen, Ärgernisse, wiederholte Begegnungen mit bestimmten Menschentypen**
Jegliche Wiederholungsituation resultiert aus früheren Leben. Sie erfolgen solange, bis der Mensch die Erkenntnis über sich gewinnt, die das Schicksal von ihm fordert. Die Wiederholung ist eine neue Chance, die karmische Aufgabe zu erkennen.

∞ **Irrationale Aussagen, Schlussfolgerungen, Verwirrungen**
Dazu gehören beispielsweise: «Ich schaffe das nicht», «das ist eine Katastrophe», «ich bin nicht erpressbar», «ich werde noch wahnsinnig», «ich fühle mich, wie gerädert.» Derartige Aussagen zeigen an, dass der Mensch in dem, zur Aussage gehörigen, früheren Leben verhaftet ist.

∞ **Physische Reaktionen**
Alles, was sich über das vegetative Nervensystem abspielt, ist karmisch. Sehr starke körperliche Reaktionen gehen immer auf frühere Leben zurück (z.B. Durchfall, Prüfungsangst, Magendrücken, Erröten, Zittern, etc.) «Immer wenn …, dann …» ist ein typischer Hinweis auf das Vorhandensein eines früheren Lebens.

∞ **Heftige, unangepasste Gefühlsregungen**
Wiederholungsaffekte, wie Wut, Ärger, Zorn, Jähzorn, Hass, Zerstörungswut, Depression, Hoffnungslosigkeit, Trauer, etc. stammen aus früheren Leben. Die emotionalen Reaktionen sind der heutigen Situation gegenüber nur scheinbar angemessen.

∞ **Große Abneigungen / zwanghafte Zuneigung**
Unter zwanghafter Zuneigung verstehen wir in der Therapie: spezifische Beziehungsmodelle, Süchte, Abhängigkeiten, Zwänge (auch psychiatrisch behandelte Zwänge). Unter Abneigungen versteht man: Ab-

neigungen zu konkreten Objekten wie Berge, gewisse Tätigkeiten, Länder, spezifische Farben, etc., aber auch bestimmte Menschen und Menschentypen.

∞ **Schlechtes Gedächtnis / fixierte Aufmerksamkeit**
Ein schlechtes Gedächtnis hat oft mit dem Grundthema «Wissen» zu tun. Zu diesem Thema findet man in der Vergangenheit mehrere bedeutsame frühere Leben, die zur Bearbeitung anstehen. Dabei liegen Abscheu und Faszination für das Thema dicht beieinander. Ein schlechtes Gedächtnis besteht oft nur für bestimmte Dinge oder in einem bestimmten Bereich und deutet auf starke Verdrängungen hin. Von fixierter Aufmerksamkeit spricht man, wenn ein Mensch, eine bestimmte Sache oder einen bestimmten Menschen dauerhaft im Kopf hat und für anderes kein Platz mehr ist.

∞ **Psychosomatiken, Krankheiten, Unfälle**
Körperliche Erkrankungen erinnern über das Symptom an ein früheres Leben. Sie werden reaktiviert und weisen auf das Thema hin, welches zu klären ist.

∞ **Unverständnis bestimmter Lebensbereiche**
Hat ein Mensch beispielsweise wenig Verständnis für einen bestimmten Lebensbereich, beispielsweise Ballspiele, Veranstaltungen mit Massenaufläufen oder Politik oder lehnt er diese sogar kategorisch ab, weist das auf eine Verdrängung aus früheren Leben hin. Kommt er mit bestimmten Personen oder Personengruppen nicht zurecht, wie Fremden, Lehrern, Frauen, Männern, dem ehemaligen Chef oder der Nachbarin Frau Blümchen, die perfektionistisch ihren Garten bearbeitet, etc. zeigt dieses Unverständnis die Verdrängung eines seiner früheren Leben an.

Jeder dieser aufgezählten Punkte wirkt bereits selbstschädigend und führt durch Kumulation und Anhäufung unmittelbar zur Selbstzerstörung und ins Chaos. Auch fehlende Abgrenzung, wie das «Nicht-nein sagen-können» und dadurch «immer helfen wollen», das «Unterschriften leisten» wollen, gehören zusätzlich zu diesen Verhaltensweisen. Das führt dazu, dass wir immer wieder auf Menschen die treffen, die zerstörerisch und unterdrückerisch eingestellt sind.

Sichtbar wird das Karma auch in der Wahl der Menschen, mit denen wir uns umgeben, ebenso wie an unseren Erlebnissen. Kurz gesagt: Karma wird an allem sichtbar, was wir als «störend» empfinden und loswerden wollen.
In der Therapie taucht immer wieder die Frage auf, wie man sich dagegen abgrenzen kann. Die Fähigkeit des Abgrenzens zu entwickeln, reicht allein nicht aus. Es stellt nur eine erneute Verdrängung dar. Die Lösung liegt darin, sich zu fragen, was die Ursachen dafür sind, dass sich der Mensch nicht abgrenzen kann.

Vorbehalte gegenüber der Reinkarnation

Wie bei jeder Sache, jeder Theorie und Überzeugung gibt es auch zur Theorie der Wiedergeburt ein «Dafür» und ein «Dagegen». Letztendlich bleibt die Akzeptanz dessen, dass es die Wiedergeburt gibt, eine freie Wahl.
Die Ablehnung einer Theorie ist jedoch ein Glaube, wie die Annahme einer Theorie oder einer Religion. Eine Ablehnung einer Sache, eines Glaubens oder einer Philosophie stellt nur die andere Seite einer Medaille oder die andere Seite eines Poles dar. So beispielsweise geschehen in der Vergangenheit, zu dem Zeitpunkt, als sich die Kirche in den katholischen Glauben und den evangelischen Glauben spaltete. Heute existieren beide Richtungen friedlich nebeneinander.

Grundsätzlich sind Glaubensrichtungen von Menschen gemacht und haben folglich nichts mit der Entstehung der Menschheitsgeschichte zu tun. Glaubensrichtungen sind nicht wirklich wertneutral, sondern haben sich aus den unterschiedlichsten Überzeugungen entwickelt. Die Ablehnung eines Glaubens wäre also nur berechtigt, wenn sie sich gegen die Menschlichkeit richtet. Es gibt zum Glauben an die Wiedergeburt und Existenz früherer Leben reichlich Vorbehalte, Abneigungen bis hin zu massiven Abwehrreaktionen. Deren Kritiker und Gegner sind in allen Bereichen des Lebens anzutreffen.
Der eine lehnt die Institution «Kirche» ab, der andere den Umzug in ein fremdes Land und wieder ein anderer die Existenz früherer Leben. Generell

weisen Abwehrreaktionen auf eine Verdrängung aus früheren Leben hin. Die Abwehr gegen das früher Erlebte, erzeugt die spätere Abwehrreaktion gegen alles, was damit zusammen hängt. Diese sind deshalb immer als «karmische Wirkung» zu betrachten. Wäre keine Disposition zu früheren Leben vorhanden, würde der Mensch eine Sache, eine Philosophie, einen Glauben oder eine Sichtweise völlig wertneutral und emotionsfrei betrachten, insbesondere dann, wenn er die Sache, gegenüber der er eine Abneigung hegt, nicht einmal kennt. Abwehrhaltung oder Abneigung sollen ein Schutz vor einer Wiederholung eines früher erlebten Traumas sein. Die wirkliche Motivation für Abneigung und Vorbehalte sind daher meist unbewusst und individuell. Lediglich die Reaktion nach außen ist gleich abwehrend. Es gibt zahlreiche unbewusste Hintergründe, warum ein Mensch gegenüber der Reinkarnationstherapie oder der Theorie der Wiedergeburt Widerstand entwickelt.

Ist der Mensch in der Vergangenheit beispielsweise auf etwas «Neues» zugegangen und führte das seiner Ansicht nach zu einem existenziellen Schaden oder zum Tod, wird er zukünftig dem «Neuen» gegenüber misstrauisch gegenüber stehen. Ein Bauer, der früher das neue Gewächs «Kartoffel» angebaut hat und ruiniert war, weil keiner diese kaufen wollte, wird sich zukünftig hüten, erneut innovativ zu denken. Er wird vermutlich alles, was «fremd» oder «unbekannt» ist, abwehren. Er will sich dadurch vor einem neuen existenziellen Schaden schützen, frei nach dem Motto: «Schuster bleib bei deinen Leisten.» Die wirklichen Hintergründe für das Scheitern ist aber nie «das Neue», die Ursachen liegen tiefer im Menschen selbst begründet. Erkennt der Mensch diesen Irrtum, kann er sich dem Neuen gegenüber wieder unvoreingenommen öffnen.

Wurde einem Mensch in einem früheren Leben eine Überzeugung übergestülpt oder ist er auf Versprechungen hereingefallen oder in eine lebensfeindliche Sekte geraten, die ihn manipuliert und indoktriniert hat, wird er heute wohl eher bei seiner bisherigen Überzeugung bleiben, weil diese ihm Sicherheit gibt. Er wird alles, was sein Unbewusstes mit dieser Erfahrung gleichsetzt abwehren. Manchmal wird auch die Reinkarnationstherapie als Gehirnwäsche bezeichnet oder mit dem Gedankengut einer Sekte vergli-

chen. Aber genau dieser Vergleich weist schon auf ein früheres Leben des Menschen, in dem er ähnliches erlebt hat. Beispiele zeigen, dass es wichtig ist, die wirklichen Ursachen in der Therapie herauszuarbeiten, damit dieser Mensch sich wieder wertfrei öffnen kann.
Manche Menschen mögen keine Veränderungen im Leben. Es soll alles so bleiben, wie es ist. Sich der Theorie der Wiedergeburt zu öffnen, zieht manchmal Veränderungen im Leben nach sich. Unbewusst ahnt der Mensch das schon.
Nehmen wir einen Arzt oder Heiler, der in früheren Leben erfolgreich war, ein gutes Verhältnis zu den Menschen hatte, Spaß an der Arbeit und alles lief prächtig. Plötzlich aber blieben ihm die Patienten weg. Er verfällt schließlich einer Sucht und verarmt auf der Straße. Bis zum Ende seines Lebens bestand er darauf, nichts falsch gemacht zu haben und es habe an seinen Patienten gelegen, die seine Arbeit nicht wertgeschätzt hätten. Die Hintergründe dafür, die sich aus seiner Therapie ergeben haben, deckten auf, dass er versäumt hat, sich neuen, bereits gefragten medizinischen Methoden gegenüber zu öffnen. Er hatte Angst, Veränderungen in sein Leben zu lassen und hat die Zeichen der Zeit ignoriert. Heute wiederholt der Klient sein Verhalten, er besteht auf seine alten Vorgehensweisen. Dadurch will er sich bestätigen, dass es früher richtig gewesen ist, beim Alten zu bleiben und sich nicht zu verändern und wiederholt sein Versäumnis.

In früheren Zeiten war der Glaube an die Wiedergeburt in verschiedenen Kulturkreisen in das Leben integriert. Sklaven haben sich oft zu Tode gearbeitet, weil ihnen versprochen wurde, sie würden nach ihrem Tod in Reichtum und einem besseren Stand wiedergeboren werden. Ein Trugschluss. Er wird dem Glauben an ein Leben nach dem Tod zukünftig skeptisch gegenüber stehen, da er nach seinem Tod sicher erkennen konnte, dass diese Versprechungen des Herrschers nur aus Eigennutz getan wurden. Wurde jemand wegen seines Glaubens an die Wiedergeburt verfolgt und musste er dafür sein Leben lassen, wird es ihn vermutlich zu einem gesellschaftlich anerkannten Glauben ziehen oder er distanziert sich von jeglicher Religion und jedem Glauben. Auch hier schaut diese Reinkarnationstherapie nach den echten Ursachen, die weder in der schweren Arbeit, noch in dem Glauben an die Wiedergeburt liegen.

«Die Vergangenheit muss man ruhen lassen. Das ist vorbei, was soll das bringen? Man muss in die Zukunft schauen.» Die eigene Vergangenheit soll für viele Menschen ein Rätsel bleiben und folglich unantastbar. Für manche ist sie sogar wie ein «innerer Gegner.» Warum ist das so? Dieser Mensch möchte sich mit dem Erlebten, aber auch mit dem von ihm Verursachten nicht auseinandersetzen. Das könnte nicht konform mit seinem Selbstbild und seinen Vorstellungen über sich selbst gehen. Dieser Mensch mag nicht in den Spiegel schauen. Unbewusst ahnt er bereits, dass seine früheren Leben ihn zur Korrektur seines bisherigen Selbstbildes bringen würden. Diese Korrektur wäre ohne Zweifel sinnvoll. Er selbst hält es aber nicht für möglich oder nötig, dass die Konfrontation mit seinem realen Selbst für eine Verbesserung seiner Lebensqualität sorgt. Häufig werden aufdeckende Therapien, dazu gehört auch die Reinkarnationstherapie, nach sehr kurzer Zeit ganz schnell abgebrochen. Das passiert, bevor es zu einer therapeutischen Intervention kommt, die das Selbstbild in Frage stellen könnte. Es ist eigentlich nichts Schlimmes, wenn ein Mensch entdecken muss, dass er noch der gleiche «Stinkstiefel» ist, der er früher bereits schon war. Erfahrungsgemäß sieht sein Umfeld schon lange, wie und wer er wirklich ist. Oft sind das auch die Gründe, warum dieser Mensch Schwierigkeiten mit seinem Umfeld hat. Dabei wäre es eine Chance, seine Beziehungen zu anderen Menschen zu verbessern.

Der Gewohnheitsmensch – das Leben voll im Griff! Ob im Bereich Wissen, Technik, Religion oder Alltag, es hat alles eine feste Struktur, vorgegebene Richtlinien und alles läuft nach Plan oder Tradition! «Das Leben fest im Griff, alles unter Kontrolle!» Diese Maxime, die Lebensphilosophien und Sichtweisen dieser Menschen sind fast unerschütterlich. Starre Vorgaben geben dem Leben oft eine vermeintliche Sicherheit: «Da kenne ich mich aus, da weiß ich, wie es läuft», «was soll ich mich mit so einem Blödsinn beschäftigen.» Oft der gesellschaftliche Anerkennung wegen: «Wir funktionieren, ich muss funktionieren!» Hier wird ein bestimmtes Weltbild aufgebaut oder verinnerlicht, um sicherzustellen, die Macht über das eigene Leben zu haben. Berichte über Rückführungen in frühere Leben, die sich positiv auf das Leben eines Menschen auswirken, werden oft belächelt, denn das «kann nicht sein», «das gibt es nicht» oder es heißt «das ist der Placebo-Effekt.» Die Erfahrungen haben gezeigt, dass viele Menschen, die in dieser

Weise denken, eine starke Angst haben, ihren Halt im Leben zu verlieren. Ein Zugeständnis an den Gedanken, dass es die Wiedergeburt geben könnte, würde hervorrufen, dass die eigene unreflektierte Lebensphilosophie nicht mehr haltbar ist. Ein solcher Mensch hat Angst davor, alles zu verlieren, was sein Leben ausmacht und ihm bisher Sicherheit gibt. Tatsächlich aber ist er schon lange dabei, alles zu verlieren, denn sich selbst, in seiner Individualität, hat er bereits verloren. Nunmehr hat er Angst, den Ersatz dafür zu verlieren. Die Angst vor der Antwort auf die Frage: «Was wäre, wenn …?» lässt ihn weiterhin eine aufgesetzte Rolle spielen. Diese Lebensweise behindert manchmal das Sich-Einlassen auf das eigene Unbewusste, auf Rückführungen oder Hypnose. Oftmals sind diesen Menschen in früheren Leben, aus Leichtfertigkeit, Fehler unterlaufen, die für andere existenzielle Folgen hatten. Häufig wird eine solche Starre durch unerwartete unkontrollierbare Ereignisse erschüttert. Auch hier bearbeitet diese Therapie die wirklichen Ursachen.

Wer an Reinkarnation glaubt, ist gesellschaftlich betrachtet, oft der «Exot», er wird abgeschoben und geschnitten, als wäre er aussätzig. Er schwimmt nicht mit der Masse und sieht sich durch seine Sichtweise oft in eine außergewöhnliche Rolle gedrängt. Diese exponierte Position wird er kaum durchstehen können, weil es ihn an frühere Leben erinnert. Ein Mensch, der in einem seiner früheren Leben in erhöhter Position gestanden ist und eventuell glühende Reden geschwungen hat, dies ihm aber zum Verhängnis wurde, wird keine «exponierte Position» mehr haben wollen. Ein Mensch, der in einem früheren Leben auf einer Bühne gestanden ist und Gedichte rezitiert hat und in Ungnade gefallen oder auf einem Marktplatz als Hexe verbrannt worden ist, wird alles meiden, was ihn in den Focus anderer Menschen bringt. Er wird die Öffentlichkeit meiden und seinen «inneren Exoten», der ihn exponieren würde, vermutlich unterdrücken und Extravaganzen sein lassen. Er wird sich daher auch kaum mit einer Theorie anfreunden können, die nur wenige teilen oder sich gar einer Reinkarnationstherapie unterziehen. Und wenn, dann vermutlich nur heimlich und mit niemandem darüber reden, um nicht wieder alle Blicke auf sich zu ziehen. Zudem wird er sich höchstwahrscheinlich auf die andere Seite schlagen und immer die Meinung der herrschenden Klasse verteidigen, bis hin zur Selbstverleugnung. Er meint, sich dadurch vor Wiederholung schützen zu können.

Es kommt immer wieder vor, dass sich Menschen «nicht trauen», aber dass ein jahrelanges Interesse für das Phänomen «Frühere Leben» in ihnen brennt. Erfahrungen aus früheren Leben wirken so stark nach, dass es oft eine lange Zeit braucht, bis sie sich vor sich selbst ihr Interesse für etwas Außergewöhnliches eingestehen können.

Grundsätzlich sollte man offen sein für alle Möglichkeiten, die das Leben bietet. Lehnt ein Mensch ab, was er nicht kennt und vorverurteilt, kann man ihn nicht wirklich ernst nehmen. Er spricht nicht aus Erfahrung, sondern stellt lediglich Hypothesen auf. Den eigenen Lebenspartner wählt der Mensch erfahrungsgemäß auch erst aus, nachdem er ihn kennengelernt hat. Damit gibt er sich und dem anderen und der gemeinsamen Beziehung eine Chance.

Für die Durchführung der Reinkarnationstherapie ist es unerheblich, ob der Mensch an die Wiedergeburt oder die Existenz früherer Leben glaubt. Sie funktioniert trotzdem, weil sie mit den Bildern des Unbewussten arbeitet. Man kann diese auch als Fantasiebilder nehmen und sich der Philosophie bedienen: «Der Lösung ist es egal, wie man sie erlangt!»

Wiedergeburt in den Weltreligionen

Zunächst ist festzuhalten, dass es keine allgemein anerkannte, wissenschaftliche Definition des Begriffs «Religion» gibt. Das Wort «Religion» leitet sich aus dem Lateinischen «Religio» ab und hat verschiedene Bedeutungen: Frömmigkeit, Gottesfurcht, Heiligkeit, Rücksicht, Bedenken, Skrupel oder Gewissenhaftigkeit. Neuere Definitionen sind beispielsweise: Zurück zum Ursprung oder Rückbindung. Religion ist ein Sammelbegriff für eine Vielzahl unterschiedlicher Weltanschauungen, deren Grundlage der jeweilige Glaube an bestimmte transzendente Kräfte und damit verbundene heilige Objekte sind, nicht im Sinne der Wissenschaftstheorie beweisbar, sondern nur im Wege individuell intuitiver Erfahrung. Allgemein gesehen handelt es sich bei Religionen um Weltanschauungen und Systeme von Sinngebung, die mit dem Glauben an etwas Übernatürlichem, wie einer höheren Macht, verbunden sind. Diese stellt man sich in Form von Göttern oder Geistern als wirkende Kraft vor, losgelöst von Personen und Gegenständen, die das Schicksal «von oben» lenkt. Der funktionalistische Religionsbegriff geht davon aus, dass Religion für den Menschen und die Gesellschaft eine prägende Rolle spielt und diese mitgestaltet. Alle vormodernen Kulturen hatten ausnahmslos eine Religion. Religiöse Weltanschauungen und Sinngebungssysteme haben oft lange Traditionen.

Den Glauben an die Wiedergeburt finden wir in fast allen Weltreligionen, in allen vergangenen Zeiten, wie auch in den neuzeitlichen, modernen Kulturen verankert. Der Glaube an die Wiedergeburt war in weiten Kreisen Europas stark verbreitet. Die Idee der Präexistenz der Seele vor der Empfängnis wurde im zweiten Konzil von Konstantinopel, im Jahr 553 nach Christus, verurteilt. Sie gewinnt aber seit circa 50 Jahren wieder an Bedeutung.

Menschen sehen in ihrem Glauben meist eine feste Größe, die ihrem Leben Sinn verleiht und Halt gibt. Der Glaube bietet dem Menschen oft eine Orientierung, um die Zusammenhänge des Daseins besser verstehen zu können. In vielen Fällen liefern Religionen Antworten auf die Frage: «Woher kommen wir und wohin gehen wir?» Sinn und Halt verleiht auch der Glaube an eine «unsterbliche Seele» und das «ewige Leben». Religionen bindet das Schicksal des Einzelnen in einen höheren Sinn ein. Viele blicken auf eine lange Tradition zurück und haben sich über die Jahrhunderte oder gar Jahrtausende entwickelt. Alle Weltreligionen kann man durchaus als feste Institutionen mit eigenen Regeln bezeichnen. Die Durchsetzung verschiedener Religionsrichtungen ging nicht immer friedlich von statten, sondern war in einigen Fällen mit Gewalt, Unterdrückung und grausamen Religionskriegen verbunden - man denke etwa an die Kreuzzüge im Mittelalter, die Etablierung des heutigen Buddhismus oder die Angriffe auf die christliche und die jüdische Religion, aber auch auf den Islam zu allen Zeiten der Weltgeschichte.

Grundsätzlich gehen wir davon aus, dass alle Religionen ein gemeinsames Ziel nur mit verschiedenen Namen haben. Die Metapher «Vertreibung aus dem Paradies» ist eine Beschreibung für die beschriebene Trennung der Seele aus der Einheit. Die weltweit größten und bekanntesten Religionen, die wir als Weltreligionen bezeichnen, sind beispielsweise: Christentum, Islam, Hinduismus, Buddhismus, Jüdische Religion und mehr. Anzahl und

Formenreichtum der historischen und gegenwärtigen Religionen übersteigt die Weltreligionen aber bei weitem.
Die Vorstellung, dass die Toten in ihren eigenen Familien wiedergeboren werden, ist in der Tradition der Stämme im tropischen Afrika, auf Neuguinea, den Pazifischen Inseln, in Indonesien und Malaysia und bei den Eingeborenen Australiens, tief verwurzelt.
In der Kultur der alten Ägypter war der Glaube an ein Leben nach dem Leben, ein fester Bestandteil des Lebens. Eine Mythologie besagt, dass die Toten vor dem Totengericht Rechenschaft ablegen mussten und abgeurteilt wurden, wenn sie schwerer Verbrechen schuldig befunden wurden. Sie wurden dem Krokodilgott geopfert. Hatte man sich jedoch gut verhalten, wurde einem gestattet, der großen Bruderschaft der Götter beizutreten, von wo aus man später als Priester, König oder Gelehrter wiedergeboren wurde.
Die alten indischen Arier prägten eine Religion, die im Volksmund als «Hinduismus» bekannt ist. Dieser wurzelt in einer der ältesten Schriften der Religionsgeschichte, der Veden und der Upanischaden. Den Upanischaden entnehmen wir: «Ein Mensch wird das, was seinen Werken und dem Weg, den er geht, entspricht. Wer sich rechtschaffen verhält, wird rechtschaffen, wer sich böse verhält, wird böse.»
Der Buddhismus wird sehr häufig mit dem Reinkarnationsgedanken in Verbindung gebracht. Von etwa 560 bis 480 vor Christus predigte Gautama Buddha den Buddhismus, der ursprünglich eine Abwandlung des Hinduismus war. Das Hauptziel des Buddhismus ist die Befreiung vom «Rad des Lebens.» Das bedeutet, sich von der dauerhaften Kette von Geburten, Toden und Wiedergeburten, der alle Geschöpfe des Universums unterliegen, zu lösen, bis sie im Nirwana den Zustand erreicht, indem alle Dualität transzendiert wird. Ein buddhistischer Text beschreibt: «Der Mensch ist ein Weiser, der seine früheren Leben kennt, der Himmel und Hölle gekannt hat und schließlich das Ende all seiner Geburten erreichte.»
Der indische Yogi Swami Narayanananda gilt als Begründer der universalen Religionen. Diese vertreten die Theorie, dass es eine Einheit des Lebens gibt. Danach besitzt der Mensch drei verschiedene Körper: Den grobstofflichen, den subtilen und den kausalen Körper. Beim Tod sterben nur der grobstoffliche Körper und die Sinne. Der subtile und kausale Körper, Geist, Kundalini-Shakti und Bewusstsein sterben nicht.

In Persien um 600 vor Christus herrschte die Religion Zarathustras (Zoroaster) vor. In dieser dualistischen Religion kämpfen zwei Götter miteinander: Der Gott des Lichts (Ahura Mazda) mit dem Gott der Finsternis (Ahriman). Zur Wiedergeburt finden wir: «In jeder folgenden Geburt schenkt der große Mazda dem, der durch gute Werke seine Gunst sucht, die Gabe größerer Selbsterkenntnis ...» und «demjenigen, der nicht gut sondern schlecht handelt, gibt er ein Schicksal, das mit jeder Geburt schlechter wird ...»
Die nordamerikanischen Indianer verstehen unter ihrer Jenseitsvorstellung die Elemente der Reinkarnation (entweder als Mensch oder Tier), als auch die Idee von Geisterwesen. Sie steht im Einklang mit anderen nomadischen Jagdkulturen, denen das Leben nach dem Tod eine Fülle von Spielen verspricht. Fast alle Indianerstämme glauben an ein Weiterleben nach dem Tod. Die Ureinwohner bezeichnen das Jenseits als «Glückliche Jagdgründe (Happy Hunting Ground).»
In der griechischen Kultur ist der Glaube an die Wiedergeburt ein zentrales Thema. Dieser Gedanke ist die Grundlage der Eleusinischen Mysterien (um 700 v. Chr.), deren wichtigstes Ritual eine Wiedergeburtszeremonie der Dichter aufweist. Der Philosoph Perkydes und sein Schüler Pythagoras sprachen von «der ewigen und unsterblichen Seele, die in einem materiellen Körper gefangen ist und nach dem Tod, je nach ihrem Verhalten in, einen anderen Körper übergeht. Gute Seelen kommen zurück als Propheten, Sänger, Führungspersönlichkeiten, Ärzte etc., die weniger Guten werden in einfachere Aufgaben hineingeboren oder kommen auch als Tiere zur Welt.» Platon gab dem Reinkarnationsgedanken bereits philosophische Tiefe: «Wenn ein Mensch stirbt, wählt er sich seine nächste Reinkarnation selbst, aber wie er wählt, wird von seinem eigenen Charakter bestimmt. Wenn jemand weise ist, so wählt er auch weise, ist er das aber nicht, wird er unausweichlich zu einer unklugen Wahl gezogen.»
Die Druiden Englands entwickelten eines der frühesten bekannten philosophischen Systeme, welches die hoffnungslose Verzweiflung des Todes linderte. Danach lebt die entkörperte Seele nach dem Tod eine gewisse Zeit bei den verstorbenen Vorfahren; dann tritt sie in einen neuen Körper ein.
Im Alten Testament finden wir in den Schriften Hiobs und Salomons Hinweise auf den Reinkarnationsgedanken. Etwa um 100 nach Christus schrieb Josephus: «Alle reinen und heiligen Geister leben an himmlischen Orten

weiter; im Laufe der Zeit werden sie wieder hinab gesandt, um rechtschaffene Körper zu bewohnen.»
Das Neue Testament zeigt, dass die Reinkarnationstheorie zu Zeiten Jesus im Volk vorhanden war. Bestätigt wird das in Matthäus 16, 13 - 14. Jesus fragt: «Was sagen die Leute, dass ich, der Menschensohn, sei?» Sie antworteten: «Einige meinen, dass du Johannes der Täufer seist, einige Elias; und andere Jeremias oder einer der Propheten.» Hier und in der Theorie der Auferstehung wird direkt auf die Vorinkarnation von Jesus angesprochen.
Im Mittelalter glaubten ketzerische, christliche Sekten, die sich Katharer (die Reinen) nannten, an die Wiedergeburtstheorie. Die geheimen Schulen des Mittelalters blieben fest bei der Idee der «Unsterblichkeit der Seele.» Menschen mit zur Kirchenmeinung konträren Auffassungen wurden oft mit dem Bann belegt.
Im Koran finden wir direkte, an den Reinkarnationsgedanken erinnernde Aussagen: «Gott erschafft Wesen und sendet sie immer wieder zurück, bis sie zu ihm heimkehren.» Ebenso wie: «Die Person des Menschen ist nur eine Maske, welche die Seele zu passender Zeit anlegt, sie eine bestimmte Zeit trägt und dann abwirft, um eine andere anzulegen.»
Viele Philosophen der Neuzeit bringen den Reinkarnationsgedanken zum Ausdruck. Dazu gehören: Kant, Leibnitz, Lessing, Goethe, Fichte, Hegel, Schelling, Schopenhauer, Nietzsche und Rudolf Steiner. Eines der Zitate von Wilhelm Busch zeigt, dass er sich mit dem Thema Wiedergeburt auseinandergesetzt hat:

Die Lehre von der Wiederkehr ist zweifelhaften Sinns.
Es fragt sich sehr, ob man nachher noch sagen kann: Ich bin's.
Allein was tut's, wenn mit der Zeit sich ändert die Gestalt?
Die Fähigkeit zu Lust und Leid vergeht wohl nicht so bald.

Ebenso Persönlichkeiten, wie Heinrich Heine, Richard Wagner, Gustav Mahler, Rainer Maria Rilke und Albert Schweitzer. Eine der bekanntesten Persönlichkeiten ist Henry Ford: «Ich übernahm die Theorie der Reinkarnation, als ich sechsundzwanzig war. Die Religion bot in der Richtung nichts, nicht einmal die Arbeit konnte mir volle Befriedigung verschaffen. Arbeit ist sinnlos, wenn wir die Erfahrung, die wir in einem Leben machen, im nächsten nicht verwenden können. Als ich die Wiedergeburt entdeckte, war es, als hätte ich einen universalen Plan gefunden. Ich begriff, dass es eine Chance gab, meine Gedanken zu verwirklichen. Die Zeit war nicht mehr begrenzt, ich war nicht länger ein Sklave der Uhr.»

Der Reinkarnationsgedanke ist keine einseitige, religiöse oder neuzeitliche Auffassung einiger weniger, sondern war und ist schon immer in großen Teilen der Welt fest verankert. Es gab zu allen Zeiten Gegner und Befürworter der Theorie. Die Wiedergeburt ist nicht wirklich beweisbar. Daher zählen nur der persönliche Glaube daran und die Frage:

Was, wenn es eine Seele gibt und diese wiedergeboren wird und es nach diesem Leben doch noch weitergeht?

Kapitel 2
Grundlagen seelischer Entwicklung

In diesem Kapitel werden folgende Themen behandelt:
- ✓ Die karmische Aufgabe des Menschen
- ✓ Ego contra innere Stimme
- ✓ Die drei Bewusstseinsebenen
- ✓ Die Spielregeln unseres Lebens

Die karmische Aufgabe des Menschen

Jeder Mensch hat eine karmische Aufgabe. Diese Aufgabe ist seine persönliche Entwicklungs- und Lebensaufgabe. Diese hat er sich bereits vor der Inkarnation in dieses Leben gesetzt. Sie richtet sich nach seinen Erfahrungen, die er aus früheren Leben mitbringt und ist seine karmische Aufgabe. Der Mensch ist bei seiner Geburt kein unbeflecktes Blatt mehr und seine Lebensaufgabe ist nicht neu, sondern ihm bereits bekannt. Sie ist ihm zwar meist unbewusst, seine Seele aber kennt die Aufgabe aus zahlreichen früheren Inkarnationen und hat sich diese Aufgabe vorher schon mehrere Male gestellt. In seinem aktuellen Leben nimmt sich der Mensch erneut vor, diese zu erfüllen. Eine Lebensaufgabe drängt nach Erfüllung und bleibt solange, bis sie erfüllt ist.
Bereits vor der Inkarnation sucht der Mensch sich die optimalsten Bedingungen aus, unter denen er seine Lebensaufgabe erfüllen kann. Zu diesen Bedingungen gehört in erster Linie sein zukünftiges, nahes Umfeld, in dem er leben wird: sein Elternhaus. Er wählt seine Eltern entsprechend seines Karmas aus. Meist hat er schon mehrere frühere Leben, in den verschiedensten Rollenverteilungen, mit seinen jetzigen Eltern verbracht. Er kennt sie schon und trifft somit auf Herausforderungen, an denen er seine Lebensaufgabe erfüllen kann. Die Eltern entsprechen den Suchkriterien, die

erforderlich sind, um die mitgebrachte karmische Aufgabe bestmöglich erfüllen zu können.
Neben dem Elternhaus sucht sich der Mensch auch seine Lebensbedingungen selbst aus. Oft beklagen sich Menschen darüber, wie ungerecht das Leben doch ist, gerade weil die sozialen Verhältnisse oft sehr unterschiedlich sind. Die Unterschiede von Reich und Arm lassen leicht den Schluss zu, dass das Schicksal ungerecht verteilt hat. Betrachtet man das heutige Leben als einziges Leben, das der Mensch lebt, wäre es in der Tat ungerecht. Der Mensch «vergisst» aber nach seiner Zeugung, dass es seine eigene Wahl war, in welche Verhältnisse er hineingeboren wurde. Öffnet er aber seinen Horizont und macht er die Grenze zur Vergangenheit auf, wird schnell klar, dass der Start ins Leben, unter erschwerten Bedingungen, sehr wohl gerecht ist. So betrachtet, nimmt die Sichtweise «Gott ist immer gerecht!», einen ganz anderen Stellenwert ein.
Was gute oder schlechte Lebensbedingungen sind, ist relativ und liegt im Auge des Betrachters (s. Kap. 1, Karma und Wiedergeburt). Jeder Mensch hat in seiner Situation seine individuelle Aufgabe zu erfüllen. Keine Entwicklungsaufgabe ist schwerer oder leichter als die des Anderen; jede Herausforderung ist für jeden gleich schwer und gleich leicht.
In dieser Weise schafft jeder die Bedingungen seiner eigenen Existenz selbst.

Jeder ist seines eigenen Glückes Schmied!

Der Mensch arbeitet jeden Tag an seiner Lebensaufgabe - ohne es zu bemerken und ohne sie zu kennen. Jede Phase unseres Lebens und jeder Lebensbereich stößt auf die Lebensaufgabe. In der Kindheit brauchen wir den Konflikt der Eltern untereinander als Entsprechung zur eigenen Lebensaufgabe. Zudem steckt in jedem Konflikt, den der Mensch mit seinen Eltern hat, und in jedem Erlebnis der Kindheit, die Lebensaufgabe. Daher ist es sinnvoll, sich immer zu fragen, was die persönliche Lernaufgabe am Konflikt mit den Eltern ist und war. Anstatt beispielsweise ein Leben lang wütend auf die Eltern zu sein, sollte man die Eltern als Erfüllungsgehilfen für die eigene Entwicklung betrachten und sich konstruktiv seiner Aufgabe widmen.

An Situationen, die man als negativ bewertet, kann man oft seine Lebensaufgabe ganz besonders gut erfüllen. Sichtbar wird sie in den schlechten, wie auch den guten Persönlichkeitsanteilen der Eltern. Die Verhaltensweisen, Charaktereigenschaften oder Fähigkeiten, die sich in den Eltern vereinen, brauchen wir als Spiegel für unseren Selbstfindungsprozess.

Jede Konfliktsituation, sei es mit dem Partner, den Freunden, dem Geschäftspartner oder irgendeiner Situation, ereignet sich nur deshalb, weil sie an das eigene Karma erinnert und die Entwicklungsaufgabe zeigt. Jedes Körpersymptom, jede Krankheit, auch Schnupfen oder Grippe erinnert ebenso an die karmische Aufgabe. Selbst die Probleme, die wir mit unseren Autos haben, spiegeln als Projektionsfläche eine Aufgabenstellung.

Menschen brauchen Spannungsfelder und Konflikte mit anderen Menschen als Herausforderung, um sich weiterzuentwickeln. Menschen, die jeder Herausforderung aus dem Weg gehen, keine Unstimmigkeiten im Leben möchten oder den Anspruch nach absoluter Harmonie hegen, vermeiden ihr Karma und ihre Lebensaufgabe. Gedanken, wie: «Das braucht kein Mensch», ist meist ein Verdrängen und «Nicht-Wissen-Wollen.» Doch genau die Situation, die «kein Mensch braucht», die brauchen wir, weil sich darin die karmische Aufgabe spiegelt. Würde man einen Menschen lange Zeit isolieren, ohne Kontakt zur Außenwelt, könnte er sich nicht entwickeln. Deswegen sind Existenzen in Abgeschiedenheit zwar für eine kurze Zeit sinnvoll, um sich selbst zu reflektieren, auf lange Sicht jedoch eine Abkehr von der Entwicklung.

Die Grundaufgabe des Menschen ist, mit sich selbst wieder eine Einheit zu werden und seine Grundidentität wiederzuerlangen, die vor langer Zeit aufgegeben wurde. Dazu müssen fehlende Persönlichkeitsanteile wieder integriert werden. Was das ist, was dem Menschen fehlt, zeigen uns als erstes unsere Eltern auf. Die Lebensaufgabe ist das Ziel hinter jeder Re-Inkarnation. Sie zwingt die Seele immer wieder zur Verkörperung. Sie ist die treibende Kraft, dass sich die Seele, nach einer gewissen Zeit ohne Verkörperung, wieder einen neuen Körper sucht. Eine karmische Aufgabe kann der Mensch nur in der Verkörperung erfüllen. Daher gibt es nach einem Tod auch nur die erneute Wiedergeburt als Weiterentwicklungsmöglichkeit. Für die Reinkarnationstherapie ist folglich auch nur die Zeit unmittelbar nach dem Tod relevant, nicht aber die gesamte Phase des Zwischenlebens. Mag diese Zeit auch Interesse wecken, Weiterentwicklung und damit verbundene Erkenntnisse, finden dort nicht statt.

Konkretisieren wir nun, was eine Lebensaufgabe ist. Die Lebensaufgabe ist keine Aktivität, wie «Familie haben», oder das Ziel «glücklich zu werden». Auch keine Vision von beruflichen Zielen, wie «Erfolg zu haben» oder «Karriere zu machen.» Eine Lebensaufgabe ist einerseits eine menschliche Qualität zu entwickeln, andererseits als Polarität dazu, eine Schwäche zu überwinden. Diese hat bereits eines oder mehrere frühere Leben des Menschen zum Scheitern gebracht hat. Jeder hat seine individuelle Lebensaufgabe. Die zu entwickelnden seelischen Qualitäten sind immer positive Persönlichkeitsanteile, die der Mensch im Laufe seiner Inkarnationen von sich abgespalten hat, weil er diese nicht mehr als lebenswert angesehen hat. Diese Therapie arbeitet, durch die Art und Weise, wie rückgeführt wird, gezielt darauf hin, diese wieder zu integrieren. Die zu überwindenden Schwächen sind meist unliebsame Charaktereigenschaften, weil der Mensch «so nicht mehr sein» wollte. Ab dato führen sie ein Leben im Untergrund und machen dem Menschen das Leben schwer. Sie tauchen auf, wo sie fehl am Platz sind und fehlen, wenn sie gebraucht werden. Diese Eigenschaften sind deshalb Schwächen, weil sie den Menschen in seinem Charakter schwächen. Sie wollen wieder integriert werden. Aber warum ist das so wichtig? Stärken und Schwächen kommen aus dem gleichen Topf. Macht der Mensch den Deckel zu, blockiert er sich damit auch ein lebenswichtiges Positivpotential, welches die gleiche Wurzel hat. Loslassen kann der Mensch seine Schwächen allerdings erst, nachdem er diese integriert hat. Vergleichbar ist der Vorgang ziemlich einfach mit dem Bedürfnis, etwas verkaufen zu wollen: «Bevor ich etwas verkaufen kann, muss ich es zuerst besitzen.»

Es gibt eine Reihe von verdrängten, unliebsamen Charaktereigenschaften, die der Mensch wieder integrieren und überwinden möchte. Beispiele sind: Die Unehrlichkeit, die Habgier oder die Überheblichkeit. Die Liste ist lang und individuell, da jeder Mensch andere Schwächen aus früheren Leben mitbringt. Beispiele von seelischen Qualitäten, wichtig unter anderem für ein gesundes Miteinander, können beispielsweise sein: das Mitgefühl, die Demut oder die Individualität.

Allgemein wird oft über die Entwicklung von Selbstvertrauen (als von sich überzeugt) oder Selbstwert (als Gegenteil von Minderwert) gesprochen. Beides sind keine primären Entwicklungsaufgaben, sondern eine Folge von einer Reihe von Erkenntnisprozessen innerhalb der Therapie.
Das Leben stellt immer wieder Herausforderungssituationen bereit, damit der Mensch sich, bis auf die subtilsten Ebenen, mit der Lösung seiner Aufgaben beschäftigen kann. Ist die Lebensaufgabe erst einmal bekannt, steht es an, sich selbst zu zeigen, das Leben danach zu leben.

Jemand der nie Probleme löst, ist nicht frei.
Er ist unfrei, weil er immer noch Sklave seiner Programmierungen ist;
er kann immer nur aus seinem unfreien Teil entscheiden.

Es ist ein Trugschluss, dass sich ein Problem nach einer Rückführung in Luft auflöst. Ein Problem löst sich, wenn die jeweilige Aufgabe, die das Problem bereithält, erkannt und erfüllt ist. Die eigentliche Problemsituation ist oft noch da, aber der Mensch geht einfach nur anders damit um. Somit empfindet er sie nicht mehr als solche, weil er sie bewältigen kann. Die Arbeit an der wirklichen Lebensaufgabe macht niemals müde. Ist eine Aufgabe an einer Situation erfüllt, ändert sich auch die Anziehung des Menschen. Folglich zieht er sich andere Lebenssituationen und Menschen an. Auch wenn die echten Ursachen eines Problems erkannt und die Ursachen in früheren Leben durch Rückführungen gefunden sind, so begleitet die Aufgabe den Menschen solange, bis die Aufgabe auf allen Ebenen gelöst ist. Ist eine gesamte Lebensaufgabe erfüllt, setzt sich der Mensch im aktuellen Leben wieder eine neue Lebensaufgabe.

Ego contra innere Stimme

Der Mensch trägt zwei Instanzen in sich. Das eine ist der Teil der Seele, der Allbewusstsein hat und der andere ist das Ego. Beide sind gleichermaßen und ausschließlich für unsere Entwicklung verantwortlich. Der Teil, der

Allbewusstsein besitzt, wird gleichgesetzt mit unserer inneren Stimme, bezeichnet auch als Gewissen (lat. conscientia) oder Seelenqualität. Er wird als eine Instanz des menschlichen Bewusstseins angesehen. Ohne Verkörperung und ohne sich in der Erdgebundenheit zu befinden, ist der Seelenanteil frei von jeglicher Wertung. Dieser Anteil kann wertneutral über Vorleben zurückblicken und in Folgeleben vorausblicken. Der Seelenanteil ist allwissend und weiß somit bereits vor einer Handlung, was richtig und falsch für den Menschen ist. Dieser Seelenanteil ist unsere «innere Stimme.»

Die innere Stimme

Unsere innere Stimme, im Sinne dieser Therapie, ist die Instanz im Menschen, die ihm jederzeit und bei jeder Entscheidung den richtigen Weg aufzeigt. Sie zeigt sich dem Menschen als Gedanke. Würde jeder Mensch ausschließlich dieser Stimme und diesen Gedanken folgen, hätte der Mensch keine Probleme; sein Leben wäre im Fluss. In den Therapien kommt es manchmal vor, dass ein Klient sagt, dass er seine innere Stimme nicht hören kann und seine Entscheidungen immer unerwünschte Folgen haben. Sehr selten ist das wirklich der Fall. Oft wird die innere Stimme überhört, weil der Weg, der gegangen werden soll, unangenehm erscheint. Die innere Stimme wird folglich blitzschnell mittels einer Rechtfertigung beiseitegeschoben. In der Therapie nennen wir das «verdrängt.» Eine Ausnahme ist, wenn die innere Stimme tatsächlich durch Beeinflussungen oder Programmierungen überlagert ist. Grundsätzlich ist es aber möglich, dass der Mensch sein Leben im Fluss halten kann, wenn er sich nach seiner inneren Stimme richtet. In der Therapie wird oft der Wunsch geäußert: «Ich möchte auf mein Gefühl hören können.» Irrtümlicherweise meinen viele Menschen, ihr Gefühl sei die erste Instanz, die sie sich in ihnen meldet. Die erste Instanz ist jedoch immer die innere Stimme.

Beispiel:
Hupt plötzlich ein Auto, erschrickt (Gefühl) der Mensch und springt (Handlung) plötzlich zur Seite. Dieser Vorgang passiert sehr schnell und daher meint er, nicht zuerst in einen inneren Dialog zu gehen und darüber nachzu-

denken, was er tut. Er wird sein Gefühl (erschrickt) als ersten wahrnehmbaren Hinweis betrachten. Tatsache ist, dass auf das Hören der Hupe der Gedanke «Auto» folgt. Jeder, sei er noch so schnell in seiner Reaktion, kennt den Punkt, an dem er innehält. Wir nennen das Schrecksekunde. Genau in dieser sogenannten Schrecksekunde findet der innere Dialog statt und zeigt sich als geringfügige Verzögerung: «Soll ich nach rechts oder nach links flüchten?» Erst wenn das entschieden ist, wird der Mensch tatsächlich springen. Läuft er vor das Auto, hat er sich nach seinem Ego gerichtet; springt er zur Seite, hat er auf seine innere Stimme gehört.
Das Vorhandensein von Problemen zeigt grundsätzlich an, dass sich der Mensch nicht nach seiner Intuition, bzw. seiner inneren Stimme gerichtet hat. Es ist ein Ziel des Menschen, sich immer mehr auf seine innere Stimme verlassen zu können, weil er tief im Innern weiß, dass er dann weniger Probleme hat. Handelt der Mensch nach seiner inneren Stimme, kann er sich gut und in sich gefestigt fühlen, denn richtiges Handeln wird vom Schicksal belohnt. Warum aber hören wir Menschen sooft auf das Ego und oft nicht auf die innere Stimme? Eigentlich wäre es doch sinnvoll und ganz einfach. In der weiteren Instanz des Menschen, dem Ego, finden wir die Ursache dafür.

Das Ego

Das Ego ist eine Instanz des Menschen. Das Ego ist der Gegenspieler der inneren Stimme. Wenn das Ego in Aktion tritt, vertritt es grundsätzlich eine konträre Sichtweise zur inneren Stimme. Folglich ist die Aufgabe eines Egos ein immerwährendes «Dagegensein.» Durch das «Dagegensein» sichert sich das Ego seine Existenz. Das Ego ist unflexibel und beharrt stur auf seiner Sichtweise, die es als Gegenstandpunkt eingenommen hat. In seiner Argumentationskette gegenüber der inneren Stimme, ist das Ego äußerst flexibel, um seine Standpunkte zu verteidigen und zu rechtfertigen. Ego und innere Stimme stehen in Kommunikation, wobei die innere Stimme den richtigen Weg weist und das Ego andere Empfehlungen gibt, vergleichbar zwei Diskussionspartnern. Im Gegensatz zum Ego diskutiert die innere Stimme jedoch nicht, da es für sie immer nur einen klaren Weg gibt.

Aber was ist das für ein Bursche im Menschen, dieses Ego? Jeder kennt ihn und es wird oft über ihn geredet: «Das ist eben eine Ego-Sache!» Es wird über ihn bücherweise geschrieben und die Wichtigkeit betont, ihn los zu werden. Spätestens, wenn etwas im Leben schief gelaufen ist, muss der Mensch zähneknirschend zur Kenntnis nehmen, dass dieser Bursche wieder agiert hat. Das Ego ist die Instanz im Menschen, die dem Menschen bei Entscheidungen einen Weg offeriert, der in jedem Fall zu Schwierigkeiten führt. Dass ein Mensch nach seinem Ego gehandelt hat, erkennt er folglich an all seinen Schwierigkeiten, Dramen, Problemen, seinem Leiden und an allen unethischen Verhaltensweisen. So betrachtet, macht das Ego als Gegenspieler der inneren Stimme immer einen ausgezeichneten Job. Ein unerwünschtes Ergebnis ist immer das Produkt des Egos. Im Nachhinein ist es allerdings verärgert über das Ergebnis seiner eigenen Empfehlung.

Bei jeder Entscheidung, die der Mensch treffen möchte, meldet sich zuerst seine innere Stimme über einen Gedanken. Daneben meldet sich fast zeitgleich sein Ego, ebenso über einen Gedanken. Der Mensch selbst empfindet das oft als ein «hin und her im Kopf». Liebevoll nennen wir es in der Therapie «gedanklicher Kreisverkehr». Es ist für den Menschen nicht immer leicht zu unterscheiden, welcher Gedanke in der inneren Stimme wurzelt und welcher Gedanke aus seinem Ego herrührt. Grundsätzlich möchte das Ego Macht über den Menschen und ihn steuern. Das wird passieren, je mehr der Mensch der Stimme seines Egos folgt. Man nennt das dann: «Der hat ein aufgeblähtes Ego.» Je mehr Raum der Mensch seinem Ego einräumt, desto weniger laut empfindet er seine innere Stimme. Das Ego hält durchaus den Vergleich mit einem Gaukler stand, der dem Menschen vorgaukelt, dass es Nachteile für ihn hat; wenn er seiner inneren Stimme folgt und verspricht ihm vermeintlich attraktive Vorteile. Das Ego waltet jenseits der Ethik und bevorzugt gern illegale Wege. Man braucht sich daher nicht wundern, wenn etwas schief geht. Das Ego ist der Besserwisser oder Rechthaber im Menschen. Sagt ein Mensch beispielsweise immer: «Ja, aber ...», spricht die innere Stimme das «Ja» und das das Ego kontert mit einem «Aber.» Das Ego ist zudem ein Persönlichkeitsanteil mit großem Mittelpunktstreben, Herrscherallüren und um keine Ausrede verlegen. Sein Ziel ist, den Menschen so zu dominieren, dass er seine innere Stimme nicht mehr hören kann.

Die folgenden Punkte geben einen kleinen Einblick darin, welche Handlungen die Stimme des Egos sind:

- ✓ Sich nach den Erwartungshaltungen anderer zu richten
- ✓ Faule Kompromisse schließen (wobei jeder Kompromiss ein fauler ist)
- ✓ Sich fortwährend selbstbestätigen und selbstdarstellen
- ✓ Schlechtes Gewissens, was sich beispielsweise in Unruhe, Schlafstörungen, etc. äußert
- ✓ Sich selbst abzuwerten und andere höher stellen
- ✓ Sich selbst erhöhen und andere abwerten und dabei den Gleichheitsgrundsatz zu verletzen
- ✓ Sich verpflichtet fühlen müssen, bis hin zur Aufopferung
- ✓ Fehlende Abgrenzung
- ✓ Sich in bestehende Beziehungen drängen
- ✓ Wissen höher zu stellen als das Menschliche
- ✓ Andere nicht hochkommen lassen
- ✓ Keine Position beziehen, wenn es ansteht etc.
- ✓ Den Weg des geringsten Widerstandes zu gehen
- ✓ Gewalt als Mittel der Wahl anzusehen
- ✓ Alle Handlungen, die darauf abzielen, andere zu schädigen

Die zentrale Aufgabe dieser Therapie ist, das Ego zu transformieren. Sie gibt dem Menschen durch die Rückführungen das Verständnis dafür, «wer gerade spricht», das Ego oder die innere Stimme. Ziel ist es, die innere Stimme zu stärken, ethisch zu handeln und den Menschen darauf zu sensibilisieren, auf seine innere Stimme zu hören. Das Ego vollständig loswerden zu wollen, kann kein Ziel sein, denn dazu müsste der Mensch seine Polarität aufheben. Es kann nur ein Ziel sein, sein Ego Schritt für Schritt zu transformieren. Durch den Transformationsprozess der Therapie transformiert sich gleichzeitig das Ego des Menschen.

Es gehört zur Lebensaufgabe des Menschen, zu reflektieren. Ein Mensch, der aufgehört hat, sich zu reflektieren, hat die Kommunikation zwischen seiner inneren Stimme und seinem Ego eingestellt. Er folgt nur noch seinem Ego.

Die drei Bewusstseinsebenen

Will man sich selbst oder andere Menschen verstehen, muss man wissen, wie das Bewusstsein des Menschen funktioniert. Wir teilen unser Bewusstsein in drei Funktionsbereiche ein: In das Überbewusstsein, das Bewusstsein und das Unbewusste, auch Unterbewusstsein genannt. Diese drei Teile des Bewusstseins werden auch «Die drei Teile des Selbst» genannt. Sie haben unterschiedlich Funktionen, sind aber untrennbar miteinander verbunden. Sie funktionieren übergreifend und werden vom Menschen unwillkürlich gleichzeitig eingesetzt.

Das Überbewusstsein

Das Überbewusstsein wird auch als «Höheres Selbst» oder «Göttliches Selbst» bezeichnet. Diese Instanz des Bewusstseins verbindet den Menschen mit einer übergeordneten Ebene, die für ihn mit dem rationalen Verstand nicht erfassbar ist. Diese wird oft auch als «Jenseitige Welt» bezeichnet.

Im Überbewusstsein wird das Gewissen (innere Stimme) und die Intuition des Menschen angesiedelt. Diese, dem Tagesbewusstsein übergeordnete Ebene übermittelt dem Menschen selbst subtilste Energien. Der Mensch ist somit fähig, diese wahrzunehmen und zu verwerten. Diese Ebene fungiert als sogenannte innere Stimme, die dem Menschen beim beschreiten seines Lebensweges behilflich ist. Dieses Phänomen hat nichts mit dem «Stimmen hören» zu tun. In wie weit, der Mensch seine innere Stimme wahrnimmt und sich nach ihr richtet, entscheidet er selbst. Das Überbewusstsein «weiß alles», denn auf dieser Ebene sind wir «allwissend». Sie wird daher auch oft als «Ebene des Allwissens» oder «Ebene des All-Eins-Seins» benannt. Auf dieser Ebene scheinen wir das ultimative Verständnis für die Zusammenhänge des Lebens und der Menschheit zu haben.

Jeder Mensch ist dauerhaft mit dieser Ebene verbunden. Er vermag sich jedoch nicht immer nach seiner inneren Stimme zu richten. Jeder kennt die Aussage: «Da habe ich nicht auf meine innere Stimme gehört.» Grundsätzlich wäre das aber möglich, jedoch hätte der Mensch dann auch dauerhaft keine Probleme. Keinem Menschen gelingt es, dauerhaft auf seine innere Stimme zu hören. Das würde der Aussage gleich kommen, erleuchtet zu sein. Eine derartige Behauptung zeigt eine illusionäre Vorstellung über die persönliche Reife. Häufig weist eine solche Aussage auch auf selbstdarstellerische Tendenzen hin, die lediglich eine Selbsterhöhung zum Ziel haben. Oder sie zeigt eine starke Vermeidung, sich in seinen Schattenseiten zu reflektieren. Schaut man bei diesen Menschen einmal hinter die Kulissen, wird man schnell bemerken, dass es mit der Erleuchtung gar nicht so weit her ist. Wer von sich selbst behauptet, er sei erleuchtet, der ist es erfahrungsgemäß nicht.

Wer sich dauerhaft nach seiner inneren Stimme richten würde und somit nach dem, was ihm sein Überbewusstsein übermittelt, hätte keine Probleme.

Das Bewusstsein

Das Bewusstsein ist die Instanz, welche der Aufmerksamkeit die Richtung gibt und sich dieser Vorgänge bewusst ist. Es wird auch als Mittelbewusstsein oder als das «Äußere Selbst» benannt. Ihm wird der Sitz des rationalen analytischen Verstandes und des Willens zugeschrieben. Der Wille ist, im Gegensatz zum Unbewussten, aktiv steuerbar. Es ist die Zentrale des analytischen Denkens und Handelns. Das Bewusstsein unterscheidet nach Ort und Zeit und ist in sich flexibel.

Seine Funktionen:

- ✓ Müheloser Wille
- ✓ Gewahrsein
- ✓ Wert- und Sinnerfüllung
- ✓ Kontrolle der bewussten Handlungsabläufe

Das Bewusstsein hat zum Überbewusstsein nur Zugang über das Unbewusste.

Das Unbewusste

Das Unbewusste ist in der Psychologie jener Bereich der menschlichen Psyche, der dem Bewusstsein nicht direkt zugänglich ist. Man beschreibt es als die organismische Instanz, die auf automatischem Wege das Beste im Leben für uns zu erreichen versucht. Alltagssprachlich wird es oft als «Unterbewusstsein» bezeichnet. Die Tiefenpsychologie geht davon aus, dass unbewusste psychische Prozesse das menschliche Handeln, Denken und Fühlen entscheidend beeinflussen und dass die Bewusstmachung unbewusster Vorgänge, eine wesentliche Voraussetzung für eine Therapie ist. Dagegen fallen unter die, als das Vorbewusste bezeichnete psychische Region, alle psychischen Vorgänge und Inhalte, die im Augenblick nicht aktiviert, aber im Gegensatz zum Unbewussten prinzipiell zugänglich sind und im Bedarfsfalle jederzeit wieder aktiviert werden können.

Seine Funktionen:

- ✓ Gedächtnis als Hauptfunktion
- ✓ Kontrollen der physischen Bewegungsabläufe
- ✓ Quelle von Emotionen und Gefühlen
- ✓ Hort aller geistigen und körperlichen Angewohnheiten und aller Verhaltensweisen
- ✓ Medium, mit dem das Bewusstsein Erlebnisse wahrnimmt und auf sie reagiert
- ✓ Ist auf Wachstum bei gleichzeitiger Wahrung der Identität ausgerichtet
- ✓ Empfänger und Sender aller übersinnlichen Phänomene, Vermittlung zu den kreativen Bereichen
- ✓ Denkt logisch
- ✓ Richtet sich nach klaren Bitten, liebt direkte und emotionale Ansprache, wie beim vertrauter Partner.

Das Unbewusste gilt als die Steuerungszentrale unseres Lebens. Allerdings trifft diese Tatsache oft noch auf massive Gegenwehr, denn jeder Mensch

hätte es gerne, dass er mit seinem Bewusstsein, also seinem Willen, sein Leben in der Hand hat und alles steuert.
Die wissenschaftliche Sichtweise besagt, dass nur zehn Prozent der menschlichen Erfahrungen mit dem Bewusstsein erfassbar sind und zur Verfügung stehen. Die Inhalte des Unbewussten sind dem Menschen unbekannt; man rechnet ihm neunzig Prozent der menschlichen Erfahrung zu. Unbewusstes und Bewusstes kann man daher nicht getrennt voneinander betrachten.
Durch Taten und Entscheidungen geben wir an, welche Richtung wir gehen. Ausgangspunk ist «Ratio» - unser Verstand, die Kommandozentrale der bewussten Wahrnehmung. Eine starke Persönlichkeit mit Führungsqualität. Ihre Aufgabe: Rationales analytisches Denken, ständiger Wohnsitz ist die linke Gehirnhälfte. Ratio hat das Leben scheinbar voll im Griff - bis es dann nicht klappt. Denn die Bühne des Lebens ist der formale Rahmen für das uralte, selbst inszenierte Lebensspiel von:

Aktion und Reaktion
Macht und Ohnmacht
Input gleich Output

Ist Output nicht gewünscht, fängt der Mensch an zu rotieren: Output entspricht nicht dem Input von Ratio. Seiner Meinung nach liegt ein Fehler vor. Die Gleichung aber stimmt. Irgendwo in uns ist der Schlüssel dafür verborgen. Der Schlüssel dazu ist das Unbewusste, eine Instanz die unbemerkt im Hintergrund steuert, als eine gigantische Datenbank, die alles gespeichert und beherbergt hat, was wir je erfahren und erlebt haben. Sie ist zudem die Heimat unserer Glaubenssätze. Eine prallgefüllte Datenbank, die als unterbewusster Kontrolleur unseres Lebens dieses steuert. Diese Instanz lässt Ratio, und folglich uns auch, handeln oder zögern und entscheidet ausschließlich nach den Erfahrungen der Vergangenheit. Bringt eigenes Input, denn wir handeln nach dem binären Prinzip: «War gut für mich, war schlecht für mich», ohne gefasste Glaubenssätze oder Sichtweisen anzuzweifeln.
Störungen bei denen es scheint, dass Output im Ergebnis nicht stimmt, sind Programme, die wir in den zeitlosen Speicher des Unbewussten eingegeben haben. Output stimmt immer mit Input überein, weil wir es so programmiert

haben. Wenn es stimmt, dass wir selbst diese unverwüstliche Software namens «Unbewusstes» programmiert haben, wird klar, dass wir alle eine Vergangenheit haben. Wir sind bei der Geburt kein unbeschriebenes Blatt; wir setzen nur fort was wir bereits begonnenen haben. So betrachtet, stimmt die Gleichung immer, zieht man in Betracht, dass Input aus dem Unbewussten gegeben wird. Danach ist das Ergebnis immer richtig.
Das Unbewusste oder «Unteres Selbst», als Gegenteil des «Höheren Selbst», oft auch als «Inneres Selbst» oder «Tieferes Selbst» bezeichnet, verwaltet die gesamte Erinnerung des Menschen - auch über die Grenzen des heutigen Lebens hinaus, in die Vergangenheit. Das Unbewusste ist verantwortlich für das Auftreten von Emotionen, wie Ärger, Wut, Zorn, Trauer, Freude und Zuständen, wie Angst. Es ist verantwortlich für Krankheiten und für unsere Handlungen, Gedanken und Sichtweisen.
Das Unbewusste gibt Impulse, die sich ausschließlich nach den Erfahrungen der Vergangenheit richten, die uns Menschen prägen. Das Unbewusste kann sich nicht aus sich selbst heraus korrigieren.
Das Unbewusste als endloser und zeitloser Speicher speichert zeitlos und verwechselt Zeit und Ort. Die Folge ist, dass wir uns bei anstehenden Entscheidungen an alten Erfahrungen und Geschichten orientieren und in aktuell gegebenen Situationen nicht wirklich neu entscheiden können, obwohl es erforderlich wäre.

Nehmen wir unsere Kindheit: Fühlen wir uns von einem Elternteil bevormundet und unter Druck gesetzt, reagieren wir ungehalten, wenn uns später ein Vorgesetzter eine Anweisung gibt. Im Extremfall kommt es zur Trotzhandlung und zur Kündigung. Was ist passiert? Das Unbewusste verbindet Inhalte und handelt nach dem Ähnlichkeitsprinzip. Ein Elternteil stellt eine Autorität dar. Das Unbewusste signalisiert: «Autoritäten bevormunden und ich werde gezwungen.» Der Vorgesetzte stellt ebenso eine Autoritätsperson dar. Es wird verglichen und nach der Erfahrung in der Kindheit gehandelt, beispielsweise mit Trotz. Würde der Mensch die Erfahrungen in der Kindheit nicht mit der aktuellen Situation gleichsetzen, könnte er neu reagieren, wie es zu einem erwachsenen Menschen passt. Er könnte erkennen, dass die Anweisung eines Vorgesetzten nichts anderes ist, wie seine Aufgabe. Er könnte seine Abneigung gegenüber Autoritätspersonen ablegen. Das würde sein Leben erheblich einfacher machen, da er weniger Probleme hätte. Das sind bereits altbekannte vertraute Erkenntnisse, der freudschen Neurosenlehre. Wendet man diese Theorie analog auf Erfahrungen in früheren Leben an, kann man sich leicht vorstellen, wie unglaublich hinderlich Prägungen aus früheren Leben sind, die irrationalerweise angewandt werden.

Der Inhalt dieser riesigen Datenbank «Unterbewusstsein» ist in weiten Teilen überholt, da es Impulse nach den Prägungen der Vergangenheit gibt. Das Handeln danach ist wenig sinnvoll und stellt sich meist als nutzlos heraus. Die Absichten des Unbewussten sind aber grundsätzlich positiv. Genau das ist für Menschen schwer nachvollziehbar, wenn sie unter einem Problem leiden. Hat eine Mensch eine Krankheit oder leidet er unter seiner Aggressivität oder anderen Störung, hört man oft: «Was soll daran positiv sein?» Die Absichten des Unbewussten können beispielsweise sein: Schutz, Warnung, Bewahrung der Besonderheit oder Kompensation.

Der Mensch wiederholt seine Handlungen, obwohl es augenscheinlich unlogisch erscheint. Für sein Unbewusstes ist jedoch genau diese Handlung ausgesprochen logisch, weil es einen Nutzen darin sieht. Dieser Nutzen macht nur oft in der aktuellen Situation keinen Sinn mehr. Je voller der Speicher des Unbewussten mit überholten blockierenden Erfahrungen ist, deren Anwendung heute keinen Sinn mehr machen, desto mehr finden wir langsameres Denken und Schwingen bei diesem Menschen. Der Verdrängungswert des Menschen ist dann sehr hoch. Der Mensch braucht viel Kraft, um seinen unbewussten Speicher zuzuhalten. Arbeitet der Mensch seine Vergangenheit auf, löst er sich von den Inhalten seines Unbewussten und korrigiert seine überholten Sichtweisen, erfährt er einen großen Energiezuwachs.

Freud hat anfänglich als räumliche Unterscheidungen drei psychische Bereiche der menschlichen Seele unterschieden: Das Bewusste, das Vorbewusste und das Unbewusste. In der Reinkarnationstherapie trennen wir diese Instanzen nicht, sondern arbeiten mit einem «Unbewussten, in dem alle Erfahrungen gespeichert sind.» Die Reinkarnationstherapie geht davon aus, macht man die Grenze über die Geburt nach hinten in die Vergangenheit auf, dass auch diese Zeit handlungswirksam ist. Sie geht davon aus, dass das System des Unbewussten ein weitaus größeres Speichervolumen hat, wie in der klassischen Sichtweise angenommen. Zu späteren Zeiten

kombinierte Freud die drei vorgenannten Bereiche seines ursprünglichen Seelenmodells mit einem weiteren, jedoch nicht ganz deckungsgleichen «Strukturmodell der Psyche», das drei psychische «Instanzen» unterscheidet: Es, Ich und Über-Ich. In einer anderen berühmten Formulierung geht es nach Freud in der Psychoanalyse darum, den Menschen zu unterstützen, «Herr im eigenen Hause zu werden.»
Dadurch, dass in der Reinkarnationstherapie die Grenzen in die Vergangenheit geöffnet werden, kann dieses Modell nicht vollständig übernommen werden. In Anlehnung an dieses Modell arbeitet die Reinkarnationstherapie mit dem Seelenanteil, dem Egoanteil und den Rechtfertigungsstrategien des Menschen. Die Reinkarnationstherapie vertritt die Theorie, dass der Mensch die Auseinandersetzung mit seinen früheren Erfahrungen durch Rechtfertigungen abwehrt und somit verhindert, seinem eigenen Anteil an seinem Scheitern ins Auge zu sehen. Die Rechtfertigung kommt einem Abwehrmechanismus gleich, um Seelenanteile und Seelenbedürfnisse für einen sogenannten Scheinnutzen, von sich zu verdrängen.
Die Aufarbeitung früherer Leben hat den Sinn, den Menschen von destruktivem Wiederholungsverhalten zu befreien und traumatisches Erleben durch gründliche Aufarbeitung bewusst zu machen. Ziel ist es, sich von den Prägungen des Unbewussten zu befreien, die zu unerwünschten Verhaltensweisen führen. Die Therapie geht zudem davon aus, dass eine Befreiung nur möglich ist, wenn alles Verdrängte bewusst ist. Als Verdrängung sind damit nicht nur die bloßen Inhalte früherer Leben gemeint, die aus dem Unbewussten ins Bewusstsein rückgeführt werden, sondern auch verdrängte Anteile des Menschen, die zum Verlust des Ichs geführt haben. Dieser Aufarbeitungsmodus früherer Leben gilt für die in diesem Buch beschriebene Methode der Reinkarnationstherapie; andere Formen haben andere Ansätze.

Das Selbstbewusstsein

Selbstbewusstsein ist keine weitere Instanz des Menschen, sollte aber an dieser Stelle hinzugefügt werden. Es kann psychologisch, philosophisch oder spirituell betrachtet werden. Selbst-bewusst-sein im Sinne der Reinkarnationstherapie erfolgt nach der Auseinandersetzung mit seinem Selbst und ist die Folge eines persönlichen Bewusstwerdungsprozesses seiner Selbst. Sich seines Selbst bewusst zu sein, in all seinen Facetten seiner Persönlichkeit, mit allen Schwächen, Stärken, unliebsamen und liebsamen Charaktereigenschaften und Verhaltensweisen, stärkt den Menschen in seiner Persönlichkeit. Ganz im Sinne von: «Dieser Mensch hat Selbstbewusstsein.» Im Gegensatz dazu sprechen wir bei fehlendem Selbstbewusstsein davon: «Dieser Mensch ist eine unsichere Person.» Sich seiner selbst unbewusst zu sein, macht unsicher. Kennt ein Mensch seine Stärken und Schwächen nicht, ist er von sich wenig überzeugt. Das zeigt sich durch tiefsitzendes Mangelbewusstsein, wie «ich genüge nicht» oder «ich fühle mich nicht wert.» Selbstbewusstsein kann man nicht lernen, sondern ist die Folge eines Entwicklungsprozesses zum Selbst hin. Hat ein Mensch seine Schwächen kennengelernt, diese integriert und seine Stärken entwickelt, führt das zum Kontakt mit dem Selbst. Das ist das Ziel jedes Entwicklungsprozesses. In der Therapie zeig sich, dass sich das Selbstbewusstsein nach jeder Rückführung verändert. Selbstbewusstsein wird oft gleichgesetzt mit «Selbstsicherheit». Zur Selbstsicherheit gelangt der Mensch, wenn er sich selbst gezeigt hat, dass er «richtig» handelt. Richtig im Sinne, dass er aus einem Erkenntnisprozess heraus, entsprechend seiner Seelenqualität gehandelt hat. Selbstsicherheit beschreibt, dass der Mensch durch seine Handlungen immer sicherer wird und lernt auf sich zu vertrauen.

Die Suche nach sich selbst

Identität zu haben, bedeutet, sich seiner Selbst bewusst zu sein. Identität hat ein Mensch, der sich seiner Stärken und auch seiner unliebsamen Persönlichkeitsanteile bewusst ist. Trennt ein Mensch aufgrund traumatischer Erlebnisse oder Taten, Charaktereigenschaften von sich ab, sprechen wir von einem Verlust der Identität oder dem Verlust seines Selbst. Verloren gegangene Persönlichkeitsanteile werden ihm bei der Bewältigung seines Alltags in wichtigen Situationen fehlen. Gleichzeitig wird aber an der falschen Stelle jeder dieser Anteile wieder sichtbar. Oder er wird auf einer andere Ebene, wie beispielsweise dem Körper ausagiert. Die eigentliche Antriebsfeder, warum der Mensch Persönlichkeitsentwicklung betreibt, ist die Suche nach sich selbst. Er sucht nach seiner ursprünglichen Identität. Synonyme Erkennungszeichen dafür, dass jemand nach seiner Identität sucht, sind beispielsweise:

- ✓ Die Suche nach dem wahren Ich
- ✓ Die wahre Persönlichkeit finden wollen
- ✓ Sich selbst sein wollen
- ✓ Echt sein wollen
- ✓ Zu sich selbst kommen wollen
- ✓ Sich finden wollen

Es ist die Suche nach Ganzheit in sich selbst. Jeder kennt sicher die Aussage: «Ich muss mal wieder zu mir kommen.» Andere Formulierungen sind: «Ich will ganz werden» oder auch «mir fehlt was». Ein Mensch, der keine Identität hat, kann keine innere Autorität haben. Um zu sich selbst zu kommen, sich zu finden und sich wieder nahe zu sein, besuchen wir zahlreiche Selbstfindungsprozesse oder Persönlichkeitsentwicklungen. Wir versprechen uns davon, verlorengegangene Anteile wieder integrieren zu können.
Wenn wir «uns finden wollen», lässt das den Schluss zu, dass wir «etwas verloren» haben müssen. Niemand würde «etwas suchen» wollen, was er nicht vorher verlegt oder verloren hat. Da wir nach «uns selbst suchen», haben wir offensichtlich «uns selbst verloren», zumindest einen Teil von uns. Wollen wir «ganz» werden, müssen wir folglich «getrennt» sein und zwar von mindestens einem Teil von uns. Wollen wir «echt» werden, sind wir schlichtweg «unecht»; zumindest etwas in uns ist unecht. Wollen wir uns «befreien», muss was da sein, was wir «eingesperrt» haben. Befreien muss der Mensch nur etwas, was unfrei ist. Möchte jemand «zu sich kommen», scheint er «von sich weg» zu sein, denn sonst wäre er bei sich. Möchte sich jemand «ent-wickeln», ist das ein Hinweis darauf, dass er sich «verwickelt» oder in etwas «verstrickt» hat? Das meinen wir, wenn wir uns entwickeln wollen.
Persönlichkeitsentwicklung ist nichts anderes, als aus irgendwelchen Verstrickungen heraus zu kommen und zu etwas zu werden, was uns zwar be-

kannt ist, aber nicht mehr zugänglich ist. Jeder Mensch strebt an, eine starke Person mit Autorität zu werden. Autorität ist das, was wir besitzen, wenn wir «Ich» sind. Jeder Mensch war einmal «Ich» in seinem bisherigen Leben. Es gibt nichts Stärkeres als das «Ich», denn nur dann haben wir die wirkliche Macht über uns selbst und damit über unsere eigene Welt.
Wir beginnen in jedem Leben neu und haben in jedem Leben eine neue Chance. Alles was wir als Psychotherapie und in der Szene der Esoterik antreffen hat ein einziges Ziel: Ganz zu werden und Identität zu erlangen. Es ist egal, welchen Entwicklungsprozess wir auch betrachten, das Ziel ist immer das gleiche. Lediglich die Methodik, die den Integrationsprozess bewirken soll, ist verschieden.

Verlust der Identität

Jeder Mensch besteht aus Fähigkeiten, die er mehr oder weniger einsetzt und auslebt. Fähigkeiten sind Potentiale, wie analytisches Denken, Intelligenz, aber auch seelische Qualitäten. Sämtliche Fähigkeiten des Menschen zusammen bilden sein Ich. Aufgrund traumatischer Erlebnisse in seiner Kindheit oder in früheren Inkarnationen kann es passieren, dass er eine oder mehrere seiner Fähigkeiten von sich abspaltet. Dieser Abspaltungsvorgang ist ein rein gedanklicher Vorgang. Gedanken sind Energieträger und bilden eine Ursache, worauf sich eine Wirkung einstellt. Folglich ist die Abspaltung ein rein energetischer Prozess. Ursache dafür ist immer ein Negativerlebnis oder ein schuldhaftes oder einsuggeriertes, schuldhaftes Verhalten. Der Mensch distanziert sich von dem Teil des Ichs, den er als negativ betrachtet und von dem er meint, es wäre schädlich für ihn, wenn er diese Fähigkeit weiterhin auslebt. Ob das schuldhafte Verhalten wirklich real ist, ist dabei unerheblich. Der Mensch sieht keine andere Möglichkeit, als sich von sich zu entfernen.
Eine Trennung vom gesamten Ich passiert, weil sich der Mensch in seiner Gesamtheit als «nicht richtig» empfindet. Der Mensch beginnt sich in einer «Rolle» wohler zu fühlen, als mit sich selbst. Somit beginnt sein Rollenspiel auf der Bühne seines Lebens. Die Folge ist, er ist «sein Selbst los». Kennzeichen eines selbstlosen Menschen ist beispielsweise, dass er nicht an sich

denkt, nur an andere. «Warum sollte er auch», könnte man jetzt humorvoll sagen. Er ist ja gar nicht mehr da. Und wer nicht da sein will, braucht eine Rolle, mit der er sich identifizieren kann. Er braucht eine Rolle, die er für besser hält, wie das eigene Ich. Die Folge ist, dass er für andere Menschen dann «wie nicht vorhanden» erscheint. Damit beginnt eine lange Kette von Problemen.

Hinweise auf einen Identitätsverlust:

- ✓ Trennungsproblematiken und Beziehungslosigkeit
- ✓ Ängste und Panikzustände
- ✓ Fehlende Dankbarkeit der eigenen Leistung gegenüber
- ✓ Sysiphus-Arbeiten
- ✓ Gefühl, als rede man gegen eine Wand
- ✓ Übersehen oder abgelehnt werden
- ✓ Verluste
- ✓ Autoritätsprobleme
- ✓ Antriebslosigkeit und Stillstand
- ✓ Übergewicht etc.

Sowohl im heutigen, als auch im früheren Leben gibt es Situationen, die dafür verantwortlich sind, dass sich der Mensch von sich selbst entfernt. Erfahrungsgemäß liegen die Situationen in der Kindheit im Alter von sechs Monaten bis fünf Jahren. Es geht meist um ein Wiederholungserlebnis, bei dem der Mensch an sich selbst zweifelt. Er stellt sein Selbstverständnis in Frage. Vergleichbar mit der Vertreibung aus seinem eigene Paradies, seinem Ich. Teilweise verlassen Menschen ihre eigene Identität und nehmen eine Fremdidentität an, weil diese ihnen attraktiver erscheint. Sie meinen, sie könnten so ihr Leben besser bewältigen.

Beispiel:
Ein kleines Mädchen im Alter von 5 Jahren liebte es, mit ihren Bundstiften Bilder zu malen. Sie verbrachte einen Großteil des Tages damit, drauf los zu malen, um ihrer Mutter Geschenke zu machen. Stolz präsentierte das Mäd-

chen jedes Bild der Mutter. Die Mutter kritisierte jedes Bild mit Kommentaren, wie: «Da kann man ja gar nichts erkennen, was soll das sein?» Oder «Das sieht ja schrecklich aus, kannst du nicht besser malen, bist du einfach zu dumm zum Malen?» Zeitweise zerriss die Mutter auch die Bilder ihrer Tochter. Das Kind kann die abwertenden Aussagen der Mutter nicht als unterdrückerisch wahrnehmen, sondern bezog die Kritik auf sich und glaubte der Mutter. Sie war traurig, weil sie sich solche Mühe gegeben hatte. Sie hörte auf zu malen und spaltete ihre Kreativität ab. Ihre Gedanken waren: «Es gefällt ihr nicht. Ich schaffe es einfach nicht, ein schönes Bild zu malen, was ihr gefällt. Ich lasse es bleiben, sonst ärgert sie sich noch mehr.»
Das Kind entwickelte zwanghafte Züge, wurde überordentlich und in vielen Lebensbereichen perfektionistisch. Besitztümer ersetzen ihre Kreativität. Als Erwachsene kam eine Phobie hinzu. Sie fing an zu zittern, wenn sie in der Öffentlichkeit, Blicke auf sich gerichtet fühlte.
Ursache für einen Identitätsverlust in früheren Leben sind vielfach Fremdbeeinflussungen und geistige Manipulation. Die Inkarnationen, in denen der Mensch nur noch eine Marionette anderer war, nehmen dem Menschen seine Persönlichkeit. Um die echte Persönlichkeit wieder zugänglich zu machen, hat die Therapie eine spezielle Methode, solche Leben aufzuarbeiten. Es gilt der Grundsatz: Der direkte Weg nach Hause zurück ist immer der, auf dem ich mein Zuhause verlassen habe. Es spricht nichts gegen Umwege, aber Umwege sind eben nur Umwege.

Die Spielregeln unseres Lebens

Glück, Zufriedenheit, Frieden, Freiheit und Selbstbestimmung auf der einen Seite, auf der anderen Seite Leid, unüberwindliche Qual, Schicksalsschläge, Sorgen und Hoffnungslosigkeit. Das sind unübersehbare reale Begebenheiten, die uns die öffentlichen Medien täglich präsentieren. Aber auch im Kleinen, direkt vor der Haustüre, vielleicht sogar in unserem direkten Umfeld, treffen wird auf Schicksalsdiskrepanzen, die für die meisten Menschen unerklärlich sind.

Kann das gerecht sein? Zweifel werden laut; die Frage nach der Gerechtigkeit des Schicksals tut sich auf. Die Folge sind Verbitterung, Frustration oder Resignation. Damit allerdings beginnt der Kreislauf des Schicksals erneut. Warum ist das so, dass Menschen so derart unterschiedliche Lebensverläufe haben? Und warum ist das so, dass dann aber plötzlich eine Kehrtwende um 180 Grad erfolgen kann?

Das Leben ist ein wie ein Spiel und vergleichbar einer Theaterbühne, auf der Schauspiele dargeboten werden. Und jede einzelne Inszenierung auf der Bühne des Lebens kommt aus der Feder des Menschen selbst. Er ist Drehbuchautor, Regisseur und Akteur in einer Person im Spiel seines Lebens, oft ohne es zu bemerken.

Das Schicksal ist an feste Regeln gebunden: die «Spielregeln des Lebens» oder auch «Gesetze des Schicksals» genannt. Die wenigsten Menschen kennen diese Spielregeln des Lebens und können daher auch nicht sehen, was das Gute daran ist. Die Urvölker oder die vergangenen alten Kulturen und Hochkulturen kannten diese Regeln und haben sich dieses uralte Wissen zu Nutze gemacht. Sie sind spielerisch damit umgegangen und eins gewesen mit den Mächten der Natur und mit geschwommen im Fluss des Lebens.

Die Wissenschaft hat sich bei ihren Erfindungen und ihren bahnbrechenden Erkenntnissen der Gesetze des Schicksals bedient, vielleicht sogar ohne sich dessen bewusst zu sein. So kann man noch weitergehen und sagen, die Spielregeln des Lebens sind eine Art Lehre zur Selbstbestimmtheit des Menschen. Wenn wir Menschen uns diesem uralten Wissen der Menschheitsgeschichte wieder widmen und zulassen, dass es sich wieder in unser Leben integrieren kann, wird es den mystischen geheimnisvollen Status verlieren. Ob wir wollen oder nicht, unser Leben ist den Spielregeln des Lebens unterworfen. Wollen wir diese Regeln als Gesetzmäßigkeiten bewusst in unser Bewusstsein hineinlassen? Wenn wir das tun, können diese Gesetzmäßigkeiten des Schicksals ein fester Bestandteil unseres Denkens und Handelns werden; wenn wir sie verstanden und vielleicht sogar verinnerlicht haben, kann das Leben eine Bühne der Selbstgestaltung und Heilung der Seele werden.

Die gesamte Schöpfung, von der der Mensch nur ein winzig kleines Teilchen ist, unterliegt dem Prinzip des Lebens. Die Spielregeln des Lebens sind präzise, verlässlich und unbestechlich und sie wirken ineinander. Das Folgende präsentiert einen kurzen Einblick in die wichtigsten Gesetzmäßigkeiten des Schicksals.

Gesetz von Ursache und Wirkung

Das Gesetz von Ursache und Wirkung ist das bekannteste Schicksalsgesetz. In der Reinkarnationstherapie spielt es die Hauptrolle, denn es ist das Karmagesetz und bringt dem Menschen die wichtigsten Erkenntnisse. Viele in unserem westlichen Kulturkreis kennen es aus ihrer Kindheit durch den Spruch: «So, wie es in den Wald hineinruft, so schallt es wieder heraus.» Das heißt im Klartext: «Was du tust, kommt zwingend auf dich wieder zurück.» Oder: «Was der Mensch sät, das wird er auch ernten» oder «das, was er erntet, hat er gesät.»

Das Karmagesetz besagt, dass jeder Mensch, für das, was er getan hat, für sein Bewusstsein, für sein Wissen und für sein heutiges Handeln, die Wirkung bekommt. Ursache und Wirkung sind nicht zu trennen. Alles was der Mensch verursacht, wird Wirkungen haben. Wirkungen sind die Konsequenzen, die der Mensch durch seine Ursachen einleitet. Diese Wirkungen werden auf ihn selber treffen. Wenn ich also etwas denke, wird dieses Denken als Bumerang wirken, ebenso wie die Tat, die ich tue. So erwächst Negatives aus Negativem, aber auch Positives aus Positivem. Das Gesetz von Ursache und Wirkung ist ein unfehlbares Gesetz, welches die Wirkung an die Ursache knüpft, in der psychischen, gedanklichen und geistigen Welt. Da Gleiches stets Gleiches hervorruft, ist das Karma das unsichtbare und unerkannte Gesetz, welches weise, gerecht und einsichtig jede Wirkung zu der entsprechenden Ursache hinzufügt, indem es die erstere mit ihrem Urheber verbindet. Dieses Gesetz hilft uns sehr dabei, die scheinbaren «Zufälle» des Lebens besser zu verstehen. Fragt sich der Mensch, wodurch er dies oder jenes geerntet und was er zuvor gesät hat und erkennt er an, es selbst erschaffen zu haben, trägt er die Verantwortung für sein Leben. Mit inbegriffen in dieser Erkenntnis ist auch die Tatsache, dass alles, was man selbst erschaffen hat, man auch selbst wieder ändern kann.

Wer denkt schon daran, dass die eigenen Prinzipien, die eigenen Maßstäbe, Traditionen oder die eigenen Ideale, das eigene Festgeschriebene, eine Lüge als Wirkung heranzieht. Wodurch? Der Mensch belügt und betrügt sich selbst, in dem er durch Prinzipien, Traditionen, seine Konventionen einen Teil seiner Bedürfnisse verleugnet. Er unterdrückt damit seine Lebendigkeit. Die Ursache erfährt die dementsprechende Wirkung: Er wird belogen oder betrogen oder beides. Es lohnt sich daher in jedem Fall zu überprüfen, ob Traditionen, Ideale, Prinzipien mit dem inneren Seelenanteil konform gehen oder ob diese dagegen gerichtet sind. Lügt ein Kind, wird es meist von den Eltern für seine Lüge bestraft. Das Kind allerdings spiegelt den Eltern nur ihre eigene Lüge mit sich selbst wieder. Mit der Bestrafung wird lediglich das Symptom bekämpft; das Kind wird weiterlügen. Würden sich die Eltern fragen: «Durch welches Verhalten mache ich die Lüge meines Kindes möglich oder wie kommt mein Kind darauf, dass es o.k. ist, dass es mich anlügt, wodurch gebe ich ihm unbewusst die Erlaubnis?» wäre das eine nachhaltige Erziehung. Nachhaltig, weil die Eltern ihre eigene Lüge bei sich selbst aufgedeckt haben und dem Kind somit die Möglichkeit geben, Ehrlichkeit zu lernen. Wird man beispielweise vom Partner verlassen, sollte man sich auch immer fragen: «Durch was treibe ich den Partner aus dem Haus, durch was erwirke ich sein Verlassen?»

Das Gesetz der Entsprechung:

> Wie innen, so außen; wie außen, so innen
> Wie oben, so unten; wie unten, so oben
> Wie im Kleinen, so im Großen; wie im Großen, so im Kleinen

Das Gesetz der Entsprechung besagt, dass eine Verwandtschaft zwischen der Innenwelt des Menschen und seiner Außenwelt besteht. Affinität sind Wiederspiegelungen. Der Mensch fühlt sich von ihnen bedroht und versucht gegen sie anzukämpfen und erkennt nicht, dass das, was ihn ängstigt, er selbst ist. Jede Begegnung ist die Begegnung mit sich selbst: mit Verdrängungen, Ganzheiten, Einstellungen, Vorurteilen, Maßstäben, Idealen oder Trieben. Jede unbewusste und bewusste Einstellung oder Haltung zu etwas,

findet sich wieder im äußeren Erleben. Was wir im Außen erleben, ist immer ein Spiegelbild dessen, was wir innerlich denken und fühlen. Und wenn wir uns innerlich verändern, verändern sich auch die äußeren Gegebenheiten und das Umfeld. Die äußere Situation beschreibt die inneren Konflikte und die Abwehrhaltungen, die ein Mensch hat. Die äußeren Bedingungen sind von der inneren Entwicklung abhängig.
Was andere dem Menschen antun, hat er im Inneren bereits mit sich selbst getan. Der Umgang mit sich selbst ist der, der uns von außen begegnet. Das ist die unbewusste Affinität. Das zeigt auch die Diskrepanz zwischen dem unbewussten und dem bewussten Wollen. Andere Menschen dienen als unbewusste Erfüllungsgehilfen für unbewusste Tendenzen. Beispiel:

1. Bewusst kauft man eine Waschmaschine, die einen Mangel hat, weil sie unbewusst passt. Braucht man einen Auslöser für seine Wut, dann wird man etwas kaufen, woran sich diese hochspielt.
2. Hat jemand eine Selbstzerstörungstendenz in sich, dann wird er sich von außen jemanden anziehen, der das für ihn übernimmt.
3. Ein Paar hat ganz bestimmte Freunde, zu denen sie eine Affinität haben. Sobald sich ein Paar trennt, hat jeder der Partner wieder eine andere Anziehung. Es trennt sich nicht die Spreu vom Weizen, sondern die Anziehung ändert sich.

Das Gesetz der Anziehung

Das Unbewusste zieht in der Außenwelt das an, zu dem es eine Affinität hat. Das Gesetz der Entsprechung und der Anziehung liegen dicht bei einander. Es zieht an:

- ✓ Gleiches; dieses «Gleiche» ist meist der verdrängte Anteil der Persönlichkeit
- ✓ Lässt das Verdrängte wiederkehren; meist in Form von als unangenehm angesehenen Personen, den sogenannten Antitypen
- ✓ Zu dem ein Defizit besteht (auch Gesetz der Polarität); meist sind das unentwickelte Anlagen

Die Anziehung richtet sich nach dem jeweiligen Entwicklungstand und dieser richtet sich nach der Entwicklung der Anlagen und Fähigkeiten. So kann es sein, dass die Anziehung vor zehn Jahren noch stimmte, jetzt aber stimmen die psychischen Muster nicht mehr überein.

Wiederholungsmuster bei der Partneranziehung beispielsweise sind die Folge von nicht entwickelten Anlagen und Fähigkeiten und fehlenden Erkenntnisprozessen. Oftmals zieht sich ein Mensch immer wieder Partner an, die einer ganz bestimmten Kindheitssituation entsprechen. Sowohl entsprechend der eigenen Situation, aber auch der des Partners. So verhält sich der Partner oft, wie es der eigenen verdrängten Kindheitssituation entspricht. Die Partneranziehung erfolgt nach einem unbewussten Suchraster. Der Partner lebt immer den Gegenpol.

Hier Beispiele der Partneranziehung:

- ✓ Die Anständige und der Ungehobelte
- ✓ Die Elegante und der Schlampige
- ✓ Der Betrogene und der Freiheitsliebende (s. a. Gesetz des Ausgleichs)
- ✓ Der Dominante und die Schwache bis hin zum Masochismus
- ✓ Der Intelligente und der Dumme
- ✓ Der Hilflose und die gute Seele, um ihr Helfersyndrom auszuleben
- ✓ Der Feigling und der Stuntman, um den eigenen Mut zu beweisen
- ✓ Herrschsüchtige und der Unterdrückte, um sich unterwerfen zu können
- ✓ Der berechnende Taktiker und der Naive, damit er dumm sein kann
- ✓ Zwei linke Hände und der Alleskönner, um kontrollieren zu können

Die Erkenntnis über die Ursachen der eigenen Anziehung löst in der Therapie im ersten Augenblick oft Aggression und Abwehrhaltung aus. Jede kleine Erkenntnis jedoch ändert das bisherige System und damit bereits die Anziehung.

Das Gesetz der Bestätigung

Das Gesetz der Bestätigung besagt, dass jeder Glaube, jede Geisteshaltung, Einstellung, Norm, jedes Ideal, jede Hypothese, oder wissenschaftliche Theorie sich immer wieder selbst bestätigt.

Jeder Mensch möchte gerne, dass sein Leben in Ordnung und sein Lebensweg der Richtige ist. Er möchte zudem dass das, was er denkt, fühlt, wie er sich verhält und wie er handelt, richtig ist. Dementsprechend sucht diese Haltung nach Bestätigung. Die eigene Haltung erfährt durch die Umwelt, durch Erfahrungen, Erlebnisse, auch Gelesenes die «Richtigkeit» der eigenen Haltung. Oft wird bei der Suche nach Bestätigung das Wesentliche übersehen; frei nach dem Motto: «Was nicht sein darf, ist nicht» oder «was ich nicht sehe, ist nicht da.» Nur die ganze Realität ist Realität und nur Ausschnitte der Realität führen auf Irrwege und zu Chaos. Vorurteile, bewusst oder unbewusst trennen von dem gesamten Blick für die Realität ab und schmälern den Blick für die wirklichen Zusammenhänge.

Eine Bestätigung kommt nur deshalb zustande, weil man sich gleichgeartete Haltungen anzieht oder viele Menschen die gleichen Normen haben. Man schließt sich dann der Masse an; dadurch verstärkt sich die eigene fixe Idee. Fixe Ideen oder Vorurteile suchen förmlich nach Bestätigung und werden sie finden. Hat eine Frau die fixe Idee, Ihre Beine seien krumm und sie könne keine Röcke tragen, wird sie genau das bestätigt bekommen, weil sie es hören will. Dann wird sie allen mitteilen: «Siehst Du, das habe ich Dir ja schon immer gesagt, ich kann keine Röcke tragen». Oft möchten Menschen auch aus dem Gesagten etwas heraushören, was gar nicht gesagt wurde.

Diese Spielregel des Lebens kann man durchaus auch als selbsterfüllende Prophezeiung bezeichnen. Der Mensch braucht oft nur die Einstellung zu ändern und das Gesetz der Anziehung läuft anders. Aufgrund der andauernden Bestätigungen ist es nicht einfach für den Menschen, dass er seine Einstellung ändert, kann er doch jederzeit den Beweis liefern. Auch Schuldgefühle wirken wie eine Bestätigung von Befürchtungen. Schuldgefühle sagen indirekt aus: «Ich bin im Unrecht, und ich habe nicht das Recht, das zu tun, was ich möchte» oder «ich habe das nicht verdient.» Geht der Mensch etwa seinen eigenen Weg und der klappt nicht, nimmt er sich oft zurück, weil er sich durch das Versagen bestätigt fühlt.

Gleichermaßen wird das Alte bestätigt werden, wenn das neue Ziel noch nicht genau definiert ist. Manche sagen dann: «Dann soll es wohl nicht sein.»

Das Gesetz der Polarität (des Ausgleichs)

Beim Gesetz der Polarität geht es immer nur darum, das Gleichgewicht in sich selbst und in der Umwelt wiederherzustellen. Die Polarität gibt es nur aufgrund des Sündenfalls. Das Gesetz der Polarität bewirkt immer die Anziehung des Gegenpols, und das bei jedem Thema, vergleichbar eines Pendels, das seine Bewegungen immer im gleichen Maße in die gegenüberliegende Richtung setzt. Licht und Schatten, Tag und Nacht, Sommer und Winter, Oben und Unten sind sich gegenüberstehende Polaritäten, die unabänderlich sind. Jedem von uns ist dieses Naturgesetz bekannt und wir hegen keinen Zweifel an dessen Richtigkeit und akzeptieren diese natürlichen Pole als selbstverständlich. Anders ist es, wenn der Mensch persönlich betroffen ist. Da fällt es ihm oft schwer, das Gesetz der Polarität zu akzeptieren. Es bereitet ihm Schwierigkeiten zu sehen, dass neben den Gefühlen des Minderwerts auch gleichzeitig, an einer anderen Stelle seines Lebens, das Gefühl der Überwertigkeit vorhanden sein muss. Ebenso schwer fällt es, zu akzeptieren, dass er im Beruf immer von einem «Auf» und einem «Ab» begleitet sein wird. Probleme werden erzeugt, wenn die Polarität nicht akzeptiert oder nicht erkannt wird. Es trifft beispielsweise:

- ✓ Der Mächtige auf den Machtlosen
- ✓ Der Unterdrückte auf den Unterdrücker
- ✓ Der Sadist auf den Masochisten
- ✓ Der Heilige auf den Sünder
- ✓ Der Reiche auf den Armen
- ✓ Der Altruist auf den Egoisten
- ✓ Der Prahler auf den Bescheidenen
- ✓ Der Gute auf den Bösen
- ✓ Der Verfechter von Normen, Idealen, Moral und Konventionen auf den Unkonventionellen, Regelbrecher, Kriminellen mit fehlender Ethik

Beide Pole werden in Extremen angetroffen. Der Gute braucht beispielweise den Bösen, um sich besser zu fühlen. Die Absicht des Guten ist, sich zu stabilisieren. Man kann sich des Guten nur bewusst werden, wenn es das Böse auch gibt. Die Aufgabe des Menschen ist es, sich bewusst zu machen, dass der andere Pol Existenzberechtigung hat. Bewegt sich ein Pol Richtung Mitte, macht der andere Pol die Bewegung im gleichen Maße mit. Solange es Friedensfanatiker gibt, wird es demnach auch Krieg geben und solange der Mensch Krieg mit sich selbst führt, wird es auch Krieg und Frieden im Außen geben. Jedes Defizit sucht sich einen Ausgleich. Mangel an Eigenwert sucht beispielsweise nach Statussymbolen. Die Schwäche sucht den Ausgleich im Außen, damit der Mensch ganz ist.

Das Gesetz von Inhalt und Form

Es ist wichtig, dass Gefühle, Gedanken, Vorstellungen, geistige Einstellungen, Programme, Ideologien und Weltanschauungen, etc. eine Form finden, die dem Inhalt entsprechen. Oft lässt sich der Mensch in eine Lebensform pressen oder sucht sich eine Lebensform, obwohl er von den Inhalten her, eine ganz andere leben möchte und auch müsste. Das Gesetz der Anziehung sorgt, entsprechend innerer Konventionen, für eine falsche Form.
Auch ist der Mensch selbst die Form, beispielsweise in Bezug auf seine Identität. Besitzt er keine Identität, fehlt ihm ein Inhalt, der zu einer Form passt. Daher zieht er sich Menschen an, die zu seiner falschen Form passen. Das können durchaus sogenannte «falsche Partner» sein.
Manche Menschen überleben sich in ihrer Form und halten daran fest. Sie schaffen es nicht, anstehende Veränderungsprozesse durchzuführen. Die äußere Form, eventuell in Form von gleichförmig ablaufenden Ritualen, kann nur solange erhalten werden, solange keiner diese Rituale oder Normen bricht. Rituale, Regeln, Klischeedenken und Anpassung an Normen werden oft ein Leben lang durchgehalten
Auch das Umfeld des Menschen stellt auch häufig eine falsche Form dar. Übergroße Büros werden angemietet «für den Fall, dass ...», Wohnungen beibehalten, nur weil der Geiz antreibt. Partner werden gewählt, weil es der Status vorgibt. Oder es ist eine Form da, aber kein Konzept um diese zu

füllen. Lebt jemand in Bescheidenheit oder in dem falschen Viertel, hat aber ganz andere Zukunftsvisionen, ist das eine Selbstverletzung, weil der Inhalt nicht zur Form passt. Darauf wiederrum reagiert die Umwelt und das Gesetz der Anziehung bewirkt eine Anziehung nach der vorhandenen Form und nicht entsprechend dem Inhalt.

Vielleicht wurde auch ein Beruf gewählt, der den Anlagen nicht entspricht, weil etwas, was Eltern oder sogar Großeltern aufgebaut haben, übernommen werden soll. Die Richtung aber entspricht so gar nicht der Form des Kindes. Lässt sich der potentielle Nachfolger dann darauf ein, kommt es durch die falsche Form zu einer ruinösen Fehlentwicklung. Das echte Glück liegt in der Entwicklung von sich selbst und füllt den Menschen als Form. Alles andere ist ein Leben in einer unlebendigen Hülle oder Maske. Man sagt auch: «Der Mensch ist nicht echt.» Körperlich kann sich eine falsche Form darin manifestieren, dass der Mensch «aus der Form geht.»

Es ist sicher sinnvoll für den Menschen, sich öfters einmal seinem persönlichen Sabbatical zu unterziehen. Jeder Mensch sollte sich selbst überprüfen, ob sich Inhalt und Form bei ihm noch vertragen. Kann er sich mit dem, was er hat oder macht, noch identifizieren? Die Lösung liegt darin, sich der Diskrepanz bewusst zu sein und den Willen zu haben, es umzusetzen; zudem Kraft und Zeit zu haben, echte Inhalte zu realisieren. Wer seine Verhältnisse ändern will, muss die Fähigkeiten entwickeln, die dazu notwendig sind.

Das Gesetz der Wiederkehr des Verdrängten

Wird ein bewusstes Erleben in das Unbewusste verlagert, sprechen wir nach der psychoanalytischen Sichtweise von einer Verdrängung. Erlebte Inhalte stehen dem Bewusstsein nicht mehr zur Verfügung.

Schmerzhaftes oder das, was nicht sein darf, wird weggeschoben und ist vergessen. Es ist jedoch nur scheinbar vergessen und scheinbar nicht mehr da. Nur weil etwas aus der bewussten Erinnerung verschwunden ist, ist es noch lange nicht «weg». Es ist nur scheinbar unwirksam geworden, tatsächlich wirkt es aus dem Schattendasein heraus und beeinflusst das Leben des Menschen. Die Energie und Dynamik des Verdrängten suchen sich einen anderen Weg der Wiederkehr. Einer der Wege ist die Wiederkehr als körperliche oder seelische Krankheit. Es ist einer der größten Irrtümer des Menschen, dass er es schaffen kann, Verdrängungen, unsichtbar zu halten. Diese werden sichtbar, vermag er sie auch auf Anhieb nicht erkennen zu können.

Alle menschlichen Anlagen, Energien, Fähigkeiten können einem Verdrängungsprozess unterliegen. Die Schwierigkeit beim Verstehen dieses Gesetzes ist die Tatsache, dass sich die verdrängten Inhalte, die sich im Unbewussten befinden, als Projektion in äußeren Bedingungen wieder zeigen. Jede verdrängte Energie, wird pervertiert wiederkehren. Die positive Energie erscheint nicht im ursprünglichen positiven Gewand, sondern dreht sich ins Negativpotenzial und erscheint «pervertiert». Es ist oft schwer zu erkennen, dass das, was innen plagt oder in der Umwelt stört, ein von sich nicht gelebter, verdrängter Persönlichkeitsanteil ist. Nicht gelebte positive Anlagen oder Fähigkeiten erscheinen auf diese Weise im Gegenüber als passiv gelebte Anteile, die man zu dulden gezwungen ist. Eine lösende Frage könnte sein: «Was will mir der andere durch ... sagen?»
Übt jemand wenig Selbstkritik, bekommt er Kritik, die aber verfälscht oder überzeichnet ist. Es entsteht das Gefühl, dass die Kritik des anderen mit der Realität nichts zu tun hat. Es besteht ein Zusammenhang mit dem Gesetz des Ausgleichs, bei dem Defizite ausgefüllt werden.
Hat ein Mensch seine Durchsetzungsfähigkeit nicht ausgebildet, wird sie durch andere ausgeglichen; das Loch wird gefüllt. Pervertiert erscheint die Durchsetzungsfähigkeit in Form von Aggression durch andere. Je gravierender der Minuspol ist, desto mehr zieht sich der Mensch die andere Seite an. Das ist oft der Grund, warum gute Menschen, die immer brav sind, sich aufopfern, so hart vom Schicksal bestraft werden, wo sie sich doch nichts zu Schulden kommen lassen haben. Das wird oft als Ungerechtigkeit der Welt bezeichnet.
Entsprechend dieses Gesetzes trifft der Mensch sein eigenes verdrängtes positives Potenzial pervertiert ausgelebt wieder. Der Bestohlene trifft auf den Dieb, Politiker auf Terroristen und das Vergewaltigungsopfer auf sein verdrängtes eigenes Triebpotential in Form des Vergewaltigers.

Die pervertierte Energie ist der Schatten von sich selbst und dieser würde sich selbst beim größten Schutz zu spiegeln wissen. Der Gute muss das Böse leben können, der Böse das Gute. Diesen Vorgang kann man auch als «transzendieren» oder «in die Mitte kommen» bezeichnen.

Die Ungerechtigkeit der Welt gibt es nicht, betrachtet man die Spielregeln des Lebens einmal genauer. Natürlich ist deren Anwendung auf das eigene Leben nicht immer einfach. Anfangs wirken sie in ihrer Komplexität auch verwirrend und erzeugen oft den berühmten «Knoten im Gehirn.» Die Mühe aber lohnt sich. Zu Beginn ist es wie bei allem anderen, was neu ist.
Die Spielregeln des Lebens erklären, wie das Leben funktioniert und viel mehr noch, sie sind eine große Hilfestellung bei der eigenen Problemlösung. Wer sie verstanden hat, der hat es einfacher im Leben und wird handlungsfähig. Er ist in der Lage, sein eigenes Leben zu steuern, wie ein Seemann sein Schiff in den sicheren Hafen bringt oder ein Regisseur, der das Drehbuch seines Lebens selbst schreiben kann.

Kapitel 3
Die Reinkarnationstherapie

In diesem Kapitel werden folgende Themen behandelt:
- ✓ Sinn einer Therapie
- ✓ Die Reinkarnationstherapie
- ✓ Ich habe ein Problem …
- ✓ So entstehen Probleme
- ✓ Ich bin Opfer und Täter gewesen
- ✓ Kontraindikation

Sinn einer Therapie

Der Sinn einer Therapie (altgriechisch: Dienst, Pflege, Heilung) in der Medizin und Psychotherapie ist es, Maßnahmen zum Behandeln von Krankheiten und Verletzungen aufgrund einer zuvor erlangten Diagnose einzuleiten. Ziel des Therapeuten ist, durch die Beseitigung oder Linderung der Symptome und die Wiederherstellung der körperlichen oder psychischen Funktion, eine Heilung zu erwirken. Die Therapeutik (altgriechisch: «Heilkunst») ist in der modernen Auffassung die Lehre von Heilverfahren, die sich mit den verschiedensten Therapieformen, ihrer Wirkungsweise und ihren Anwendungsgebieten beschäftigen.

Der Begriff «Psychotherapie» stammt ebenso aus dem Griechischen und bedeutet «Pflegen der Seele». Eine Psychotherapie unterscheidet sich sowohl vom Coaching als auch von der Beratung dadurch, dass der Klient oder Patient als «krank» gilt. Eine Psychotherapie behandelt psychisch, emotional und psychosomatisch bedingte Krankheiten, Leidenszustände oder Verhaltensstörungen. Hilfen dabei sind psychologische, wissenschaftlich fundierte Methoden durch verschiedene Formen verbaler und nonverbaler Kommunikation. Je nach Form der Psychotherapie findet hierbei eine Auseinandersetzung mit dem Unbewussten statt. Der Bereich des bewussten Denkens und Empfindens wird ebenfalls ergründet und durchleuchtet.

Allgemein anerkannte klassische Psychotherapien dabei sind:

- ✓ Die Psychoanalyse, als deren Begründer Sigmund Freud gilt (analytische Therapie)
- ✓ Die Hypnosepsychotherapie nach Milton Erickson (als tiefenpsychologische Therapie)
- ✓ Die Gesprächspsychotherapie nach Carl Rogers (als humanistische Therapie).
- ✓ Die kognitiven Therapien, Begründer Aaron T. Beck und Albert Ellis mit der kognitiven Verhaltenstherapie.

In der Psychotherapie werden ausführliche Fakten aus der Lebensgeschichte gesammelt, um im weiteren Therapieprozess nach den Ursachen der Problemgeschichte zu forschen. Man geht davon aus, dass das Bewusstwerden der Problemursache eine Veränderung des Problems bewirkt.
In der Psychotherapie gibt der Klient oder Patient die Verantwortung für sein Problem meist vollständig an den Therapeuten ab. Vielfach kann der Klient sein Problem nicht einmal definieren. Er nimmt die Haltung ein: «Sagen Sie mir, wo mein Problem liegt, nehmen Sie es mir ab und lösen Sie es.»

Modernere, nicht klassische Therapien bemühen sich darum, die Problemexploration und den Therapieprozess möglichst kurz zu halten. Sie fordern vom Klienten, dass er sein Problem weiß. Priorität dabei ist, dem Klienten seine Verantwortung zu lassen. Zu diesen Therapien zählen die lösungsorientierte Kurzzeittherapie nach Steve de Shazer, die provokative Therapie nach Frank Farrelly und diese Reinkarnationstherapie.

Die Reinkarnationstherapie

Diese Reinkarnationstherapie versteht sich als kausale Therapieform, weil sie zielgerichtet und strukturiert problemauslösende Ursachen herausarbeitet, um diese unwirksam zu machen. Die Vorgehensweise kommt einer Psychotherapie gleich; daher kann man sie auch als psychologisch orientierte Reinkarnationstherapie bezeichnen. Sie hat das Ziel, wie eine klassische Psychotherapie, konkrete Lösungen von Problemen zu erforschen. Sie geht davon aus, dass

✓ Probleme nur aufgrund von Verdrängung von Wahrnehmungen oder Erlebtem entstehen
✓ Dem Klienten wichtige Erkenntnisse über die verdrängten Anteile seines Lebens fehlen

Diese verdrängten Ereignisse sollen dem Bewusstsein wieder zugänglich gemacht werden und fehlende Erkenntnisse auslösen. Der Klient wird eingehend zu seiner Lebens- und Problemgeschichte befragt - als Grundgerüst für die weitere Therapie. Klienten empfinden es als bereichernd, ihr Leben in kurzer Zeit im Zeitraffer zu betrachten. Oft ist diese Phase bereits sehr berührend und erkenntnisbringend.

Als neuzeitliche, oft umstrittene Therapie, sieht die Therapie die Verantwortung für das Problem, dessen Ursachen und Lösung beim Klienten - frei von Schuldzuweisungen an andere. Sie basiert auf dem Prinzip der Eigenverantwortung und geht davon aus, dass der Klient die Lösung bereits tief verborgen in sich trägt. Der Therapeut unterstützt den Klienten auf einfühlsame und konsequente Weise bei der Hilfe zur Selbsthilfe. Die Therapie orientiert sich an dem Grundsatz: «Ein Mensch kann immer nur die Erkenntnis und die Lösung wirklich annehmen, die er aus sich selbst heraus entwickelt hat.» Ein Klient sollte daher bereit sein, im Therapieprozess bei der Lösungsfindung mitzumachen.

Diese Therapie ist nicht nur psychologisch orientiert, sondern auch eine systemische Reinkarnationstherapie. Der Mensch selbst wird in seinem Sosein als in sich stimmiges System verstanden. Systemisch in diesem Sinne bedeutet, dass der Mensch in seinem Entwicklungsprozess immer als Teil eines Ganzen betrachtet wird, also Teil eines Systems. Teile eines Systems beeinflussen sich gegenseitig. Systemisches Vorgehen in dieser Therapie heißt daher, sich ein Bild über den Klienten und sein Umfeld zu machen. Da sein Problem eine Störung seines persönlichen Systems ist, stört es auch das System in dem er lebt. Das innere Problem des Menschen beeinflusst folglich auch sein Umfeld. Es bewirkt Reaktionen, die der Mensch als störend empfindet und die ihm Probleme machen. Er steht immer in Wechselwirkung mit seinem Umfeld. Möchte er seine Bedingungen in seinem Umfeld ändern, muss er bei sich selbst beginnen und die Störung in seinem System beheben. Systemisches Denken heißt, Beziehungen, Zusammenhänge und Interaktionen des Klienten zu betrachten, um ihn als «Menschen» zu erfassen. Daran ist erkennbar, an welchem Punkt sein System gestört ist. Wie will man ansonsten mit ihm sein Problem bearbeiten, wenn man den Menschen nicht erfasst? Ist der Mensch krank oder hat er Probleme, ist das ein zusätzlicher Hinweis darauf dass sein System «Körper» gestört ist.

Beim Rückführen früherer Leben wird jedes einzelne Leben gleichfalls als eigenes System betrachtet. Jedes frühere Leben ist, nach den Spielregeln des Lebens, in sich stimmig, gut oder ungewollt zu Ende gegangen. Die Hauptaufgabe des Therapeuten ist es, den Klienten dabei zu unterstützen, dass er erkennt, was dazu geführt hat, dass sich am Ende eine Wirkung ergeben hat, die ungewollt war. Das heißt, den Punkt näher betrachten, an dem sein System eine Störung erfahren hat.

Das Ziel der Therapie ist, dass ein Klient klar die Wechselwirkungen zwischen ihm und seiner Umwelt erkennt. Dann kann der Klient konkret neue Ursachen setzen, die eine neue Reaktion auslösen. Das kann allein schon eine kleine Änderung seiner Sichtweise sein oder auch eine konkrete Entscheidung oder Handlung. Die Folge kann sein, dass Personen im Umfeld beispielsweise plötzlich anders reagieren oder die eigene Handlungsweise entspricht nun der gewünschten Vorstellung. Frühere Handlungsautomatismen werden unterbrochen. Bloße Vorsätze sind allerdings weniger geeignet, um ein System in eine gewünschte Dynamik zu bringen.

Erleichterung erfährt der Klient dadurch, dass er den Knoten in seinem Denken erkennt, der für den unschönen Verlauf des früheren Lebens verantwortlich war. Dabei ist es unerheblich, ob es sich um ein früheres Leben handelt, in dem ihm etwas angetan wurde oder er anderen etwas angetan hat. Diese Erkenntnis gibt ihm die Möglichkeit, zu visualisieren, wie das rückgeführte Leben im optimalen Fall hätte laufen können. Diese Erkenntnis kann er augenblicklich auch auf sein gegenwärtiges Leben beziehen. Ändert der Mensch sein System, ändert er dadurch sein Leben. Zur persönlichen Prüfung ist es daher immer dienlich zu fragen, durch was das persönliche System eine Störung erfahren hat.

Gearbeitet wird in der Therapie mit einer, auf den Punkt gerichteten, nicht suggestiven offenen, speziellen Fragestellung. Diese macht es bei jeder Rückführung eines früheren Lebens möglich, auf einfache Weise direkt den Punkt herauszuarbeiten, an dem dieses eine Störung erfahren hat. Zudem spricht diese lösungsorientierte Fragetechnik direkt das Unbewusste des Klienten an. Das macht es dem Klienten möglich, sehr schnell an seine Erfahrungen der früheren Leben heranzukommen und aus dem Unbewussten zu antworten. Die Fragen des Therapeuten werden individuell, je nach Antwort des Klienten neu entwickelt.
Manchmal empfindet es ein Klient als «nicht einfach» bis ihm die «richtigen» Antworten einfallen. Das liegt daran, dass sein Ego sich manchmal noch etwas ziert, bis es Antworten zulässt, die Lösungswege aufzeigen. Da kann es schon mal passieren, dass Klienten meinen, der Therapeut würde ihn durch seine Fragen schikanieren wollen. Manchmal denken Klienten auch während der Rückführung: «Was will die denn jetzt schon wieder hören, ich habe doch schon alles gesagt.» Das sind kleine Kapriolen und Festhaltetaktiken, die sich das Ego erlaubt, bevor letztendlich brauchbare, lösungsweisende Antworten gegeben werden. Es hat sich gezeigt, dass es Klienten ausnahmslos als persönliches Erfolgserlebnis empfinden, wenn sie selbst auf die Antwort kommen und nicht der Therapeut aus seinem Wissen schöpft. Bietet der Therapeut sein Wissen an, empfindet sich der Klient möglicherweise als unwissend. Folglich würde im Klienten das Gefühl innerer Wertlosigkeit entstehen und er wird sich möglicherweise sagen, nur der Therapeut habe die Kompetenz zur Problemlösung, er selbst sei zu

dumm. Insbesondere bei Klienten, die sich in ihrem Alltag immer wieder wertlos oder dumm fühlen, würde das Problem unnötig verstärkt werden. Möchte ein Klient hingegen seine Lösungen präsentiert haben, mangelt es ihm eventuell an Eigenverantwortung. Vielleicht ist er auch noch nicht reif für eine Therapie, die von ihm erwartet, sich als Initiator seines Schicksals zu betrachten.
Klienten, die den Therapeuten als eine Art Lebensretter oder Problemlöser betrachten oder ihm eine Orakelfunktion zuschreiben, wollen oft keine wirkliche Lösung ihres Problems. Die Maxime nach der die Therapie arbeitet ist: Der Therapeut legt den Teppich aus, von dem der Klient seine Erkenntnisse aufheben kann! Zwei Methoden stehen dafür zur Verfügung:

a. **Die Reinkarnationstherapie:**
   Die Reinkarnationstherapie holt Verdrängungen aus früheren Leben wieder ins Bewusstsein. Nicht nur frühere Leben werden bewusst, sondern auch das, was innerhalb früherer Leben verdrängt wurde. Genau das macht sie zu einer Psychotherapie und da liegt der Schlüssel zu einer dauerhaften Problemlösung. Diese Vorgehensweise bietet, über das normale Erleben eines früheren Lebens hinaus, eine Bewusstseinserweiterung zur Wiederherstellung der Ganzheit. Auf diese Weise können dem Menschen Kenntnisse und Fähigkeiten aus früheren Leben heute wieder zugänglich und neu aktiviert werden. Unliebsame Charaktereigenschaften, Hemmungen und blockierende Glaubenssätze können abgebaut werden.
b. **Die Regressionstherapie:**
   Die Regressionstherapie arbeitet Probleme des aktuellen Lebens auf. Sie holt Vergessenes aus dem Unbewussten hoch und führt es dem Bewusstsein wieder zu. Damit ist der Mensch wieder vollständig. Die aus Verdrängungen resultierenden Probleme können sich auflösen. Priorität liegt dabei auf einem sorgfältigen, vollständigen und ursächlichen Bewusstwerdungsprozess.

Viele Klienten erleben ein früheres Leben sehr authentisch, so als wären sie an Ort und Stelle. Sie hören und fühlen, was sie erleben. Bei einer sorgfältigen Vorgehensweise kann immer nur das frühere Leben bewusst werden,

welches der Klient zu diesem Zeitpunkt konfrontieren und verarbeiten kann. Hier wirkt der innere Selbstschutz des Menschen. Ein früheres Leben, was nicht konfrontiert werden kann, kann auch nicht angesteuert werden, da es nicht bewusst werden kann. Frühere Leben, die rückgeführt werden können, werden in jedem Fall vollständig bewusst gemacht.
Die Therapie wird ohne Hypnose, mit einer direkten, nicht beeinflussenden Fragetechnik durchgeführt. Klienten können sich an das, was sie gesagt haben vollständig erinnern. Der Klient bleibt bei vollem Bewusstsein und richtet seine Konzentration, auch ohne Hypnose, nach innen. Er hat jederzeit, die volle Kontrolle über sich selbst. Die spezielle Fragemethode arbeitet zielgerichtet und macht die direkte Erinnerung an wesentliche Kernpunkte und selbst tiefsitzende Verdrängungen möglich.
In der Reinkarnationstherapie wird davon ausgegangen, dass seelische Verletzungen aus früheren Leben ihre Auswirkungen bis in unser gegenwärtiges Leben beibehalten können. Das führt zu psychischen und psychosomatischen Schwierigkeiten. Diese Reinkarnationstherapie hat durch die Art und Weise, wie sie durchgeführt wird, die Qualität einer Psychotherapie. Sie hat die Absicht, dauerhaft zu heilen.

Ziele und Wirkung der Reinkarnationstherapie

«Warum aber sollen wir uns frühere Leben anschauen? Warum sollen wir uns mit den Verdrängungen unseres Unbewussten überhaupt beschäftigen? Es ist doch alles gut so, wie es ist. Warum ein Fass aufmachen, dessen Inhalt wir nicht einmal kennen? Wer weiß, wohin das führt?» Diese und vergleichbare Fragen gehen einer Vielzahl von Menschen durch den Kopf. Grundsätzlich haben sie sogar Recht. Kein Mensch muss sich mit seiner Vergangenheit beschäftigen, insofern er sich wirklich sicher ist, dass er alle Konsequenzen dafür tragen möchte oder in der Tat keine Probleme im Leben hat. Dann hat er offensichtlich einen Weg gefunden, der sein Leben, den Spielregeln des Lebens entsprechend, im Fluss hält. Grundsätzlich aber hat jeder Mensch schon einmal gelebt und bringt Altes mit und richtet sich, meist ohne es zu bemerken, nach alten Mustern und Glaubenssätzen.

Ziele der Reinkarnationstherapie:

- ✓ Wiederholungserlebnisse und noch ungelöste frühere Konflikte auf ihre Ursachen in früheren Leben zurückführen
- ✓ Krankheiten durch Bearbeitung der geistigen Ursachen beseitigen
- ✓ Auslöser für starre Glaubensätze oder Teufelskreise auflösen
- ✓ Unnötige Überlebensprogramme auf die Entstehung zurückführen
- ✓ Aus magischen Verknüpfungen und Abhängigkeiten befreien
- ✓ Blockierte Fähigkeiten wieder aktivieren und lebbar machen
- ✓ Auslöser für (Lebens-)Krisen unwirksam machen
- ✓ Das Schicksal insgesamt als sinnvoll betrachten
- ✓ Sich besser kennenzulernen, sich und seine Mitmenschen verstehen
- ✓ Selbstlügen auflösen, um Fähigkeiten und Energie freizusetzen
- ✓ Lebensprobleme an der Wurzel bearbeiten
- ✓ Bewusster mit dem Leben umgehen, zum größtmöglichen eigenen Vorteil und dem geringsten Schaden für andere
- ✓ Wertvoll und nützlich für die Sozialgemeinschaft werden
- ✓ Menschliche Reife zu erlangen und die Sozialkompetenz steigern

Schaut sich ein Klient seine früheren Leben an, kann er aus dem, was er wiedererlebt, Erkenntnisse über sich selbst gewinnen und lernen. Er kann seine gewonnenen Erkenntnisse dazu nutzen, sein jetziges Leben unter einem anderen breiteren Blickwinkel zu betrachten – der sogenannten Bewusstseinserweiterung. Vergleichbar eines Helikopterblicks sieht der Klient die Zusammenhänge seines vergangenen Lebens und auch die seines aktuellen Lebens. Das Problem erscheint nicht mehr als Problem, sondern wird zur Aufgabe. Meist fühlt sich ein Klient sofort leichter, als sei «etwas abgefallen» und spürt einen Energiezuwachs. Oft bringen Klienten ihre Erkenntnisse sofort ins Leben ein und tun, was vorher nicht möglich erschien. Der Mensch wird flexibler und kreativer. Das sind Auswirkungen davon, dass ein Problem seine Wirkung verliert oder ein alter Konflikt endlich nachträglich gelöst wurde. Setzt ein Klient seine Erkenntnisse um, setzt er damit eine neue Ursache in seinem Leben und erzeugt dadurch eine positive Wirkung; sein Leben beginnt sich zu ändern. Die positive Wirkung der Therapie auf den Klienten selbst bringt meist auch eine positive Veränderung im sozialen Miteinander und in Partnerschaften. An einer positiven Zielsetzung kann der Mensch erkennen, welche Punkte in seinem Leben gänzlich fehlen oder verbessert werden können.

Reinkarnationstherapie und Rückführungen

Für die meisten Menschen gibt es auf den ersten Blick zwischen «Rückführungen» und «Reinkarnationstherapie» keinen Unterschied. «Rückführung» beschreibt lediglich den Vorgang, ein früheres Leben wieder ins Bewusstsein zurückzuführen und bewusst zu machen. Meist werden «Rückführungen» deswegen auch als «Reinkarnationstherapie» bezeichnet. Von einer Therapie spricht man, wenn diese dem Klienten, die Möglichkeit gibt, sich gezielt mit dem Inhalt einer Rückführung auseinandersetzen zu können und gezielte Erkenntnisprozesse auszulösen. Das ist durch eine konfliktbezogene Vorgehensweise möglich, in der echte Ursachen erarbeitet werden und infolgedessen, konkrete Lösungswege erkannt werden können.

Ich habe ein Problem ...

Normalerweise müsste es jedem Menschen gelingen, seine Ziele zu erreichen, gesund zu sein, eine glückliche Partnerschaft zu führen, Erfüllung im Beruf zu finden und ausreichend materielle Mittel zur Verfügung zu haben, sich seine Wünsche zu erfüllen. Ein solches Leben strebt jeder Mensch an, insofern er ehrlich zu sich selbst ist und dazu steht. Jeder Mensch kennt ein solches Leben aus seiner Vorstellungswelt. Diese wiederum ist eine Erinnerung aus der Vergangenheit. Es erinnert an einen paradiesischen Zustand aus früheren Leben, in denen das Leben lange Zeit rund lief. Für manche ist das heute bereits wieder der Ist-Zustand, andere arbeiten noch daran. Schafft der Mensch es nicht, dieses Ziel zu erreichen, scheint dem etwas entgegen zu stehen. Dann stellt er fest: «Ich habe ein Problem.»

Themen für die Reinkarnationstherapie

Klienten kommen mit zahlreichen, vielschichtigen Problemen. Jedes Problem ist willkommen. Probleme werden nicht nach «schlimm», «weniger schlimm», «eingebildet» oder «sichtbar» oder nach dem Erscheinungsbild des Klienten bewertet. Für die Reinkarnationstherapie ist entscheidend, dass ein Klient seine Bereitschaft und den Willen zeigt, sich seiner Vergangenheit zu stellen und nach den Ursachen seines Problems zu suchen. Er sollte in Betracht ziehen, dass die Ursachen für sein Problem in seiner Vergangenheit liegen; entweder in früheren Leben, in seiner vorgeburtlichen Zeit oder auch in seiner Kindheit. Klienten, die vehement darauf bestehen, eine dieser drei Phasen der Vergangenheit in ihrer Therapie auszusparen, wollen unbewusst eine wirklich Lösung ihres Problems verhindern. Ein wesentlicher Bestandteil der Lösung liegt aller Wahrscheinlichkeit nach in dem Zeitraum, den sie überspringen möchten.
Ein Klient sollte bereit sein, sich seine gesamte Vergangenheit anzuschauen. Würde man dem Wunsch des Klienten folgen und Teile seiner Vergangenheit aussparen, wurde man den Seelenanteil des Klienten «übergehen» und das verhindert seine Weiterentwicklung. Sein Seelenanteil möchte sich immer allen Teilen der Vergangenheit stellen.

Jeder Mensch ist in das Gesetz von Ursache und Wirkung eingebunden (Kapitel 2, S. 71). Die Therapie zieht folglich eine Wirkung nach sich, die erwünscht ist. Es ist für eine Problemlösung erforderlich, dass ein Klient auch bereit sein muss, Konsequenzen aus seiner Therapie zu ziehen. Ein Mensch der nicht bereit ist, irgendetwas zu tun, um sein Problem zu lösen, wird keine echten Lösungen bekommen. Das betrifft auch therapeutische Prozesse anderer Therapien.
Klienten haben häufig die Vorstellung: «Eine Rückführung und das Problem ist gelöst.» Oder: «Dreimal hingehen und dann muss das Problem weg sein.» Solche Wunschvorstellungen können in der Therapie meist als Vermeidungsverhalten des Egos identifiziert werden. Beispielsweise wäre es dem Therapeuten durch knappe Zeitvorgaben seitens des Klienten unmöglich, an einen Kernpunkt heran zu kommen. Der Klient möchte genau das durch seine Vorgaben unbewusst verhindern. Der Klient selbst ist sich des

Vermeidungsverhaltens oft nicht bewusst; sondern weist dadurch auf einen innewohnenden Konflikt hin. Vordergründig strebt der Klient nach Problemlösung, unbewusst, will er gerade das aber vermeiden. Nicht selten zieht er von Therapeut zu Therapeut und hinterlässt eine Spur der Enttäuschung, Verbitterung oder Selbsttäuschung. Die unbewusste Strategie des Klienten ist: «Eine Therapie, die keine ausreichenden Zeitfenster hat, kann nichts bringen und zieht infolgedessen auch keine Konsequenzen nach sich.»

Nicht jeder Klient, der in eine Therapie kommt und vorgibt, ein Problem lösen zu wollen, will sein Problem auch wirklich loswerden. Manchmal beenden Klienten die Therapie ohne vorherige Rücksprache mit dem Therapeuten; wenn es an den Kernpunkt geht. Es wird zu «eng» oder zu unangenehm. Diese Vorgehendweise mag sehr abwechslungsreich für das Leben des Klienten sein, weil er auf diese Weise viele Therapien und Therapeuten kennenlernt, aber im Ergebnis selbstzerstörerisch.

Der Klient täuscht sich selbst durch kreative Rechtfertigungen wie:

- ✓ Das hat ja nichts gebracht (nach zwei Sitzungen)
- ✓ Das ist wenig einfühlsam, der Therapeut ist zu kalt (zu analytisch)
- ✓ Ich brauche Zeit zum Verarbeiten (Kernpunkte stehen an)
- ✓ Die Fragen sind mir zu direkt (karmische Vorbelastung aus einem wichtigen früheren Leben)
- ✓ Ich habe kein Geld (aber für andere Kurse und Therapien)
- ✓ Es reicht mir jetzt erst einmal (kurz vor dem Knackpunkt)
- ✓ Schuldzuweisungen an den Therapeuten verschiedenster Art (Abwehrstrategie, wenn Kernpunkt getroffen)

Es scheint so, das Problem des Klienten sei jetzt ein besonders dickes Problem. Meist zeigt sich aber in der Therapie, dass es sich meist nur um eine ganz spezielle unangenehme Erfahrung in einem früheren Leben handelt. Vielleicht soll auch nur eine ganz bestimmte Charaktereigenschaft unaufgedeckt bleiben. Manche Klienten möchten über sich auch nicht viel wissen, weil ihnen ihr Wissen in früheren Leben zum Nachteil war oder sie es missbräuchlich eingesetzt haben.

Die Therapie kann bewirken:

- ✓ Die Grundthemen des eigenen Lebens zu durchschauen und dies für ein erfülltes Dasein zu nutzen
- ✓ Ängste, oft in der Kindheit neu aktiviert, ohne Groll aufzulösen
- ✓ Psychische / körperliche Heilungsprozesse wirksam zu unterstützen
- ✓ Hemmungen und die Ursache von Mangelsituationen zu beseitigen (z.B. Mangel an Nähe in Partnerschaften, Mangel an Geld)
- ✓ Die Beziehung zu anderen Menschen grundsätzlich zu verbessern
- ✓ Sich wiederholende Schicksalsschläge und Blockaden zu beenden
- ✓ Zwänge und Schuldgefühle loslassen lernen
- ✓ Sich aus Abhängigkeiten zu befreien
- ✓ Ohne Angst zu leben, das eigene Leben lebenswerter und erfüllter zu gestalten

Konkrete Probleme die u.a. bearbeitet werden können sind:

- ✓ Partnerschafts- und Berufsthemen
- ✓ Körperlichen Beschwerden vom Schnupfen bis zu Magenschmerzen
- ✓ Chronische Krankheiten u.a. Asthma, Migräne, Darmprobleme
- ✓ Rückenbeschwerden, Tennisarm
- ✓ Ängste und Zwänge
- ✓ Essstörungen und Suchtverhalten
- ✓ Sexuelle Störungen
- ✓ Schuldgefühle und Depressionen
- ✓ Kreativitätsprobleme
- ✓ Verluste von Menschen
- ✓ Innere Leere und Gefühlsprobleme
- ✓ Hemmungen und Blockaden

Die Liste der Themen, die mit der Reinkarnationstherapie bearbeitet werden können, lässt sich um zahlreiche Probleme erweitern und weiter differenzieren. Probleme, die mit herkömmlichen Mitteln schwer oder gar nicht lösbar sind, finden oft ihre Ursachen in früheren Leben.

Problemdefinition

Ein Problem ist eine Aufgabe, deren Lösung mit Schwierigkeiten verbunden ist. Probleme stellen Hindernisse dar, die überwunden werden müssen, um von einer unbefriedigenden Ausgangssituation in eine befriedigendere Zielsituation zu gelangen. Ein Mensch steht demnach einem Problem gegenüber, wenn er sich in einem inneren oder äußeren Zustand befindet, den er aus irgendwelchen Gründen nicht für wünschenswert hält. Es fehlen ihm die Mittel zum Erreichen eines Zieles. Von einem Problem ist aber auch die Rede, wenn der Mensch vom angestrebten Ziel keine klaren Vorstellungen hat.

Erfahrungsgemäß ist eine Problemsituation für den Menschen meist eine äußere Situation. Soll er sein Problem beschreiben, macht er das meist an einer äußeren Situation fest. Beispielsweise: «Meine Schwiegermutter lobt mich nie» oder «ich komme beruflich nicht weiter» oder «niemand interessiert sich für mich» oder «ich finde keinen Partner, egal, was ich tue.»

Ein Problem ist jedoch bereits die Folge eines inneren Konfliktes. Der innere Konflikt schafft erst die äußere Situation, für die keine Lösung gesehen wird. Ein innerer Konflikt beschreibt das Innere eines Menschen, in dem sich zwei widersprechende und sich ausschließende Bedürfnisse aufeinander prallen. Die Bezeichnung «Grundkonflikt» ist ein Fachbegriff aus der Psychoanalyse und der Tiefenpsychologie und beschreibt einen «zentralen» infantilen Konflikt in der Lebensentwicklung eines Menschen. Der Begriff wurde von Sigmund Freud geprägt. Um einen solchen Konflikt zu bewältigen, ist es erforderlich, zwischen zwei Zielen zu entscheiden, die sich gegenseitig ausschließen und zueinander im Widerspruch stehen.

Grundsätzlich sind innere Konflikte zwischen widersprüchlichen Bedürfnissen etwas ganz normal Menschliches und Alltägliches. Gibt es eine Seite, die sich Nähe zum Partner wünscht, gibt es meist eine andere Seite, die für sich allein sein möchte. Oder eine Seite wünscht sich Freiheit und Unabhängigkeit, während die andere Seite Geborgenheit und Häuslichkeit sucht. Oder eine Seite möchte sich anpassen und unauffällig sein, während die andere sich auflehnen und wehren will. Zum Problem wird ein Konflikt, wenn der Mensch keinen Ausweg aus einem Konflikt sieht, feststeckt oder immer wieder scheitert. Dann ist meist ein früherer, ungelöster innerer Konflikt die Ursache. Häufig ist dem Menschen sein innerer Konflikt nicht bewusst, sondern er sieht nur das äußere Problem und verspürt einen Leidensdruck. Häufig erscheinen Probleme für Außenstehende nichtig oder banal; für den Menschen, der darunter leidet, ist es das keinesfalls. Oft hat er schon über Jahre hinweg versucht, sein Problem zu lösen. Beispiele dafür sind:

a. Ein Klient leidet unter Fressattacken. Ihm anzuraten, er solle aufhören zu essen, wird ohne Erfolg bleiben. Er wird antworten: «Das ist ja gerade mein Problem, ich schaffe es nicht.» Sein Konflikt könnte sein, dass er einerseits aufhören möchte zu essen, andererseits aber immer Hunger hat. Das sind zwei sich widersprechende Willensbekundungen. Der Klient verspürt ein Unvermögen aus freiem Willen heraus, mit dem Essen aufzuhören. In der Therapie bezeichnen wir das Unvermögen auch als Mangel. Oder wir sagen: «Es mangelt dem Klienten an …»
b. Ein anderer Klient klagt darüber, wenig erfolgreich zu sein. Er möchte erfolgreicher werden, gleichzeitig aber seine Familie nicht vernachlässigen. Ein Außenstehender würde ihm vermutlich gute Ratschläge geben und ihm anraten, mehr zu arbeiten und «sich ins Zeug zu legen» und dass er da mal zurückstecken muss. Auch das würde wenig Erfolg haben, denn der innere Konflikt ist für ihn unlösbar.
c. Ein Klient fühlt sich einsam und klagt über wenig Kontakte. Würde man ihm sagen: «Geh doch mehr raus, suche dir einen Verein, dann lernst du Menschen kennen», wird er sicher sagen, dass er das bereits versucht hat. Vielleicht argumentiert er: «Wenn ich rausgehen will, bin ich wie gelähmt; ich will, aber ich komme nicht hoch; und wenn ich mal rausgehe, dann bilden sich trotzdem keine Kontakte. Der innere Konflikt könnte lauten: «Ich bin einsam, will aber allein sein.»
d. Klagt ein Klient über das Chaos in seinem Zuhause, weil er nicht aufräumt oder putzt, wird er vielleicht mitteilen, dass es ihm trotz Versuche, nicht gelingt. «Ich will was tun, aber ich kann nichts tun.»
e. Wurde ein Klient vom Partner verlassen und leidet darunter und fühlt sich minderwertig, kann man ihm x-mal sagen: «Da musst du einfach anders denken; der / die ist es nicht wert, da kommt jemand anders, lass los, etc.» Mag es auch stimmig sein, was man dem Klienten sagen wür-

de, dieser Klient wird drauf bestehen, dass der, der ihn gerade verlassen hat, der Beste ist und er keinen anderen haben will. Viele Klienten wissen, dass sie sich trennen müssten, schaffen es aber nicht, sich zu trennen.

Schafft ein Mensch sein Problem nicht selbst zu lösen, sollte man seinen Aussagen Glauben schenken und diese erst einmal ernst nehmen. Patentrezepte oder gut gemeinte Ratschläge versprühen zwar Hoffnung, können aber nur eine vorrübergehende Hilfestellung sein. Jedes Problem und jeder Konflikt des Menschen möchte mit Respekt behandelt werden. Es ist menschlich, etwas «nicht zu können» und einen «Mangel» zu haben. Rückfälle in alte Verhaltensweisen zeigen an, dass der innere Konflikt nicht wirklich gelöst ist, sondern eventuell nur am Symptom gearbeitet wurde und die wirklichen Ursachen noch nicht gefunden sind. Die inneren Widersprüche, die das Problem steuern, sind noch nicht alle bewusst. Motivationsveranstaltungen mit Slogans wie «Tsjakkaa! Du schaffst es» wirken oft deshalb nur kurzfristig, weil die inneren Widersprüche noch nicht ausgeräumt sind. Zuerst muss der Konflikt bearbeitet werden, der verhindert, dass es klappt. Erst dann ist eine dauerhafte Veränderung möglich.
Die Reinkarnationstherapie geht davon aus, dass eben diese inneren vorhandenen, widersprüchlichen Bedürfnisse durch Erlebnisse in früheren Leben entstanden sind und dadurch schwer lösbar sind. Der bewusste Wille steht im Widerspruch zu den Lösungsstrategien und Programmen aus früheren Erfahrungen. Wenn etwas also nicht klappt, hat das folglich wenig mit der Willensstärke eines Menschen oder gar mit mangelnder Intelligenz zu tun. Durch die Bearbeitung früheren Leben an der Ursache werden die alten Konflikte wie unter einem Vergrößerungsglas sichtbar. Der Klient kann durch die Rückführung erkennen, wie er seinen Konflikt früher gelöst hat und welche Lösungsstrategien er früher entwickelt hat. Scheitert das Leben, ist das immer ein Hinweis darauf, dass die Konfliktlösung fehlerhaft war.
Ziel der Rückführungsarbeit ist es daher, dass der Klient alternative Lösungswege zu seinen bisherigen Lösungsstrategien erkennen kann. Dabei werden beide Seiten des Konfliktes einander gegenüber gestellt. Dadurch kann der Klient erkennen, was die optimale Lösung für ihn gewesen wäre. Hat er das erkannt, ist der heutige Konflikt lösbar oder löst sich einfach auf.

Das Wissen, dass ein Mensch einmal mit seiner Kutsche im Wald von Wegelagerern überfallen worden ist, reicht als Ursache für eine eventuelle Angst vor dunklen Wäldern oder Reisen nicht aus. Das mag interessant sein und sicherlich wird das erklären, warum der Klient Reisen heute gerne vermeidet. Konfliktlösend und damit problemlösend ist für den Klient, wenn ihm zusätzlich noch bewusst wird, was seine innere Disposition dazu ist, dass gerade er im Wald überfallen wird.
Die Reinkarnationstherapie geht davon aus, dass der frühere Konflikt im aktuellen Leben noch vorhanden ist und Ursache für seine aktuellen Probleme ist. Es ist deswegen immens wichtig, frühere Leben konfliktorientiert zu bearbeiten und differenziert echte Ursachen herauszuarbeiten.
Die Reinkarnationstherapie zeigt mit bestechender Klarheit Konfliktstrukturen auf, die dem Klienten bisher unbekannt waren und eine direkte Lösung bringen. Dem Klienten ist sein innerer Konflikt meist bis dato unbewusst. Es ist schon viel wert, wenn ein Klient seinen inneren Konflikt als solchen wahrnehmen und akzeptieren kann. Allein dadurch können sich manche Probleme bereits lösen, bevor er seine Lösungen in seinen Alltag einbringt. Ein Problem basiert grundsätzlich auf einer wenig sinnvollen Sichtweise, bedingt durch die Erfahrungen früherer Leben:

- ✓ Ist der Mensch früher einmal verhungert, wird sich Hunger immer einstellen, wenn er an Gewichtsreduzierung denkt
- ✓ War Übergewicht früher mal ein Statussymbol, wird unbewusst versucht, das Gewicht beizubehalten
- ✓ Ist einem der Erfolg in früheren Leben zu Kopf gestiegen, wird der Gedanke an Aufstieg, Abwehrreaktionen auslösen
- ✓ War Materielles früher wichtiger als das Schicksal anderer, wird man im aktuellen Leben vielleicht «gerade so» finanziell überleben können
- ✓ War man früher isoliert und eingesperrt, fühlt man sich heute oft ganz wohl in seinen vier Wänden, hat aber gleichzeitig Angst vor Enge
- ✓ Hat man früher andere Menschen mit Reden aufgewiegelt, wird die Kontaktaufnahme heute erschwert sein
- ✓ Ist der Mensch früher verlassen worden oder ist er einsam gestorben, wird es erschwert sein, sich zu trennen

Die unbewussten Reaktionen des Menschen, die sich aufgrund dieser Erfahrungen manifestiert haben, werden als irrational bezeichnet. Sie sind für das aktuelle Leben unsinnig und schädlich und werden in der Therapie aufgelöst.

Bei einer Problembearbeitung stößt man oft auf Blockaden, deren Ursache sowohl in der Gegenwart, als auch in der Vergangenheit liegen. Der Hintergrund ist oft ein unangenehmes Ereignis in früheren Leben. Die daraus entstandenen Ängste können eine Therapie stagnieren lassen oder die Problemlösung erschweren. In der Therapie nennen wir das «Therapieblockade». Blockiert die Therapie aufgrund einer Therapieblockade, kann das primär als gutes Zeichen betrachtet werden. Es zeigt, dass die Therapie am Punkt arbeitet. Der nächste Schritt der Therapie wird sein, die Blockade zu bearbeiten und auszuräumen. Unglücklicherweise werden an diesem Punkt viele Therapien abgebrochen, weil die Therapie einen anderen Weg gehen muss, als sich der Klient vorgestellt hat. Hätte ein Mensch aber keine Blockaden, hätte er auch keine Probleme. Bei jedem Menschen zeigen sich in seiner Therapie Blockaden, mal weniger, mal hartnäckiger ausgeprägt. Blockaden innerhalb des Therapieprozesses zeigen ein wichtiges Thema im Leben an. Das muss seitens des Therapeuten erkannt werden, damit der Klient seine Therapie fortsetzen kann.

Eine sehr häufig auftretende Blockade ist, wenn der Klient ungewöhnlich oft, meist standardmäßig «ich weiß nicht» antwortet. Der Satz ist ein Programmsatz im Unbewussten, der das Fortschreiten der Therapie verhindern soll. Es soll etwas unaufgedeckt bleiben. Dahinter stehen oft Geheimnisse, die sich bereits blockierend auf das alltägliche Leben auswirken. Zudem finden wir frühere Erlebnisse, die beispielsweise in Zusammenhang mit geheimem Wissen stehen oder mit einem Versagen. Nicht selten folgen diese Menschen auch einem innewohnenden Bestrafungsprogramm, welches in früheren Leben einprogrammiert oder selbst einsuggeriert wurde.

Aber auch in der Kindheit des gegenwärtigen Lebens und in der vorgeburtlichen Zeit kann man Ursachen für derartige Programmsätze, wie «ich weiß nicht» finden. Sie haben für den Klienten einen scheinbaren Nutzen.

Gäbe es nichts, was man weiß, es aber nicht wissen sollte, bräuchte man auch nicht sagen: «Ich weiß nicht ...»

Es gibt natürlich auch Blockaden, die von ihrem Inhalt her, sehr raffiniert angelegt sind. Sie kommen aus früheren Inkarnationen und sind meist sehr versteckt und subtil. Ihnen kann der Therapeut in den ersten Sitzungen kaum auf die Schliche kommen. Unbewusst werden sie «geschützt», da sie dem Menschen einen großen Nutzen vorgaukeln. Da der Mensch so gestrickt ist, dass er alles was ihm Vorteile bringt, gerne behalten möchte, hütet er seine Blockaden wie seinen Augapfel. Er spricht oft Gedanken nicht aus oder erwähnt wichtige Hinweise nur in Nebensätzen. So kann der Therapeut ihm erst im Laufe der Therapie auf die Schliche kommen.

Jedes Problem ist grundsätzlich mit einem unbewussten Vorteil versehen. Dieser stellt sich bei näherer Betrachtung längst als überholt und ohne wirklichen Nutzen heraus. Der vermeintliche Nutzen stellt sich als gravierend schädlich heraus. Dieser vermeintliche Nutzen «Scheinvorteil», weil der Schein trügt. Angelegt sind Scheinvorteile in früheren Leben. Wird das dementsprechende frühere Leben bewusst, wird der Scheinvorteil als Scheinvorteil entlarvt und kann aufgegeben werden. Scheinvorteile werden durch die Erkenntnisse aus der Rückführung eines früheren Lebens unwirksam. Jeder Scheinvorteil eines Problems muss aufgegeben werden, sonst bleibt ein Problem erhalten. Es fällt dem Menschen oft nicht leicht, sich von seinen Scheinvorteilen zu trennen. Bemerkt er aber die Unsinnigkeit des jeweiligen Vorteils, kann sich sein Problem lösen. Ein Problem muss sich verändern, ansonsten ist es noch nicht gelöst. Verändert es sich nicht, wie gewünscht, sind noch nicht alle Facetten bewusst, die das Problem am Leben halten oder nicht alle Scheinvorteile des Problems aufgegeben.

Es gibt keine goldene Regel dafür, wann ein Klient auf die, für die Auflösung einer Blockade bedeutsamen früheren Leben aufmerksam macht. Nur wenn der Klient es zulässt, kann der Therapeut intervenieren und ihn dabei unterstützen, Blockaden zu lösen. Erfahrungsgemäß bringen aber die ersten fünf bearbeiteten früheren Leben schon ausreichend Erkenntnisse, damit sich ein Problem verändern kann und einschneidende Veränderungen im Leben stattfinden können.

So entstehen Probleme

Probleme werden durch den Menschen selbst erschaffen. Ist das Problem vorhanden, hat es der Mensch oft nicht leicht, die Ursachen dafür zu erkennen. Die meisten Menschen denken, dass ihre Probleme durch andere Menschen oder Umstände, denen sie sich ausgesetzt fühlen, herbeigeführt werden.
Würde das wirklich so sein, würde das bedeuten, dass ein anderer Mensch die Verantwortung für das eigene Schicksal hätte oder die Umstände wären Schuld am eigenen Schicksal. Wäre das der Fall, könnte der Mensch, als logische Konsequenz, an seinem Schicksal nichts ändern. Probleme sind aber eigene Kreationen und selbst erschaffen. Das nimmt den Menschen in die Eigenverantwortung. Ein überragender Vorteil der Eigenverantwortlichkeit ist: Sie macht ihn zum Meister seines Schicksals! Damit ist er selbstbestimmt und kann auf sein Schicksal Einfluss nehmen. Er ist frei und kann, immer im Einklang mit sich und der Umwelt, sein Schicksal selbst steuern. Fühlt sich ein Mensch unfrei und gibt es Probleme, hat er seine Eigenverantwortung in einem seiner Lebensbereiche aufgegeben. Es gibt fünf Entstehungsweisen, wie sich der Mensch Probleme erschaffen kann:

1. Nicht-Wahrnehmen einer Realität

Ein Problem entsteht, wenn der Mensch seine eigene Wahrnehmung zur Seite schiebt, weil ihm die Realität zu unangenehm erscheint. Er möchte einer Tatsache nicht ins Auge schauen und verdrängt seine Wahrnehmung. Würde er seine Wahrnehmung annehmen, müsste er sich einer anstehenden Veränderung öffnen.

Beispiel 1:
Ein Arbeitnehmer hört beispielsweise, dass sein Betrieb in finanziellen Schwierigkeiten ist. Er schenkt der Wahrnehmung keine Bedeutung und schiebt sie weg mit der Rechtfertigung: «Ach was, das kann doch gar nicht sein!» In dem Augenblick verschließt er seine Augen vor der Realität und

einem möglichen Arbeitsplatzabbau oder einem Konkurs. In beiden Fällen würde er seinen Arbeitsplatz verlieren. Er wiegt sich nun selbst in einer Scheinsicherheit und beginnt in einer Illusion zu leben. Dadurch bastelt er sich seine Realität schön und seine Welt bleibt für ihn vermeintlich in Ordnung. Hintergrund dafür ist, dass er die anstehende Veränderung nicht wahrhaben und den nächsten Schritt nicht tun möchte.
Seine verdrängte Wahrnehmung wird sich, exakt nach dem Prinzip der Ganzheitlichkeit, in seiner Umwelt wiederspiegeln. So kann es sein, dass dieser Mensch sich nun durch den Konkurs der Firma selbst in finanzielle Schwierigkeiten bringt oder nur schwer einen Anschlussarbeitsplatz bekommt, eventuell nur unter finanziellen Einbußen. Seine Illusion platzt und er fällt von «Wolke 7» auf einen harten Boden: Er wird mit der Realität konfrontiert und kann nicht rechtzeitig reagieren. Seine Illusion, in der er lebte, hatte seinen Blick vernebelt. Häufig zeigt sich die Verdrängung einer Wahrnehmung auch in Form von plötzlichen Schwierigkeiten, Konflikten, Mobbing oder Ablehnung, beispielsweise durch Kollegen oder Vorgesetzte. Vielleicht schläft er auch schlecht, eventuell leidet er auch unter Schweißausbrüchen oder seine Verdrängung spielt ihm nachts einen Streich und macht ihn unruhig.
Alle äußeren Konflikte sind die sichtbare Form der inneren Verdrängung. Äußere Schwierigkeiten wollen den Menschen auffordern, richtig hinzuschauen. Verweigert ein Mensch eine anstehende Veränderung und leitet er sie nicht freiwillig ein, wird er vom Schicksal dazu gezwungen werden.

Beispiel 2:
Plötzlich treten bei der Partnerin Veränderungen auf. Sie legt mehr Wert auf ihr Aussehen, arbeitet länger oder trifft sich häufiger mit Freunden. Es schleicht sich ein Verdacht ein: «Ob da wohl jemand anders ist?» Die Wahrnehmung wird beiseite gedrängt. Damit wird die Partnerschaft zur Illusion. Kurz drauf erzählt die Nachbarin: «Ich habe ihre Frau gestern Abend mit einem anderen Mann gesehen, aber das hat sicher nichts zu bedeuten.» Als Antwort kommt: «Nein, da machen sie sich keine Gedanken, die ist mit Freunden unterwegs.» Die Nachbarin nimmt die Verdrängung des Mannes bereits auf und spricht sie aus: «... aber das hat sicher nichts zu bedeuten ...», und der Mann verstärkt die Illusion noch mit seiner Antwort.

Die Illusion, in der er sich befindet, verhindert, dass er sich mit der Tatsache beschäftigen und der Aussage der Nachbarin nachgehen kann. Er will die Realität nicht wissen. Grund kann beispielsweise sein, dass er ein überhöhtes Selbstbild hat und für unmöglich hält, betrogen zu werden. Drei Monate später teilt seine Frau mit: «Ich habe jemanden anders, ich ziehe aus!» Der Mann wird sich sicher belogen und betrogen fühlen. Was der Mann aber negiert ist, dass ihm das Schicksal bereits lange vorher durch seine innere Stimme und die Beobachtung der Nachbarin Hilfestellung angeboten hat. Die Nachbarin hat in dem Fall seine innere Stimme wiedergespiegelt. Durch das Negieren der Realität hat er sich selbst die Möglichkeit genommen, zu reagieren. Er hätte sich rechtzeitig damit beschäftigen können, welches innere Problem verursacht, dass er betrogen werden kann. Vermutlich hat er sich schon lange vorher um einen Anteil seiner Persönlichkeit betrogen und der Betrug an ihm ist nur eine Spiegelung dessen.
Statt seine Wahrnehmung zu ignorieren, sollte der Mensch die Wahrnehmung einer unangenehmen Tatsache ernst nehmen und die Realität akzeptieren. Die häufigste Ursache dafür, dass eine Wahrnehmung verdrängt wird, sind fehlender Mut oder die Feigheit, sich mit der Tatsache und sich selbst auseinanderzusetzen.

2. Sichtweisen, die in Konflikt mit der Realität stehen

Ein weiterer Grund, wodurch ein Problem entsteht, ist eine Sichtweise, die mit der Realität kollidiert. Häufig werden die beiden Entstehungsarten unter Punkt 1 und Punkt 2 miteinander verwechselt, sind aber in ihrer Entstehung vollkommen unterschiedlich. Unter Punkt 2 ist es immer die Sichtweise des Menschen, die ein Problem entstehen lässt. Beispiele dafür sind:

a. **Die eigene Meinung ist anders als die des Gegenübers:**
Meist wird vom anderen erwartet, dass ein anderer die eigene Meinung teilt und annimmt. Handfeste Streitigkeiten bis hin zur Trennung der beiden Personen oder gar zu gewaltsamen Übergriffen sind dabei keine Seltenheit. Doch was ist dabei wirklich das Problem? In der Praxis zeigt sich häufig, dass die eigene Meinung und Überzeugung als richtig

erachtet wird. Und da sie als richtig gilt, ist die Meinung des anderen daher als unrichtig anzusehen. Oft wird damit gerechtfertigt: «Ich will ja nur Dein Bestes.» Damit soll jedoch nur das eigene «Überzeugen-wollen» entschuldigt werden. Der andere wehrt sich natürlich dagegen, überzeugt zu werden und will seinerseits wiederum auch überzeugen. Betrachtet man die Situation einmal mit dem Helikopterblick, werden beide Personen feststellen, dass sie bei einem Rollentausch, sich keinesfalls überzeugen lassen wollten, jeder aber vom anderen erwartet, dass er sich überzeugen lässt.

Die Lösung ist denkbar einfach: Jeder Mensch hat das Recht auf seine eigene Denkweise, egal ob richtig oder falsch. Eine Sichtweise liegt im Auge des Betrachters. Daher gibt es kein «richtig» oder «falsch», sondern nur die «eine Sichtweise» und die «andere Sicht der der Dinge». Beide haben Existenzberechtigung, solange, bis einer der beiden seine Meinung ändern möchte. Alles andere bezeichnet man als Rechthaberei.

b. **Eine unrealistische Erwartungshaltung an einen anderen Menschen oder eine Sache haben:**
   Jemand hat beispielsweise die Erwartung an andere Menschen, sie müssten ihn immer zuerst grüßen. Kommt der andere diesem Anspruch nicht nach, betrachtet er das eventuell als unhöflich. Er wird vermutlich zudem behaupten, dass die Menschen zu ihm sowieso alle unhöflich sind und er das nicht verdient hat. Oder Eltern erwarten von ihren Kindern, dass sich diese immer bei ihnen melden müssten und sich nach ihrem Befinden erkundigen müssten. Tun sie das nicht, werden ihre Kinder sicher als undankbar oder respektlos hingestellt. Auf diese Weise werden Enttäuschungen vorprogrammiert, da die Erwartungshaltungen «fixe Ideen» sind, die das Leben, gerade aufgrund des Anspruchs an andere, erschweren.

Daher ist es in der Therapie immer wichtig, in Erfahrung zu bringen, welche Erwartungshaltungen ein Klient hat. Ändert der Mensch seine Erwartungshaltung und entwickelt Toleranz und Flexibilität, ohne dabei gegen sich selbst zu handeln, kann sich das Problem entspannen und auf diesem Weg bereits lösen.

3. Mangel an Verantwortung

Eine der häufigsten Gründe, mit dem sich der Mensch ein Problem schafft ist, wenn er die Verantwortung für sein Handeln und die Konsequenzen, die aus seinem Handeln entstehen, nicht übernimmt. Es mangelt dem Menschen an Verantwortungsbewusstsein. Jeder Mensch sollte zu dem stehen, was er getan hat; nicht nur zu seiner Tat, sondern auch zu dem, was er dadurch verursacht. Das bezeichnen wir als «Konsequenzen.»
Alles, was der Mensch tut, denkt, spricht und fühlt, hat Konsequenzen im Positiven, wie auch im Negativen. Bei einem Menschen, der keine Verantwortung übernehmen möchte, werden wir in seiner Vergangenheit ein bestimmtes ursächliches Erlebnis finden, in dessen Folge er für eine ganz bestimmte Handlung keine Verantwortung übernommen hat. Die Handlung soll unentdeckt bleiben. In seinen Folgeleben und im gegenwärtigen Leben wird er immer wieder neu mit dem Thema konfrontiert werden. Vermutlich hat er sich im gegenwärtigen Leben wiederholt unverantwortlich verhalten und Verantwortung vermieden. Der Mensch behindert dadurch seine Selbstverwirklichung, kommt oft nicht weiter im Beruf, will sich meist nicht im Mittelpunkt oder in der Öffentlichkeit sehen; andererseits wird er großen Wert darauf legen, dass seine Meinung gehört und sichtbar wird. Er begeht erneut Schuld an sich selbst, da er sich im Ausleben seiner Fähigkeiten zurücknimmt. Ebenso gibt er, aufgrund seines Verhaltens und seiner Schuld, Anlass für berechtigte Kritik. Damit sich der Mensch weiterentwickeln kann, ist es sinnvoll, wenn er sich seinen Taten stellt und die echten Ursachen bearbeitet.

4. Fehlgeleitetes Potenzial und Kreativität

Jeder Mensch ist mit Fähigkeiten ausgestattet, die eingesetzt werden wollen. Fähigkeiten sind Anlagen, die wir in diesem Leben zu unserer Geburt mitbekommen haben. Früh in der Kindheit werden diese Fähigkeiten sichtbar, indem Kinder etwas gut können. Da sagt man beispielsweise: «Der ist der geboren Chef», weil er Anweisungen gibt und seine Mitmenschen beschäftigt. Oder über ein Mädchen sagt man: «Die wird später sicher mal Tänze-

rin.» Fähigkeiten geben dem Menschen Identität nach dem Motto: «Das bin ich.»
Werden diese Anlagen nicht entwickelt oder nicht ausgelebt und unterdrückt, sucht sich die Fähigkeit einen anderen Weg, um gelebt zu werden; sie muss zwingend gelebt werden. Aufgrund mangelnder positiver Nutzung wird nun diese Fähigkeit destruktiv genutzt. In der Folge kommt es aufgrund des zerstörerischen Umgangs mit seinen Fähigkeiten (Unterdrückung) zu Problemen mit sich selbst und mit den Mitmenschen. Hier sollte immer der Grundsatz beherzigt werden:

Ich bin nicht auf der Welt, um dir zu gefallen!

Beispiel 1:
Ist ein Mensch längere Zeit von Arbeitslosigkeit betroffen und kann er aus diesem Grund seine beruflichen Fähigkeiten nicht mehr einsetzen und frönt er dem Nichtstun, wird er unzufrieden. Er wird versuchen seinen Ideenreichtum, den er vorher in Problemlösungen eingesetzt hat, zuhause oder bei anderen auszuleben. Er wird Ratschläge erteilen und bevormunden und sich besserwisserisch geben. Mischt sich in Hausarbeiten des Partners ein oder übt sich in Selbstdarstellung, wenn Kinder Hausaufgaben machen. Schwierigkeiten sind vorprogrammiert. Die Lösung liegt darin, seinen Ideenreichtum zumindest im Hobby einzusetzen und somit positiv zu nützen. Vornehmlich sollte er sich aber fragen, was in ihm das gut heißt, dass er ohne Arbeit ist.

Beispiel 2:
Ungenutzte Antriebskraft und Veränderungsbereitschaft führen zu Aggressionen und in der Folge zu Streit; unter anderem auch zu überzogenen sportlichen Aktivitäten oder übermäßiges Bedürfnis nach Sexualität. Oft werden unwesentliche Ereignisse dazu genutzt, um zu explodieren. Es werden teilweise geeignete Situationen förmlich gesucht, damit sich die aufgestaute Aggression entladen kann. Antriebskraft, Aggression und Explosion haben die gleiche dynamische Bewegung: Nach außen gerichtete Energie. Ein Mensch der nichts tut, schafft sich ein Problem, da sein natürliches Bedürfnis nach Bewegung in Streit und Aggression etc. fehlgeleitet wird. Ist ein

Mensch für eine Tätigkeit «hinterm Schreibtisch» ungeeignet und eine reisende Tätigkeit wäre besser für ihn, dieser will aber jeden Tag um 16 Uhr Zuhause sein, hat er ein unterdrücktes Bedürfnis nach Bewegung. Dieses Bedürfnis wird sich in fehlgeleiteter destruktiver Dynamik wieder ausdrücken wollen. Ebensolche Probleme wird ein Mensch bekommen, der ein Redepotenzial hat, sich aber scheut Vorträge und Seminare zu halten, da er Angst vor der Öffentlichkeit hat. Klärt er das Thema «Öffentlichkeit» nicht, wird er vermutlich gerne, oft und ungefragt «Privatvorträge halten» und seinen Mitmenschen damit auf die Nerven gehen.

Beispiel 3:
Vater ist Fußballbesessen und konnte sich seinen Traum, selbst Fußball zu spielen, nicht erfüllen. Sein Potenzial kann sich, fehlgeleitet, in besserwisserischen Kommentaren vor dem Fernseher wiederfinden. Im unangenehmsten Fall für andere, wird er die eigenen Kinder dazu zwingen, sein Potenzial für ihn auszuleben. Eventuell selbst das Kind trainieren oder Druck ausüben, ohne zu bemerken, ob er damit andere Potenziale des Kindes unterdrückt. Ein Paradebeispiel dafür ist gleichermaßen, wenn Eltern ihre Kinder zum Kinder-Modeln, einem Sport oder Singen heranziehen und deren wirkliche Fähigkeiten nicht erfragen. Ihr eigenes unterdrücktes Potenzial wird auf eine andere Person fehlgeleitet.
Vater und Mutter haben ein Unternehmen aufgebaut und der Sprössling soll das Unternehmen weiterführen. Der Sprössling hat andere Interessen und möchte seine künstlerische Ader ausleben. Tut er den Eltern den Gefallen, um seine Eltern nicht zu enttäuschen, sind Schwierigkeiten vorauszusehen. Diese Eltern sollten sich nicht wundern, wenn der Sprössling sein künstlerisches Potenzial destruktiv nutzt und das Unternehmen in den Ruin steuert. Auf Umwegen macht er sich auf diese Weise frei vom ungeliebten Unternehmen.
Aggressionen und Ärger sollen formuliert und ausgelebt werden dürfen. Für Kinder ist das besonders wichtig, damit sich die Aggression nicht weiter potenziert. Leider ist Wut und Aggression in unserer Gesellschaft verpönt und Kindern oft verboten, sie auszudrücken. Kinder, wie Erwachsene leiten diese Potenziale um, weil sie sie loswerden müssen, da ansonsten die Gefahr körperlicher Manifestation (zerstörerische Krankheit) besteht. Die

Fehlleitung können wir häufig nicht als Ausdruck des Ärgers und der Wut erkennen. Wut, Ärger und Aggression Sie zeigen sich in subtilen unterdrückerischen Verhaltensweisen, wie:

1. Depressionen als Schuldzuweisung «du bist schuld, dass ich jetzt so traurig bin»
2. Dauerndes Verspäten «ich muss nicht pünktlich sein, meine Angelegenheiten sind wichtiger als deine»
3. Vergesslichkeit, Zerstreutheit (nicht krankhaft) «was dich betrifft, ist unbedeutend»
4. Jammern «niemand kann mir helfen, alle lassen mich allein»
5. Lob verweigern, gute Leistungen übersehen «du bist es nicht wert»
6. Ständiges «Ja, aber ...», um Protest zu äußern
7. Moralisieren als subtile Kritik, als Ausdruck der Aggression «ich bin ethisch einwandfrei»
8. Rationalisieren von Emotionen «steigere dich nicht rein»
9. Vorhaben im Entstehen in Zweifel ziehen «du hast keine Ahnung»

Von Punkt 1 bis 8 ist das hohe Maß an Abwertung und Schuldzuweisung zu erkennen, welches diese verkleideten Formen der Aggression zeigen. Die Lösung liegt immer in der offenen Kommunikation.

Das Negative ist das nicht richtig genutzte Positive

Sind Fähigkeiten erst einmal entdeckt, sind sie reif, entwickelt und gelebt zu werden.

5. Probleme mit der Polarität

Reden wir vom Polaritätsgesetzt fällt ein Bild sofort ins Auge: Das Yin & Yang Symbol, welches die Gesetzmäßigkeit der Polarität beschreibt.
Yin und Yang bedürfen und ergänzen einander. Nur gemeinsam bilden sie die Ganzheit. Zwei Pole nach dem Gesetz der Polarität sind immer ein Zuviel oder Zuwenig, ein Mangel oder ein Überfluss. Alles was lebt unterliegt

diesem elementaren Gesetz und kann nur existieren, wenn sich beide Pole immer im Gleichgewicht befinden: Wachen – Schlafen, Anfang – Ende, Tag – Nacht, Gut – Böse. Danach folgt auf eine Phase des Lebens, eine Phase des Todes, die immer wieder in ein neues Leben mündet. Analog dazu mündet auch die unsterbliche Seele immer wieder in einen neuen Körper.
Die Polarität findet der Mensch auch in sich selbst. Verleugnet er die jeweilige Polarität in sich, ist das eine Dis-Identifikation von sich selbst und das schafft Probleme. Versucht er nur einen Teil der Polarität anzustreben, wächst der andere Teil der Polarität im Schatten mit. Die Vorstellung im gegenwärtigen und früheren Leben nur das Opfer anderer gewesen zu sein, ist eine Selbstverleugnung des anderen Poles in sich selbst. Eine Problemlösung und ein Weg zur Mitte sind nur durch die Bearbeitung und Akzeptanz beider Pole möglich: Opfer und Täter.
Wer ständig nur auf Engel und Lichtgestalten blickt, wird in seinem Inneren, Schattengestalten und Monster heraufbeschwören. Einfach weil unsere Seele einen Ausgleich aller Einseitigkeit anstrebt. Die Konsequenz daraus ist einfach, aber für viele schockierend. Wer sich dem eigenen inneren Licht wirklich nähern will, sollte sich mit dem Schatten und den dunklen Seiten seines Ichs auseinandersetzen und diese integrieren. Wer sich ständig nur mit Licht und Liebe beschäftigt, riskiert, dass seine Seele dagegen arbeitet und ihn mit Schattenerfahrungen in Balance hält. Wer sich nur für einen guten Menschen hält und seine unliebsamen Charaktereigenschaften negiert, wird durch seine Umwelt mit diesen unliebsamen Charaktereigenschaften konfrontiert werden. Es nützt wenig, diese Menschen aus seinem Leben zu verbannen, denn man verbannt in Wirklichkeit den anderen Pol. Das wiederum wirft noch mehr Probleme auf. Wer sich mit seinem einwandfreien Charakter und seiner Reife brüstet, muss unweigerlich damit rechnen, dass das Schicksal ihn mit seiner Unreife konfrontiert.

Das Polaritätsgesetz entlässt uns nicht aus seinem Wirkungsbereich, solange wir noch Schwächen und dunkle Charakteranteile vor uns und der Welt verbergen. Licht und Schatten gehören zusammen. Es gibt immer «Aktion und Reaktion», «Macht und Ohnmacht», «Opfer und Täter», «Ursache und Wirkung.» Das Leben ist, wie eine Wellenlinie mit Höhen und Tiefen, die stetig bergauf geht. Wer die Talsohlen nicht möchte, kann sie auch nicht gewinnbringend nutzen. Nicht ein «entweder, oder», sondern ein «sowohl, als auch» lässt Probleme verschwinden. Handeln und geschehen lassen, Stärke und Schwäche, Geben und Nehmen, Yin und Yang. Unsere innere Waage wirkt wie ein Gleichgewicht, vergleichbar eines Pendels mit der Präzision eines Uhrwerks.

Ich bin Opfer und Täter gewesen

Das ein Klient in einem seiner früheren Leben einmal Opfer von Taten anderer gewesen ist, halten die meisten für sehr wahrscheinlich oder sie sind sich sogar dessen sicher. Eher Unbehagen erzeugt die Vorstellung, einmal Täter gewesen zu sein und dass andere Menschen durch ihn einmal Schaden genommen haben.
Die meisten Klienten gehen lediglich davon aus, dass ihre Probleme deshalb da sind, weil ihnen in früheren Leben, einmal oder öfters, etwas Schlimmes widerfahren ist. Meist kommt der Mensch zur Reinkarnationstherapie, weil er sich in einer aktuellen Lebenssituation als Opfer eines anderen Menschen oder Umständen wahrnimmt. Es gibt kaum einen Menschen, der sich aus freien Stücken in diese Therapie begibt und mitteilt: «Ich füge einem anderen Menschen Schaden zu und möchte damit aufhören.» Wendet sich die Therapie aber nur einer Seite der Medaille des Erlebten zu, verletzt sie das Gesetz der Polarität. Und weitaus wichtiger ist, sie lässt den Klienten in seiner Unschuld und Komfortzone. Das ist den Menschen zwar meist angenehmer, löst aber keine Probleme.

**Wer sich immer nur als Opfer betrachtet,
wird immer nur Opfer bleiben!**

Diese Reinkarnationstherapie führt daher frühere Leben zurück, in denen sich der Klient als Opfer und als Täter erlebt. Die Rückführungen der Täterleben bilden den Ausgleich zu den rückgeführten Opferleben. Frühere Leben, in denen der Mensch anderen etwas angetan hat, sind primär die Leben, die Probleme lösen. Wieso ist das so? Es ist so, weil wir Traumata und Opfersituationen nur deshalb anziehen, weil wir nach dem Prinzip von Ursache und Wirkung (Kausalkette) innerlich nach dem Ausgleich für vergangene Taten suchen. Wir Menschen leiden nicht darunter, Opfer zu sein, sondern es erinnert uns an unsere Taten; unter denen leiden wir wirklich. Um dieses Leid auflösen zu können, arbeitet diese Reinkarnationstherapie auch Taten auf. Wer also Leid auflösen möchte, muss sich nicht nur dem widmen, was ihm angetan wurde; er muss sich auch dem widmen, was er anderen zugefügt hat. Eine angenehme, schonende Reinkarnationstherapie ohne Ursachen zu bearbeiten ist einseitig und verstärkt nur das Gefühl, Opfer zu sein. Tun und Erleben stehen immer in Wechselwirkung zueinander und wirken untrennbar zusammen. Es gehört natürlich Mut dazu, sich auch den früheren Leben zu stellen, die Klarheit über die eigenen Taten bringen. Öffnet sich ein Klient aber diesen, bekommt er Zugang zu den eigenen Stärken, kann blockierte Fähigkeiten auflösen und sich von Hemmungen und Blockaden befreien. Nur in Täterleben ist das blockierte Potenzial gebunden. Erst wenn der Mensch seine Schwächen und Stärken kennt und weiß, zu was er in Extremsituationen fähig ist, kann sein Leben - frei von Illusionen über sich selbst - wirklich angenehm und leicht werden. Sich der eigenen Schuld zu stellen, wird häufig auf «später» verschoben. Solange das so bleibt, wird auch die Schuld auf andere verschoben und die Verantwortung für sich selbst abgegeben. Das Schicksal duldet das nur für einen begrenzten Zeitraum und bedient diese Menschen mit immer mehr Opfersituationen. Es zwingt den Menschen dazu, in den Spiegel zu schauen.

Mut heißt, sich trotz aller Ängste dem Unbekannten zu stellen; Mut heißt nicht, ohne Angst zu sein.

Wer seine Schuld immer anderen auflädt, erfährt nur eine vermeintliche Erleichterung und wird innerlich von Schuldgefühlen geplagt. Es ist daher sinnvoller, alle Seiten von sich zu reflektieren und sich als Gesamtpaket «Mensch» zu sehen! Wer einmal begonnen hat, seine Schuld aufzuarbeiten, wird bemerken, welche Vorteile er dadurch hat und wie leicht sein Leben werden kann.

Was ist ein Opferleben?

Als Opferleben bezeichnet man in der Kausalkette ein früheres Leben, in dem der Mensch das Opfer seiner Taten ist, die er in einem davor liegenden Leben begangen hat. Der Mensch inszeniert unbewusst oder halbbewusst einen Lebensweg, auf dem er leiden kann oder am Ende Opfer eines Traumas wird. Das tut er, weil er unbewusst den Ausgleich sucht und es als gerechte Strafe für seine Schuld (Taten) und Versäumnisse vergangener Leben ansieht. Er sucht die Wirkung für seine Ursachen. Jeder Mensch möchte unbewusst büßen, wenn er anderen Schaden zugefügt hat. Dieses Prinzip wiederholt sich in verschiedenen Inkarnationen. Daher ist es wichtig, auch die Ursachen innerhalb eines Opferlebens in Erfahrung zu bringen. Beinhaltet eine Reinkarnationstherapie nur Rückführung in Opferleben, zieht es den Menschen verstärkt danach, sich weitere Opfersituationen zu suchen. Werden die, dem Opferleben entsprechenden Täterleben und alle relevanten Ursachen gründlich bearbeitet, verliert sich das unbewusste Bestreben, büßen zu wollen

Was ist ein Täterleben?

Als Täterleben bezeichnet man ein früheres Leben eines Menschen, in dem er Destruktivität und Gewalt einsetzt und anderen Menschen existenziell schadet. Damit lädt er sich Schuld auf, um so seine Lebenssituation für sich vorteilhaft zu gestaltet. «Wieso tun Menschen das?» Der Mensch fügt einem anderen Schaden zu, um ein eigenes Problem zu lösen. Er betrachtet sein Tun als Lösungsweg aus einer, für ihn unlösbaren Situation. Das passiert, wenn sich ein Mensch soweit in eine Lage gebracht hat, aus der er keinen Ausweg mehr sieht. Es fehlt ihm in der Situation an Alternativen. Er hat versäumt hat, sein Problem rechtzeitig auf humane Weise zu lösen, als es noch ohne Gewalt möglich war.

Schuld zeigt demnach nur ein Versäumnis und Versagen an, rechtzeitig seiner inneren Stimme zu folgen. Später ist es für ihn nur noch unter einem Verzicht möglich, den er nicht leisten möchte. Täterleben sind also nicht

Schlimmes, sondern sie zeigen nur auf, was uns destruktiv und gewalttätig werden lässt und zu was wir in Extremsituationen fähig sind.
Die Therapie hält es daher für sehr wichtig, das schuldhafte Verhalten sorgfältig zu betrachten und die Ursachen dafür aufzuarbeiten, da sich Probleme sonst nur begrenzt oder gar nicht lösen. Um das Täterleben gründlich bearbeiten zu können, muss der Blick auf das Negative gerichtet werden, um gleichzeitig den Blick auf den positiven Lösungsweg zu bekommen (Kap. 2, S. 76, Gesetz der Polarität). Wer nur die positive Zukunft visualisiert, dem fehlt die Erkenntnis über die Hintergründe, die ihn Täter werden ließen. Die Folge ist, dass die Antriebskräfte dazu erhalten bleiben. Ein bloßer Vorsatz: «Dies oder Jenes will ich nicht mehr tun», löst kein Problem. Das ist auch der Grund, warum nach vielen Rückführungen ohne echte Ursachen- und Schuldbearbeitung das Problem immer noch da ist. Und es erklärt auch, warum viele Menschen schon viel an sich gearbeitet und schon viel gelesen haben, ihre Probleme aber immer noch da sind. Es fehlt ihnen noch eine wesentliche Erkenntnis über sich selbst.
Menschen, bei denen die Tränen rollen, wenn sie an ein bereits rückgeführtes Leben nur denken, geben dadurch den Hinweis, dass vermutlich eine Schuld übersehen oder unvollständig bearbeitet wurde. Das zieht Schuldgefühle und Selbstmitleid nach sich. Die Tränen beweinen die Schuld. Eine Ursache in einem früheren Leben ist eine eigene Entscheidung, hinter der eine ganz bestimmte Absicht zum eigenen Vorteil steht. Es sollen ungeliebte Nachteile vermieden werden. Grundsatz ist:

Wer einen Vorteil möchte, muss den Nachteil in Kauf nehmen.
Wer etwas bekommen möchte, muss auf etwas verzichten.

Der Mensch möchte häufig nur das Sahnehäubchen auf der Torte essen. Wer bei einer Veränderung nur die Vorteile haben möchte, keinen Verzicht leisten und keinen Nachteil in Kauf nehmen möchte, kann keine echten Vorteile bekommen. Problembearbeitung ist kein Streichelzoo, aber für ungelöste Probleme gibt es vom Schicksal auch keine Streicheleinheiten.
Die Bereitschaft, sich seiner Vergangenheit zu stellen, richtet sich danach, in welchem Maße der Mensch seinen Leidensweg noch gehen möchte. Es

kommt darauf an, wie wichtig sich der Mensch selbst ist und ob er wirklich «die Nase voll hat» von seinem Problem.

Schuld gegen sich selbst

Die Kette aller Probleme beginnt bei sich selbst. Der Mensch erschafft seine Probleme selbst. Demzufolge ist er auch für seine Probleme selbst verantwortlich. Diese Aussage führt manchmal zu Widerständen in der Therapie, insbesondere dann, wenn der Klient sich in seiner aktuellen Lebenssituation als der Leidtragende einer Situation empfindet. Die Brille, unter der er seine Situation betrachten kann, lässt oft noch keine andere Sichtweise zu, als dass ein anderer schuldig und er unschuldig ist. Ursächlich gedacht, geht dem jedoch eine Schuld gegen sich selbst voraus. Es ist wie ein Puzzle: Das ganze Bild ist erst sichtbar, wenn alle Puzzleteilchen am richtigen Platz sind. Einige Puzzleteilchen lassen bereits das Gesamtbild erahnen. Und so ist es auch in der Reinkarnationstherapie: Das Ganze wird erst sichtbar, je mehr Teile seiner selbst bewusst sind. Für Klienten wird der Verlauf der Kette seiner Verstrickungen erst nach und nach sichtbar. Beispiele für Schuld an sich selbst und an der eigenen Seele sind:

- ✓ Sich selbst abwerten oder selbst beschränken
- ✓ Seine Kraft, Fähigkeit verringern
- ✓ Abhängig sein und auf Zuneigung, Lob, Mitleid und die Meinung anderer angewiesen sein
- ✓ Mit sich selbst Kompromisse machen
- ✓ Wider besseren Wissens handeln
- ✓ Sich mit Leuten, Dingen abzugeben, an denen einem nichts liegt (z.B. aus Mitleid)
- ✓ Die Selbstbestimmung zugunsten anderer Vorteile aufgeben
- ✓ In einer gerechten Sache aus Angst keine Partei zu ergreifen
- ✓ Sich nicht auf eigene Gefühle, Entscheidungen, Ziele verlassen
- ✓ Fähigkeiten brach liegen lassen und Chancen nicht ergreifen
- ✓ Über eine Phase hinausgewachsen sein / im Überholten verbleiben

Wünsche aussenden, das Schreiben von Wunschzetteln, das Anrufen von Engeln oder Beten werden sich kaum erfüllen können, wenn sich der Mensch an sich selbst schuldig macht, ohne es zu bemerken. Fehler passieren uns jeden Tag, denn wir sind Menschen und Menschen machen eben Fehler. Es ist auch nichts Schlimmes, Fehler zu machen. Schlimm wird es erst, wenn der Mensch den Fehler, der seine Probleme nach sich zieht, nicht korrigiert. Würde der Mensch seine Fehler korrigieren, hätte er keine Probleme. Daher bemüht sich die Therapie darum, frühere Leben und das jetzige Leben gründlich aufzuarbeiten, damit Fehler verstanden und korrigiert werden können. Ziel ist, die Konsequenzen der Fehler zu begrenzen.

Eine Schuld gegen sich selbst ist oft der Anfang einer langen Kette von Schuld gegen andere. Am Anfang liegt immer ein Gedanke. Eine Schuld gegen sich selbst kann auch im jetzigen Leben liegen. Setzt jemand seine Fähigkeiten nicht ein und lässt sie brach liegen, kann er sie verlieren oder Probleme bekommen. Das ist unabhängig von früherem Karma, sondern ein Mangel an Verantwortung für sich selbst im Jetzt. Wertet sich ein Mensch ab, schmälert er seinen Wert. Er kann nicht erwarten, dass er dafür Wertschätzung von seiner Umwelt erhält. Er wird behandelt, wie er sich selbst behandelt und wird das auch an andere weitergeben.
Der Mensch an sich ist im Grunde gut. Wenn er merkt, dass er Böses tut, kann er sich selbst nicht ertragen, weil er sich aufgrund seiner Taten, nicht für wert hält. Er zerstört aufgrund dessen sein Gedächtnis, seinen Körper, seine Gesundheit oder seine Beziehungen. Beispiele für Auswirkungen von schuldhaftem Verhalten in früheren Leben sind:

- ✓ Empfindlichkeit gegenüber Ungerechtigkeit, Kritik, Angriffen (was mich trifft, ist das was ich mal ausgeteilt habe)
- ✓ Oft verstimmt sein, depressiv sein
- ✓ Viele Probleme, dauernd neue Probleme
- ✓ Minderwertigkeits- und Versagensgefühle führen zur Abwertung durch andere, andere reagieren nur auf unser Unbewusstes
- ✓ Wahrnehmungsschwierigkeiten; die Schuld wollen wir am wenigsten hören, also wird ausgeblendet, was wir aus der Vergangenheit nicht sehen wollen; etwas absichtlich nicht sehen wollen

- ✓ Der Mensch wertet sich selbst ab / andere werten ihn ab / er wertet andere ab
- ✓ Der Mensch macht aus jeder kleinen Tat ein Verbrechen
- ✓ Unbegründete Schuldgefühle, aufgrund Schuld in früheren Leben
- ✓ Der Mensch kritisiert andere (will die eigene Schuld verkleinern)
- ✓ Unzufriedenheit; bezieht sie sich auf andere, kann man fragen «Was an mir selbst stört mich denn wirklich?» Auf sich selbst bezogen: «Welche Chance habe ich verpasst?»
- ✓ Ein Mensch verlässt grundlos Arbeitsstellen und Menschen, um sich vor sich zu schützen; Partnerschaften beenden, um den Partner vor sich selbst zu schützen und dem Partner Leid zu ersparen
- ✓ Schüchternheit in Form von Hintenanstellen oder verstecken «ich kann es mir nicht erlauben, aus mir herauszugehen, stelle mich als letzter an» oder «ich will nicht auffallen»
- ✓ Mitleid – wo das Herz blutet, sitzt Schuld

Menschen halten sich oft an äußere Gesetze und begehen autorisiert und im Namen der Gesetze Schuld. Das befreit ihn nicht von seiner Schuld. Ob Schuld oder nicht Schuld richtet sich ausschließlich nach dem Gewissen. Schuldgefühle sind oft nicht spürbar, sondern zeigen sich durch leidvolle Erlebnisse und dem Umgang mit sich selbst. Vorhandene Schuld kann nicht durch Leid oder gute Taten aufgehoben werden.

Kontraindikation

In der Regel stellen Rückführungen in frühere Leben kein Risiko für den Klienten dar. Ausnahmen bestätigen aber auch hier die Regel. Wie bei allen Therapien, gibt es auch in der Reinkarnationstherapie Hinweise, die anzeigen, dass diese Therapie für den Klienten ungeeignet – also kontraindiziert ist.

Die Reinkarnationstherapie wird oft als «Allrounder» unter den Therapien oder als «Multitalent, welches alle Probleme löst» hingestellt. Derartige

überwertige Sichtweisen sind unrealistisch und wollen meist nur andere Therapien, insbesondere die klassischen Therapien herabsetzen. Es gilt der Grundsatz: «Alles ist gleichwertig!» Ohne andere Therapien würde diese Reinkarnationstherapie beispielsweise gar nicht existieren.
Mit dieser Therapie können eine Vielzahl von Problemen bearbeitet werden und durch den anderen Ansatz, im Vergleich zu anderen Therapien, hat sie, völlig wertfrei gesehen, andere Möglichkeiten der Problembearbeitung. Bei bestimmten Problematiken ist sie jedoch der falsche Ansatz oder die Zielvorstellung des Klienten vereinbart sich nicht mit den ethischen Grundsätzen der Reinkarnationstherapie.

Die Reinkarnationstherapie funktioniert nicht bei:

- ✓ Zu starken Unterdrückungs- oder Abhängigkeitssituation in der Gegenwart (in der Sitzung baut man den Klienten auf, zuhause wird alles wieder zerstört).
- ✓ Klienten wechseln einmal in die Identität des Unterdrückers und dann wieder in die eigene Identität (aus der Identität des Unterdrückers aus gesehen, ist der Therapeut der Feind)
- ✓ Einer vorhandene Psychose
- ✓ Bei versteckten chronischen Krankheiten
- ✓ Bei aktivem starken Drogen- oder Alkoholmissbrauch
- ✓ Der Klient will gar keine Therapie
- ✓ Der Klient hat ein grundsätzliches Problem, Verantwortung zu übernehmen
- ✓ Der Klient möchte Fähigkeiten aus früheren Leben wiedererlangen, um sie missbräuchlich einzusetzen
- ✓ Zu starken Vorurteilen und zu starken Berechnungen

Beispiel für eine zu starke Berechnung:
In einer gefährlichen Situation, die der Mensch nicht verarbeitet hat, nimmt er einen Überlebens-Mechanismus an. Er wird mit der Verwirrung einer Situation nicht fertig und hat eine sichere Lösung in Form einer fixen Idee (Flexibilität) angenommen, um sich von der Umwelt zurückzuziehen. Seit

dieser Zeit benutzt er diese Lösung, um mit seinem Leben zurechtzukommen. Anstatt jede neue Situation selbst zu untersuchen, setzt er nun diese fixe Idee anstelle der eigenen Beobachtung. Die fixe Idee schließt für die Zukunft das Analysieren von vornherein aus. Sie löst alles, sie ist sicher und das ultimative Patentrezept.

Der Mensch hat diese Lösung angenommen, um mit seiner Umwelt besser umzugehen, und jetzt ist diese Lösung die Ursache dafür, dass er immer weniger mit seiner Umwelt zurechtkommt. Wenn Problemkreise sich in der Therapie nach gründlicher Aufarbeitung nicht lösen, ist eine Berechnung daran schuld. Sie nützt dem Klienten etwas: «Wenn ich schwach bin, kann mich niemand zur Verantwortung ziehen. Solange ich Probleme habe, muss ich nicht meinen Mann stehen.» Überleben und im Recht sein wird vom Unbewussten gleichgesetzt. Die Einsicht und die Erkenntnis einer Berechnung ist schwierig.

Die Berechnung zerstört die eigene Willenskraft, die Selbstbestimmung und die eigene Macht. Es geht kontinuierlich bergab. Die Umgebung teilt diesem Menschen (unbewusst) mit, dass er im Unrecht ist, er aber behauptet, im Recht zu sein. Die Berechnung zieht den Menschen immer mehr herunter, macht ihn immer dümmer, aber er wird weiter behaupten, sie sei das Non plus Ultra. Für jede Schuld, jedes Fehlverhalten hat der Mensch nun Berechnungen. Je mehr Berechnungen, desto mehr Dummheit und abgekapselte Wahrnehmung (Alkoholiker, Drogenabhängige, Partnerschaftsabhängige und Leid). Labile Menschen denken fast ausschließlich in Berechnungen.

Kapitel 4
Problemkreise & Problementschlüsselung

In diesem Kapitel werden folgende Themen behandelt:
- Problemkreise der Reinkarnationstherapie
- Themenkreis «Charakterzüge & Emotionen»
- Themenkreis «Beziehungen»
- Themenkreis «Körpersymptome & Krankheiten»
- Themenkreis «Beruf, Karriere & Geld»

Problemkreise der Reinkarnationstherapie

Wir wissen oft nicht, warum es in manchen Lebensbereichen nicht so klappt, wie wir uns das wünschen.

- Es fehlt eine glückliche Partnerschaft
- Es mangelt an Kontakten
- Es gibt Schwierigkeiten in der Familie
- Es fehlt die berufliche Erfüllung
- Mit der Gesundheit steht es nicht zum Besten
- Der Sinn im Leben fehlt und und und ...

Ob im Beruf, in der Partnerschaft oder im Miteinander mit den Kindern, unsere Probleme, Krisen, Durststrecken des Lebens, kleiner oder größer, zeigen dem Menschen auf, was ihm fehlt. Es fehlt ihm ein Teil seiner Selbst zu seiner Vollständigkeit, vergleichbar eines Puzzles bei dem ein Teilchen fehlt. Ein Persönlichkeitsanteil, eine Fähigkeit, ein Potential oder eine Eigenschaft ist durch die Erlebnisse der Vergangenheit verloren gegangen oder abgespalten worden. Was die Gründe dafür auch sind, der Mensch braucht es, um ganz und vollständig zu sein. Die verloren gegangene Anteile des Menschen nennt man auch Verdrängungen. Wenn ein oder mehrere Anteile fehlen, empfindet der Mensch das als eine Blockade, eine Hemmung oder einen Minderwert. Die Anteile drängen darauf, wieder integriert zu werden. Der Mensch erlebt dieses Drängen in Form von Problemen und Schwierigkeiten. Daraus ergibt sich, dass nahezu alle Themen, die den Menschen beschäftigen, Themen für die Reinkarnationstherapie sind. Ein Problem ist da, weil es näher angeschaut werden möchte, sonst würde es nicht die Aufmerksamkeit auf sich lenken. Aufmerksamkeit bekommt ein Problem, indem es Leid verursacht.

Verdrängte Anteile, bedingt durch Erlebnisse und Taten in früheren Leben, sind ins Unbewusste abgedrängt worden und führen dort ein Eigenleben mit eigener Dynamik. Der Mensch hat sich selbst entschieden, auf diese Anteile zu verzichten, weil er meint, sie seien ihm nicht dienlich gewesen und er hätte mit ihnen Schaden angerichtet. Alle Verdrängungen haben für ihn daher einen ganz klaren Nutzen.
Verdrängt der Mensch Charakteranteile von sich, um für andere und sich selbst keinen Schaden mehr anzurichten, verschließt er gleichzeitig damit die Möglichkeit diesen Anteil positiv zu nutzen. Das spürt er in seinem Leben, wenn ihm eine Fähigkeit oder Eigenschaft nicht mehr zur Verfügung steht, wenn er sie braucht. In anderen Situationen, in denen es eher unangebracht ist, sie zu nutzen, steht sie überzogen oder pervertiert zur Verfügung. Somit kommt es automatisch zu einer Wiederholung seines Missbrauchs der Fähigkeit.
Jede Rückführung dient dazu, das Problem, durch welches ein früheres Leben einen gewaltsamen Verlauf genommen hat, nachträglich zu lösen. Einerseits sollen Erfahrungen nachträglich verarbeitet, alternative Lösungen bewusst gemacht und unliebsame und unverständliche Verhaltensweisen abgebaut werden. Andererseits ist die Reinkarnationstherapie eine Möglichkeit, sich selbst kennenzulernen, um sich und seine Umwelt besser einordnen und verstehen zu können. Der Klient lernt seine Lebensaufgabe kennen und stellt fest, in welcher Entwicklungsphase er sich gegenwärtig befindet. Eine weitere Möglichkeit ist, die Hintergründe für Vorlieben und Abneigungen zu ergründen oder Ursachen für seine Charaktereigenschaften in Erfahrung zu bringen.

Problemkreise der Reinkarnationstherapie sind:

- Persönliche Probleme und unerwünschte Verhaltensweisen
- Beziehungskonflikte und Sexualität
- Blockierte Fähigkeiten
- Ängste und Zwänge
- Lebenskrisen
- Krankheiten und Körpersymptome
- Berufliche Probleme
- Sinn- und Zielfragen
- Traumata des aktuellen Lebens

Der Themenbereich «Traumata des aktuellen Lebens» wird mit der Regressionstherapie bearbeitet (s. Kap. 6, Regressionstherapie) und über die Reinkarnationstherapie durch die Ursachen früherer Leben vertieft.

Eine besondere Rolle in der Reinkarnationstherapie nimmt das Thema «Lebenskrisen» ein. Diese zeigen dem Menschen an, dass er bereits zulange in einer Situation verweilt hat, ohne die anstehende Veränderung durchzuführen. Der Mensch wurde durch das Schicksal bereits mehrmals aufgefordert, sich zu reflektieren und einen Entwicklungsschritt zu tun. Das wurde bisher versäumt. Als Folge dessen hat sich seine Lebenssituation immer mehr zugespitzt bis er diese als Krise empfindet. In der Therapie wird daher immer die Frage gestellt: «Was hätten Sie bei sich rechtzeitig entwickeln müssen, damit Sie diese Krise hätten verhindern können.» In dem meisten Fällen geht es dabei um die Entwicklung einer Stärke und seelischen Qualität. Wird das nachgeholt, kann sich die Krise auflösen. Allein die Erkenntnis darüber, führt erfahrungsgemäß bereits zu einer Verbesserung, da das Schicksal jede Erkenntnis belohnt. Ruht sich der Mensch aber auf der Erkenntnis aus und erneuert das Versäumnis, erinnert das Schicksal, durch eine Verschärfung der Krise, an die Entwicklungsaufgabe.
Menschen, die einen Gewinn aus ihrem Leid ziehen, indem sie sich selbst bemitleiden oder sich in die Position eines modernen Märtyrers setzen, erleben ihr Leben oft als «eine einzige Krise». Die Lösung liegt darin, sich über sein Leid zu erheben.

Themenkreis «Charakterzüge & Emotionen»

Kennen Sie das auch? Andere Menschen, deren Verhaltensweisen oder Charaktereigenschaften als störend empfunden werden? Im Arbeitsbereich, im privaten Umfeld oder auch im Urlaub: «Der Typ nervt tierisch.» Man kann ihn nicht leiden und würde ihn am liebsten aus seinem Umfeld entfernen. Das sogenannte «rote Tuch», was einem begegnet und mit dem man auch noch auskommen soll?
Diese Charaktereigenschaften oder Verhaltensweisen nennt C.G. Jung «den Schatten.» Er stellt das Gegenstück zum Archetyp der «Persona» dar und steht daher für die negativen, sozial unerwünschten und daher unterdrückten Züge der Persönlichkeit; für jenen Teil des «Ichs», der wegen gesellschaftsfeindlicher Tendenzen in das Unbewusste abgeschoben wird. In der Reinkarnationstherapie nennen wir diese unerwünschten Züge der Persönlichkeit «Schwächen», «persönliche Probleme» oder auch «Schatten» wie bei C.G. Jung. Diese Schwachpunkte des Charakters werden als «Schwächen» bezeichnet, weil sie den Charakter des Menschen schwächen.

«Jedermann ist gefolgt von einem Schatten und je weniger dieser im bewussten Leben des Individuums verkörpert ist, umso schwärzer und dichter ist er.»
(C.G. Jung)

Im Leben kommt es häufig zu Trennungen oder Kündigungen im beruflichen Bereich, da ein Miteinander mit der Person, die nervt, unmöglich erscheint. Anti-Typen drücken unabsichtlich bestimmte Knöpfe und haben dadurch auf eine Weise Macht über den, der genervt ist. Es ist also nicht sinnvoll, diesen Menschen dauerhaft aus dem Weg zu gehen, sondern zu verstehen, warum gerade dieser Mensch mit seinem Verhalten einen nervt.
Menschen, an denen uns etwas stört, helfen uns dabei, unsere Schattenseiten zu erkennen, indem sie uns den Spiegel vorhalten. «Schatten» sind nach C. G. Jung die Persönlichkeitszüge, die wir nicht an uns mögen und daher verleugnen. Deshalb sollten wir genau hinhören, wenn uns andere versuchen, etwas über unsere «blinden Flecken» zu erzählen.

Unliebsame Charakterzüge und Emotionen sind Probleme des Menschen, die keinem speziellen Themenbereich, wie beispielsweise Beziehungskonflikte, zuzuordnen sind. Sie wirken sich in jedem Lebensbereich des Menschen aus und können zu Schwierigkeiten im Miteinander führen. Oft ist sich der Mensch dieser unliebsamen Verhaltensweisen bewusst. Sie halten sich häufig trotz intensiver Gegenbemühungen hartnäckig. Genauso häufig ist dem Menschen noch nicht bewusst, dass seine Verhaltensweisen der Grund für seine Schwierigkeiten sind. Die wohlwollende Meinung, aber auch die Vorwürfe der Umwelt an diesen Menschen spiegeln seine innere Stimme wieder, die ihm sagt: «Schau hin!»

Der inneren Stimme wird oft keine Bedeutung geschenkt und die Vorwürfe der Umwelt werden ad absurdum erklärt, obwohl das Hinhören dem Menschen ja weiterhelfen würde. Es ist, als hätte der Mensch seiner Verhaltensweise eine Tarnkappe aufgesetzt, die ihm die Erlaubnis gibt, sich unethisch zu verhalten. Erst wenn der Mensch seine eigenen Rechtfertigungen vor sich selbst erkennt und diese durchbricht, kann er sich und seine Verhaltensweise realistisch betrachten. Damit das erfolgen kann, wird der Mensch wiederholt mit Vorwürfen konfrontiert, die er als nervend empfindet. Und er trifft auf Menschen, an denen er genau diese, also seine Verhaltensweise, bemängelt. Diese Menschen empfindet er selbst als «nervend» und möchte sie aus seinem Leben verbannen oder er versucht, diesen Menschen zu ändern. Letztendlich möchte er außen nur ändern, was er an sich selbst ändern sollte.

Mit der gleichen Verhaltensweise hat er bereits in früheren Leben Schaden angerichtet, weil er diese auch da bereits gerechtfertigt hat. Nur so war es ihm überhaupt möglich, Schaden zu produzieren. Danach trennt er sich selbst von diesem negativen Verhalten, um weiteren Schaden zu vermeiden. Diese Strategie ist wenig zielführend. Sinnvoll wäre, diesen Schatten zu konfrontieren, um ihn aufzulösen und nicht weiter zu verdrängen. Das ist eine echte Lösung, unliebsame Verhaltensweisen loszuwerden.

Erkennt und akzeptiert der Mensch den eigenen Schatten als Teil von sich, kann er ihn transformieren, somit im Charakter reifen und seine Flexibilität und Toleranz im Umgang mit «schwierigen» Menschen erhöhen.

Eine der Charakterzüge, die besonders oft zu Problemen führt, ist, wenn der Mensch versucht, andere Menschen zu dominieren oder zu bevormunden.

Ein solcher Mensch stört sich selbst kaum an seinem Verhalten, sondern lediglich daran, wie andere auf ihn reagieren. Äußerst gravierende Schwierigkeiten bereitet immer wieder das besitzergreifende Verhalten mancher Menschen. Es nimmt anderen den Raum zur Entfaltung. Entweder kommt es zur Resignation, einem Leben in Abhängigkeit oder zur Trennung. In jeden Fall erzeugt diese Verhaltensweise innere Abwehr und jede Unterordnung ist kein echter freier Wille. Das in allen Kulturen sehr gängige Manipulieren anderer, um seine eigenen Bedürfnisse durchzubringen, bringt auf lange Sicht Distanzierung zu dieser Person. Menschen die andere manipulieren sind unfähig, ihre Bedürfnisse auf direktem Wege durchzusetzen und unterliegen oft der Täuschung, dass ihr Verhalten unbemerkt bleibt. Da Menschen aber auf unbewusster Ebene kommunizieren, spürt der andere, dass «was nicht stimmt.» Auch hier ist es eine Frage der Zeit, bis sich das Opfer der Manipulation wehrt. Das Schicksal begünstigt manipulierende Menschen nicht, sondern serviert ihnen erfahrungsgemäß die Quittung durch ein Ende im Siechtum.

Wen es beispielsweise ärgert, dass sich eine Person gerne selbst darstellt, bei dem liegt der Grund vielleicht darin, dass das eigene Bedürfnis nach mehr Selbstausdruck ein Schattendasein fristet. Hinter der Ablehnung liegt das eigene unausgelebte Bedürfnis und man gibt vor, «so nicht sein» zu wollen. Vielleicht hat die Person Angst vor einer Übertreibung oder davor, sich selbst nicht mehr selbst einschätzen zu können. Der Ärger richtet sich primär dagegen, dass das eigene Potenzial unausgelebt ist, also gegen sich selbst und nicht wirklich gegen die andere Person. Aber auch Charakterzüge, wie «auf lieb Kind machen», sich selbst dauerhaft zurückstellen, Mobbing, Lachen über etwas Negatives oder Überanpassung sind übrig gebliebene, unliebsame Verhaltensweisen aus früheren Leben. Emotionen, wie Verwunderung, Ärger, Wut, Zorn, Trauer oder Aggressionen sind ebenso Überbleibsel aus früheren Leben. Sie sind oft unangemessen und stehen in keinem Verhältnis zur aktuellen Situation.

Alle Charakterzüge, die Probleme im Miteinander nach sich ziehen, wie beispielsweise Kritiksucht, Rechthaberei, Naivität, Minderwert, Gefühllosigkeit, Rigidität, Grausamkeit, Falschheit, Zweifel, Vernachlässigung, werden vom Menschen ausgelebt, weil er sich davon einen unbewussten oder teilweise bewussten Nutzen verspricht.

Eine kleine Übung:

Wenn Sie sich massiv über einen anderen beschweren, dem anderen Vorwürfe machen oder Probleme mit einer bestimmter «Sorte» Mensch haben, dann versuchen Sie sich diesen Menschen vorzustellen, ihn zu visualisieren und zu sagen: «Das ist mein Schatten, das ist mein Anti-Typ!» Es werden meist Emotionen und Widerstände hoch kommen. Lassen Sie sie zu. Als nächsten Punkt finden Sie heraus, was die Verhaltensweise ist, die Sie am meisten stört an der Person und Sie so durch die Decke bringt. Schreiben Sie es auf, am besten so genau, wie möglich. Notieren sie diese. Beispielsweise: «Ist arrogant» oder «ist ein Nehmer» oder «er redet sich die Welt zu schön». Nun fragen Sie sich, was sich der andere erlaubt und was Sie sich nicht erlauben.
Der Erkenntniswert beim Durchdenken dieser Fragen kann hoch sein und Sie lernen etwas über Ihre verdrängten Wünsche oder Ihren Schatten, der raus will. Hilfreiche Fragen bei der Übung sind:

- Was hat der andere mit meinen Werten zu tun?
- Was erlaubt er sich, was ich mir nicht erlaube?
- Was würde es mir bringen, wenn ich ein kleines bisschen so wäre, wie der andere?
- In welchen Punkten kann ich von ihm lernen?

Der eigene Schatten wird so bewusst und kann später integriert werden und der Ärger über die andere Person kann sich auflösen. Die eigenen Emotionen können nun neu betrachtet werden. Statt Sklave scheinbar irrationaler und unkontrollierbarer Emotionen zu sein, kann nun Verantwortung für das eigene Verhalten übernommen und selbst-(bewusst) entschieden werden, wie Sie in Zukunft reagieren wollen.
Grundsätzlich steckt in jeder Schwäche und jeder unliebsamen Charaktereigenschaft auch ein positives Potenzial. Es möchte befreit und in angemessener Weise gelebt werden, wenn es gebraucht wird. Jedes Problem und jede Schwäche eines Klienten lassen sich sofort auf die auslösende Situation eines früheren Lebens zurückführen, schon bevor der eigentliche Rückführungsprozess beginnt. Wir können sie direkt schlüsselhaften früheren Leben

zuordnen und auflösen. Das bedeutet, dass es für Probleme einen Schlüssel gibt, an dem sich die Therapie aufbaut.

Problem «Wut»

Ein Mensch wird schnell wütend und explodiert leicht. Seine Handlungen, Worte oder Gedanken wirken zerstörend. Die Schlüsselfrage dabei sollte sein: «Auf was in sich selbst ist der Mensch wütend?» Eine Person oder eine Schwierigkeit machen dem Menschen sein eigenes Defizit bewusst. Die Wut richtet sich zuerst abgrenzend nach außen. Sie richtet sich aber tatsächlich immer gegen ein eigenes Verhalten. Ein nicht genutztes eigenes Potenzial wird zur Wut verdichtet und auf den Auslöser projiziert. Die eigene Wut macht die Ohnmacht der eigenen Schwäche gegenüber deutlich. Als Hintergrund finden wir falsche Verhaltensweisen und Versäumnisse. Der Mensch wiederholt in seinem Leben etwas, wodurch er sich selbst Schaden zufügt.

Hilfreiche Fragen, um sich selbst zu hinterfragen sind:

- Wogegen beim anderen richtet sich meine Wut?
- Wogegen richtet sich meine Wut in mir selbst?
- Woran erinnert mich (der Anlass) bei mir selbst?
- Welches Defizit macht mir das deutlich?
- Worüber in mir selbst bin ich wirklich wütend?
- Welches Potenzial lebe ich nicht?
- Was kann ich tun, um es zu leben?

In der Therapie muss herausgefunden werden, was sich der Klient übel nimmt und welches sein inneres Defizit ist, das ihn wiederholt dazu bringt, wütend zu werden. Wird die Wut unterdrückt, wird sie sich eine andere Plattform suchen; eventuell wird der Mensch dann mit aggressiven Menschen konfrontiert oder autoaggressiv reagieren, beispielsweise schneidet er sich in den Finger, etc. Ist der Auslöser der Wut in früheren Leben bekannt,

kann die Wutenergie in neue, kreative Bahnen gelenkt werden. Die Potenziale müssen neu geordnet werden.
Im Leben eines Menschen, dessen Leben stark von seiner Wut und Aggression, auch latenter Aggressivität, beeinflusst ist, finden wir als polares Verhalten auch Gleichgültigkeit, Versäumnis, Übergehen von Zweifeln und Naivität. Diese Polarität muss in den Therapieprozess mit einbezogen werden, sonst kann sich das Problem nicht lösen.

Problem «Hass»

Dem Hass liegt das gleiche Prinzip zugrunde wie der Wut. Der Hass ist aber verdichteter und geballter als Wut. Hass ist keine lebendige Emotion, wie die Wut, sondern eine «stehende Emotion». Hass kocht nicht hoch, sondern ist kalt, frisst und nagt. Hass geht spürbar einher mit der inneren Verachtung für einen anderen Menschen oder Umstand. Hass wirkt durch den fressenden Charakter selbstzerstörerisch und ist eine Bestrafung für ein eigenes Versagen und eigene Versäumnisse. Ein Mensch, der Hass empfindet, zeigt zusätzlich seine Ohnmacht sich selbst gegenüber. Gleichzeitig kann man oft eine geheime Bewunderung der Eigenschaften dessen, der gehasst wird, beobachten.

Hilfreiche Fragen zur Eigenanalyse sind:

- Was hasse ich am anderen?
- Welchen Mangel macht mir der Mensch bewusst, den ich hasse? Wo zeigt sich der Mangel?
- Was bewundere ich an dem Menschen, den ich hasse?
- Welches Versagen, welche Versäumnisse werfe ich mir vor?
- Wie hätte ich gerne gehandelt?
- Was fehlt mir dabei? Welchen Mangel habe ich?

Bringen die Fragen keine Lösung, muss das Thema therapeutisch aufgearbeitet werden, weil die Ursachen dafür tiefer liegen und vermutlich mehrere erlebte frühere Leben dafür verantwortlich sind.

Selbsthass heißt, dass sich der Mensch selbst hasst, wie das Wort an sich schon sagt. Die Frage an sich selbst, um den Selbsthass aufzulösen heißt: «Wofür hasse ich mich selbst?» Sichtbar werden kann innerer Hass durch alle zerfressenden Krankheiten wie Geschwüre, Krebs, Blutzufuhr- und Kreislaufstörungen, letale Krankheiten oder Ablehnung und Kritik durch andere Menschen. Auch beim Thema Hass finden wir polare Verhaltensweisen. Zuviel Toleranz bei kritischen Situationen, Nachgiebigkeit, Dummheit (im Sinne von «dumm gedacht») sind einige davon.

Weitere Verhaltensweisen, die Selbsthass erzeugen sind:

- Zugeständnisse machen
- Hilfe geben und sich dabei vergessen
- Zu denken, man wird gebraucht
- Bei jemanden bleiben, weil der andere sonst allein ist
- Naiv sein

Auf körperlicher Ebene manifestieren sich ungelöster Selbsthass und die Fortsetzung der Verhaltensweisen häufig durch Schuppenflechte.

Problem «Unterdrückung zulassen»

«Ich werde unterdrückt, ich bin das Opfer», ist die zentrale Denkweise im Leben dieses Menschen. In der Tat ist dieser Mensch vielleicht Opfer einer Unterdrückungssituation, jedoch bringt ihm diese Opferhaltung keine Lösung, sondern ihn eher tiefer ins Leid hinein. So schlimm diese Situation auch sein mag, es stellt sich immer die Frage, was ihn darin verweilen lässt. Für einen Außenstehenden ist es oft nicht nachvollziehbar, warum sich ein Mensch in einer Zeit noch unterdrücken lässt, in der ihm alle Möglichkeiten offen stehen.

Dieses Phänomen finden wir aber nach wie vor im familiären, im partnerschaftlichen oder beruflichen Bereich; teilweise auch im Bereich der Persönlichkeitsentwicklung mit sektenähnliche Strukturen. Klienten selbst haben meist für sich stichhaltige Argumente, die eine Befreiung aus der

Unterdrückungssituation unmöglich erscheinen lassen. Oft ist die Argumentation so überzeugend, dass man dieser Glauben schenken möchte: «Ich habe Kinder», «ich kann den Kindern den Vater nicht nehmen», «ich finde keinen Job mehr, ich bin zu alt», «sie / er liebt mich doch» oder «eine Trennung ist aus geschäftlichen / finanziellen Gründen unmöglich.» Keines dieser Argumente ist der echte, wirkliche Grund dafür; sie dienen lediglich als Rechtfertigung, um weiterhin bleiben zu können. So kann es jetzt auch sein, dass sich in dem einen oder anderen Leser jetzt innerlich ein Widerstand aufbaut. Das würde exakt der Reaktion eines Klienten entsprechen, bevor er die Lösung kennt, nicht aber nachdem er die Lösung erkannt hat.

Die zentrale Frage, die wir in der Reinkarnationstherapie stellen und die sich jeder Mensch zu seiner eigenen Analyse stellen kann, ist:

- Was nehme ich mir übel?
- Welche Schuld soll durch Unterdrückung zugedeckt werden?

Eine wichtige Schuld in früheren Leben, sowie das Versäumnis, für die eigene Tat und die Konsequenzen einzustehen, wurde in früheren Leben vertuscht. Das wird im aktuellen Leben weitergeführt. Der Mensch versteckt sich hinter der Rolle des Unterdrückten. Er vernachlässigt auf diese Weise seine Potentiale und Fähigkeiten. Der heutige Unterdrücker in der aktuellen Lebenssituation nimmt in destruktiver Form die Rolle ein, die der Klient für sich selbst einnehmen müsste. Daran wird deutlich und es klärt sich auf, warum Unterdrückungssituationen verhältnismäßig lange ausgehalten werden, oft bis zum Lebensende.

In der Reinkarnationstherapie ist es wichtig, nicht nur frühere Leben aufzuarbeiten, sondern es bedarf einer Konfrontation mit dem wirklichen Ich. Eine Problemlösung kann nur erfolgen, wenn der Klient sich seiner persönlichen Macht stellt und die Möglichkeiten, die darin für ihn liegen, annimmt und lebt. Günstig für die Entwicklung des Menschen ist es, wenn er auf bereits erlebte Erfolge zurückgreifen kann; das stärkt ihm und gibt ihm Mut. Die Bearbeitung früherer Leben ist bei diesem Thema die erste Wahl, um dieses Thema aufzulösen.

Im Leben der Menschen, die sich in einer Unterdrückungssituation befinden, zeigen sich häufig schon folgende Auswirkungen:

- Magengeschwüre
- Rückenprobleme
- Depressionen
- Migräne
- Abhängigkeiten / Hörigkeit
- Sadomasochismus
- Zurückschlagen oder subtile Sabotage als Gegenpol

Gleichzeitig zur Unterdrückungssituation finden wir, als Polarität, im Leben des gleichen Menschen Verhaltensweisen, mit denen er andere Menschen aktiv unterdrückt und dominiert. Das kann beispielweise in einem anderen Lebensbereich, gegenüber den eigenen Untergebenen oder Kindern direkt oder auf sehr subtile Weise erfolgen.

Problematisch wird es in der Therapie, wenn Klienten, die dieses Thema bearbeiten, sich innerlich nicht einig werden, welche Rolle sie zukünftig in ihrem Leben einnehmen wollen (Identitätskonflikt).

Diese Therapie und auch andere Therapien werden aufgrund äußerer Intervention oder Beeinflussung durch den heutigen Unterdrücker abgebrochen. Der Unterdrücker möchte dadurch, seinen, für ihn immens großen, Vorteil erhalten. Er versucht den anderen von allen Personen loszueisen, die an der Weiterentwicklung des Unterdrückten interessiert sind. Häufig wird dieser schlecht gemacht und ihm unterstellt, er würde die Beziehung zerstören wollen.
Es geht dem Unterdrücker ausschließlich darum, das Unterdrückungsverhältnis aufrecht zu erhalten. Oft wird der Unterdrückte oder bereits Hörige von anderen Menschen isoliert. Das ist die einfachste Methode des Unterdrückers, jegliche Entwicklung seines Opfers zu verhindern. Dadurch sind schon entwicklungsfördernde Beziehungen zu Freunden oder Therapeuten zu Bruch gegangen.

Die Vorteile, die sich Unterdrücker erhalten wollen sind egoistischer Natur. Dazu zählen beispielsweise:

- Ein bequemes Leben zu haben, da der Unterdrückte meist bereit ist, alles zu geben und für den anderen zu tun
- Ein Leben mit finanziellen Vorteilen durch den Unterdrückten
- Einfach nur Macht über den anderen ausüben zu können, um eigene Defizite zu kaschieren
- Erhöhtes Ansehen, wenn der andere einen höheren Status hat

So wie eine Klientin, die sich einem Guru verschrieben hat und zu regelmäßigen Veranstaltungen ging, um zu meditieren und gute Gespräche zu führen. Die Klientin ist eine gut situierte, intelligente Person, die in ihrem Leben sehr arbeitsam ist und gute Rücklagen gebildet hat. Der Guru verstand es, die Klientin für sich einzunehmen, indem er sie für ihre Fortschritte in ihrer persönlichen Reifung lobte. Die Klientin, einerseits sehr gutmütig veranlagt, spendete der Gruppierung regelmäßig Geldbeträge und rechtfertigte das mit dem Argument: «Er hat mir ja auch viel gegeben, die brauchen mich!» Tatsächlich hat der Guru sie in ihrer Problematik hofiert und auf ihr eigentliches Thema, sie war Mitmenschen gegenüber sehr abwertend, nie angesprochen und sie «blind» ihrer Problematik gegenüber gehalten. Somit stagnierte ihre Entwicklung. Ihre Therapie hat sie abgebrochen als es daran ging, ihre Bewertungsthematik aufzuarbeiten und sie in ihre Stärke zu bringen, mit dem Zitat eines anderen Gurus: «Die Welt braucht mich, so wie ich bin!»

Eine andere Klientin litt unter starker Migräne. Sie war in einem Unternehmen im sozialen Dienstleitungsbereich tätig. Der Arbeitgeber hatte hohe Erwartungen an das Arbeitspensum seines Teams. Arbeitszeiten bis abends 22 Uhr und Wochenendarbeit waren keine Seltenheit. Die Unterdrückungssituation war: Ein dauerhaft schlechtes Gewissen dafür, wenn sie Zeit für sich beanspruchen oder ihrem abendlichen Beziehungsleben nachgehen wollte. Der Arbeitgeber begrüßte das zwar mit einem «ja sicher», unsichtbar und non-verbal wurde jedoch eine andere Botschaft übermittelt. Die Kernaussage des Arbeitgebers war: «Ich brauche Arbeiter!» Durch die übermä-

ßige zeitliche Inanspruchnahme hatte die Klientin kaum Zeit, um Partnerschaften zu knüpfen. Das wiederum wurde ihr durch den Arbeitgeber dann vorgehalten: «Wieso sind sie allein? Das ist aber merkwürdig.» Kontakte innerhalb des Unternehmens zu anderen Mitarbeitern wurden untersagt, wie auch die Kundschaft davon abgehalten, sich für Teammitarbeiter zu interessieren. Abendliche gemütliche Beisammensein an anderen Standorten wurden vereitelt, indem genau zu dem Zeitpunkt kurzfristig Kundentermine eingetragen wurden, zu denen die Kunden bereits vor Ort oder unterwegs waren. Die Rechtfertigung dazu lautete: «Ich wusste ja nicht, dass das Essen für sie so wichtig ist.» Die Strategie des Arbeitgebers war, Bedürfnisse der Mitarbeiter vordergründig großzügig unterstützen zu wollen, tatsächlich diese aber hintergründig zu unterlaufen und die Entwicklung ganzer Lebensbereiche zu unterdrücken. Blieben dann Lebensbereiche aufgrund dessen unausgefüllt, wurde genau das wiederum bemängelt. Hier handelt es sich um eine sehr subtile Unterdrückungsmethode.
Die Klientin löste sich aus dem Unternehmen, nachdem sie erkannte, dass sie sich zwar in einer guten beruflichen Position befand, nicht aber wie gedacht, gefördert wurde, sondern sich in eine völlig minderwertige Situation hineinmanövrierte. Die Klientin zog den Therapieprozess durch und nahm ihre eigenen Machtanteile an. Den Verzicht, den sie leistete, war der Verzicht auf alle bisherigen geschäftlichen Kontakte. Der echte Gewinn den sie hat, sind neue, echte und gute Kontakte.

Problem «Mangelnde Durchsetzungsfähigkeit»

Menschen, denen ihr Durchsetzungsvermögen fehlt, lassen sich leicht von anderen überrollen, Meinungen aufzwingen, schikanieren oder manipulieren. Ihre Entwicklungsaufgabe ist, das Durchsetzungsvermögen der eigenen Bedürfnisse wieder zu erlangen. Durchsetzungsvermögen benötigen wir, um unseren Alltag zu gestalten. Wodurch fehlt das Durchsetzungsvermögen? Aus der Therapie kennen wir, dass dieser Mensch seine Bedürfnisse in seiner Vergangenheit über Gebühr durchgesetzt oder sie an der falschen Stelle durchgesetzt und anderen Menschen unmittelbaren Schaden zugefügt hat.

Überzogen gelebte Durchsetzung bedeutet, dass eigene Bedürfnisse gewaltsam durchgesetzt wurden und die Person sich rücksichtslos oder herrschsüchtig verhalten hat. Das ging dann für andere und die Person selbst schlecht aus. Heute geht die Person ins Gegenteil und meint irrtümlicherweise, sie sei dann sicher vor der Wiederholung. Das ist falsch gedacht. Sie bekommt dadurch verstärkt Probleme, weil ihr die Durchsetzungsfähigkeit fehlt. Beispielsweise fehlt ihr Führungsstärke und sie wirkt unsicher. An anderer Stelle kompensiert die Person aber ihr Unvermögen erneut durch Beherrschung anderer oder Rücksichtslosigkeit. Auf die Bedürfnisse anderer wurde in früheren Leben keine Rücksicht genommen. Was sie bewirkt hat, wird sie heute als ihre gerechte Wirkung ansehen. Er sagt sich: «Ich werde mich nicht mehr durchsetzen, ich halte mich besser zurück, denn sonst stürze ich andere ins Elend.» Sie programmiert sich dadurch selbst und versagt sich damit ihre Durchsetzungskraft. Die Konsequenz davon ist, dass diese Fähigkeit in späteren Inkarnationen an der richtigen Stelle als Mangel erscheint.

Die Lösung liegt nicht in der Zurückhaltung der Durchsetzung, sondern in der Frage, was demjenigen in früheren Leben wirklich gefehlt hat, dass es überhaupt zur Schuld kommen konnte. Kann der Mensch sein Durchsetzungspotenzial wieder integrieren, steht ihm diese Stärke als Positivpotenzial wieder zur Verfügung. Das gibt die natürliche Ausstrahlung einer Autorität, der man gerne folgt.

Problem «Leiden und Schuldgefühle»

Ein Mensch der noch leidet, versteht noch nicht warum er leidet. Wenn er versteht, worunter er wirklich leidet, braucht er nicht länger zu leiden. Diese Aussage wird oft als Affront aufgefasst, da der Mensch selbst sich meist ganz sicher ist, was der Ursprung seines Leids ist; schließlich erlebt er dieses jeden Tag. Die Erfahrungen zeigen, dass dieser Mensch seinen Erkenntnisweg noch nicht so weit gegangen ist, dass er sein Problem lösen und sein Leid auflösen kann. Es ist also sinnvoll, sich mit den tieferliegenden, wirklichen Ursachen für das Leid zu beschäftigen. Das ist bei dem Thema

«Schuldgefühle» ähnlich. Hat sich der Mensch früher Schuld aufgeladen, erinnern ihn seine Schuldgefühlen im aktuellen Leben an diese Schuld. Das Gewissen des Menschen beurteilt, was er getan hat und verfährt nach dem Grundsatz: «Habe ich aus den gegebenen Möglichkeiten das bestmögliche gemacht?» Das Gewissen ist immer realistisch. Es schaut sich die Situation und die eigenen Möglichkeiten an. Hat der Mensch das Optimale daraus gemacht, ist das Gewissen zufrieden. Hat er nicht das Optimale aus einer Situation oder seinem Leben gemacht, wird das als Versäumnis klassifiziert und zu einer Aufgabe führen, die das nachholt.
Viele Menschen sagen, sie spüren keine Schuldgefühle. Fragt man sie ob sie in sich ein latent schlechtes Gewissen haben, wird das meist bejaht. Schuldgefühle zeigen sich oft nur über das Leid was ihnen wiederfährt. Solange ein Mensch noch Schuldgefühle hat, bearbeitet er seine Schuld noch nicht ausreichend. Deshalb ist es wichtig, dass sich der Mensch seinem Leid und seinen Schuldgefühlen nicht selbstgerecht ergibt, sondern sie als Hinweis betrachtet. Sie zeigen, dass der Mensch unter einer ganz bestimmten Schuld seiner Vergangenheit leidet. Diese Schuld drückt und will bewusst gemacht werden. Jede kleine Erkenntnis ist ein kleiner Schritt auf dem Weg, sein Leid zu mindern.

Die Lehre über Karma und deren Wirkungen früherer Leben ist also nicht etwas Bedrückendes oder Schweres, sondern es ist etwas Leichtes und Befreiendes, wenn man es richtig versteht. Deshalb liegt auch die Lösung darin, zu seinen Schatten zu stehen und daraus zu lernen.

Problem «Minderwertigkeitsgefühle»

Minderwertigkeitsgefühle sind ein weit verbreitetes Phänomen unter den Menschen. Ein Grundsatz dazu ist: «Jeder Mensch bestimmt seinen Wert selbst!» Häufig werden andere Menschen als Ursache für den eigenen Minderwert ausgemacht. Beispielsweise sagt die Mutter: «Du schaffst das nie» oder «von was für einem Idioten stammst du denn ab, von uns kannst du das nicht haben» oder der Vater sagt: «Du bist zu blöd zu begreifen, so wird nichts aus dir» oder «wenn du so weitermachst, landest du später in der

Gosse» oder «sowas wie dich muss man in die Psychiatrie einliefern» oder «wie siehst du denn aus, dich kann man ja nirgends vorzeigen.» Ohne Zweifel sind das real erlebte Begebenheiten und außer Zweifel steht auch, dass sich jeder Mensch dadurch in seinem Wert reduziert fühlen muss. Ein Kind kann unter diesen Bedingungen kaum einen gesunden Selbstwert entwickeln und selbst einem Erwachsenen würde es schwerfallen, seinen Selbstwert zu halten.
Der Mensch trifft diese Bedingungen in seinem aktuellen Leben an, weil er bereits Minderwertigkeitsgefühle aus seiner Vergangenheit mitbringt, die heute nur wieder neu induziert werden. Würde er diese induzierten Minderwertigkeitsgefühle nicht annehmen, hätte er auch keine. Die Minderwertigkeit ist eine Folge von Taten in früheren Leben zu denen man danach nicht mehr steht. Die Folge davon ist, dass der Mensch zulässt, dass ihm Minderwertigkeit einsuggeriert wird. Der Mensch hält am Minderwert fest, um die eigentliche Schuld in der Vergangenheit nicht sehen zu müssen. Minderwert ist also lediglich die Folge auf ein Versagen in früheren Leben. Hat ein Mensch versagt, redet er sich selbst ein, dass er nichts mehr wert ist und nichts mehr taugt. Damit setzt er seinen Wert herunter.

Hilfreiche Fragen zur Entschlüsselung des Minderwertes:

- Wofür / für welche Schuld fühle ich mich minderwertig?
- Wo drückt sich der Minderwert aus? Im Empfinden, im Handeln oder im Denken?
- Welchen Nutzen hat der Minderwert für mich (Scheinvorteil)?
- Gegenpol: Wo fühle ich mich im Überwert!
- Wo liegt die Schuld im aktuellen Leben und das Versagen?

Schuldgefühle und Minderwert zeigen, dass auch im jetzigen Leben etwas existiert, wie Geheimnisse, Unaufrichtigkeit, Kriminalität, Perversion, etc. Wenn nichts Konkretes verändert wird, muss der Minderwert bleiben, ebenso die Schuldgefühle.
Auch hier ist es nicht das Bestreben der Therapie, Minderwertigkeitsgefühle zu bestärken, sondern im Gegenteil, sie aufzulösen. Je eher sich der Mensch

dem stellt, desto schneller kann sich sein Leben verändern. Ein Mensch der Minderwertigkeitsgefühle hat, ist nicht wirklich fähig, am Leben teilzunehmen. Minderwertigkeit hemmt und lähmt den Menschen. Es entzieht dem Menschen Energie und er kann nicht genug aus seinen Möglichkeiten machen. Seinen eigenen Wert herunter zu setzen ist nur eine Scheinlösung, die der Mensch gefunden hat. Damit stagniert seine Entwicklung. Sich selber herunterzusetzen, ist keine wirkliche Lösung, sondern ein Büßen ohne Sinn, da ein Büßen nie wirklich Sinn macht.

Die Charaktereigenschaft «Dominanz» ist ein Abwehrverhalten gegen mögliche Verletzung und mögliches Versagen. Ein dominanter Mensch möchte sich dadurch vor Wiederholungen früherer Leben schützen. «Falschheit» hingegen ist eine Folge von Unterwürfigkeit und Ich-Schwäche. Das eigene Ich ist nicht mehr zugänglich und es wurde ein Feindbild errichtet. Das Thema «Geiz» weist auf Lieblosigkeit, Mangel und Selbstbestrafung hin. Bei «Streitsucht» wird beispielsweise ein «alter» Kampf ausgefochten und weist auf Versagen und Verlust hin.

Zusammenfassend betrachtet, hat jeder Mensch unbewusste Schwächen. In der Reinkarnationstherapie werden die störenden Charakterzüge und Emotionen als Basis herangezogen, um die Ursachen in früheren Leben zu bearbeiten. Werden diese früheren Leben aufgearbeitet, benötigt der Mensch die Verhaltensweisen normalweise nicht mehr und sie verschwinden.

Bevor jedoch Themen bearbeitet werden, muss geprüft werden, was das genaue Therapiethema des Klienten ist. Eine Therapie wird wenig erfolgreich verlaufen, wenn am «falschen» Thema gearbeitet wird. In dieser Reinkarnationstherapie wird daher eine gründliche Anamnese durchgeführt.

Themenkreis «Beziehungen»

Kennen Sie diese Fragen auch?

- Warum habe ich gerade den Partner, den ich habe?
- Warum gerate ich immer an denselben Typus?
- Wieso kann ich mich nicht trennen?
- Bei uns geht alles so gut, ob das auch hält?
- Wieso bin ich allein, bin ich bindungsunfähig'?
- Was ist eigentlich Liebe?
- Wann kommt endlich der richtige Partner?

Fragen wie diese bestimmen einen Großteil unseres Alltages. Partnerschaften sind für die meisten Menschen ein bedeutendes Thema im Leben. Eine gesunde und glückliche Partnerschaft ist für viele Menschen ihr Lebenselixier, die Antriebsfeder für alles andere im Leben, vergleichbar einer Tankstelle für Kraft und Wohlbefinden. Andere Menschen wiederum sagen: «Damit habe ich abgeschlossen, das Kapitel ist durch!» Für diese Menschen ist sie eine Quelle von Chaos und Unglück in ihrem bisherigen Leben. Erinnerungen daran erzeugen Wut, Bitterkeit und Widerstand. Und dann gibt es die Menschen, die Sehnsucht nach einem Lebenspartner haben und trotz langer Suche immer noch allein sind. Oder die, die wieder allein sind und es will sich einfach kein Partner mehr zeigen. Wieso ist das so? Warum sind die Erfahrungen so unterschiedlich?

Das private partnerschaftliche Glück hat im Leben der meisten Menschen einen wesentlich höheren Stellenwert, als Freundschaften, Beziehungen zu Familie oder Geschäftspartnerschaften. Viele Menschen denken, wenn sie es geschafft haben, eine glückliche Partnerschaft zu führen, dann hätten sie «es geschafft», und beziehen das auf ihr ganzes Leben. So falsch ist diese Denkweise nicht, denn die Beziehung zum Partner hat sehr viel mit der Beziehung zu sich selbst zu tun. Man kann auch sagen, die Partnerschaft ist der Spiegel der Beziehung zu sich selbst, analog der Gesetzmäßigkeit: «Wie innen, so außen; wie außen, so innen.» Wir suchen im Partner uns selbst.

Der Partner selbst macht dem Menschen nur seine Probleme bewusst. Menschen brauchen daher einen Partner und andere Beziehungen im Leben, damit sie sich mit sich selbst auseinandersetzen und reflektieren können.

Wir ziehen keine Partner an, wenn wir keine Konflikte lösen!
Was uns anzieht, da sitzt unsere Aufgabe

Die Anziehung der Partner in unserem Leben erfolgt grundsätzlich nach den Gesetzmäßigkeiten des Lebens und dem Prinzip der Ganzheit. Deshalb hat der Mensch den Partner, den er hat, sich auch «verdient.» Der Mensch, der noch allein sein muss, hat sich seinen Nicht-Partner ebenso «verdient.» Das bedeutet, dass der Mensch an seiner jeweiligen Partnersituation eine Aufgabe hat. Ist diese Aufgabe erkannt, bearbeitet und gelöst, kann sich die Partnersituation verändern.

Die Dauer einer Partnerschaft hängt grundsätzlich von der Basis ab, die sie hat. Die Basis einer Partnerschaft ist eng verbunden mit den Erfahrungen, die beide Partner miteinander in früheren Leben gemacht haben. Zwei Menschen, die heute eine Liebesbeziehung zueinander haben, kennen sich bereits aus früheren Leben. Sie treffen sich also im aktuellen Leben nicht das erste Mal. Die Partner in unserem aktuellen Leben sind all die Menschen, mit denen wir eine Beziehung pflegen oder gepflegt haben. Dazu gehören:

- Aktuelle Liebesbeziehung
- Eltern und Geschwister
- Die eigene Familie
- Vergangene Liebesbeziehungen
- Freundschaften
- Kollegen und Vorgesetzte

Zur persönlichen Klärung der Beziehungen ist es sinnvoll, auch vergangene Beziehungen näher zu betrachten. Sie geben Aufschluss darüber, ob es sich bei Problemen um eine direkte «karmische» Beziehung» handelt oder um eine persönliche Problematik, die sich in allen Lebensbereichen zeigt.

Die Eltern

Die erste Partnerschaft in seinem Leben führt der Mensch mit seinen Eltern. Das ist zugleich auch die wichtigste und prägendste Beziehung des Menschen. Die Beziehung zu den Eltern beginnt nicht erst bei der Geburt, sondern bereits bei der Zeugung. Prägungen aus der vorgeburtlichen Zeit beeinflussen die Partnerschaft zu den Eltern, wie auch die Beziehung der Eltern zu ihren Kindern.

Eltern geben dem Menschen die erste Chance zur Entwicklung. Der Mensch betrachtet die gewählten Eltern und deren Umstände als die optimalste Möglichkeit für seine Weiterentwicklung. Daher sollte man sich von den scheinbaren Ungerechtigkeiten der Lebensumstände nicht irreführen lassen. Wir sehen vielleicht nur die Spitze des Eisbergs. Weder sehen wir hinter die Kulissen, noch kennen wir die Entwicklungsaufgabe desjenigen, der unter vermeintlich schlechten Bedingungen lebt. Es ist ein Irrtum anzunehmen, dass eine Entwicklung bei Eltern in luxuriösen Verhältnissen leichter ist, als die in sozial schwachen Verhältnissen. Eltern symbolisieren direkt unsere früheren Leben und wirken wie ein Spiegel unserer früheren Leben. Die Schwierigkeiten, die wir mit ihnen haben, bieten uns die Möglichkeit zur Auseinandersetzung mit der eigenen Vergangenheit. Die Eltern des Menschen sind – mit allem Drum und Dran – nur die Erfüllungsgehilfen dafür, dass der Mensch sich mit seiner Persönlichkeit auseinandersetzen kann. Eltern zu verlassen, weil die Umstände unerträglich sind, mag zwar oft richtig sein, jedoch nützt es der eigenen Entwicklung nur, wenn die Erkenntnis da ist, welches Beziehungskarma dahinter steht. Probleme mit den Eltern sind persönliche Probleme, die aus der Vergangenheit mitgebracht werden. Bleibt die Klärung der Beziehung zu den Eltern aus, gehen die Probleme mit, egal wohin der Weg geht.

Spätestens bei der Partneranziehung taucht die Elternproblematik, also das eigene Karma, wieder auf. Dann heißt es oft: «Ich habe meine Mutter / meinen Vater geheiratet.» Beispiele dazu sind:

- Der dominante Vater spiegelt das Karma in einer eigenen dominanten früheren Rolle
- Eine unterwürfige Mutter spiegelt die eigene Unterwürfigkeit

- Gewaltsame Übergriffe spiegeln die eigene Vereinnahmung anderer Menschen.
- Vernachlässigung und Gefühlskälte, die oft erfolgreichen Eltern vorgeworfen wird, spiegeln den eigenen Umgang mit Erfolg
- Alkoholmissbrauch oder Drogensucht bei den Eltern spiegeln die eigenen Abhängigkeitstendenzen
- Früher Verlust eines Elternteils spiegelt das eigene karmische Verlust- und Wertethema wieder
- Die Besserwisserei der Eltern spiegelt den eigenen Umgang mit Wissen
- Eltern, denen ein Kind nichts recht machen kann, spiegeln den eigenen inneren Tyrannen

Da Kinder unter dem Verhalten ihrer Eltern oft leiden, fällt es ihnen im Erwachsenenalter häufig schwer, in diesen Spiegel zu schauen. Die meisten Menschen denken: «Ich bin nicht so, wie meine Eltern!» Das wird oft gesagt, nachdem sie sich als Kind vorgenommen haben, nie so zu werden. Schaut man genauer hin, findet man oft die gleichen Charakterzüge wieder, insbesondere dann, wenn eigene Kinder da sind. Der Vorsatz alleine bewirkt nichts und so wird kein Karma erlöst. Oft geht der Mensch als Erwachsener bewusst in die entgegengesetzte Verhaltensweise zu der der Eltern. Ein Mensch, der Gewalt in seiner Kindheit erlebt hat und deswegen besonders friedfertig und sachlich sein möchte und Aggression aus seinem Leben verdammt, ist nicht wirklich friedfertig. Er ist nach wie vor gewaltsam, denn er vergewaltigt sich selbst in seinen Gefühlen. Meist fordert er das von anderen dann auch, etwa durch: «Sachlich bitte!» Beginnt der Mensch rechtzeitig mit seiner Selbstreflektion, bekommt er Klarheit über sich und setzt damit fruchtbare Entwicklungen in Gang.
Der Mensch kennt seine Eltern bereits aus Erlebnissen früherer Leben. Es ist daher für die Beziehung zu den Eltern ausgesprochen förderlich, die karmische Beziehung untereinander aufzuarbeiten. Die heutigen Eltern waren früher oftmals die eigenen Kinder. Im aktuellen Leben kommt es deswegen oft dazu, dass sich ein Kind für einen Elternteil verantwortlich fühlt und dieser sich wie ein Kind verhält. Eltern waren in früheren Zeiten vielleicht Ehepartner. Im aktuellen Leben kann es dann zu Eifersüchteleien kommen, wenn das Kind sich in einer Liebesbeziehung befindet oder um-

gekehrt. Ein früheres Konkurrenzverhältnis zeigt sich im aktuellen Leben häufig darin, dass erwachsene Eltern in Konkurrenz mit den eigenen Kindern gehen. Beispielsweise ist die Mutter neidisch auf ihre hübsche Tochter oder der Vater auf seinen charismatischen Sohn. Oder die Mutter spielt die eigene Tochter bei ihren Freunden aus. Mütter lassen beispielsweise gewaltsame oder sexuelle Übergriffe auf ihre Kinder häufig unbewusst oder halbbewusst zu, weil sie eine unbewusste Tendenz haben, das Selbstbewusstsein des Kindes zu schwächen. Die Macht des ehemaligen Konkurrenten wird wiedererkannt und der Wille soll gebrochen werden.

Dort wo eine Beziehung in früheren Leben beendet wird, fängt sie heute wieder an!

Endet eine Beziehung schlecht, wird sie als «schlecht» abgespeichert und beginnt somit wieder schlecht.

Die Geschwister

Geschwister untereinander haben ein besonderes Verhältnis zueinander. Schon bereits in der Schwangerschaft, wenn das Schwesterchen oder das Brüderchen heranwächst, spüren die anderen Kinder bereits, wer da jetzt bald auf die Welt kommt. Das entscheidet oft über Sympathie oder Antipathie. Es kommt immer darauf an, welche Rechnung aus früheren Leben noch offen ist. Streiten Kinder, können sie nur über frühere Leben streiten. Am Thema der Streitigkeiten, die meist immer um das gleiche gehen, können frühere Leben direkt abgelesen werden. Die Gründe für die Streitigkeiten kommen nicht aus dem gegenwärtigen Leben, sondern sind alt. Sie kommen aus ungeklärten früheren Geschehen.
Geschwister «zoffen» sich oft derart heftig, dass ein Außenstehender meint, es ginge um Leben und Tod. Im nächsten Augenblick halten die gleichen Geschwister zusammen, wie Pech und Schwefel, wenn es beispielsweise um die Frage geht: «Wer hat das getan?» Da könnte man durchaus ablesen, dass die beiden eventuell einen Schweigepakt aus früheren Leben miteinander haben und zudem einmal erbitterte Feinde waren.

Die Liebesbeziehung

Menschen, die eine Liebesbeziehung miteinander haben, kennen sich bereits aus verschiedenen früheren Leben. Das bedeutet, sie haben sich bereits mehrmals in der Vergangenheit getroffen. Waren die Erfahrungen in früheren Leben positiv und hatte die Beziehung früher schon einen guten Stand, sprechen wir von einer guten Basis für die aktuelle Beziehung. Das können frühere, erfüllende Liebesbeziehungen mit positivem Ausgang gewesen sein oder Beziehungen, in denen beide Personen, Herausforderungen gemeinsam gemeistert haben. Mögen dazwischen auch negative Erfahrungen im Miteinander gewesen sein, sorgen die positiven Erfahrungen aber für den Bestand der Beziehung. Vermutlich werden sich die Partner im aktuellen Leben erneut den Herausforderungen stellen und an der Beziehung arbeiten. War die Begegnung der Menschen eher flüchtig, wird die Beziehung heute auch «flüchtig» sein und sich ohne Aufheben wieder verlieren.

Treffen sich Menschen aus früheren Leben wieder, die mit großer gegenseitiger Verletzung, Unterdrückung, starker Manipulation oder Vereinnahmung erfüllt waren, sind die Chancen für eine dauerhafte Beziehung im aktuellen Leben sehr gering. Die karmische Wiederholung holt diese Beziehung meist schon sehr bald wieder ein, bevor sie dann aus diesen Gründen wieder auseinander geht. Treffen sich Partner aus solchen früheren Leben, ist die Anziehung dieser Menschen zueinander heute oft ausgesprochen stark. Die Partner verherrlichen sich oft gegenseitig oder halten sich in einer Illusion über den anderen. Die Trennungsprozesse sind oft sehr langwierig und erstrecken sich über mehrere Jahre in On-Off-Beziehungen mit starken Verletzungen. Einer der Partner befindet sich meist in der defensiven Rolle oder beide zerfleischen sich in der Beziehung. Diese Beziehungen sind auf lange Sicht zum Scheitern verurteilt und haben lediglich den Zweck, die persönliche, karmische Aufgabe an der Beziehung zu erkennen und diese anzunehmen. Dann löst sich die Anziehung meist auf und der Mensch kann diese Beziehung danach realistisch betrachten. Nicht selten kommt es im Nachhinein zu Aussagen, wie: «Was wollte ich da nur, wie konnte ich nur?» Der Mensch hatte diesen Partner «verdient», um sein Karma aufzulösen.

Unabhängig von der partnerschaftlichen Verstrickung durch Erlebnisse in der Vergangenheit, gibt es grundsätzliche Aufgaben innerhalb einer Beziehung, die zum Erhalt der Beziehung beitragen. Eine Beziehung möchte gepflegt werden. Eine Beziehung, die nicht gepflegt wird, wird eingehen. Oft ist das der Grund, warum langjährige Beziehungen sang- und klanglos auseinander gehen. Man nennt das im Sprachgebrauch meist: «Wir haben uns auseinander gelebt ...». Was ist aus der einst großen Liebe geworden? Es sind Hinweise darauf, dass der Beziehung zum Partner oder auch dem Partner selbst, zu wenig Aufmerksamkeit gegeben wurde. Eine Beziehung zu führen ist ein kreativer Akt mit gegenseitiger Wertschätzung. Eine Beziehung möchte «gestaltet» werden. Das bedeutet, dass beide Partner jeden Tag dem Partner, das Maß an Aufmerksamkeit und Wertschätzung geben sollten, wie am ersten Tag. Die Betonung liegt hierbei auf «beide Partner». Bemüht sich nur einer der Partner, ist das ein Hinweis auf ein Problem innerhalb der Beziehung. Oft wird die Zuneigung des Partners und die Tatsache, dass er da ist, als selbstverständlich angesehen. Nichts an einer Beziehung ist selbstverständlich. Derartige Erwartungshaltungen stellen egoistische Ansprüche an einen Partner dar. Der eine Teil der Beziehung erwartet das «Gewohnte» dauerhaft, ohne sich selbst dabei bemühen zu müssen. Das zeigt einen Mangel an Dankbarkeit der Schöpfung gegenüber. Die Erwartung dafür vom Schicksal belohnt zu werden, ist unrealistisch. Wird eine Beziehung oder der Partner als selbstverständlich genommen, werden nonverbale Signale gesetzt, dass der Partner unwichtig ist und dass es nichts ausmacht, wenn er nicht mehr da ist. Man riskiert, den Partner zu verlieren.
«Interesse» am alltäglichen Leben des Partners ist einer der Schlüssel für eine glückliche Beziehung. Sätze wie: «Wie war dein Tag, Liebling?», «wie ist es gelaufen?», «ich bin glücklich, dass du da bist» wirken auf eine Beziehung sehr belebend. Ebenso belebend für eine Beziehung ist, den Partner zu loben und sich zu bedanken, wenn es ansteht. Das sind die kleinen Geschenke des Alltags! Gemeinsame Unternehmungen alleine tun es da nicht.

Veränderungen gehören zu einer Beziehung, wie die Luft zum Leben. Eine Beziehung «einzufrieren» oder zu «konservieren», dass sie haltbar bleibt, wie Obst in einer Konservendose, ist fast schon eine Garantie für das Scheitern. Eine Beziehung ist Entwicklung und Bewegung; findet keine Bewe-

gung statt, wird sie öde, langweilig und starr. Das Leben wird die Starrheit brechen und bringt auf unangenehme, pervertierte Weise Bewegung in solche Beziehungen hinein.
Menschen verändern sich im Laufe ihres Lebens in ihren Bedürfnissen und ihren Sichtweisen und entwickeln sich weiter. Beide Partner sollten darauf reagieren und sich dieser Herausforderung stellen. Reaktionen, wie: «Aber das hast du doch nie so gewollt», sind wenig sinnvoll und förderlich. Ein: «Oh, das klingt ja interessant, erzähl mal, wie kam das?» zeigt, dass Änderungen angenommen werden.

Entwickelt sich nur einer in der Beziehung und der andere nicht, wird die Beziehung auseinander gehen.

Beispiel:
Eine Klientin, gutsituierte Verhältnisse mit zwei fast erwachsenen Kindern klagte über das Verhalten ihres Ehemannes. Finanziell war die Familie abgesichert durch ein Haus und mehrere Eigentumswohnungen. Alles war selbst erarbeitet. Eine Lebenssituation von der viele nur träumen würden. Sie war während der Kindererziehung Hausfrau und managte sämtliche gesellschaftlichen Events und den eigenen Haushalt, er selbständiger Unternehmer. Für die Klientin war der Ehemann bei der Heirat ihre große Liebe. Was war passiert? Nachdem die Kinder aus der Pubertät waren und dabei waren, sich abzunabeln, entschied sich die Klientin, sich wieder mit dem Dienstleistungsunternehmen selbständig zu machen, welches sie vor Ihrer Mutterschaft hatte. Sie interessiert sich plötzlich für den finanziellen Bereich ihrer Beziehung, für die Rendite ihres Besitzes und brachte ihre Ideen mit ein. Sie besuchte Fortbildungen, widmete sich ihrer Persönlichkeitsentwicklung und baute neue Freundschaften auf. Sie interessierte sich nicht mehr nur allein für die Versorgung ihrer Kinder und des Ehemannes, sondern öffnete sich neuen Dingen. Ihr Ehemann konnte damit nicht umgehen. Er forderte: «Ich will meine Frau von früher zurück.» Damit meinte er die Hausfrau und Mutter, die jeden Abend mit dem Essen auf ihn wartete und mit ihm bei einem Glas Wein über seinen Tag sprach. Sie tat das auch weiter, baute sich aber, im Hinblick auf die Zeit, wenn die Kinder aus dem Haus sind, nebenher eine eigene Zukunft auf. Enttäuscht über ihre Entwick-

lung suchte er sich aus Trotz, eine Geliebte. Sie setzte ihm die Koffer vor die Türe.
Die Aufgabe wäre gewesen, sich bewusst zu machen, dass beide Ehepartner sich aus mehreren früheren Leben kennen. In dem Fall war das ein Leben, indem die Klientin Hausfrau und Mutter war und ein weiteres früheres Leben, in dem beide Geschäftspartner waren. Die Ehe musste zerbrechen, weil der Ehemann die Veränderung im Beziehungsgefüge nicht mitmachen wollte. Jahre später entdeckte er für sich selbst neue Wege, jedoch Jahre zu spät.

Werden Kinder in die Beziehung hineingeboren, verändert sich das Beziehungsgefüge. Viele Beziehungen zwischen zwei Partner rutschen in die Selbstverständlichkeit ab, wenn Kinder da sind. Die Frau wird zur Mutter und übernimmt eine zusätzliche Rolle. Viele Frauen wechseln dann aber ausschließlich in die Rolle der Mutter. Oft gehört die gesamte Aufmerksamkeit dann ausschließlich den Kindern und vom Partner wird nur Verständnis dafür erwartet: «Die Kinder brauchen mich, die sind ja noch klein, das ist doch ein erwachsener Mann ...» Wahre Worte! Unbemerkt vollzieht sich ein Rollenwechsel. Wenn die Frau zu ihrem Partner sagt: «Papa, kannst du mal...?» und der Mann antwortet: «Mama, lass uns ...», dann sollten sich die Partner wieder auf ihre eigentlichen Rollen besinnen und ihre Liebesbeziehung pflegen. Der erwachsene Mann hat nun die Aufgabe, sich der Herausforderung «Beruf, Liebespartner und Vater» zu stellen. Die Frau hat die Aufgabe, den Spagat zwischen Liebespartnerin und Mutter zu meistern. Neben der Arbeit an einer Familie, ist die Arbeit an der Beziehung die Basis um das kleine «Familienunternehmen» in Balance zu halten.

Freundschaften

«Wir gehen durch dick und dünn!» Kennen Sie das auch? Beste Freunde, beste Freundinnen. Die vertraute Seele, der man die sensibelsten Geheimnisse anvertraut; die Kumpels, die sich gegenseitig aus der Patsche helfen. Der Platz, an dem Tränen geweint werden können, die Tankstelle für unglücklich Verliebte, für neuen Lebensmut und weise Ratschläge. Oft noch aus Kindertragen, meist aber entstanden in der Schulzeit und, wenn sie alles überdauert hat, bis zum Lebensende. Das verstehen die meisten Menschen in ihrer Vorstellung unter Freundschaft. Freundschaft ist ein auf gegenseitiger Zuneigung beruhendes Verhältnis von zwei oder mehreren Menschen zueinander, das sich durch Sympathie und Vertrauen auszeichnet. So ganz typische Aussagen dafür sind:

- Wir sind wie eineiige Zwillinge
- Uns kann nichts trennen
- Wir verlassen uns nie
- Wir sind wie ein Ehepaar
- Dem erzähle ich mehr, wie meiner Frau, der verrät mich nie
- Der kann ich alles erzählen
- Der würde mich nie hintergehen
- Wenn du ein Mann / eine Frau wärest, würde ich dich heiraten
- Da kann ich immer hin

Schaut man sich die Aussagen näher an, kann man schon erahnen, was die Verbandelung aus früheren Leben ist und wie die Rollenverteilung früher gewesen ist. Freundschaften kommen und gehen, insbesondere in jungen Jahren. Freunde, insbesondere die besten Freunde, kennen sich aus früheren Leben. Sie kennen sich aus guten Zeiten, aber auch aus schlechten Zeiten. Bestand haben hier auch nur die Beziehungen, die eine gute Basis haben und die Entwicklung der Freundschaft mitmachen. Die typische Zweierbeziehung der besten Freunde, die andauert und durch Höhen und Tiefen geht, hat eine gute Basis. Freundschaften verändern sich meist, wenn bei einem der Freunde ein neuer Lebensabschnitt beginnt. Plötzlich lernt die beste Freundin einen Mann kennen, den sie heiraten möchte. Und plötzlich ist die beste Freundin kaum wiederzuerkennen. Statt sich an dem neuen Glück der besten Freundin zu erfreuen, werden dem neuen Mann gegenüber subtile Mobbingstrategien entwickelt, Intrigen gestartet oder es wird sogar der besten Freundin der Partner ausgeredet, was sicher ab und zu auch richtig sein kann. Da man der besten Freundin das volle Vertrauen gibt, glaubt man ihr auch meist. Was passiert hier? Hier werden Rechte aus früheren Leben geltend gemacht. Häufig sind beste Freunde frühere Ehepartner, deren Beziehung nun durch einen «Eindringling» gestört wird. Es kann sein, dass die dritte Person, die in die Beziehung der besten Freunde kommt, bereits früher schon einmal in einer Beziehung zu den beiden stand. Das nennen wir «eine Dreierbeziehung.»

Die Aufgabe im aktuellen Leben ist es, die karmische Verbindung der besten Freunde zu bearbeiten und sich sachlich mit dem besten Freund auseinanderzusetzen. Die aktuellen Verhaltensweisen sollten angesprochen werden und beide müssen sich fragen, wie viel wert ihnen die Freundschaft ist. Nicht wenige Freundschaften gehen daran auseinander.
Der Mensch sollte seine Freundschaften immer überprüfen:

- Welche Basis hat die Freundschaft, auf welchen Füßen steht sie?
- Ist es eine Zweckgemeinschaft oder eine Vertrauensbeziehung?
- Ist die Freundschaft gleichwertig oder ist einer der, der vorgibt und der andere folgt? (Alpha-Tier und Beta-Tier)
- Besteht ein Gleichgewicht oder ist einer der Nehmer und der andere der Geber?
- Ist einer nur da, damit sich der andere erhöhen kann und das auch nur, weil einer erniedrigt werden kann?
- Besteht die Freundschaft nur weiter, wenn der andere Bewunderung erhält?

Eine Freundschaft, in der ungleiche Verhältnisse herrschen, ist keine Freundschaft, sondern ein Abhängigkeits- oder Hörigkeitsverhältnis. Solche Beziehungen werden aufgearbeitet oder das dahinterliegende Problem geklärt.

Die Geschäftspartner

Haben sie gedacht, dass auch Geschäftspartner, die beispielsweise eine Firma zusammen führen, sich ganz sicher bereits aus früheren Zeiten kennen? Wie in jeder anderen Beziehung auch, kommen diese Menschen zusammen, um sich erneut ihrer Aufgabe zu stellen. Ihre Erlebnisse miteinan-

der in früheren Leben liegen vermutlich ebenso im geschäftlichen Bereich. Geschäfte wurden zu jeder Zeit und in jeder Kultur gemacht.
Waren heutige Geschäftspartner früher einmal Konkurrenten, so werden sie eventuell heute darauf achten, dass jeder seinen Bereich hat, um zu verhindern, dass eine Konkurrenz entsteht. Subtil aber werden sie sich, gegenseitig, immer im Auge behalten wollen. Ist in früheren Zeiten einer mit den Firmengeldern verschwunden und der Partner hat seine Existenz verloren, wird es später sicherlich Misstrauen untereinander geben. Es wird im aktuellen Leben vermutlich erneut Betrug stattfinden, eventuell in einer Liebesbeziehung der beiden oder der Betrogene verweigert heute jegliche Form der Unterstützung und beansprucht uneingeschränkte Versorgung.

Hat der frühere Ehemann wegen seiner riskanten Geschäfte kein Geld für Medikamente aufbringen können und ist seine Ehefrau deswegen gestorben, so wird die gegenwärtige Rollenverteilung vermutlich umkehrt sein. Ist die frühere Ehefrau heute ein Mann, kann es sein, dass dieser heute Gelder beansprucht, um sich seine Existenz zu sichern, die Existenz der heutigen Frau (der frühere Ehemann) aber aus Rache ruiniert. Haben Partner früher gemeinsame Sache gemacht und zusammen einem anderen die Existenzgrundlage genommen, wird diese Schuld die beiden binden. Sie wollen sich eventuell heute trennen, können das aber nicht, weil sie beispielsweise ein gemeinsames Unternehmen haben. Eine Trennung wäre nur unter starken finanziellen Verlusten möglich. Beide haben durch die frühere Schuld einander in der Hand. Sie halten heute einander durch Abhängigkeitsstrukturen in Schach, damit keiner den anderen verraten kann.

In jedem Fall wird eine frühere Existenzzerstörung subtilste Rache zur Folge haben. Der Geschädigte des früheren Lebens wird im aktuellen Leben unbewusst Wiedergutmachungsansprüche stellen. Solche Ansprüche, insbesondere finanzieller Natur, zu erfüllen, macht wenig Sinn. Sie würden dem anderen seine Eigenverantwortung für das frühere Geschehene nehmen. Die Aufgabe des früheren Geschädigten ist, sich seines Anteils bewusst zu werden und die Verantwortung dafür zu übernehmen. Es ist keine Lösung, Ansprüche aus einem früheren Leben geltend zu machen.

Hat sich einer auf den anderen früher verlassen und das Vertrauen wurde missbraucht, wird der Betrogene vermutlich heute alles kontrollieren wollen, damit ihm das nicht mehr passiert.
Wird der Mensch heute hintergangen und sagt: «Ich habe das nicht gesehen», so stimmt das nicht wirklich. Es gibt immer Hinweise, die jedoch übersehen werden, weil der Mensch die eigenen Taten von früher ausblendet und somit auch die gleichen Taten anderer. Menschen, die immer wieder auf andere reinfallen, getäuscht werden und «nichts sehen» oder zu naiv sind, sind unbewusst der Meinung, dass sie die Folgen verdient haben. Sie bestrafen sich für frühere Taten selbst. Naivität sollte man nicht runter spielen. Sie dient zur Selbstbestrafung. Dahinter versteckt sich ein berechnender Charakter. Zu prüfen ist, ob heute bereits wieder eine aktive beidseitige Täuschung zwischen den Personen läuft.

Geschäftliche Beziehungen, bei denen es um die Lebensgrundlage geht, sollten näher betrachtet werde, um die Verstrickungen aus der Vergangenheit aufzulösen. So können Wiederholungen verhindert werden. Erste Anzeichen sollten ernst genommen und hinterfragt werden.

Zusammenfassend betrachtet, verläuft jede Partneranziehung immer exakt nach den Gesetzmäßigkeiten des Lebens. Probleme in einer Beziehung, die sich durch eine einfach Pflege der Beziehung nicht lösen lassen, müssen näher betrachtet werden. Die Ursachen und Hintergründe dafür finden wir in der Vergangenheit. Treten die Probleme nur in der Beziehung zu diesem speziellen Menschen auf, nennen wir das «karmische Beziehung» oder «diese Menschen haben ein Karma miteinander.»

Die Lösung der Probleme in der Partnerschaft liegt dann darin, die karmischen Verstrickungen aufzuarbeiten und die früheren Leben bewusst zu machen. Hat der Mensch die Probleme, die er in der jeweiligen Beziehung hat, auch in anderen Teilen seines Lebens, handelt sich dabei nicht um eine karmische Beziehung. In der Therapie sprechen dann wir von einem «persönlichen Problem». Die Aufarbeitung der karmischen Beziehung würde wenig Lösung für die Beziehung bieten. Es wird daher immer geprüft, wodurch das Problem wirklich angelegt ist.

Hintergründe der Anziehung in Partnerschaften

Im Partner spiegelt sich das karmische Problem, welches der Mensch mitbringt:

- Das Problem, welches er mit sich selbst hat und zur Klärung ansteht
- Das Problem, was er mit dem Partner hat und deshalb mit ihm immer wieder zusammen kommt

Die Eigenschaften, die man im anderen anziehend findet oder gar bewundert, erinnern an die eigenen vernachlässigten Potentiale; die Verhaltensweisen, die man ablehnt, stellen die Problempunkte in der eigenen Persönlichkeit dar, die bearbeitet werden sollten.
Der Partner hat sowohl den erwünschten Teil, weswegen wir ihn mögen, wie auch den gehassten Teil, weswegen wir Probleme mit ihm bekommen. Aufgrund dessen, dass der Partner beides des Eigenen in sich trägt, finden sich in früheren Leben oft erbitterte Feindschaften. Sie wirken in der Gegenwart in Form einer Mischung aus Liebe und Hass nach. Das Leben bringt die früheren Feinde jetzt als Partner zusammen, so dass dem gemeinsamen Thema nicht mehr so leicht ausgewichen werden kann. Wird auch diese Herausforderung nicht bewältigt, wird es weitere Stufen der Annäherung geben, etwa als Mutter und Kind oder als Zwilling.

Schicksal ist die Auswirkung dessen, was die Seele geschaffen hat. Man schickt sich selbst.

Begegnen sich zwei Menschen zum ersten Mal, zeigt der allererste Gedanke oder die allererste Wahrnehmung über den anderen bereits an, woher sich diese Menschen kennen. Dieser Gedanke wird meist schnell wieder vergessen, da er oft sehr negativ ist. Es wird ein angenehmer Gedanke darüber gelegt, der später verteidigt wird. Der erste Gedanke kann beispielsweise sein: «Oh Gott, was für eine arrogante Ziege» oder «bitte nicht den, solche Typen können einen ins Unglück stürzen.» Solche Gedanken erinnern an Erlebnisse mit diesem Menschen in früheren Leben. Der Gedanke wird in der Therapie abgefragt und auf die dazugehörigen früheren Leben zurückgeführt. So kann die Aufgabenstellung, die sich daraus ergibt, ganz bewusst angegangen werden.

Für das Zusammenkommen der beiden Menschen sind zudem die positiven Eigenschaften des Partners verantwortlich. Würden wir schon beim Kennenlernen, den Partner in seiner Gesamtheit sehen, würde der Mensch vermutlich das Weite suchen. Die Anziehung erfolgt über die Spannung zwischen den Personen und das Phänomen der Verliebtheit. Erste leichte Verstimmungen zeigen bereits das Thema der früheren Leben an, welches sich bisher durch alle früheren Leben durchgezogen hat und ungelöst geblieben ist. Würde der Mensch diese erste, oft kleine Verstimmung ausreichend klären und seine Aufgabenstellung daran erkennen, würde er ein Teil seines Karmas mit dem Partner auf diese Weise schon bearbeiten. Die gleichen Verstimmungen würden sich nicht immer weiter potenzieren.
Das, was am Partner stört, wird auf einer anderen Ebene selbst gelebt und oft negiert. Nur andere bemerken es. Wird der Mensch darauf angesprochen, antwortet er oft erstaunt oder gar verärgert: «So bin ich nicht» oder «das mache ich nicht». Der Mensch kann sich nicht wahrnehmen und nicht annehmen, weil er diesen Anteil noch nicht integriert hat. Dieser fehlt ihm noch zu seiner Identität und Vervollkommnung. Damit das sichtbar wird, zieht sich der Mensch den Partner an, den genau dieser Anteil stört. Nach dem Prinzip der Ganzheitlichkeit, muss dieser Teil im anderen wieder auftauchen, damit die Ganzheit wieder hergestellt ist.

Steht eine Trennung an und der Mensch schafft es nicht, sich zu trennen, ist das ein Hinweis, dass dem Menschen noch eine wichtige Erkenntnis über sich fehlt. Das kann die Erkenntnis über einen fehlenden Anteil sein, der ihm gespiegelt wird. In jedem Fall ist es eine wichtige Erkenntnis über sich selbst. Ist die Erkenntnis da, lässt die Anziehung unmittelbar danach spürbar nach. Zudem kann es sein, dass die karmische Verstrickung noch nicht oder unzureichend aufgearbeitet wurde. Eine Trennung sollte nie emotional geladen sein.

Jedes Problem in der Begegnung mit anderen Menschen lässt sich entschlüsseln, schon bevor der eigentliche Rückführungsprozess beginnt. Das bedeutet, dass es für Beziehungsprobleme einen Schlüssel gibt, der den Weg zu den früheren Leben aufzeigt. Hier die gängigsten Probleme beispielhaft dargestellt.

Problem «Desinteresse und Vereinnahmung»

Unter «zu starkes Interesse» verstehen wir beispielsweise die Vereinnahmung oder Beherrschung eines anderen Menschen. Wurde ein Mensch in früheren Leben vereinnahmt und hat er andere Menschen vereinnahmt, führt das im jetzigen Leben oft zu mangelndem Interesse bis Ablehnung auf einer oder beiden Seiten. Die Vernachlässigung eines Menschen im jetzigen Leben kann die Folge von früherer Vereinnahmung sein.
Leidet jemand unter Zurückweisung und dem Desinteresse des Partners, hat er diesen Menschen im früheren Leben bereits selbst einmal zurückgewiesen oder abgelehnt. Die Angst, abgelehnt oder zurückgewiesen zu werden, ist immer ein Hinweis darauf, dass er dem anderen in früheren Leben, vielleicht auch im aktuellen Leben, Schaden zugefügt hat. Er befürchtet als Wirkung dafür abgelehnt zu werden. Gleichzeitig besteht die Angst, die frühere Schuld zu wiederholen. Eine gute Frage, sich selbst in dem Punkt zu reflektieren, dabei ist: «Was tue ich mit dem anderen, dass es berechtigt ist, mich abzulehnen? Welche meiner Verhaltensweisen ist ablehnungswürdig?»
Gefährden oder zerstören unterschiedliche Interessen die Partnerschaft, ist dies ein karmisches Thema zwischen diesen Personen. Widmet sich eine Frau heute ihrer Karriere und hat kaum Zeit für Ehemann und Kinder, hat eventuell der Ehemann früher die Familie verlassen und diese ist verhungert. Um das heute abzuwenden, sorgt sie dafür, dass sie alles alleine stemmen kann.
Geht beispielsweise eine Partnerschaft in die Brüche, weil ein Partner unbedingt ein Kind möchte, der andere aber nicht, so kann im früheren Leben ein Kind der Grund für eine Katastrophe gewesen sein. Beispielsweise ein Thronsturz eines Herrschers durch ein leibliches Kind, Existenzbedrohung und Überforderung durch zu viele Kinder oder Kinder wurden verkauft oder versklavt.

Die stärkste Vereinnahmung unter den Menschen ist die Manipulation anderer mittels hintergründiger, suggestiver Beeinflussung. Sie erzeugt heute auch das größte Desinteresse, gleichzeitig aber auch die größte Anziehung. Die Folgen für weitere Leben sind gravierend. Wir finden dazu unter anderem:

- Idealisierung anderer und des Partners
- Symbiotische Beziehungen und Abhängigkeiten
- Hörigkeit und sexuelle Hörigkeit
- Hass und Rache bis zur Vernichtung
- Machtkämpfe untereinander
- Kontrolle anderer

Wurde ein Mensch in früheren Leben völlig für dumm verkauft und ist er daraufhin in auswegloser Vereinnahmung geendet, kann er beispielsweise starken Hass und Rachegedanken bis hin zur Verfluchung anderer entwickeln. Hintergrund dafür ist aber immer, dass er zugunsten eines vermeintlichen Vorteils, die rechtzeitige Warnung der inneren Stimme überhört hat. Wir arbeiten daher in der Reinkarnationstherapie diese früheren Leben systematisch durch, um Manipulationen und Beeinflussungen aufzulösen. Erkennt der Klient die wahren Umstände und seinen Anteil, kann er wieder frei sein und kann zukünftig Manipulationsversuche erkennen und abwenden. Bedeutend ist aber auch, die gegenseitige Schuld aufzuarbeiten, damit der Klient aus schädlichen Bindungen herauskommen kann. Eine einseitige Aufarbeitung hält fest und löst wenig.
Es kann vorkommen, dass einer oder beide Beziehungspartner plötzlich gegen den behandelnden Therapeuten Position ergreifen, da dieser innerhalb seiner therapeutischen Intervention, die frühere Verbandelung auflösen möchte.

Interessiert sich ein Mensch nicht für den anderen, so ist das keine spektakuläre Sache, sondern einfach nur ganz normal. Es kann sich nicht jeder für jeden anderen interessieren. Leidet aber ein Mensch darunter, zeigt das sein karmisches Thema in Form von früheren Versäumnissen, Vereinnahmung und verursachtem existenziellen Schaden.

Problem «Der Partner ist unerreichbar»

Total verliebt, den Traumpartner gefunden, alles passt! Und dann werden die Gefühle nicht erwidert. Oder: Es hat so gut angefangen, es könnte alles so schön sein, würde der Partner nicht ganz woanders wohnen. Kennen sie das? Im Urlaub getroffen, einen tollen Urlaub verbracht und dann plötzlich meldet er / sie sich nicht mehr. Es will einfach nicht mehr werden. Oder die große Liebe ist in einer festen Beziehung oder verheiratet und trennt sich nicht. Oder ganz klischeehaft: Der Kollege ist in die Kollegin verliebt oder die Sekretärin in den Chef und die Liebe wird einfach nicht erwidert. Tatsache ist, die eigenen Gefühle sind auf einen Partner ausgerichtet, der unerreichbar ist. Die meisten Menschen versuchen alles zu tun, um die Traumfrau oder den Traumprinzen von sich zu überzeugen und umzustimmen. Damit kann ein Mensch Monate und Jahre unerfüllter Liebe verbringen. Die Erfahrungswerte zeigen, dass die Investition in eine solche Beziehung nur selten das gewünschte Ergebnis bringt. Meist sind das verlorene Jahre der Bemühungen. Warum passiert das? Es passiert, weil die Lösung nicht in der Arbeit an der Beziehung liegt, sondern in der Arbeit an der Anziehung. Die Lösung liegt in der Antwort auf die Frage:

- Warum sucht sich der Mensch einen Partner aus, der die Liebe nicht erwidert?
- Welchem Teil in sich will er sich nicht stellen?
- Welcher Intrige oder Selbstlüge in sich möchte sich der Mensch nicht stellen?

Mögen die Fragen auch unbequem sein, die Antwort aber bringt Klarheit und sie ist der erste Schritt zu einer erfüllten Partnerschaft. In der Praxis kommen Antworten, wie: «Dann brauche ich mich nicht anstrengen», «dann kann ich nicht mehr machen, was ich will», «eigentlich bin ich zufrieden, wie es ist». In der Therapie wird das Thema anschließend weiter in die Tiefe verfolgt. Es stellt sich oftmals heraus, dass der Klient vermeiden möchte, sich einer ganz bestimmten Schwäche zu stellen. Manchmal ergibt sich, dass eine wirkliche Partnerschaft, mit der nahen Anwesenheit eines anderen Menschen, unangenehme Gefühle, wie Panik oder Schweißausbrüche hervorruft. Eine gute zielführende Frage ist immer: «Stellen Sie sich vor, der Partner steht morgen mit Sack und Pack vor Ihrer Türe, was würde der Gedanke daran, spontan in ihnen auslösen?» Viele Klienten fassen sich dann unwillkürlich an den Hals, gehen mit dem Oberkörper zurück und sagen: «Oh Gott ...!» Diese Reaktion zeigt, dass eine Angst vor einer engen, nahen Beziehung vorliegt. Diese Angst finden wir bei dem Menschen aber auch in anderen Lebensbereichen. Vordergründig wird eine Partnerschaft begrüßt, unbewusst stehen der aber Ängste entgegen.

Das Ergebnis zeigt immer den unbewussten Willen. Mit der unerfüllten Partnersuche gibt man sich selbst ein Alibi und täuscht sich selbst. Man kann sich vormachen, dass es ja am anderen liegt, der nicht will. «Sich selbst zu täuschen» bezeichnen wir in der Therapie auch als «Intrige mit sich selbst.» Es ist immer sinnvoll, seine eigene Beziehungsfähigkeit zu überprüfen und herzustellen. Ein weiterer Grund, warum Gefühle nicht erwidert werden, ist beispielsweise der eigene Stolz. Der Mensch lebt einen inneren Stolz, mit dem er sich über andere erhebt, um sich vor Verletzungen zu schützen. Das entfernt ihn von den Menschen und so kann er nicht wiedergeliebt werden. In der Therapie führen wir den Stolz auf seine Ursachen zurück und transformieren seine ursprüngliche Absicht. Erst die Erkenntnis, wodurch der Stolz entstanden ist, macht es dem Menschen möglich, wirklich zu erkennen, wie unnütz diese Eigenschaft ist.

Unrealistische Erwartungen an einen Partner führen auch dazu, dass Liebe nicht erwidert wird. Es kann nur Liebe erwidert werden, wo auch Liebe gegeben wird. Erwartet ein Mensch, dass der andere ihn so nehmen muss, wie er ist, weil er so ist, wie er ist, ist das keine Liebe. Das zeigt eher wenig Veränderungsbereitschaft und vor allem, dass dieser Mensch nicht an seinen Schwächen arbeiten möchte. Übersetzt heißt die Erwartung an den Partner, dass dieser sich an alle Schwächen anpassen muss und damit leben soll. Die Erwartung, an einen Partner, von ihm versorgt zu werden, hat ebenso wenig mit Liebe zu tun, sondern eher mit dem Anspruch, selbst nichts investieren zu müssen, frei nach dem Motto: «Mir mögen die gebratenen Tauben in den Mund fliegen.» Vermutlich lebt ein Mensch mit solchen Ansprüchen noch ein früheres Leben als Pascha oder Adeliger aus. Der eigene Anspruch verhindert oft, dass sich der Mensch einen Partner anzieht, der Gefühle erwidert.

Hat ein Mensch, lange allein gelebt und lange keinen Partner finden können, prüfen wir in der Therapie, wer die Stelle «des Partners» eingenommen hat. Ist es

- Die große Liebe des Lebens, die den Menschen immer noch einnimmt und der er nachtrauert? Dann ist das der Platzhalter.
- Der Beruf, der den Menschen so einnimmt, dass kein Platz für den Partner ist? Dann ist das der Platzhalter.
- Ein Elternteil, wenn die Tochter oder der Sohn noch zuhause lebt, Villa Papa oder Hotel Mama? Dann ist das der Platzhalter.

Ist der Platz für den Partner durch einen Platzhalter besetzt, kann kein anderer Partner angezogen werden. Der Platzhalter dient häufig unbewusst zur Vermeidung einer ganz realen Partnerschaft. Lieber träumt man von der großen Liebe und idealisiert diese, als sich den Herausforderungen einer irdischen realen Partnerschaft zu stellen. In der Therapie wird die Bindung zum Platzhalter aufgelöst, damit eine Öffnung anderen Menschen gegenüber wieder passieren und sich die Anziehung ändern kann.
Die echte Aufgabe ist es, sich attraktiv zu machen für den Partner, um so Liebe zu gewinnen. Attraktiv zu machen bedeutet nicht, sich andauernd vor dem Spiegel aufzuhalten oder sich nach der angesagten Mode zu kleiden. Das wird oft verwechselt. Es reicht ein normales Maß an Ästhetik im Erscheinungsbild. Attraktiv wird ein Mensch dadurch dass er, er selbst ist und seine Fähigkeiten entwickelt und auslebt. Durch seine Offenheit mitfühlend ist und sich innerlich für wert hält.

Merkmale von zerstörerisch eingestellten Personen

Menschen treffen jeden Tag auf andere Menschen. Mit dem einen klappt es gut, mit anderen fühlt man sich, auf Anhieb oder erst später, unwohl und minderwertig. Häufig ist das ein schleichender Prozess, dem selten ausreichend Bedeutung gegeben wird. Was sind die Hintergründe dafür? Einerseits treffen wir auf Menschen, die ein echtes Interesse an unserem Wohlbefinden haben, andererseits auf unterdrückerische Menschen, die auf subtile

Weise zerstörerisch wirken. Klienten in der Therapie beschreiben das oft mit: «Das war wie ein kleiner Pfeil, der nachwirkt und plötzlich war die gute Stimmung weg.» Menschen, die unterdrückerisch sind, haben zerstörerische Absichten. Das sind ihre Merkmale:

- Sie werten andere ab und setzen Stachel von hinten. Ziel ist, dass sich der andere, beispielsweise durch Aussagen, wie: «Das passiert dir nur, weil du so naiv bist», in Frage oder in Zweifel stellt
- Sie entmutigen und kritisieren andere immer gerade dann, wenn diese etwas wirklich Positives in Gang setzen möchten; Ziel ist, das Positive zu stoppen und die Entwicklung des anderen zu verhindern
- Sie schränken andere ein, beispielsweise in Raum und Zeit; Ziel ist deren Freiraum einzuschränken und ihre Selbstreflexion und Entfaltung zu stoppen
- Sie ignorieren gute Leistungen und geben bei Erfolgen und guten Leistungen kein Lob; kommentieren eventuell nur mit «Hmm» oder «Aha» und erwähnen mehr das Negative und kontern mit Verbesserungsvorschlägen; sie verbreiten nur schlechte Nachrichten
- Sie verallgemeinern, wie: «Immer lässt du die Türe auf» oder «jedes Mal, wenn ...», auch wenn es nur einmal war
- Sie tragen selbst keine Verantwortung und schieben grundsätzlich die Schuld für alles im Leben anderen zu
- Sie erpressen mit Krankheit in Augenblicken, wenn sich der andere selbst verwirklichen will oder Verabredungen wahrnehmen möchte; sie wirken oft wie sanfte, weiche, zerbrechlich anmutende oder wohlwollende Personen
- Sie gehören oft zerstörerischen Gruppierungen an, wie radikalen Gruppen oder Sekten

Lässt sich ein Mensch unterdrücken, zeigt das, dass er noch Schuldgefühle für Taten aus früheren oder heutigen Erlebnissen hat. Er glaubt unbewusst, er verdient die Unterdrückung. Er kann dem Unterdrücker gegenüber nicht sachlich reagieren, es fehlt ihm meistens die Abgrenzungsfähigkeit und vor allem die notwendigen, passenden Worte, um zu kontern. Der erste Schritt ist aber immer zuerst der Wille, sich abzugrenzen.

Eine gute erste Reaktion auf die zerstörerischen Aussagen des Unterdrückers ist: «Was bezweckst du damit, soll ich mich jetzt schlecht fühlen?» In diesem Augenblick wird seine Absicht benannt und sein Ziel aufgedeckt. Macht der Unterdrücker Vorwürfe, sollte man nicht über den Inhalt seines Vorwurfs diskutieren, sondern nur über sein destruktives Verhalten.

Themenkreis «Körpersymptome & Krankheiten»

Die Reinkarnationstherapie betrachtet jedes Körpersymptome und jede Krankheit als psychosomatisch, weil sie davon ausgeht, dass jede Krankheit eine psychische Ursache hat. Jede Erkrankung hat ihren Ursprung in den Gedankengängen und zeigt einen, in den Körper oder die Psyche «abgerutschten» Konflikt. Diese Sichtweise bezieht die Therapie auch auf alle psychischen Krankheiten und auch auf organische Psychosen. Die Natur der Krankheit zeigt, wie man auf den Ursprung zurückkommt. Der Körper ist lediglich eine der Projektionsflächen, die sich ein ungelöster Konflikt sucht, um sichtbar zu werden. Eine Erkrankung hat in ihrer Entstehung stets vier Hintergründe:

- Es ist ein Konflikt im aktuellen Leben unbearbeitet geblieben. Dieser Konflikt spiegelt sich nun auf der körperlichen Ebene. Ursache für die Erkrankung ist immer ein Gedanke, der nicht konstruktiv bearbeitet und stattdessen verdrängt wird. Ein solcher Gedanke drückt sich zunächst als Gefühl und bei weiterer Verdrängung als Körpersymptom oder äußeres Geschehen aus. Die Art des Symptoms wird bestimmt durch den Inhalt des ursprünglichen Gedankens. Der Körper ist Projektionsfläche des verdrängten Gedankens;
- Der Mensch versucht aktiv, mittels der Krankheit eine persönliche Absicht durchzusetzen
- Jede Krankheit, jedes Körpersymptom und auch jede chronische Krankheit wird in der vorgeburtlichen Phase bereits als Thema angelegt und im Leben nach der Geburt reaktiviert.

- Symptome entsprechen einem Körperzustand im Tod eines früheren Lebens, der unmittelbar zum Tod führte. Die Erkrankung ist die Wiederspiegelung des früheren Todes. Das Symptom wird reaktiviert durch dasselbe Problem, welches auch schon früher diesen Tod nach sich zog.

Erkrankungen sind demnach ausschließlich die Folge nicht verarbeiteter Erlebnisse mit einem ungelösten Konflikt im aktuellen oder früheren Leben. Der ungelöste Konflikt zeigt sich an genau der Stelle des Körpers, der symbolisch für einen ganz bestimmten Themenbereich steht. Das ist nicht etwas eine Schikane des Lebens, sondern ein Hinweis, welches Thema zur Klärung ansteht. Der Mensch sollte sich für seine Krankheit bedanken, so absurd das auch klingen mag, anstatt sie nur «weg haben zu wollen.»

Der Körper zeigt dem Menschen über seine Erkrankung, dass er bei einem bestimmten Lebensthema, einem Irrtum über sich selbst unterliegt. Es wird sichtbar, was wirklich ist. «Die Wahrheit» spiegelt sich im Symptom. Kann ein Mensch sein Bein nicht mehr bewegen, deutet er das oft folgendermaßen: «Ich soll mich zur Ruhe setzen.» Tatsächlich aber sollte er sich bewegen, denn sein Bein zeigt seine Unbeweglichkeit an. Ist der Mensch an einer Stelle seines Lebens unbeweglich und starr, so wird er sich gleichzeitig, an einer falschen Stelle, zu seinem Schaden bewegen. Es gilt, was sichtbar ist.
Die meisten Menschen betrachten ihre Krankheit als einen Feind, der bekämpft werden muss. Aussagen wie: «Ich kämpfe seit Jahren gegen meine Krankheit», zeigt Kampf, aber keinen echten Heilungswillen an. Das ist wenig kooperativ. Die Lösung liegt auch hier in der Erkenntnis darüber, was die Krankheit antreibt und aufrechterhält.

Möchte der Mensch sich von seiner Erkrankung befreien, ist der beste Weg, diese auf die früheren Leben zurückzuführen, aus denen sie stammt. Für eine dauerhafte Auflösung ist es wichtig, sich den Grundkonflikt bewusst zu machen und Erkenntnisse auszulösen, die die Erkrankung überflüssig machen. Die Erkrankung stellt lediglich eine Erinnerung an ein früheres Leben dar, welches gänzlich unbearbeitet oder unzureichend bearbeitet geblieben ist. Gerade weil die Krankheit erinnern möchte, hält sie sich auch oft hartnäckig. Es scheint so, als zwinge das Schicksal den Menschen dazu, näher hinzugucken. Oftmals ist das der Grund, warum eine hervorragende medizinische Behandlung wider Erwarten erfolglos bleibt, oder nur kurzfristig Erfolg hat. Der Mensch vergisst leicht, dass er für die Entstehung einer Krankheit selbst verantwortlich ist und sie selbst hat entstehen lassen. Er hat die Verbindung zu seiner Seele, seinem «inneren Heiler», abgebrochen und einen körperlichen Schaden durch seine innere Disposition dazu angezogen.

Jede Krankheit besitzt für den Menschen grundsätzlich einen Scheinnutzen. Dieser Nutzen benennt den Scheinvorteil der Erkrankung. Die meisten Menschen wundern sich in der Therapie über die Frage nach dem Nutzen. Sie erkennen im ersten Augenblick keinen Nutzen, sondern können nur ihr Leiden sehen. Jeder wird bestätigen, dass er sich im Leben nur Dinge anschafft, von denen er sich einen Vorteil verspricht. Selbst wenn er sich den hässlichsten Anzug oder das hässlichste Kleid kauft, verspricht er sich etwas Positives davon. Eventuell braucht er es ja für einen Horror-Event, um das beste Kostüm zu haben. Die Sichtweise kann eins zu eins auf seine Krankheit übertragen werden.

Wird der Scheinvorteil nicht aufgegeben, hält er die Krankheit fest. Ein solcher Nutzen kann einfach nur «Mitleid der anderen» sein. Auch Selbstmitleid und Aufmerksamkeit sind starke Festhaltekriterien, wie auch die Genehmigung durch die Erkrankung «frei» zu haben. Die Erfahrungen der Therapie zeigen, dass kranken Menschen allein schon dadurch, dass ihnen Hilfe zukommt und man ihnen zuhört, ein solch hohes Maß an Aufmerksamkeit zukommt, dass dieser Vorteil die Krankheit festhalten kann.

Tatsache ist, dass es kranken Menschen schlecht geht. Mitgefühl ist, wenn man sich in den anderen hineinversetzen kann, wie er sich fühlt, wenn es ihm schlecht geht. Mitleid ist, wenn man ihn bedauert. Mitleid ist wenig zielführend, sondern hofiert eher die Krankheit. Eine Krankheit, also etwas Negatives, ist in vielen Gesellschaftssystemen anerkannt und weitverbreitet existiert die Meinung, dass der Kranke für seine Krankheit nichts kann. Menschen werden oft aggressiv, spricht man sie auf ihren Anteil an, den sie zur Entstehung der Krankheit beitragen. Diese Aggression signalisiert eine abwehrende Haltung: «Mach die Krankheit weg, aber belästige mich nicht.» Unbewusst wird befürchtet, man käme dem Scheinvorteil auf die Schliche. Der Mensch sollte sich bewusst machen, welcher Konflikt kurz vor der Entstehung der Erkrankung unbearbeitet blieb. Meist ist dieser an seinem Symptom gut abzulesen. Danach sollte er sich fragen, welcher Herausforderung er aus dem Weg gegangen ist und was das Leben von ihm in der Konfliktsituation abverlangt hat. Der Lösungsweg wird meist schon nach diesen wenigen Fragen sichtbar. Anschließend sollte er sich überwinden und überlegen, welchen Nutzen ihm diese Krankheit bringt. Oft ist es sehr einfach, sich selbst zu «heilen». Nehmen wir …

… eine bloße Erkältung

Der Hintergrund für eine Erkältung oder einen Schnupfen ist: Der Mensch ist «verschnupft.» Fragt man den Kranken: «Was hat dich verschnupft?», weicht er meist aus und antwortet: «Oh ich bin mit nackten Füßen rumgelaufen» oder «ich hatte das Autofenster auf» oder «ich war zu leicht angezogen.» Keines dieser Dinge ist die wirkliche Ursache für den Schnupfen. Diese Dinge werden öfters getan und verursachen keinen Schnupfen. Die Wirklichkeit ist: Der Mensch ist verärgert über etwas. Schnupfenauslöser sind alltägliche Situationen. Die Situation ist austauschbar. Der Mensch ist durch andere oder durch eine Situation verstimmt. Er reagiert in der Situation nicht entsprechend, wie es seine innere Stimme ihm mitteilt und ärgert sich nun. Folglich ist er verschnupft. Die Nase läuft. Durch den vorhandenen Ärger baut sich zudem innerlich Aggression auf. Auch das wird verdrängt und es kommt Husten dazu, mit der Option zur Bronchitis. Der Husten zeigt an, dass der Kranke sich selbst den (Lebens-) raum nimmt. Dazu kommt der Vorteil, dass der Mensch jetzt mal seine Ruhe hat. Es ist einfach, sich zu fragen: «Wie hätte ich in der Situation reagieren sollen, welche Fähigkeit hätte ich gebraucht, dass der Schnupfen ausgeblieben wäre?» Holt er das nach, kann sich der Schnupfen binnen weniger Stunden wieder auflösen.

Nicht jeder Mensch möchte, seiner Gesundheit wegen, auf seine unbewussten Vorteile seiner Krankheit verzichten. Und nicht jeder Mensch ist bereit, sich konsequent als Urheber seiner Krankheiten zu sehen. Und jeder hat das Recht, sein Leben so zu gestalten, wie er möchte.

Die Ursachen für bestimmte psychische Krankheiten, wie Schizophrenie sind, wissenschaftlich belegt, organisch bedingt. Der Beschreibung nach zeigen sich bei den Betroffenen Bilder aus Erfahrungen früherer Leben, die in Teilen ins Bewusstsein hochgedrückt werden. Betrachtet man diese Bilder und schaut sie sich einmal näher an und hört man dem Betroffenen aufmerksam zu, wird man feststellen, dass diese Bilder irrational wirken und nicht in die heutige Zeit und das aktuelle Leben der Betroffenen passen. Auch die Aussagen des Betroffenen haben in den meisten Fällen keinen Bezug zu seinem jetzigen Leben. Diese Menschen werden umgangssprachlich als «verrückt» bezeichnet. In der Tat hat sich bei den Menschen etwas «ver-rückt.» Die Realität des Menschen wurde verrückt und an deren Platz treten oftmals ein oder mehrere frühere Leben gleichzeitig. Er ist seiner Realität überdrüssig oder durch sie überfordert. Er kann oder will die Verantwortung für seine Realität nicht mehr übernehmen. Eine chaotische Zusammensetzung oder ein Sammelsurium von Bildern aus früheren Leben wird mehr und mehr zu seiner neuen Realität. Es ist, als wenn das Unbewusste den Menschen übernimmt.

Beispiel:
Vor Jahren fand sich zu einem meiner Kurse eine Teilnehmerin ein, die Jahre vorher zur Klärung ihrer beruflichen Situation ein Coaching in Anspruch genommen hatte. Auf den ersten Blick wirkte sie wie alle anderen. Statt aber dem Kurs inhaltlich zu folgen, starrte sie auffällig unentwegt vor sich hin. Plötzlich meldete sie sich und fragte: «Hast du diese Akten extra für mich so dahin gelegt?» Sie zeigte auf gestapelte Akten, die auf einem Schreibtisch lagen. Ich habe sie in der Pause zur Seite genommen und bemerkte, dass sie Züge einer Psychose zeigte. Freundlich habe ich ihr mitgeteilt, dass dieser Kurs wohl nichts für sie sei. Ich habe sie gebeten, einen Arzt aufzusuchen. Das tat sie nicht, sondern erschien Tage später in der Praxis und berichtete, sie habe sich abends zuvor auf den Blocksberg begeben. Dort hätte sie die Information erhalten, sie solle ihre Bücher in eine Tasche packen und vor der Bäckerei an der Ecke abstellen, damit andere

auch an ihrem Wissen teilhaben können. Zu dem teilte sie mit, dass der Sänger einer Rockband aus dem Abflussrohr ihrer Küche mit ihr gesprochen hätte.
In den wenigen Tagen hatte sich ihr Zustand so verschlechtert, dass eine Einweisung in eine psychiatrische Klinik erfolgen musste. Rücksprache mit Angehörigen hatte ergeben, dass sich die sonst sehr sparsame Frau zusammen mit einer anderen Person, Eigentum zugelegt hatte. Das hat sie finanziell vollkommen überfordert. Sie hatte Existenzängste, wollte aber an ihrer Situation nichts ändern. Diese untragbare Realität Zwang sie vermutlich in die Psychose. Auch in den folgenden Jahren löste sie sich immer wieder aus der Verantwortung, indem sie ihre Medikamente nicht einnahm, in der Praxis vor der Türe stand und über diesen Weg dafür sorgte, wieder in die Klinik eingewiesen zu werden.

Bezüglich des Krankheitsbildes «Schizophrenie» kommt immer wieder die Frage auf: «Warum nimmt man nicht einfach die Bilder und führt den Menschen in die früheren Leben hinein, aus denen die Bilder kommen?» Die Antwort ist grundsätzlich und einfach: Rückführungen in frühere Leben bei akuten Psychosen sind kontraindiziert!
Würde man einen Klienten in ein früheres Leben rückführen, würde er das unbewusst dazu nutzen, um sich noch weiter von der Realität zu entfernen. Daher wäre das therapeutisch verantwortungslos. Die Sichtweise, das Rückführungen Bilder verschwinden lassen, ist ein Irrtum; die Psychose würde nur verstärkt werden. Unterstützende Maßnahmen, wie die Bearbeitung belastender Situationen des aktuellen Lebens, ausschließlich bei Einnahme von Medikamenten, ist wesentlich sinnvoller. Ziel dabei ist, das Verantwortungsbewusstsein des Menschen zu stärken.
Zwänge und Depressionen hingegen haben Inhalte, die durch karmische Zusammenhänge erst wirklich erklärbar sind. Zur Bearbeitung dieser Krankheiten ist der Einsatz der Reinkarnationstherapie äußerst sinnvoll und erfolgsversprechend.
In dieser Reinkarnationstherapie betrachten wir Belastungs- und somatoforme Störungen, wie auch Persönlichkeits- und Verhaltensstörungen, als sich immer wiederholende Situationen früherer Leben, die im aktuellen Leben nicht mehr gegeben sind.

Beispiele dazu sind:

- ☯ War ein Mensch beispielsweise bei einem Überfall oder einer lebensbedrohlichen traumatischen Situation zugegen oder davon betroffen, kann er dieses Erlebnis oft kaum verarbeiten und seine Ängste vor einem Wiederholungsfall auflösen. Oft nimmt dadurch das bisherige Leben eine unerwartete Wende und ein normales Leben erscheint unmöglich. Das passiert ihm, weil das Erlebte den Menschen an ein gespeichertes, noch schlimmeres Erlebnis, aus früheren Leben erinnert. Dieses war für ihn nicht nur lebensbedrohlich gewesen, sondern hat für ihn oder einen seiner Angehörigen zum Tode geführt.

- ☯ Stellt man in der Therapie fest, dass ein Mensch eine sogenannte Überlebensschuld hat, lebt er im gegenwärtigen Leben in Schuldgefühlen und Minderwert. Für dieses Phänomen gibt es keine stichhaltige Erklärung. Vermutlich hat er im gegenwärtigen Leben eine, für ihn, lebensbedrohliche Situation überstanden. Macht man die Grenze zu früheren Leben auf, wird man dort ein früheres Leben finden, in dem er eine Katastrophe überlebt hat, andere aber nicht. Er meint, weil andere gestorben sind, hätte auch er sterben müssen. Anstatt sich der Chance bewusst zu werden, die er durch das Überleben erfahren hat, ist er der Meinung, dass er es verdient hätte, an deren Stelle zu sterben oder auch zu sterben. Diese Vorstellung ist kaum nachvollziehbar, sondern findet ihre Erklärung nur, wenn man das frühere Leben bewusst macht, welches er unbewusst mit der heutigen Situation vergleicht. Die heutigen extremen Schuldgefühle stammen aus dem früheren Leben und wurden in das aktuelle übernommen. Er empfindet es immer noch als seine gerechte Strafe, zu sterben. Genau dieses unbewusste Sterben wird er versuchen, zu realisieren, ohne es selbst zu bemerken. Das können auch existenzielle Misserfolge sein.
  Das frühere Leben muss sorgfältig aufgearbeitet und alle Blockadesätze herausgearbeitet werden. Vermutlich wird ein solches Geschehen aber erst im laufenden Therapieprozess zu konfrontieren sein.

Grundsätzlich kann jedes Symptom und jede Krankheit auf die Hintergründe in früheren Leben zurückgeführt werden. Das gelingt auch bei üblicherweise schwer heilbaren Krankheiten. Weil es effizient ist, ist die Bearbeitung der Erkrankung durch frühere Leben die Methode der ersten Wahl. Manchmal sind für ein Symptom oder für eine Krankheit mehrere früheren Leben verantwortlich. Ist das so, arbeiten wir jedes einzelne frühere Leben gründlich auf. Ein Blick in den Tod am Ende des Lebens reicht da nicht aus, um eine Krankheit dauerhaft aufzulösen. Für nachhaltige Ergebnisse ist grundsätzlich die uneingeschränkte Bereitschaft des Klienten nötig.

Die Therapie arbeitet die zur Erkrankung gehörigen früheren Leben auf. So kann der Klient von seiner traumatischen Erfahrung loslassen und gesund werden. Er kann anstehende Entscheidungen in seinem Leben erkennen und besser durchführen.

Krankheiten können, wie auch Charakterzüge, Emotionen und Beziehungsprobleme exakt entschlüsselt werden und sofort auf die Ursachen in früheren Leben zurückgeführt werden. Hier einige Beispiele von Körpersymptomen und Krankheiten, die häufig bearbeitet werden:

Problem «Kopfschmerzen und Migräne»

Der Kopf steht symbolisch für das bewusste Denken und für alle analytischen Denkvorgänge und Berechnungen. Alles was wir entscheiden, wird vorher im Kopf durchdacht, abgewogen und analysiert. Das passiert selbst bei spontanen, plötzlichen Entscheidungen in Sekundenschnelle. In manchen Therapiekreisen sind unverständlicherweise das analytische verstandesmäßige Handeln und analytische Therapien verpönt und gelten als etwas Schlechtes. Der Mensch kann aber nicht anders, als analytisch zu denken, möchte er auch nur den kleinsten Handschlag tun oder die minimalste Klärung seines Selbst durchführen. Ob er nun als «Gefühlsmensch» oder «Verstandesmensch» bezeichnet wird, jede Erkenntnis ist ein Erfolg seines analytischen Denkens.

In unserem Kopf sitzt die Zentrale unseres rationalen Denkens und das ist auch gut so, denn sonst könnte der Mensch keine Entscheidung treffen und keine logischen Denkvorgänge durchführen. Da ein Gedanke aber immer auch der Anfang einer langen Problemkette ist, sollte der Mensch seinem Denken die größte Aufmerksamkeit zukommen lassen.

Kopfschmerzen und Migräne sind die sichtbaren Erscheinungen von verdrängten Gedanken und verdrängtem Willen im Körper. Sie zeigen an, dass der Mensch etwas tut, was er nicht will. Er unterdrückt seinen Willen und den Gedanken, der den Willen und die Folgehandlung in Gang setzen würde. Man kann auch sagen, der Mensch geht gegen sich selbst vor und manipuliert sich zu einem Weg, den er nicht gehen will. Kopfschmerzen zeigen den Verstoß gegen das eigene Gewissen, also gegen seinen Seelenanteil. Zusammengefasst finden wir hier folgende Hintergründe für Probleme mit dem Kopf:

- Der Mensch denkt immer nur an andere und nicht an sich, er verdrängt sich
- Gewissenskonflikte im Denken und Selbstbestrafung
- Anrennen gegen Regeln (mit dem Kopf durch die Wand wollen)
- Entscheidungskrisen – keine Entscheidung treffen wollen
- Ungelöste Widersprüche in der Lebensführung
- Partnerprobleme (seelischer Druck in der Beziehung als Kopfdruck)
- Probleme mit Fremdbestimmung – sich fremdbestimmen lassen
- Konflikte der Seele mit dem eigenen Körper (Widerstand gegen das Verkörpertsein)
- Unterdrückte Aggressionen
- Neue Situationen und Anforderungen, die als Überforderung empfunden werden
- Bei der Migräne finden wir zusätzlich den «Rückzug in die letzte Ecke» und Schuldgefühle

Gedanken, die den Kopfschmerz beginnen lassen und verdichten sind beispielweise: «Ich will nichts mehr hören und sehen» oder »ich halte das nicht aus.» Als Redensart dazu finden wir: «Mir platzt der Kopf» oder «mir fällt die Decke auf den Kopf.»

Im heutigen Leben wird der Kopfschmerz, insbesondere die Migräne oftmals durch Erlebnisse in der Kindheit angelegt. Das sind beispielsweise Situationen, in denen dem Kind eingeredet wird, dass seine Wahrnehmung eine Einbildung oder Fantasie ist. Das Kind beginnt selbst daran zu glauben und verdrängt seine wirkliche Wahrnehmung. Bei Migräne finden wir oft eine eingeredete Schuld und das Induzieren von unberechtigten Schuldgefühlen. Dabei finden sich in der Therapie oft gewaltsame und sexuelle Übergriffe. In der Praxis zeigt sich aber auch immer wieder, dass Klienten sexuelle Übergriffe vorgeben, um ein anderes Thema zu überdecken. Jeder Fall bedarf daher einer gründlichen Überprüfung. Hilfreiche Fragen zur Selbstreflexion sind:

- ☯ Was tue ich, was ich eigentlich nicht tun wollte?
- ☯ Was unterlasse ich, was ich eigentlich tun wollte?

Kopfschmerzen werden für das heutige Leben bereits in der vorgeburtlichen Zeit und während der Geburt angelegt. Erlebnisse in dieser Zeit können beispielsweise sein: Abtreibungsversuche mit mechanischen Mitteln, die Mutter hat selbst Kopfschmerzen oder Migräne, Druck auf den Kopf bei der Geburt oder einer Zangengeburt.

Hintergründe in früheren Leben:

Enthauptung, Erhängen, Gewissenskonflikte, die zum Tod geführt haben bei Zuwiderdenken oder Zuwiderhandeln gegen eine bestehende Ordnung. Einprogrammierungen, Manipulation (Beeinflussung), Gehirnwäsche oder wahnsinnig geworden sein. Weiter finden wir: Machtmissbrauch in hohen Stellungen, frühere Folter, Hexenverbrennung, religiöse Verfolgung, Sklavendasein, Kriegsgeschehen, Aufstände oder Astralreisen und Tod beim Verlassen des Körpers.

Die Ursachen für Kopfschmerzen müssen sorgfältig bewusst gemacht werden. Das ist oft nicht in einer Sitzung machbar, da die Hintergründe oft tief im Unbewussten versteckt sind und oft Geheimnisse darstellen. Schwerpunkte in den Sitzungen ist die Bearbeitung der auslösenden Konflikte.

Problem «Rücken, Wirbelsäule, Rückgrat und Schulter»

Der Rücken steht symbolisch für den Halt im Leben. Ohne das Rückgrat, würde der Mensch in sich zusammenfallen und könnte sich nicht aufrecht halten. Die Schultern hingegen stehen symbolisch für die Belastung oder die Last des Lebens.

Die Wirbelsäule selbst repräsentiert die Ich-Stärke des Menschen, seine innere Haltung sich selbst und dem Leben gegenüber. Probleme mit der Wirbelsäule zeigen seine persönliche Ethik, in wie weit er sich an äußeren Werten orientiert und auch wie das Verhältnis zu seinen persönlichen Werten ist. Oft zeigen Rückenprobleme, dass der Mensch seine Werte darin sieht, Erwartungen anderer zu erfüllen und sich anderen gegenüber verpflichtet fühlen zu müssen. Wir unterscheiden dabei zwischen echten Verpflichtungen und falschverstandenen Verpflichtungen. Falschverstandene Verpflichtungen sind beispielsweise Helfertätigkeiten, die nur deswegen angenommen werden, um beim anderen nicht in Ungnade zu fallen oder seine Zuwendung zu verlieren. Anerkennung und Ruhm sind starke Antriebskräfte, sich beispielsweise zu überfordern, um die Bedürfnisse der anderen zu erfüllen. Die eigenen Bedürfnisse werden dabei meist weit hinten angestellt. Es fehlt hierbei das rechte Maß. Eine große Anzahl der Menschen mit Rückenproblemen haben sich ihre eigenen Bedürfnisse nie bewusst gemacht, sondern opfern sich für andere auf. Immaterielle Werte, aber auch Statussymbole stehen oft höher als echte innere Werte. Damit ist der Mensch sich selbst gegenüber unaufrichtig. Der Mensch steht nicht zu sich und verleugnet seine inneren Werte. Diese innere Haltung (Denkweise) bedarf einer Korrektur. Deswegen sagen wir liebevoll: «Der Haltungsschaden sitzt nicht im Kreuz, sondern im Kopf.»

Da legen sich Eltern krumm, gönnen sich nichts, laden sich Schulden auf, um für die Kinder ein Haus zu bauen. Oft mit dem Argument: «Damit die es mal einfacher haben.» Oder sie sparen und sparen für die Kinder, damit die später keine Sorgen haben. Schaut man richtig hin und durchbricht man

derartige Rechtfertigungsmechanismen, kann man unschwer erkennen, dass diese Menschen es häufig nur für sich selbst tun und insgeheim Dankbarkeit erwarten. Später folgt dann oft die Ernüchterung, denn die Sprösslinge sind oft nicht dankbar, sondern wollen ihr eigenes Leben leben. Nicht selten folgen auch Vorwürfe: «Es hat dich niemand gebeten.»
Was hier passiert, ist nichts anderes, wie die erfolgte Konsequenz auf eine Ursache. Wenn der Mensch sein eigenes Leben zurückstellt und sich Lebensqualität und Lebensfreude versagt, kann er kaum erwarten, dass er dafür Anerkennung und Dankbarkeit bekommt. Hier sind die Werte verschoben worden. Zudem entsteht ein unsichtbarer Druck anderen gegenüber, wie eine unterschwellige Bevormundung, sich dankbar zeigen zu müssen. Zudem erfährt der andere daran, dass ihm die Wege geebnet werden und er kann sich nicht wirklich selbst in seinen Schwächen und Stärken erkennen. Nimmt ein Mensch einem anderen ständig seine Prozesse ab, wird er nichts lernen können.

Man kann den Menschen nicht auf Dauer helfen, wenn man für sie tut, was sie selbst tun könnten

Rückenprobleme zeigen sich in der Therapie auch häufig bei Menschen, die andere Menschen abwerten, weil diese andere Werte haben und sie auch ausleben. Der Mangel an Toleranz löst Rückenbeschwerden aus. Denken wir nur an die dörflichen Gemeinschaften, wenn andere ausgeschlossen werden, nur weil sie sich anders kleiden «Guck mal, wie die aussieht.» Menschen, die schlecht oder gar nicht zu ihren Schwächen und Stärken stehen können, reagieren oftmals mit Rückenbeschwerden. Dabei ist es mutig, Schwächen zuzugeben. Fehler zu machen ist normal, sie aber nicht zu korrigieren ist dumm und feige.
Die Lösung liegt in der Frage: «Will ich das jetzt, bin ich jetzt ehrlich zu mir?» Aufrecht und geradlinig sein und Rückgrat haben, kommen immer besser an, wie sich einem Druck zu beugen.
Hat der Mensch sich aufgegeben, zeigt der Körper das beispielsweise mit Symptomen an der Wirbelsäule, wie auch durch Unfälle mit Verletzungen bis hin zur Querschnittslähmung. Dabei wird sichtbar, dass der Mensch einem anderen Menschen oder einem äußeren Druck gegenüber nachgege-

ben hat. Er hat kein Rückgrat gezeigt und die Aufgabe des Standhaltens wurde nicht erfüllt. Im Sprachgebrauch finden wir Redensarten wie: «Du hast kein Rückgrat» oder «mir bricht das Kreuz» oder «das hat mir letztendlich das Rückgrat gebrochen.»

Hintergründe in früheren Leben:

In früheren Leben finden wir als Ursache für die heutigen Rückenprobleme Erlebnisse, bei denen der Rücken betroffen war und zum Tode geführt haben. Dazu gehören: Foltersituationen auf der Streckbank und durch das Rad gerädert werden. Stürze aus der Höhe, die zum Tode oder zur dauerhaften Lähmung führten, die dann zum Tode führte. Tritte in den Rücken, die den Bruch des Rückgrates zur Folge hatten, wie das Zertrampeln in Menschenmengen. Stiche in den Rücken, erschossen werden in den Rücken oder Erhängen und Genickbrüche. Hilfreiche Fragen zur Selbstreflexion sind:

- ☯ Welchem Druck habe ich mich gebeugt?
- ☯ Wo gehe ich gegen meine eigenen inneren Wertvorstellungen?

Schulterschmerzen stellen symbolisch eine Besonderheit der Rückenschmerzen dar und zeigen die Last des Lebens an, die der Mensch heute meint, tragen zu müssen. Und in der Tat war es in früheren Leben tatsächlich üblich, schwere Lasten zu tragen. Es war durchaus normal, dass Menschen ihre Ware auf dem Rücken transportiert haben, beispielsweise Kohlensäcke, Holz oder die Ernte.
Ein Mensch, der sich heute für «Alles und Jedes» verantwortlich fühlt und Verantwortung an sich reißt, die ihm nicht gehört, reagiert häufig mit Schulterproblemen. Ursache sind Schuldgefühle für eine Schuld aus früheren Leben und der Versuch, nachträglich dafür Verantwortung zu übernehmen. Gleichzeitig ist jede Verantwortungsübernahme für diesen Menschen eine Last. Das zeigt sich meist in einem absurden, ruhelosen Wechsel von Hektik und Stress im Alltag und Erschöpfung. Gleichzeitig wird anderen gegenüber betont, wie «viel Verantwortung zu tragen ist» und «wie viel zu tun ist» und «was alles im Alltag zu tun ist» und dass «es keine Entlastung

gibt», da «alles an einem hängen bleibt.» Unbewusst wollen diese Menschen gar keine Entlastung. Im Gegenteil, sie begrüßen die Belastung, um vor sich selbst als verantwortungsbewusster Mensch da zu stehen. Nach den Gesetzmäßigkeiten des Lebens wird es auch erst eine Entlastung geben, wenn die Schuld aus früheren Leben aufgearbeitet ist. Dann entstehen die Voraussetzungen, dass sich die Situation entspannen kann. Prioritätenlisten bringen da meist wenig und werden meist für undurchführbar erklärt. Das Umfeld hat dieses Phänomen und diese Strategien meist schon lange registriert, bevor es dem Betroffenen bewusst wird.

Problem «Körpergewicht - Übergewicht»

Starkes Übergewicht stellt in der Reinkarnationstherapie ein Überlebensprogramm dar. Der Körper folgt dem innewohnenden Programm, immer ausreichend genährt zu sein. Das Körperprogramm kann aus Leben mit Unterernährung und Hunger mit Todesfolge stammen. Ein anderer Hintergrund ist, dass es eine ganz bestimmte Rolle in früheren Leben gegeben hat, für die das «Dick-sein» etwas Gutes und Positives gewesen ist. Im Unbewussten ist das Übergewicht mit einer positiven Assoziation verbunden, worauf der Mensch sein Gewicht hält, oder gar keine Notwendigkeit sieht, abzunehmen. Oder er möchte abnehmen, schafft es aber aufgrund der unbewussten Antriebskräfte nicht.

Beispielsweise war Körperfülle in einigen Kulturkreisen ein Zeichen für Status, Macht und Reichtum. Zu beobachten ist heute daher oft, dass Menschen an Gewicht zunehmen, je weiter sie beruflich aufsteigen. Die Philosophie dahinter ist: «Ein Mensch, der viel essen kann, muss reich sein und wer reich ist, der hat viel Macht und einen dementsprechenden Status.»
Ein weiterer Grund für Übergewicht ist genau das Gegenteil: Ein Machtverlust oder Verlust der Bedeutung oder der Wichtigkeit. Aussagen von verschiedenen Klienten ist: «Wenn ich dick bin, dann kommt so schnell niemand an mir vorbei!» Unbewusst schlägt das Essen an und produziert Übergewicht, wenn der Mensch Gefahr läuft, übersehen zu werden. Er zeigt durch das Übergewicht seine Gewichtigkeit und Präsenz. Übergewicht zeigt

sich als ein häufiges Phänomen in Beziehungen, in denen die Frau als «weniger wert» gilt als der Mann, sich zurücknehmen soll oder sich minderwertig fühlt.

Hintergründe in früheren Leben sind:

Herrschsüchtige dominante Leben, Leben als Pascha, kulturell bedingtes Dicksein als Statussymbol oder Schönheitsideal, Aufschlitzen des Bauches, eigener Hungertod oder der der Familie. Leben als Fütterer oder in der gegensätzlichen Rolle als Opfer eines Fütterers. Im psychischen Bereich deutet Übergewicht auf:

- ☯ Einen Boykott seitens des Körpers aufgrund von lieblosem Umgang mit sich selbst
- ☯ Anspruchsdenken gegenüber dem eigenen Körper
- ☯ Eine starke Festhalte-Problematik
- ☯ Einen Energiekreislauf, bei dem die Energie in die Sackgasse geht, z.B. bei ungeliebten Tätigkeiten

In der vorgeburtlichen Zeit finden wir: Erlebnisse, wie Angst um das materielle Überleben. Existenzängste, wie Arbeitslosigkeit oder Armut; Hamsterkäufen oder große Vorratsansammlungen. Gewichtsprobleme der Mutter, insbesondere, wenn die aktuelle Gewichtszunahme immer in den gleichen Monaten erfolgt. Schlankbleiben wollen der Mutter, damit sie attraktiv bleibt. Verheimlichen der Schwangerschaft durch Einengung des Körpers, wie einbinden oder enge Kleidung und wenig essen. Unkontrollierte Ernährung der Mutter. Hilfreiche Fragen zur Selbstreflexion:

- ☯ Welchem inneren Programm / innerer Einstellung / fixen Idee gehorcht mein Körper?
- ☯ Zu welcher Rolle in früheren Leben könnte mein Gewicht passen?

Nicht immer finden sich die Ursachen für Übergewicht in früheren Leben. Die Therapie prüft das Essverhalten des Menschen sehr sorgfältig. Klienten

erwarten oft von der Reinkarnationstherapie eine Gewichtsreduzierung. Dazu ist aber gleichzeitig das Essverhalten so einzustellen, dass es einer Wirkung der Therapie nicht entgegensteht. Überprüft wird auch, wie realistisch der Anspruch an die Therapie ist. Es ist zu überprüfen, ob der Klient, der Gewicht verlieren möchte, eventuell magersüchtig ist. In dem Fall steht es an, die Magersucht zu bearbeiten.
Ein sehr absurdes Beispiel aus der Praxis war das Ansinnen einer Klientin, dass die Reinkarnationstherapie es «machen soll», dass sie nachher aussieht, wie «die Frau in der Werbung in ...» Damit soll deutlich gemacht werden, dass geprüft werden sollte, ob das Gewichtsthema eventuell von einem anderen Therapiethema ablenken soll.

Problem «Asthma und Allergien»

Plagegeister der modernen Zivilisation? Die Reinkarnationstherapie betrachtet die verstärkt auftretenden Erkrankungen nicht als Phänomen der Zeit. Die Therapie sieht die Hintergründe eher darin, dass es verstärkt zu einem Wiederholungsverhalten früherer Leben kommt. Wie jede Krankheit, spiegeln auch das Asthma und allergische Reaktionen, die Todessituation eines früheren Leben wieder und die darin enthaltene Problematik. Festgestellt werden kann, dass sich in seiner Todessituation oder im Umfeld der Todessituation genau die Elemente befinden, die Auslöser der aktuellen asthmatischen Anfälle oder Allergien sind. Diese Elemente haben in der früheren Situation allerdings keine Reaktion ausgelöst, sondern waren einfach nur da. Die heutigen Allergieauslöser erinnern lediglich an das frühere Erlebnis und zeigen an, dass aktuell etwas wiederholt wird, was früher den Tod nach sich zog.

Dem Heuschnupfen beispielweise kann ein Trauma und Todeserlebnis in freier Natur, wie Wiese und Wald, zugrunde liegen; vielleicht stand da gerade eine Birke oder ein Haselnussbaum. Oder es lief gerade eine Katze vorbei, ein Pferd stand daneben oder es war staubig. Vielleicht ist der Mensch auch auf dem Baumwollfeld gestorben oder in der Wüste.

Das Unbewusste verknüpft beispielsweise die Reflexbewegung und Wahrnehmungen im Tod mit bestimmten letzten Eindrücken, wie Sonne, Anblick von Blüten oder Düften und reproduziert sie im heutigen Leben als Allergie. Akute Asthmaanfälle und Allergien gehen heute meist einher mit mehr oder weniger starker Atemnot. Es fehlt dem Menschen die Luft zum Atmen. Es fehlt ihm der Raum, ausreichend Luft zu holen. Daher treffen wir mit diesem Krankheitsbild häufig auch Menschen an, denen im übertragenen Sinne «die Luft zum Atmen fehlt.» Sprich: Es fehlt ihnen Raum, sich zu entfalten. Entweder leben sie in einem Umfeld, welches einschränkend wirkt oder sie nehmen sich selbst den Raum zur Entfaltung. Oder sie selbst nehmen anderen den Lebensraum. Der innere Konflikt, den die Menschen haben, kann bereits im Kindesalter auftreten oder er wird erst im Erwachsenenalter aktiviert.
Betrachten wir das oder die dazugehörigen früheren Leben, hatte der Mensch den gleichen Konflikt damals bereits schon. Das können Überforderungssituationen sein, die der Mensch nicht organisiert bekommen hat und die ihm den Raum für seine eigenen Bedürfnisse genommen haben. Die früheren Antriebskräfte wirken heute noch; Asthma und Allergien bilden lediglich eine Erinnerungshilfe für den Menschen.

Eine gründliche Bearbeitung der früheren Leben ist daher sinnvoll. Werden die gewonnen Erkenntnisse aus dem früheren Erlebnis im aktuellen Leben umgesetzt, können Krankheiten, wie Asthma oder Allergien überflüssig werden. Allergien generalisieren sich häufig. Die Therapie bearbeitet immer den ersten Auslöser.

Bei Menschen, die gegen «alles» allergisch sind, ist meist eine andere Vorgehensweise nötig. Dahinter steckt häufig eine allgemeine Lebensverweigerung als eine Allergie gegen das Leben an sich und den damit verbundenen Alltag. Sieben bis fünfzehn oder noch mehr Allergien zu bearbeiten, bietet da kaum eine Lösung. Die Aufgabe in der Therapie ist, zu prüfen, was der Hintergrund für die Ablehnung des Lebens ist. Oftmals finden wir die Angst vor der eigenen Unzulänglichkeit und Fehlern.

Problem «Depression»

Die Reinkarnationstherapie betrachtet Depressionen als Reaktivierung früherer traumatischer Erlebnisse. Je stärker die Depression, desto stärker das schmerzliche Empfinden der erlebten Situation. Bei Menschen, die heute unter schweren Depressionen leiden und deren Leben heute nur mit der Einnahme von Medikamenten Lebensqualität bringt, finden wir häufig Erinnerungen an frühere Leben, die sehr trostlos waren. Die Therapie bringt dort Erlebnisse ins Bewusstsein, in denen der Mensch hochtraumatische Situationen erlebt hat, die sich über einen längeren Zeitraum hingezogen haben. Dazu gehören beispielsweise Kriegserleben oder ein Dasein in Arbeitslagern, ohne Hoffnung auf Änderung der Situation, ohne Zukunftsaussichten, mit wenig oder gar keiner Lebensfreude und vollkommener Unterdrückung. Oder ein Dasein, in dem man bereits wusste, dass der Tod kommen wird und es hoffnungslos erschien, die Familie oder die Verwandten unter Umständen noch einmal zu sehen. Unter diesen Umständen ist es nachvollziehbar, wenn sich aus dem Nichts heraus heute eine Depression entwickelt. Für eine schwere Depression ist im aktuellen Leben äußerlich kein wirklicher Grund ersichtlich.

Die Ursachen, die man heute findet, sind organischer Natur. Führt man unter dem Gesichtspunkt, dass ein früheres Leben der Auslöser ist, therapeutische Gespräche durch, kann man die Auslöser finden, die zur Depression führen. Zudem lernt er, mit dem Thema Unterdrückung und Selbstunterdrückung anders umzugehen. Im aktuellen Leben müssen versteckte, unerlaubte Wünsche, Ziele und Taten bewusst gemacht werden. Unterdrückte negative Seiten in sich selbst, mit denen der Mensch, seiner persönlichen Moral nach, in Konflikt steht, müssen bewusst werden. Nicht gelebte Positivanteile seines Selbst, die als verwerflich gelten, müssen ebenso bewusst gemacht werden. Werden positive Eigenschaften bewusst, können diese als positives Potential angesehen werden und umgesetzt werden. Gegen diesen Teil des Prozesses der Therapie besteht die meiste Abwehr, aber auch das größte Lösungspotenzial.

Die Depression zeigt an, dass der Mensch einen Teil von sich und damit sich selbst als Ganzes, langsam sterben lässt. Die Auslöser, die im aktuellen

Leben sichtbar werden, sind karmisch bedingt und sollten in den Rückführungen auf die dementsprechenden früheren Leben zurückgeführt werden. Ziel der Reinkarnationstherapie ist die Konfrontation und Aussöhnung mit den verdrängten Eigenschaften, um eine positive Umsetzung des unterdrückten Potentials zu ermöglichen. Hilfreiche Fragen zur Selbstreflexion sind:

- Worüber in mir selbst bin ich deprimiert?
- Was gestehe ich mir nicht zu?
- Welche Charaktereigenschaften unterdrücke ich (auch positive)?

Als Gegenpol der Depression ist es notwendig, sich die Polarität anzuschauen, damit sich die Krankheit dauerhaft auflösen kann. Im Sinne dieser Reinkarnationstherapie ist Depression eine invertierte Aggression (Wut) und umgekehrt. Es ist daher zielführend, die polare Aggression, durch die Depression verdrängt, auf Kernereignisse in früheren Leben zurückzuführen. Erst wenn beide Seiten bewusst sind, kann sich echte dauerhafte Lebensqualität wieder einstellen.
Beim Auffinden der auslösenden früheren Leben wird darauf geachtet, dass der Klient grundsätzlich seine ärztlich verordnete Medikation einhält. Die Medikamenteneinnahme beeinflusst zwar den Therapieprozess, ist aber unbedingt erforderlich. Eine andere Vorgehensweise würde dem Grundsatz der Verantwortung widersprechen.

Problem «Angst»

Fast jeder Mensch hat beispielsweise Angst vor Tieren, Wasser, Menschenmengen, Angst vor dem Tod. Für diese Ängste gibt es keine eindeutige Erklärung. Geht man den Bildern nach, kommen oft Schilderungen, die mit den Erfahrungen des jetzigen Lebens nichts zu tun haben. Sie wirken auf andere Menschen oft irrational. Dahinter finden sich Verletzungen, Tode oder andere lebensbedrohliche Gedanken, die die Angst leiten. Wie ist das zu erklären? Die Reinkarnationstherapie deutet Ängste als die Erwartung eines karmischen Bumerangs. Der Klient hat etwas erlebt und getan, was bereits einmal auf ihn in Form eines traumatischen Todes zurückgefallen ist, oder wovon er weiß, dass es auf ihn wieder zurückfallen wird. Ängste und diffuse Ängste deuten auf ein Ereignis in früheren Leben hin, bei dem viele Menschen und Sachwerte zu Schaden gekommen sind.

Das Ziel der Therapie ist, eine Lösung zu finden, um den karmischen Bumerang abzuwenden. Arbeitet man diese traumatische Erfahrung früherer Leben von Anfang bis Ende sorgfältig durch, tritt Erleichterung ein. Kommt der Mensch wieder in diese, oder eine ähnliche Situation, wird er gelassener reagieren und kann damit umgehen. Das Schlimmste kennt er schon und überträgt es nicht mehr auf die heutige Situation. Durch die Rückführung wird automatisch eine Konfrontation und Versöhnung mit dem angstauslösenden Objekt herbeigeführt. Hilfreiche Fragen zur Selbstreflexion sind:

- Wovor genau habe ich Angst?
- Wie trage ich dazu bei, diese Angst heute zu haben?
- Wenn ich keine Angst hätte, welche Teile kämen dann zum Vorschein?

Eine äußere Bedrohung als Auslöser für Angst, spiegelt eine innere Gefahr des Klienten wieder. Hat ein Mensch beispielsweise Angst vor der Aggression anderer, zeigt diese Angst die eigene innere, oft verdrängte Aggressionsbereitschaft auf.

Für eine runde Bearbeitung der Angst ist es erforderlich, sich auch die andere Seite der Angst anzuschauen. Als polare Verhaltensweise finden wir: Leichtfertigkeit, Übermut und Machtstreben. Diese Verhaltensweisen sind der tiefere Grund, warum der Mensch seine Angst oftmals festhält.

Problem «Angst vor dem Tod»

An der Oberfläche liegt die Erinnerung an einen speziellen traumatischen Tod in einem der früheren Leben des Menschen. Darunter sitzt eine versteckte Angst vor dem Leben an sich. Der Mensch lebt Anteile seiner Persönlichkeit nicht oder missbraucht sie und fürchtet sich infolgedessen vor dem Tod. Er weiß, dass er nach seinem Tod eine Lebensbilanz ziehen muss. Vor dieser Erkenntnis fürchtet er sich. Es ist nicht die Angst vor dem Tod an sich, sondern, die Angst vor der Erkenntnis nach dem Tod. Diese Erkenntnis hatte er bereits nach einem anderen früheren Leben. Deshalb fürchtet er sich vor der Wiederholung des Todes im aktuellen Leben. Hilfreiche Fragen zur Selbstreflexion:

- ☯ Welche Anteile werden nicht gelebt?
- ☯ Vor welcher Erkenntnis in der Lebensbilanz habe ich Angst?

Die Therapie arbeitet den früheren Tod und das dazugehörige frühere Ereignis sorgfältig auf, damit dem Klienten seine Versäumnisse bewusst werden. Das bringt ihm die Möglichkeit, seine ungelebten Anteile zu integrieren und wieder zu leben und seine Angst vor dem Tod kann sich dann auflösen.

Problem «Panik, Panikattacken und Phobien»

Panikattacken oder undefinierbar, plötzlich auftretende Panik sind einerseits eine Verstärkung der Angst, andererseits eine Erinnerung an die Trennung von sich selbst.

Panikattacken und Phobien gehen meist einher mit Herzklopfen und Todesangst. Ursache dafür ist nicht ein angsteinflößendes Erlebnis mit einem konkreten Angstobjekt aus früheren Inkarnationen, sondern erinnert daran, dass das eigene Ich gestorben ist oder zumindest Persönlichkeitsanteile des Ichs. Unter der Angst vor Spinne, vor Menschenmengen, vor Enge, vor Höhe oder vor einer weiten Fläche befindet sich ein ungelöster Konflikt mit sich selbst und zusätzlich eine Trennung von sich selbst. Folglich besteht auch eine Trennung von den Menschen in der Umwelt. Deshalb auch oft die Beschreibung: «Ich habe das Gefühl, ich sterbe» oder «die Angst ist existentiell.»

Die Reinkarnationstherapie hat bei echten Phobien nur Teilerfolge zu verzeichnen. Bei einer scheinbaren Phobie, also keiner echten Phobie, ist die Reinkarnationstherapie die Therapie der ersten Wahl. Bei Angst vor

Schlangen, Mäusen, Ratten, Fliegen finden wir oft frühere Erlebnisse, wie beispielsweise Kerkererlebnisse, bei denen diese Tiere im Umfeld der Person waren. Hat ein Mensch Angst vor der Höhe, kann es durchaus sein, dass er in einem früheren Leben aus großer Höhe in die Tiefe gestürzt ist und zu Tode kam. Die Bearbeitung eines solchen früheren Lebens kann die Höhenangst auflösen. Sind die Ergebnisse aber nicht angstauflösend, geht die Therapie davon aus, dass es sich hier nicht um eine Erinnerung aus einem früheren Leben, sondern um eine klassische Phobie handelt.

Die Ursachen liegen in einer Assoziation, die man als «verkleideten Konflikt» bezeichnet, der meist nicht greifbar ist. Hier wird die Regressionstherapie eingesetzt und die Hintergründe im gegenwärtigen Leben, Schritt für Schritt, aufgearbeitet. Das Geschehen kann nur Schritt für Schritt konfrontiert werden, da solche Erlebnisse tief versteckt sitzen. Daher nimmt die Bearbeitung mehrere Sitzungen in Anspruch. Meist finden wir traumatische Erlebnisse, die als sehr schmerzhaft im Unbewussten abgespeichert sind und nur langsam, stückchenweise «peu à peu» frei gegeben werden.

Problem «Zwänge»

Menschen, die einen Zwang haben, also Handlungen zwanghaft durchführen müssen, ohne dies selbst steuern zu können, leiden unter diesem Phänomen. Ein normales Leben ist nicht oder nur eingeschränkt möglich. Zu Zwängen diese Art gehören unter anderem der Waschzwang, der Zählzwang, der Ordnungszwang oder Kontrollzwang.

Aus zahlreichen Therapien hat sich ergeben, dass jemand im aktuellen Leben das zwanghafte Bedürfnis hat, sich ständig die Hände zu waschen, weil diese Handlung Teil einer Strategie aus früheren Leben war. Beispielsweise um die Hände von Schmutz oder einer Schuld zu befreien. Wir kennen die Redensart: «Der wäscht die Hände in Unschuld» oder «da wird sich die Schuld von den Händen / vom Leib gewaschen.» Grundsätzlich sieht die Reinkarnationstherapie einen Zwang als Überlebensmechanismus einer Teilpersönlichkeit oder eines Persönlichkeitsanteils an.

Es wird versucht,

- Das zu vernichten, was im früheren Leben Tod bedeutet hat oder damit verknüpft war (Bakterien, Schmutz)
- Das nachzuholen, dessen Versäumnis im früheren Leben zum Tod geführt hat (Schließen, Waschen, Reden)
- Durch den Mechanismus eine Tat / Schuld unbewusst zu halten

Ausgelöst werden kann ein Zwang durch Leitsätze aus früheren Leben, die vollkommen unbewusst gesprochen werden. Sie stehen oft in einem vollkommen anderen Zusammenhang, als im früheren Leben. Dieser Leitsatz restimuliert das frühere Erleben und ist Auslöser des Zwangs. Beispiele dafür können sein: «Jetzt ist alles vorüber, jetzt muss ich mich erst einmal waschen» oder beim Waschen sagt der Mensch «alles erledigt» oder «ich habe es geschafft» oder «das ist Sünde, erst mal die Hände waschen.» In der Gegenwart findet man hinter dem Zwang oft eine Berechnung des Menschen; der Ursprung des Zwangs ist meistens eine Strategie der Unterdrückung anderer. Hilfreiche Fragen zur Selbstreflexion sind:

- Was will ich durch den Zwang verhindern / vermeiden / erreichen?
- Was geschieht im schlimmsten Fall, wenn ich den Zwang nicht ausführe?

Die Therapie legt beim Zwang den Schwerpunkt der Bearbeitung auf die positiven Alternativen. Die vollständige Bearbeitung eines Zwangs bedarf mehr als eine Rückführung in ein früheres Leben.

Neben den beschriebenen Ursachen von Krankheiten und Körpersymptome hat die Reinkarnationstherapie darüber hinaus Erfahrungen bei der Bearbeitung weiterer Krankheitsbilder und Erkrankungen. Dazu gehören alle psychosomatischen Krankheiten, wie Rheuma, Bulimie, Magersucht, Colitis Ulcerosa, Morbus Chron und Hauterkrankungen. Bei Suchtproblematiken wird die vorgeburtliche Zeit als primär auslösend betrachtet. Bei tödlich verlaufenden Krankheiten, wie Aids, Krebs, etc. wird in Erfahrung gebracht, woher die Krankheit stammt und was der Auslöser für die Krankheit in früheren Leben ist. Für Themen, bei denen sich andere Therapien schwer tun, benötigt auch die Reinkarnationstherapie Zeit und die Mitwirkung des Klienten.

Problemkreis «Beruf, Karriere & Geld»

Die meisten Menschen haben ihren Beruf gewählt, weil er ihnen Spaß und Freude macht. Sie haben einen Beruf, der ihren Neigungen, Anlagen und Fähigkeiten entspricht, frei nach dem Motto:

Die richtigen Fähigkeiten am richtigen Platz führen zu Erfolg, Freude und Zufriedenheit

Wir kennen unsere Berufe bereits aus früheren Leben. Was wir heute machen, haben wir in früheren Leben schon öfters gemacht. Manche Berufsbilder, die wir heute haben, gab es bereits in früheren Zeiten, manche noch nicht. Die heutigen Bauingenieure oder Architekten waren in früheren Zeiten beispielsweise Baumeister, bei denen beide Berufsbilder miteinander verbunden waren. Die heutigen Führungskräfte waren früher oft Adelige, Bürgermeister oder andere Leitbilder. Die heutigen Entwickler, Forscher und Techniker waren in früheren Zeiten sicher schon einmal in diesen Bereichen tätig. Der heutige Beruf ist die karmische Lebensaufgabe. Wo sonst also kann der Mensch seine karmische Aufgabe so gut erfüllen, wie in seiner Berufstätigkeit. Eine gute Frage dazu ist: «Wozu habe ich den Beruf und was soll ich daran lernen? Welche seelische Fähigkeit kann ich daran am besten entwickeln?»

Haben Menschen berufliche Probleme, haben diese oft ihren Ursprung in zwischenmenschlichen Konflikten. Die Problematik, die sich im beruflichen Bereich zeigt, führt auch in anderen Lebensbereichen zu Störungen. Echte berufliche Probleme sind durch Erlebnisse in früheren Leben angelegt, in denen dem Beruf, dem Erfolg oder den Umständen, unter denen der Beruf ausgeübt wurde, die Ursache für ein Scheitern gegeben wurde. Daher sprechen wir im beruflichen Bereich von «erfolgshemmenden Faktoren und Strategien.» Häufige Themen sind:

- ⇨ Gehemmte und blockierte Fähigkeiten
- ⇨ Schwierige Beziehungen zu Mitarbeitern und Vorgesetzten
- ⇨ Mangelnder Selbstwert, Überforderung, Stress (Selbstaufgabe)
- ⇨ Missachtung der Lebensgesetze, fehlende Business-Ethik
- ⇨ Identifikations- und Identitätsproblematik
- ⇨ Erfolgsboykott
- ⇨ Finanzielle Verluste und Probleme, Ruin oder Konkurse

Probleme im Beruf können, wie Krankheiten und Beziehungsprobleme, direkt entschlüsselt werden und zeigen dadurch klar den Weg auf, welche früheren Erlebnisse des Menschen aktuell blockierend wirken. Das Thema kann sofort auf die Ursachen in früheren Leben zurückgeführt werden. Dadurch werden die Weichen für ein erfolgreiches schulisches oder berufliches Weitergehen gestellt. Hier einige Beispiele von Themen, die häufig mit in die Therapie gebracht werden:

Problem «Blockierte Fähigkeiten»

Kennen Sie das auch, Sie möchten etwas tun und Sie trauen sich nicht? Oder sie versagen auf ganzer Linie? Im Problem versteckt sich das Potential. Da, wo das größte Problem ist, da liegt das stärkste Potential. Es ist nur in eine Sackgasse geraten.

Was wir heute nicht können, haben wir früher gut gekonnt.

Beim einen läuft alles wie von selbst und seine Fähigkeiten kommen voll zum Einsatz, aber genau das löst bei ihm Angst aus. Der andere kann machen, was er will, es klappt nichts und seine Fähigkeiten liegen brach. Der eine, wie der andere leidet unter einem ernst zu nehmenden Problem. Für den, bei dem es nicht klappt, ist die Angst des anderen meist vollkommen

unverständlich. Beide Phänomene haben mit einer Aufgabe aus früheren Leben zu tun. Die Angst im aktuellen Leben, die trotz des Erfolgs da ist, erinnert an ein ebensolches anfänglich erfolgreiches früheres Leben. Dieses ist aber am Ende gescheitert.
Die Angst zeigt auch häufig an, dass eventuell bereits ein Weg beschritten wurde, der erneut zum Scheitern führt. Es ist daher sinnvoll, auch Ängste ernst zu nehmen, die Menschen haben, die erfolgreich sind und die ihre Fähigkeiten ausleben. Hinter dem «Klagen auf hohem Niveau» steckt oft eine versteckte Angst. Eine Fähigkeit, wir bezeichnen sie auch als Stärke oder Potential, die dem Menschen fehlt, ist in der Anlage immer noch da – sie ist nur gehemmt. Manchmal liegen auch Fähigkeiten, aufgrund andauernden Misserfolgs, brach oder sind gehemmt. Ursache dafür kann sein, dass die Fähigkeiten in früheren Zeiten missbräuchlich zum Schaden anderer eingesetzt wurden. Oder, dieser Mensch wurde für das Ausleben seiner Fähigkeiten bestraft. Ihn blockieren eventuell Programmsätze, die ihn vor dem erneuten Missbrauch bewahren sollen.

Sind Fähigkeiten gehemmt, zeigt sich das im Leben oft folgendermaßen:

- ⇨ Der Mensch hat das Gefühl, es stehen ihm nicht alle Fähigkeiten zur Verfügung
- ⇨ Er fühlt sich im Ausleben seiner Anlagen blockiert
- ⇨ Er fühlt sich durch seine Umwelt blockiert, wenn er seine Fähigkeiten einsetzt
- ⇨ Er erfährt wenig oder gar keine Anerkennung, wenn er eine bestimmte Fähigkeit einsetzt
- ⇨ Er hat Angst vor einer bestimmten Situation, es fehlt ihm das Zutrauen, etwas zu tun, was er gerne möchte

Die Fähigkeiten, die heute gehemmt sind, wurden in der Vergangenheit falsch eingesetzt, nicht voll genutzt oder gar vergeudet. Wurden Fähigkeiten missbraucht oder wurde er Opfer einer seiner Fähigkeiten, versagt sich der Mensch den Einsatz dieser Fähigkeiten, um eine Wiederholung zu verhindern. Aus der karmischen Anwendung ergibt sich heute eine Blockade der Fähigkeiten. So wird ein Genie zum «Behinderten.»

Fatalerweise sind es aber nicht die Fähigkeiten des Menschen, die «schuld» sind am Schaden anderer, sondern immer die falsche Motivation des Menschen.
Hat ein Mensch beispielsweise in einem seiner früheren Leben als Redner in der Öffentlichkeit andere aufgewiegelt und dadurch einen Aufstand angezettelt oder Menschen zu ihrem Schaden manipuliert, wird heute sein Redepotential gehemmt sein. Das Schicksal wird ihn aktuell wieder in die Situation bringen, dass er vor anderen sprechen soll. Die Erfahrung zeigt, dass sich der Mensch das dann heute nicht mehr zutraut oder mit starken Ängsten reagiert. Hierbei finden wir die Ursache für das Phänomen «Lampenfieber». Gleichzeitig sind oft weitere Stärken blockiert, beispielsweise die Fähigkeit, sich öffentlich zu präsentieren oder sich in den Mittelpunkt zu stellen. Die Therapie hilft dem Klienten, die Ursachen für seine gehemmten Potentiale unwirksam zu machen, damit er seine Fähigkeiten ungehindert nutzen kann.

Problem «Erfolgsboykott»

Wenn ein Mensch etwas will, müsste es eigentlich klappen! Wenn ein Mensch ein Ziel hat, müsste er es erreichen! Wenn ein Mensch Erfolg haben will, müsste er erfolgreich sein! Klappt es nicht, steht dem unbewusst etwas dagegen. Es gilt der Grundsatz:

Erfolg heißt, es erfolgt nach einer Ursache!

Setzen wir die richtigen Ursachen, müsste sich die dementsprechende gewünschte Wirkung einstellen. So absurd das jetzt auch klingen mag, es entspricht aber der erfahrenen Realität der Praxis. «Wenn ein Mensch Erfolg haben will, heißt das noch lange nicht, dass er ihn auch wirklich haben will!» Eine auf den ersten Blick widersinnige Aussage. Sinn macht sie aber, und erklärbar wird sie nur wirklich, wenn wir die früheren Erlebnisse des Menschen betrachten, in denen er mit seinem Erfolg konfrontiert wird. Dort finden wir alle Faktoren, die gegen den heutigen Erfolg stehen und alle Berechnungen, die beispielsweise für ein Versagen sprechen.

Erfolgreiche Menschen glauben oft, wenn Sie erfolgreich sind und die Spitze erreicht haben, dann hätten sie «es geschafft.» Vergleichbar sehen das auch oft Kinder erfolgreicher Eltern, wenn ihnen der Erfolg bereits in die Wiege gelegt wurde. Die Umwelt ist oft neidisch auf dieses Privileg, da sie selbst ihre Startbedingungen als weniger gut ansehen. Die auf Dauer erfolgreichen Menschen wissen jedoch, dass die wirkliche Arbeit erst anfängt, wenn der Erfolg da ist. Mit dem Erfolg beginnt die Aufgabe, den Erfolg zu halten. Dieses ist der schwierigste Teil des Erfolges. Genau diese Aufgabe kommt auf Kinder erfolgreicher Eltern zu: Sich zu beweisen, den vorhandenen Erfolg zu halten und zu vergrößern. Viele Menschen scheitern an dieser Aufgabe oder viele fangen erst gar nicht an, sich auf den Weg zu machen, die oberste Sprosse der Karriereleiter zu erklimmen.

Spricht man Menschen darauf an, welche Nachteile sie im Erfolg sehen, hört man oft die Antwort: «Nichts, dann geht es mir gut, da habe ich Freiheit, kann endlich tun, was ich will, ich habe genug Geld ...» Das sind positive Werte und trotzdem lassen sie sich so schwer realisieren. Warum ist das so? Es ist so, weil der Mensch vor nichts mehr Angst hat, als vor dem «Paradies.» Erfolg wird im Unbewussten damit gleich gesetzt. Der Mensch möchte paradiesische Zustände, arbeitet aber unbewusst dagegen, weil er sie gleichzeitig nicht will. Es erinnert ihn beispielsweise an:

- ⇨ Frühere positive und erfolgreiche Leben, die er selbst zerstört hat
- ⇨ Frühere Macht- / Mittelpunktpositionen, die er zum Schaden anderer missbraucht hat
- ⇨ Frühere Leben, in denen er anderen den Erfolg nicht gegönnt hat
- ⇨ Frühere Leben, in denen er das Menschliche einem Gewinn / einer Zielerreichung untergeordnet hat
- ⇨ Frühere Leben, in denen er versagt hat

Daraus resultiert in Folgeleben, und auch im aktuellen Leben, unter anderem die Angst vor «dem Vollen und der Fülle», da diese Handlungen in der Vergangenheit auch aus dem Vollen heraus begangen wurden. Heute boykottiert der Mensch deshalb seinen Erfolg. Er empfindet es als angemessen, im Mittelfeld zu bleiben, nicht aufzufallen und «kleine Brötchen zu backen.» Überwindet er sich, eine höhere Position anzustreben und erfolgreich zu werden, wirken vermutlich seine Boykott- und Selbstverhinderungsprogramme beim Erreichen seiner Ziele störend. Oft legen sich die Menschen, durch die unbewussten Programme bedingt, selbst «ein Ei» oder es passieren «blöde Fehler». Häufig werden aber auch Selbstzweifel «installiert», die nur eines im Sinn haben: Den Menschen vom Erfolg fern zu halten!

Wenn der Wind auf Veränderung steht, bauen die Zweifler ihre Mauern und die Macher setzen die Segel.

Folgt ein Mensch einem inneren Erfolgsboykott, bezieht sich das meist auch auf andere Projekte in seinem Leben, unter anderem auch auf das Projekt Therapie.» Die Therapie ist ein Prozess, an dem am Ende der Erfolg stehen soll. Gönnt sich ein Mensch keinen Erfolg, versucht er auch unbewusst zu verhindern, dass eine Therapie zum Erfolg führt (wobei die Therapieform unwesentlich ist). Man bezeichnet das als Therapieblockade. Das zeigt sich oft in einem vorzeitigen Abbruch, weil der Klient nur ahnt, dass die Therapie erfolgreich verlaufen könnte oder er hat Zweifel an einer Therapie. Oder er übt Kritik an der Therapie, die unverständlich oder unlogisch ist. In den meisten Fällen informiert der Klient den Therapeuten nicht oder nur kurz, damit der Klient selbst nicht mehr zu fassen ist und in seiner wahren Absicht nicht aufgedeckt werden kann.
Hat ein Mensch keinen Beruf, ist er unverschuldet arbeitslos geworden oder verliert er wiederholt den Arbeitsplatz, sollte er sich die Frage stellen: «Wo will ich nicht hin, wo gehöre ich hin?» «Bin ich in dem Beruf am richtigen Platz?» «Welche Fähigkeit habe ich, die ich woanders erfüllender einsetzen kann?» «Welchen Entwicklungsschritt muss ich tun?» Eine Aufgabe bleibt leicht, wenn man das Neue und seine Aufgabe anstrebt. Berechnungen gegen den Erfolg, mit denen ein Mensch seinen eigenen Erfolg vermeidet oder verhindert, finden wir in folgenden Gründen:

- ⇨ Wenn ich mich selbst vom Erfolg abhalte, kann ich die gleiche Schuld nicht wieder begehen (mit all den negativen Konsequenzen)
- ⇨ Wenn ich nicht auffalle und nicht sichtbar bin, spricht mich auch keiner ungewollt auf meine Fehler und Schwächen an, denn das will ich nicht

- ⇨ Ich will nicht für Fehler zur Rechenschaft gezogen werden
- ⇨ Die anderen erwarten von mir weiteren Erfolg; dadurch fühle ich mich unter Druck gesetzt, diese Erwartung auch zu erfüllen
- ⇨ Ich will keine Kritik und keinen Neid, denn dadurch könnte ich Mut, Kraft, Kreativität verlieren – das zieht mich runter
- ⇨ Wenn ich erfolgreich bin, muss ich ständig dran bleiben, damit es weitergeht, dann habe ich keine Zeit mehr für mich
- ⇨ Wenn ich den Erfolg aufrechterhalten will, muss ich flexibel sein und ständig Veränderungen mitberücksichtigen
- ⇨ Wenn ich erfolgreich bin, kommt immer wieder Neues auf mich zu
- ⇨ Bei Misserfolg kann ich meine Schwächen nicht mehr vorschieben
- ⇨ Ich kann nicht mehr tricksen, vermeiden und mich durchlavieren
- ⇨ Wenn ich erfolgreich bin, bin ich schutzlos
- ⇨ Ausreden, Mitleid, Garantien funktionieren nicht mehr mit Erfolg, es zählt nur das, was ich erreiche / bewirke.
- ⇨ Meine Zukunft ist dann nicht mehr vorausschaubar!

Es ist sinnvoll, solche Bedenken, die teilweise irrationale und unlogische Inhalte haben, auf ihren Ursprung in früheren Leben zurückzuführen. Dadurch kann ihnen die Kraft genommen werden. Es müssen die echten Fehler gefunden werden, die zum traumatischen Ende in früheren Leben geführt haben. Erkennt der Klient die Antriebskräfte dieser Berechnungen, können sie ihm meist nichts mehr anhaben und werden wirkungslos.
Die heutige Assoziation zu Erfolg, bzw. die heutige Boykotteinstellung zeigt die Art und Weise, wie ein anfangs erfolgreiches früheres Leben geendet hat. In der Therapie soll eine ausführliche Bearbeitung des früheren Lebens und eine Umformulierung der früheren Boykotteinstellung sicherstellen, dass frühere Fehler vermieden werden.

Grundsätzliche Faktoren für Erfolg

- ⇨ Gute Umgangsformen und Fairness im Miteinander
- ⇨ Sich selber mögen
- ⇨ Einfühlungsvermögen zeigen

- ⇨ Motivierend sein und Motivation ausstrahlen
- ⇨ Ziele haben und definieren, zielorientiert vorgehen
- ⇨ Durchsetzungsfähigkeit, Zähigkeit haben = dranbleiben
- ⇨ An Grenzen gehen und seine Grenzen kennen
- ⇨ Kreativität leben
- ⇨ Fleiß, Hingabe, offen sein
- ⇨ Innere Sicherheit haben
- ⇨ Mut zeigen
- ⇨ Sich selbst reflektieren

Diese grundlegenden Faktoren für den Erfolg machen zudem eine Führungskraft aus und sind ausschlaggebend dafür, als Autoritätsperson ernst genommen zu werden.

Problem «Materie & Geld»

Geld ist materialisierte Energie oder materialisierter Selbstwert. Kein Geld zu haben, zeigt einen Mangel auf. Hätte der Mensch keinen Mangel, wäre Geld leicht zu beschaffen. Wenn die Einstellung zum Beruf und zu sich selbst stimmt, existieren keine finanziellen Probleme. Oft ist es eine Einstellung zu sich selbst, die den mangelnden Selbstwert deutlich macht: «Ob ich das will?» oder «ich verdiene das nicht» oder «bin ich gut genug?» Finanzielle Probleme können in früheren Leben ihre Ursache haben. Heute ist Geld unser Zahlungsmittel, früher waren Zahlungsmittel oft Naturalien. In allen Zeiten gab es Probleme, dass ausreichend Zahlungsmittel da waren. Oft wurde die letzte Ziege als Tauschmittel abgegeben und es war keine Milch mehr da. Da Geld ein Ausdruck von Materie und Wertgefühl ist, kann es sein, dass ein Mensch mit schlechtem Selbstwertgefühl wenig Geld hat, da er auch einen schlechten Umgang mit Geld hat. Menschen haben heute und in früheren Leben ohne Achtung gegenüber der Materie, Materielles zerstört. Betrachten wir nur die zahlreichen Kriege, in denen Länder und Besitztümer zerstört wurden und Menschen ihr Leben lassen mussten. Den Körper des Menschen und den der Tiere zählen wir dabei zur Materie. Heu-

te, wie in früheren Leben gab es Verschwendung, ohne dabei auf die Materie zu achten.
Hat ein Mensch in einem oder mehreren früheren Leben viel Materie zerstört oder Materie falsch benutzt, liegt es nahe, dass er heute zu Geld, zur Materie oder zu Besitz keinen Bezug hat. Das zeigt sich beispielsweise in der Einstellung: «Geld hat für mich keine Bedeutung» oder «Geld ist nicht wichtig». Das zeigt, dass es ihm in seinem aktuellen Leben nicht wichtig ist, weil es ihm nicht wichtig sein darf. Früher war es für ihn so wichtig, dass er sich dadurch schuldig gemacht hat; heute möchte er verhindern, dass er frühere Fehler wiederholt. Gleichzeitig zeigt diese Einstellung aber erneut eine Missachtung der Materie.
Ein früherer Steuereintreiber, der den Bauern im Auftrag die letzten Erträge abgenommen hat und bei Nichtbezahlung Hütten abgebrannt, deren Partner getötet oder Kinder entwendet hat, Bauern zu Krüppeln geschlagen hat, wird heute vermutlich dem Geld aus dem Weg gehen. Er wird erreichen wollen, dass dieser Charakterzug im Verborgenen bleibt. Eventuell unterliegt er heute einem Helfersyndrom, spendet heute oder verschenkt Geld aus Schuldgefühlen heraus. Er wird sich im aktuellen Leben vermutlich schlecht trauen, Geld zu nehmen oder überlässt dem anderen, was dieser zahlen möchte. Auf diese Weise bereichert er sich aber erneut, da die meisten Menschen mehr zahlen, weil sie nichts schuldig bleiben wollen. Sinnvoller wäre es, er sorgt aktiv dafür, wieder zu Geld zu kommen, um sich der Herausforderung stellen zu können, es dieses Mal besser zu machen.
Manche Menschen müssen, sobald sie Geld in die Finger bekommen, es sofort wieder ausgeben. Ursache dafür kann eine Selbstbestrafung für eine frühere Schuld sein. Viele Spieler haben den Zwang, Geld los zu werden. Sie meinen zwar vordergründig, sie wollen Geld gewinnen, ihre unbewusste Absicht aber ist es, ihr Geld loszuwerden.

Wenn die Wirklichkeit etwas anderes zeigt, als man möchte, ist der Wille durch das Unbewusste gegensätzlich gepolt. Möchte jemand Geld haben, hat aber keines, ist gleichzeitig zum Wunsch nach Geld, auch eine Motivation vorhanden, kein Geld zu haben. Es ist daher sinnvoll, sich mit dem Teil auseinanderzusetzen, der kein Geld will, anstatt vom Verstand her zu versuchen, das Geld zu erzwingen oder mit Gewalt zu erreichen.

Um in einen Mangel zu kommen, bedarf es einer bewussten Entscheidung des Menschen! Die Therapie bearbeitet daher ein oder mehrere frühere Leben zum Thema Materie und überprüft sorgfältig, durch welche bewusste Entscheidung der Mangel bewirkt wurde. Es muss in Erfahrung gebracht werden, was der echte Mangel in den früheren Leben gewesen ist. Die Erkenntnisse über den echten Mangel, löst den aktuellen Mangel. Ein Mangel ist immer auch ein Geiz mit sich selbst. Als Folge stellt sich ein Mangel im Leben ein.
Hat eine Mensch Fähigkeiten oder Talente, die er brach liegen lässt, die aber eingesetzt werden wollen, kann das auch eine Ursache für einen Mangel an Geld oder eine Anhäufung von Schulden sein. Wir nennen das: «Schulden sind unbezahlte Fähigkeiten.»

Hat ein Mensch den falschen Beruf gewählt, kann er nicht erwarten, dass er dafür vom Schicksal belohnt wird. Häufig existiert die Meinung: «Ich ziehe das jetzt durch bis zur Rente» oder «es ist egal, was man macht, arbeiten muss man überall.» Wer so denkt, wird in seinem Leben beruflich schwer weiterkommen. Hat ein Mensch beispielsweise an einer bestimmten Stelle seines Lebens resigniert, kommt die Resignation einer Absage an das Leben gleich. Diese Haltung wirkt auch in den beruflichen Bereich hinein. Eine Absage an den Sinn des Lebens stellt eine Ursache dar; die Antwort des Schicksals ist, dass es keine Weiterentwicklung mehr gibt. Daher rühren oft Aussagen: «Ich komme nicht mehr auf die Beine.» Die Therapie arbeitet solche Resignationen auf und es werden zukunftsweisende, gangbare Schritte erarbeitet. Hilfreich dabei ist es, frühere Leben aufzuarbeiten, in denen die Resignation bereits durch Programme wie: «Es war alles umsonst» oder «es hat alles nichts gebracht» angelegt wurde. Die Therapie macht die wirklichen Gründe für das frühere Scheitern bewusst.

Geld ist auch ein Ausdruck für den Einsatz von Energie. Wenn jemand mit seiner Energie gut umgeht, sie richtig einsetzt, wird er auch an Geld und Besitz so viel zur Verfügung haben, wie er braucht. Ist das nicht so, stehen Veränderungen an.
Veränderungen werden meist im außen durchgeführt, aber nicht im Menschen selbst. In der Therapie beschäftigen sich Klienten, die unter Geld-

problemen leiden, in erster Linie mit dem Sparen. Das kann durchaus in Fällen richtig sein, in denen zu groß gedacht und auf zu großem Fuß gelebt wurde. Grundsätzlich ist Sparen für eine gewisse Zeit sicher empfehlenswert, mit dem auszukommen, was da ist – bis das Problem gelöst ist. Eine gängige Philosophie, insbesondere in Unternehmen, ist es, ihren Mitarbeiterstamm zu reduzieren, um Einsparungen vorzunehmen. Man nennt das dann «gesundschrumpfen.» Betrachten wir die Gesetzmäßigkeit von Ursache und Wirkung bedeutet das:

Reduzierung (Ursache) zieht Reduzierung (Wirkung) nach sich!

Was soll auch anderes rauskommen? Es kann sich nichts anderes ergeben, wenn gleichzeitig keine anderen, wirklich anstehenden Veränderungen, durchgeführt werden. In der Therapie zeigt sich immer wieder, dass innere Entwicklungen versäumt wurden und infolgedessen auch äußere Veränderungen nicht getätigt wurden. Eine Sparmaßnahme kann daher nur eine sehr kurze Lösung sein. Meist gibt es bereits innere und äußere Versäumnisse, die nur durch Reduzierungen aufgefangen werden können. Würden die Versäumnisse nachgeholt werden, würden innere Veränderungen wiederum äußere positive Veränderungen nach sich ziehen. Werden aber ausschließlich äußere Veränderungen erledigt, wird das Schicksal nach einer gewissen Zeit die notwendigen inneren Veränderungen dennoch einfordern. Korrigiert der Mensch diese nicht, setzt sich durch die Reduzierung ein Teufelskreis in Gang, der meist in eine Abwärtsspirale mündet. Auf eine Reduzierung folgt die Nächste. Nach dem Gesetz der Anziehung, zieht sich der Mensch dann auch genau die Menschen an, die ihm «dabei behilflich» sind, weitere Reduzierungen durchführen zu können: Keine Kunden oder Kunden, die schlecht zahlen.

Welche inneren Veränderungen können das beispielsweise sein? Die Palette ist weit gefasst. Das kann die Entwicklung einer menschlichen, seelischen Qualität sein, wie Mitgefühl. Das kann auch eine grundsätzliche erfolgsverhindernde Berechnung sein, eine Verletzung der Business-Ethik oder lediglich die Klärung eines Beziehungsthemas innerhalb der Partnerschaft. Die meisten Menschen glauben, dass sich familiäre Probleme nicht auf den

Beruf auswirken und umgekehrt. Das ist ein Irrtum. Werden im Beziehungsbereich nicht die notwenigen Entwicklungsschritte getan, gibt es Probleme dort, wo es dem Menschen weh tut. Das ist meist beim Geld. Das ist keine Schikane des Lebens, sondern fungiert als Erinnerung und Aufforderung: «Vielleicht merkst du es ja jetzt, wenn es dir weh tut?» Gerade beim Thema Selbstwert kommt das zum Tragen, da Geld materialisierter Selbstwert ist.
Es gibt Kritiker dieser Theorie; es stellt sich allerdings immer wieder heraus, dass das Gesetz von Ursache und Wirkung unbestechlich und zuverlässig wirksam ist.

Problem «Business-Ethik»

Business-Ethik ist in diesem Kontext die Integration der Spielregeln des Lebens in den Businessbereich. Wer gegen diese ethischen Grundsätze verstößt, wird unweigerlich mit der Konsequenz konfrontiert; das auch im beruflichen Bereich.
Eine Spielregel des Lebens, das Prinzip von Ursache und Wirkung, wird im beruflichen Bereich besonders gerne ignoriert. Mit Tricks und Berechnungen wird versucht, es aus der Welt zu schaffen. So sehr es auch versucht wird, die Quittung erfolgt jedoch in jedem Fall. Die Frage ist oft nur: «Wann?» Es gibt keine zeitliche Vorgabe oder Regel dafür. Das führt viele erfolgreiche Menschen zu der Erkenntnis, dass der Erfolg und ihr Reichtum ihnen doch Recht geben und dass keine Rückschläge oder Misserfolg zu verzeichnen sind. Damit bestätigen sie sich die Richtigkeit ihres unternehmerischen Denkens und Handelns. Das ist jedoch kurz gedacht und daher meist nur vordergründig richtig. Der Mensch steht noch nicht am Ende seines Lebens und kennt seine Zukunft noch nicht. Die Erfahrungen in der Therapie zeigen, dass sich Verstöße gegen die Business-Ethik oft erst auf lange Sicht zeigen, beispielsweise in Form einer schweren Krankheit, die die Lebensqualität nimmt. Viele verfahren auch nach der goldenen Regel: «Man kann alles tun, man muss nur dazu stehen!» Die Regel falsch verstehend, geben sich viele Menschen dadurch die Erlaubnis, mit anderen Menschen machen zu können, was sie wollen. Schließlich brauchen sie ja nur zu

ihren Entscheidungen zu stehen. Richtig verstanden meint, die Regel aber, dass der Mensch mit den Konsequenzen seines Verhaltens einverstanden sein muss. Praktisch gesehen bedeutet das: «Wer anderen die Existenz raubt, der muss damit einverstanden sein, dass seine ebenso zerstört wird.» Ist er das, kann er sehr wohl alles tun, was er möchte.

Misserfolg ist die Folge und die logische Konsequenz des Lebens auf den Schaden, den man beim anderen angerichtet hat. Das Leben sieht nach der richtigen Erkenntnis und einer echten Lösung immer eine positive Wirkung vor. Bekommt der Mensch eine Wirkung auf eine Ursache? Dann ist diese zu akzeptieren. Kämpft er gegen die Wirkung an, kommt es meist noch dicker.

Erfolg ist, wenn man sich selbst folgt!

Diese Aussage ist der Schlüssel zum Erfolg für Jedermann, egal ob Arbeiter, Angestellter, Unternehmer, Rentner oder Hausfrau! Hört der Mensch auf sich selbst und folgt er seiner inneren Stimme, müsste am Ende der Erfolg stehen.

Solange ein Mensch sein Leben als Ist-Zustand akzeptiert, wird sich nichts ändern.

Fallbeispiel «Samurai»

Ein Klient möchte durch die Therapie erreichen, dass er sich durchsetzen kann. Er schildert, dass er zögert, wenn er sich verteidigen muss. Er weiß, was er tun sollte, lässt es aber dann. Er kann sich für sich nicht einsetzen. Es ist so, als wenn er innerlich blockiert und alle Kraft aus ihm weicht. Er möchte keinen Streit; er hat Angst, dass er jemanden verletzen könnte, will auch niemanden angreifen. Er kann die Aggression nicht ertragen. Nach einem früheren Leben als Opfer von Auseinandersetzung, Kampf und Aggression steht ein Leben als Krieger an. Die erste Wahl fällt auf einen japanischen Krieger, einen Samurai.

Rückführung:

Es taucht das Bild auf von einem Samurai-Kämpfer mit einem Schwert, schwarzer Rock, schwarze Haare, Rossschwanz, runder breiter japanischer Kopf, grosse, kräftige, durchtrainierte Person, etwa 35 Jahre alt.

Ich bin gerade bei Kampfübungen mit dem Schwert, ich unterrichte die Leute im Kampfsport: Karate, Fechten, Gojuken, Ringen. Ich bin ein Lehrer. Das ist für den Fall, dass das Dorf von Räubern überfallen wird. Das kommt hier und da auch vor. Wir sind dann in der Abwehr gut.

Nach einem Kampf haben wir etwa zehn Verluste, der Gegner etwa dreimal mehr. Das ist wichtig, dieses Verhältnis. Wir sind angegriffen worden und verteidigen uns. Ich bin erfolgreich und mache allein etwa die Hälfte der Gegner nieder. Die Schlacht hat am Mittag begonnen und dauert bis fast in den Abend rein, dann feiern wir ausgelassen bis in die Nacht.

Ich fühle mich frisch und munter, habe das triumphierende Gefühl unschlagbar zu sein. Ich stelle über mich fest: «Ich bin der Grösste, der Schönste, der Beste. Ich bin ein Held, ein Volksheld.» Dann wird gegessen, getrunken. Den Toten wird der Kopf abgehakt Es ist ein grausiges Gefühl da, aber es muss sein. Ich bin enthemmt, weil ich Reisschnaps getrunken habe. Ich fühle mich gut, gelöst, überschwänglich, wegen der Feinde, die ich getötet habe, geköpft mit dem Schwert. Die liegen jetzt in einer Reihe vor uns, man hat sie so hingelegt. Es sind 56 Tote beim Feind und nur 13 Tote auf unserer Seite. Ich bin stolz auf dieses Verhältnis. Ich habe sie bezwungen, sie werden gedemütigt. Ich zeige so meine Verachtung ihnen gegenüber. Sie sind nicht viel wert, weil sie tot sind. Er ist dann kein ganzer Mensch mehr. Wir amüsieren uns. Dann sind wir zufrieden und gehen nach Hause, ich mit einem guten Gefühl, weil wir so erfolgreich gewesen sind.

Das Training, das ich vermittle, zeigte Wirkung. Wir haben viel weniger Opfer als der Gegner, das muss an meiner Ausbildung liegen, es ist ein grosser Sieg gewesen, ich bin ein guter Lehrer und ein guter Kämpfer. Das ist jetzt der dritte Kampf, wir werden immer besser, weil wir immer mehr töten und immer weniger Opfer haben. Das ist messbar und beweisbar. Es ist nicht so, dass nur wir angegriffen werden, wir greifen auch andere Dörfer an, weil wir die Leute von ihren Regierungen befreien wollen, damit sie sich uns anschliessen können. Wir wollen die Leute befreien von ihrem Joch.

Nächste Situation:
Ich werde dann aber selber getötet beim nächsten Kampf, bei der nächsten Schlacht. Zuerst werde ich durch ein Schwert verletzt, getroffen an der rechten Schulter, ich kann dann mein Schwert nicht mehr anheben. Das ist eine Demütigung, mein Schwert muss immer greifbar sein. Es geht nicht wegen der Schulter. Ich wehre mich mit der linken Hand mit einem Dolch und den Beinen. Ich stehe und verteidige mich, es sind drei um mich rum, die stechen und schlagen mit den Schwertern auf mich ein. Ich wehre mich mit Nahkampftechnik so gut es geht, einer sticht mich mit dem Messer in den Rücken, er hat mich im Rückgrat getroffen. Ich habe Angst, meine Kraft zu verlieren. Sie stossen mit dem Schwert auf mein Brustbein zu und das Herz wird getroffen. Es ist eine Übermacht da. Es trifft mich am Schenkel. Ich breche zusammen in die Knie und es kommt der Gedanke: «Ich bin verloren.» Das Herz schlägt noch, aber es pumpt nicht mehr. Ich blute und werde immer schwächer. Ich verblute.

Ich bin ziemlich überrascht, dass ich jetzt sterbe. Ich bin vielleicht etwas nachlässig gewesen. Ich sollte doch immer alles im Blick haben. Und das mir? Ich denke, unverwundbar zu sein. Mein letzter Gedanke ist: «Jetzt ist es passiert.»

Die Vorgeschichte
Ich bin ein Samurai-Kämpfer, und ich werde dort im Dorf angestellt zum Schutz der Bevölkerung und zur Ausbildung der Leute in der Selbstverteidigung. Ich bin ein edler und gläubiger Kämpfer. Ich bin religiös und ein Anhänger der buddhistischen Lehre. Ich beherrsche alle Kampftechniken. Körpereinsatz, Karate und den Schwertkampf. Am Anfang war es eine Verteidigungssache, erst später kamen aber Angriffe und Übergriffe auf andere Dörfer hinzu. Das war eigentlich nicht vorgesehen. Ich helfe den jungen Leuten in ihrer Erziehung, die Kampftechniken zu lernen.

Therapeut:
An dieser Stelle ist es sinnvoll, den Klienten an den Beginn seines Werdeganges als Samurai zu geleiten. Dabei können die erlernte Philosophie und Regeln in Erfahrung gebracht werden. Gleichzeitig kann erkannt werden, wie die Fehlentwicklung verläuft.

Weiter zurück an den Beginn der eigenen Ausbildung:
Ich mache eine Ausbildung in einer Schule. Ich wohne in der Tempelanlage, das ist die Schule dort, die Kampfschule. Das Ziel der Erziehung ist, dass selbstbewusste junge Menschen hervorkommen, die in der Lage sind, ihre Gemeinschaft zu verteidigen, das sind dann freie Bürger. Man wird immer angegriffen oder besetzt, man muss aufpassen, dass man nicht unterdrückt, vereinnahmt oder versklavt wird, zum Knecht wird und fremden Vögten dienen muss. Die Unabhängigkeit ist das höchste Gut. Die Kampftechniken zu beherrschen ist die Grundlage der Technik. Selbstverteidigung eben. Das ist der Geist der Samurai-Lehre, der buddhistischen Lehre. Ist eine strenge religiöse Erziehung. Ich möchte später in die Dienste eines Herrn treten und für ihn kämpfen. Das ist ein angesehener Stand, da kann ich mich auch hocharbeiten. Ich erwarte dadurch Ruhm und Ehre und Ansehen.
Die Kampfschule ist eine persönliche Entwicklung. Es wird mein inneres Wachstum gefördert. Ich lerne meinen Körper zu beherrschen. Das passiert durch Übungen. Anstrengend für mich. Ich lerne meinen Geist zu beherrschen und Askese. Konzentrationsübungen sind auch dabei. Im Nahkampf lerne ich intuitiv zu sein und das auf den anderen eingehen können. Bevor der Gegner besiegt werden kann, muss man wissen, wo er seine Schwachstelle hat. Über den Kampf lerne ich meine Mitmenschen kennen. Grundsätzlich ist es eine Verteidigungsstrategie. Die Lehre sagt, das die Verteidigung absolut wichtig ist, die Aggression und Angriffe, die Übergriffe auf andere sind aber zu unterlassen. Die buddhistische Lehre besagt, sich auf möglichst schonungsvolle Art und Weise zu verteidigen. Der Grundsatz ist, kein Lebewesen zu töten, auch nicht, wenn er sich verfehlt hat. Man zeigt dem Angreifer, dass er etwas tut, das nicht in Ordnung ist, man schützt sich, erteilt dem anderen eine Lektion, aber man bringt ihn nicht um deswegen. Eigentlich sollte man sich auch nur mit Händen und Füssen wehren und das

Schwert nur im Notfall benutzen. Durch das Erlebnis, dass er besiegt worden ist, soll er sich läutern. Man soll andere Leute nicht überfallen und nicht in ihren Raum eindringen. Der Raum des anderen ist heilig und zu respektieren. Man hat sich nur gegen Aggressionen zu wehren, das aber unbedingt.

Als zukünftiger Samurai ist das für mich anfänglich schwer zu verstehen. Ich werde ein Kämpfer und diene vermutlich später einem Herrn, dessen Position ich beschützen soll. «Das eine ist die Theorie, das andere ist die Praxis. Schule und Praxis, das ist eben zweierlei.» Mein Ziel ist es zu kämpfen und groß zu werden. Eigentlich ist es mir egal, ob zur Verteidigung oder zum Angriff. Das wichtigste ist auch mein Schwert. Das muss ich beherrschen. Je besser ich bin, desto angesehener bin ich. Ja, es gibt Regeln, die Regeln für jeden Samurai. Wir sind ja keine Schlächter, sondern Krieger mit Anstand.
Ich beende die Ausbildung erfolgreich und gehe dann in die Dienste eines Herrn. Es gibt Reibereien. Ich habe einen Zweikampf. Ich bin gut, weil ich schnell und intuitiv handle, ohne zu überlegen. Der andere verliert, ich siege. Es ist eine Geschichte zwischen zwei Sippen. Wir überfallen auch andere Dörfer, um das eigene Heer gross halten zu können, um verteidigungsfähig zu bleiben. Integrieren das Dorf und nehmen die Männer in die Armee auf. Es ist danach Friedenszeit. Ich tue wenig und warte auf meinen Einsatz. Ich werde entlassen. Ich entwickle mich nicht weiter. Andere dürfen bleiben. Die haben sich schon Verdienste erworben. Es macht mich wütend. Ich kann das nicht so einfach hinnehmen. Ich bin jetzt herrenlos. Vor allem aber kann ich mich nicht hervortun. Ich muss nun selbst schauen, wie ich mich verdingen kann. Von uns herrenlosen Kriegern gibt es einige, weil wir ja gerade Frieden haben. Ich wünsche mir fast Krieg herbei, dann konnte ich mich auszeichnen.

Fortsetzung:
Nach meiner Ausbildung ziehe ich als selbständig Erwerbender durch das Land. Wir haben das Jahr 1240. Ich spreche jeweils beim Dorfvorsteher vor und empfehle mich. Ich biete Kampfsport zur Verteidigung des Dorfes an, vor Banditen und Räuberbanden, die von Zeit zu Zeit vorbeikommen, um sich die Ernte und Güter der Leute anzueignen. Das wird immer mehr zu

einem grossen Problem für die Dörfer und die Leute wollen dem nicht weiter zusehen; sie wollen sich Hilfe holen und sich selber helfen. Ich komme in ein Dorf wo ich gebraucht werde. Meine Aufgabe ist der Schutz der Schwachen und Wehrlosen.
Ich denke, Räuber und Banditen so weit als möglich zu vertreiben und notfalls zu töten, damit sie keine Gelegenheit mehr haben, nochmals hierher wiederzukommen oder anderswo ihr Unwesen zu treiben. Diese Leute sind nicht ethisch, sie leben von den anderen Leuten, von der Arbeit, welche andere machen. Die Bauern arbeiten für ihre Gemeinschaft, für ihr Dorf, und dann kommen diese Banditen und fordern Güter unter Androhung eines Massakers, das sie anrichten würden, wenn man ihre Forderungen nicht erfüllt. Ich könnte die ganze Welt reinigen von diesem Ungeziefer. Da unterrichte ich für eine Zeit und ziehe weiter, wenn der Bedarf gedeckt ist. Ich bin hochangesehen. Der Samurai ist auf dem Stand der höchsten Kampftechnik mit und ohne Waffen.
Als ich in einem Dorf als Ausbilder arbeite und auch zuständig bin für die Verteidigung des Dorfes, werden wir dann auch überfallen. Die Bauern sind nicht so geschickte Kämpfer. Es sind viele Gegner für mich. Ich kämpfe fast allein mit etwa zwanzig von diesen Räubern. Man erwartet von mir uneingeschränkte Loyalität und strenge Selbstdisziplin und selbstloses, mutiges Verhalten. Danach liegen die Köpfe vor mir. Das ist so. Das sind Trophäen, die gehören uns, dem Sieger.
Ich werde dann gut und zuvorkommend behandelt, und man ist mir dankbar. Das gefällt mir. Gelegentlich kriege ich dann sogar noch Szenenapplaus.

Fortsetzung:
Bei einem Überfall werden Dorfbewohner getötet, da vergesse ich die vornehme Zurückhaltung und werfe einige meiner Regeln über Bord. Ich kriege eine andere Einstellung bezüglich der Verteidigung: «Das ist nun Praxis und vorher war schöne Theorie.» Ich komme zu einer anderen Einsicht, nämlich der, dass es das rationellste Verfahren ist, die Übeltäter sofort zu töten. Ich gehe noch weiter und verstehe den Verteidigungsgedanken absolut und kompromisslos. Man darf den Räuber töten, dass er nicht mehr kommt. Das habe ich selber erfunden. Ich bin im Laufe des Lebens zu der

Erkenntnis gelangt, dass das der richtige Weg ist. Ich werde extrem. «Ein Samurai ist ein Ritter für die Schwachen und auch ein Lehrer und gibt das, was er gelernt hat, weiter an die Leute, die es lernen wollen.» Der Samurai kennt die Techniken des Tötens.
Sie kommen in der Nacht, wir sind gewarnt, werden geweckt und versammeln uns am Dorfplatz. Sie stellen ihre Forderungen, sie wollen unsere Vorräte, unser Geld und Reis. Wir geben nichts, das Bandenoberhaupt fordert mich zum Kampf heraus und unterliegt bald. Er zieht dann mit seinen Mannen ab, sie kommen aber wieder, drei Tage später.
Sie stürmen in das Dorf hinein und beginnen, auf die Leute einzudreschen. Jetzt geht der Kampf «Jeder gegen Jeden» los. Ich mache auch mit im Kampf und ziehe das Schwert. Ich mache das deshalb, weil die Banditen mit ihren Schwertern die Leute niederstechen. Es ist ein Gemetzel, ich muss handeln, sonst werden die anderen massakriert. «Wenn wir sie nur schonen, gehen sie und kommen wieder. Dann gibt es noch mehr Opfer.»
So ziehe ich das Schwert und schon liegt der erste Kopf am Boden, dann der zweite, das ist effizient. Das erzeugt ein prickelndes Lustgefühl. Ich fühle mich bald wie in einem Rausch, voller Energie und Kraft. Ich fühle mich absolut souverän und überlegen, ich habe Lust gleich alle umzubringen, ich bin nicht zu stoppen; und tue das auch.
Bei der ersten Köpfung hatte ich einen Moment lang moralische Bedenken, etwas übertreten zu haben, die schiebe ich beiseite: «Es geht nicht anders. Jeder der zu Boden geht, ist ein erledigter Fall.» Es ist wie eine Reinigung, und dann sage ich auch: «Ich will die ganze Welt reinigen von solchen Schmarotzern und Leuten, die keinen Charakter und keine Ethik haben.»
Die Dorfbewohner werden von meiner Energie angesteckt und kriegen Auftrieb. Die Banditen fliehen und kommen nicht wieder. Diese Überfälle passieren drei Mal im Dorf, dann ziehe ich weiter in ein anderes Dorf, dann später noch in ein Drittes. Ich reise umher und bringe den Leuten neben der Selbstverteidigung auch die Köpftechnik bei.
Man löst das Problem am besten, wenn man die Räuberbande so schwächt, indem man die Leute gleich tötet, sonst bringt man das nicht weg. Ich ändere die buddhistische Lehre etwas ab, damit sie sich in der Praxis bewährt. Dieses Köpfen ist eine wirksame Methode, um dem Moral- und Sittenzerfall Einhalt zu gebieten.»

Wenn alle Banditen tot sind, dann gibt es nur noch anständige Leute. Das Land wird gereinigt von Parasiten. Bandit zu sein, ist nicht mehr lohnend. Ich werde zum Hardliner; ich werde fanatisch, ein fanatischer und kompromissloser Köpfeabschneider. Ich habe von mir das Gefühl, eine klare Haltung und einen klaren Geist zu haben.

Therapeut:
Das Köpfen selbst ist üblich im Kampf des Samurais. Was ist an den Taten anders als vorher?

Fortsetzung:
Ich habe mich gewandelt, von einem human und ethisch denkenden Menschen zum eiskalten Richter und Henker, der seine eigenen Gesetze macht. So werde ich vom Menschenfreund zum Menschenschreck. Ich habe mich gewandelt und mir ein anderes Gesicht aufgesetzt und eine neue Identität angenommen. Nicht nur der Gegner war erschrocken, wie ich da plötzlich die Köpfe habe rollen lassen, sondern auch die Dorfbewohner. Ich habe da meine Persönlichkeit gewechselt, von einem Tag auf den anderen. Ich gehe in die Dörfer und dort verschwende ich nicht mehr viel Zeit, um Nahkampftechnik zu lehren. Ich unterrichte gleich was wirkt: Schwertunterricht oder Karate für die Tötung.
Es regiert die Willkür im Land. Ich mache Untergangsstimmung und packe die Leute bei der Ethik und dem Gewissen. Da wird Angst gemacht mit dem Grundbedürfnis nach Sicherheit, Ordnung und Ruhe. Ich komme dann auf die Idee, selber anzugreifen. Zuerst war nur die Verteidigung des Dorfes gegen die Banditen, dann greifen wir aber auch Dörfer an. Damit die zu uns gehören, sich uns anschliessen können. Wir befreien die Leute vom Übel der Humanisten. Es ist ein Rausch da, wie eine Sucht. Es ist das Gefühl der Lebendigkeit und Kraft und es gibt mir ein inneres Hochgefühl, wenn ich den Gegner niedermache. Ein Gefühl der Macht. Es ist eine Anspannung da ein Drang, etwas tun zu müssen und so komme ich auch auf die Idee, dass man auch andere angreifen kann, um sie zu «befreien», wie ich sage.
Was mir das bringt? Es ist eine Unruhe in mir, es treibt mich vorwärts, es muss etwas gehen, in Schwung kommen, es muss fliessen. Der Trieb zu töten drängt sich vor, der macht sich bemerkbar. Der Killerinstinkt ist er-

wacht und wenn ich nicht töten kann, dann bin ich nicht zufrieden. Wie ein Vampir, der braucht auch Blut, sonst geht er ein. Das Töten gibt mir den inneren Kick. Dadurch komme ich zur Entspannung und Befriedigung. Es ist schön und geil, die Köpfe abzuhauen. Ich töte, dann ist er tot und etwas ist erledigt, dann ist vorerst einmal Entspannung da, dann baut sich innerlich wieder Spannung auf und es kommt das rastlose Gefühl hoch, wieder etwas tun zu müssen. Ich habe eine gigantische Zukunft vor mir.
Ich treffe hier und da auf andere Samurais und spreche mit ihnen über meine Theorie und Philosophie. Sie lehnen das ab. «Was für Dilettanten.» Ich bin allein mit meiner Theorie. Wie ich mich da fühle? Na hervorragend. Ich bin der Einzige, der so durchgreift. «Damit bin ich einmalig.» Die Humanisten müssen dann gehen, das Dorf verlassen, sie werden verstossen. «Die müssen noch ein bisschen wandern in ihrem Leben, Reisen bildet bekanntlich, die kommen dann schon zu unserer Einstellung.»
Meine Schuld? Ich greife Dörfer an, töte unschuldige Menschen und vertreibe Andersdenkende aus dem Dorf. Ich rechtfertige es damit: «Wir müssen dem Verfall von Moral und Sitte vorbeugen.» Das nächste ist dann mein Tod.

Das Problem:
Das Bedürfnis anzugreifen ist ja nur nötig, weil die anderen nicht zu mir kommen, und ich meine Spannung nicht loswerde. Deswegen muss ich mir etwas einfallen lassen, damit etwas geht. Zuerst ist Ruhe nach der Schlacht, da wird gefeiert und geschlafen, dann beschäftige ich mich wieder mit den Verteidigungsaufgaben im Dorf.
Die Anspannung ist das ungelöste Problem der Hilflosigkeit, das Töten ist dann die Entspannung. Es ist die Vision, einmalig und einzigartig zu sein. Das Außergewöhnliche muss sein. Ich konnte nicht bei meinem Herrn verweilen ohne Kampf. Da gehe ich ein. Da fehlt mir was. Was anderes interessiert mich dann auch nicht. Es reizt mich nur das, was andere nicht machen. Und um da was zu finden, da kann ich dann schon mal einfach alles auf den Kopf stellen oder einfach das Gegenteil behaupten, von dem wohinter ich wirklich stehe. Ich stand ja hinter der buddhistischen Verteidigungstheorie.

Meine Aufgabe wäre gewesen, die Verteidigung zu fördern mit Anstand und Respekt. Ich hätte ihnen das geben sollen, was ich als Samurai gelernt habe, auch in ethischer Hinsicht. Da wäre ich dann auch einzigartig geworden. Das hat mir dann aber nicht mehr gereicht. Die Samurais sind gut angesehen. Man hat mein Ego gekitzelt und mir geschmeichelt. Ich hätte erst gar nicht auf die Schule gehen sollen. Denn es war klar, dass ich töten muss. Das war auch wieder der Reiz der Einzigartigkeit. Ich wollte mit meinem Verhalten ja nicht die Welt von Banditen reinigen, sondern in Wirklichkeit nur mich reinigen. Ich bin doch selber auch Bandit, Krimineller und Mörder und wollte mich durch meine Handlungen von dem Banditen in mir selbst reinigen. Die ethischen Grundsätze der Samurais und Lebensgesetze habe ich dann verdreht und missbraucht. So sind die ganzen Grausamkeiten entstanden. Da kam der wahre Bandit raus, der eben keinen Respekt vor dem anderen hat und für die Einzigartigkeit über jede Grenze geht.
Das hat ziemlich viel mit meinem Beruf zu tun. Klar, dass ich heute Ladehemmung habe und jeder Auseinandersetzung aus dem Weg gehe. Ich habe mir ganz sicher vorgenommen, dass ich nie wieder in den Kampf gehe und schon gar nicht in den Zweikampf. Selbstständig war ich auch und heute habe ich Angst davor. Angst davor, ohne Kontrolle von oben außer Rand und Band zu geraten und mir meine eigenen Gesetze zu basteln. Und ich habe Angst, dass ich die alltäglichen Arbeiten liegen lasse - ist ja auch kein Knaller. Ich muss lernen, dass alles für das Leben wichtig ist. Bisher war ich nur ein Überflieger.

Fallbeispiel «Villa und Garten»

Ausgangssituation:
Der Klient bringt in seine Sitzung ein Gefühl mit, was bisher nicht im Vordergrund stand. Er hat das Gefühl, er sei ängstlich, überbescheiden und bieder. Er fühlt sich zudem klein gehalten und könne sich nicht entfalten. Es sind Einschränkungen da, Limits und enge Grenzen. Ein Mangel an Lebenslust und Freude und ein Mangel an Selbstausdruck. «Ich schöpfe nicht aus,

was ich habe und verhalte mich eher passiv.» Man schliesst sich selber ein und lässt sich nicht raus. Man zaudert. Es fehlt das Grosszügige im Denken. Ich frage den Klienten, was seine schlimmste Vorstellung einer solchen Situation in einem früheren Leben ist. Der Klient überlegt und sagt spontan: «Abhängig, im extremsten Fall hörig, man klebt am anderen, man ist auf den bezogen. Man gehört dem anderen, eingesperrt …

Rückführung

Ich sehe mich in einem Park von einer Villa, spaziere herum. Ich bin eine Frau. Trage ein weisses Kleid, es ist so eine Robe. Blass im Gesicht, glatte Haut, das Haar ist hochgebunden. Ich habe schwarze Haare und eine weisse Haut. Ich bin eher etwas rundlich.

Ich bin seit drei Monaten verheiratet und fühle mich recht gut, selbstbewusst und stark. Ich laufe allein im Garten herum. Immer gut gekleidet, wenn ich aus dem Hause gehe. Man schaut mir zu, wie ich da rumlaufe. Das Anwesen gehört meinem Mann, recht groß. Er ist Kaufmann und macht Geschäfte. Er erzählt mir keine Einzelheiten, ist viel unterwegs. Das Geschehen spielt in Holland, in der Nähe von Amsterdam. Unser Haus steht auf dem Lande, nur einige Häuser, kein Dorf in der Nähe. Das Haupthaus hat zwei Eingänge, vorne und hinten, vorne eine Treppe. Das Haus ist breit aber nicht sehr hoch, 2 Stockwerke, viele Fenster. Die Leute lachen über mich, wie ich angezogen bin. Es ist nicht passend. Mein Mann hat mir aber gesagt, dass ich die grosse Robe anziehen müsse, wenn ich das Haus verlasse. Er würde sich daran stören, wenn ich das Haus in schlechten Kleidern verlasse, das würde sich nicht gehören.

Will er nicht, dass ich raus gehe? Das verleidet es mir gerne rauszugehen. Ich frage mich warum er das so sieht. Ich frage ihn aber nicht.

Therapeut: Das lässt darauf schließen, dass der Ehemann damit eine hintergründige Absicht verfolgt, die unkommuniziert bleibt. Ich frage den Klienten, ob es Verhaltensmaßregeln gibt.

Weiteres Geschehen:

Er stellt mich so hin, als ob ich nicht wüsste, wie ich mich zu benehmen habe in der Gesellschaft und sagt, dass ich die Frau eines angesehenen

Mannes bin. Ich hätte mich standesgemäss zu kleiden, wenn ich aus dem Haus gehe. Er kritisiert mich sowieso ständig und nörgelt an mir herum, wie ich gekleidet und frisiert bin, wie und was ich spreche. Ich rechtfertige sein Verhalten: «Ich bin noch etwas unerfahren und kann deshalb nicht so tun, wie ich will.» Ich müsse auf die gesellschaftlichen Gepflogenheiten achten und auf das was man tut. Er hat hohe Ansprüche an das Benehmen. Ich rechtfertige: «Er ist ein Mann mit hohen Prinzipien, er will mich fördern und aufbauen, er will das Gute für mich.» Ich fühle mich aber auch etwas minderwertig. Irgendwie zieht es mich runter, ich bin etwas schwermütig, seit ich so viel zu beachten habe; aber ich gebe mir Mühe. Ich sage mir immer: «Bleib Dir treu, bleib wie du bist. Du machst das schon richtig. Ich bin eben jetzt erwachsen und kein Kind mehr. Da gelten andere Maßstäbe und Werte, wenn man mit einem solchen Mann verheiratet ist.» Ich gebe mir Mühe, aber er ist immer etwas enttäuscht und unzufrieden mit mir. Ich habe ein schlechtes Gewissen und so denke ich, nicht dankbar zu sein. «Ich könnte doch froh sein, wenn er mir helfen will.»

Therapeut: Der Klient hat Schuldgefühle und macht sich Vorwürfe. Ich geleite den Klienten in eine beispielhafte Situation hinein, die Anlass für die Vorwürfe sind.

Weiteres Geschehen:
Er kommt nach Hause und sieht mich im Garten spazieren gehen. Es gefällt ihm nicht, wie ich angezogen bin. Überhaupt stört es ihn, wenn ich draussen bin und fragt mich: «Gefällt Dir unser Haus nicht, dass Du immer draussen bist?» Meine innere Stimme sagt mir: «Seine Frage ist perfid, er will mir ein schlechtes Gewissen einflössen. Das eine hat mit dem anderen nun wirklich nichts zu tun. Er stellt falsche Bezüge her und macht absurde Ableitungen.» Ich schiebe diese Gedanken beiseite: «Er sorgt sich auch, ich könnte mich erkälten, wenn ich draussen bin, oder mich mit irgendetwas anstecken, z.B. mit der Pest. Er würde leiden, wenn mir etwas passieren würde. Er sorgt sich um mich und will nur mein Bestes, das sollte ich auch bedenken. Ich muss mehr berücksichtigen, was er sagt.» Ich entscheide: «Wenn er nicht will, dass ich draussen bin, dann bleibe ich halt drinnen. Ich muss dem Rechnung tragen und es nicht hinterfragen. Er ist mein Ehemann und weiss,

was zu tun ist.» Ich fühle mich jetzt leer und schlecht. Ich gebe mich auf. Es ist eine traurige Stimmung. Ich gehe nicht nach mir und unterdrücke meinen Wunsch, raus zu gehen. Ich richte mich nach ihm.
Ich fühle mich ganz steif und schwer, gerade so, als ob ich nicht tragbar bin und eine Zumutung für ihn bin. Er meint danach auch, ich könne froh sein an ihn geraten zu sein. Mit einem anderen Mann könne ich nicht machen, was ich mit ihm tue. Ich denke, dass ich einen wunderbaren Mann an meiner Seite habe, der mir so viel verzeiht.

Therapeut: Der Klient schildert die Situation allgemein und nicht in Verbindung einer konkreten Situation. Es gibt keine Kommunikation mit ihrer inneren Stimme mehr. Der Klient ist auch bei der Rückführung, in seinem Seelenanteil nicht leicht zu erreichen. Ich stelle die Frage, was der Ehemann verzeiht und bringe in Erfahrung, was er mit ihr macht und welche Absichten er ihr gegenüber verfolgt.

Weiteres Geschehen:
Zum Beispiel, das dass ich nach draussen gehe und dabei krank werden könnte, was ihn unglücklich machen würde; und dann erst noch in diesen schäbigen Kleidern. «Ich scheine auch noch sein Haus gering zu schätzen, das ist ja wirklich unhaltbar.» Er wertet mich als Mensch ab. Dadurch, dass er sagt, dass ich froh sein kann, dass er mich genommen hat. Er stellt mich als ein «Nichts» hin, als einen Menschen mit unverzeihlichen Fehlern.
Ich gehe dann nicht mehr raus zum Spazieren und öffne nur noch das Fenster um frische Luft zu schnappen. Wenn ich nochmals rausgehen würde, dann hätte ich ein schlechtes Gewissen und würde mich schuldig fühlen, gerade so, als ob ich ihn betrügen und hintergehen würde. Ich würde etwas hinter seinem Rücken tun, wenn ich rausgehen würde in seiner Abwesenheit. Ich würde mich ihm gegenüber auch als undankbar erweisen. Er fragt mich auch und will am Abend immer wissen, was ich gemacht habe den ganzen Tag lang. «Er hat Interesse an mir.» So sage ich ihm auch alles. Was das für ein Verhalten ist? Er kontrolliert mich? Ich gehe dann doch noch einmal raus, als er nicht da ist. Ich denke, dass das mein Recht ist. Dann merke ich aber, dass ich mich nicht gut fühle dabei, weil ich sein Vertrauen missbrauche und seine Abwesenheit ausnützen würde. Das Verhalten mir

gegenüber? Ich nehme mich und meine Bedürfnisse zurück und enge mich ein.
Ich wollte ihm das aber nicht sagen, dass ich draussen gewesen bin. Es ist nicht wichtig und er würde sich nur ärgern. Nun stehe ich dann aber auch noch so da, als ob ich die Wahrheit unterschlagen würde. Er sagt dann auch wirklich Lügnerin zu mir und gibt mir eine Ohrfeige, weil ich ihm das nicht gesagt habe, dass ich draussen gewesen bin.
Ich sage zu mir: «Du weißt doch, dass ich nicht will, dass du rausgehst, also akzeptiere das doch endlich.» Ich denke: «Ich muss mich da einfach anpassen und Rücksicht nehmen auf ihn, das ist seine Eigenart.» Er sagt dann, dass ich ihm aus den Augen gehen soll. Er wolle mich nicht mehr in der Nähe haben. Ich verschwinde in mein Zimmer und weiss nun nicht mehr, wie ich mich verhalten soll und habe Angst davor, Fehler zu machen. Ich bin völlig verunsichert z.B. was ich anziehen und sagen soll. Ich habe Angst vor ihm, vor seiner ständigen Kritik.

Die weitere Entwicklung:
Ihm passt nichts an mir. Ich kann es ihm einfach nicht recht machen. Es kommt dann dazu, dass ich in meinem Zimmer bleiben muss und nicht mehr rausgehen darf. Der Anlass dafür ist gewesen, wie ich mich vor Gästen aufgeführt habe, was ich gesagt habe. Er hat mich sogar noch offen vor den anwesenden Gästen darauf ansprechen müssen, weil es nicht zu ertragen war.
Verhalten? Er stellt mich bloß. Ich fühlte mich sehr schlecht und schuldig. «Ich bin nichts, ich weiß, dass ich nichts kann.» Inneres Gefühl? Traurig. Er hat auch über meine Herkunft gesprochen, über meine Familie: «Das ist aber zu verzeihen, weil ich weiß ja, wo Du her kommst. Da kann man nichts anderes erwarten.» Das ist sehr schmerzhaft. Ich gehe hin und entschuldige mich, dass es mir leid tut, etwas Falsches gesagt zu haben.
Dass er mich offen kritisiert rechtfertige ich so: «Er spricht mich direkt an, denn sonst merke ich es nicht.» So weiss man auch, woran man ist. Er will mir helfen indem er mir gleich sagt, was ich falsch mache und nicht hinterher. Nach der Gesellschaft sagt er dann: «Du bist untragbar, dir fehlt jede Erziehung. Mit dir muss ich mich schämen. Das kann ich mir für zukünftige Anlässe nicht mehr leisten. Meine Geduld ist ausgereizt.» Er gibt mir den

Befehl: «Ich habe genug von dir. Ich will dich nicht mehr sehen, ab sofort bleibst du auf deinem Zimmer.»
So gehe ich dann in mein Zimmer und bin traurig. Die Situation ist schlimm, er ist nicht zufrieden. Ich fühle mich so, als ob ich als seine Frau versagt hätte. «Ich genüge ihm nicht, ich bin peinlich», denke ich über mich selber. Dass ich nicht gut bin und so viele Fehler mache. Nun sitze ich also in meinem Zimmer und schaue zum geschlossenen Fenster hinaus.
Ich weiss nicht, was ich tun soll. Ich gehe auf und ab oder liege in meinem Bett herum. Ich habe nichts zu tun, bin verzweifelt und denke, dass mein Mann streng ist. Ich weiss nicht, wie das noch enden soll und hoffe auf bessere Zeiten, dass er ein Einsehen hat mit mir. Nach drei Tagen kommt mein Mann zum ersten Mal vorbei.
Er sagt dann zu mir: «Es ist besser, wenn du noch im Zimmer bleibst. Mir geht es besser, wenn ich dich nicht sehe.» Ich bin glücklich, dass er vorbei kommt. Ich antworte: «Was soll ich denn den ganzen Tag im Zimmer machen?» Ich beginne dann mit Stricken von Pullovern, was ihm recht ist. Die kann man verkaufen und so leiste ich auch einen Beitrag zu meinen Lebenshaltungskosten. Das Zimmermädchen bringt mir Essen und Wolle. Sie richtet mir auch Sachen aus vom Ehemann. Manchmal kommt er auch selber vorbei und kritisiert an meinen Strickereien herum. Er hat immer etwas zu kritisieren und wird immer bösartiger. Ich nehme auch immer alles auf mich und entschuldige mich.

Nächste Entwicklung:
Ich kann jetzt nicht mehr stricken. So nach einem halben Jahr, dann kann ich nichts mehr tun. Gefühl? Verunsicherung. Ich zittere, wenn ich stricken will. Ich wage dann auch einmal einen Versuch wegzugehen, weil ich es nicht mehr aushalten kann. Ich bin nicht eingesperrt im Zimmer, ich darf aber nicht raus.
Ich bin so verzweifelt über meine Situation und habe einen lichten Moment. Es wird mir klar, dass da was schief läuft in meinem Leben. Ich treffe die Entscheidung zu fliehen. Ich will auch frei sein wie die anderen. Ich öffne die Türe, schaue links und rechts, und dann gehe ich aus meinem Zimmer raus, nach links zur Treppe. Das Haus ist zweistöckig. Ich nehme die Jacke mit, ich will weit weg in die Stadt. Ich gehe also runter ins Parterre, dann

gehe ich zur Haustüre und öffne sie. Da sehe ich den Weg. Direkt unter mir ist eine Treppe mit zwei Tritten, dann kommt die Terrasse, dann sind wieder vier Tritte. Dann kommt der Weg, der aus dem Anwesen heraus führt, auf die Strasse in die Freiheit.
Ich habe aber Angst und weiss nicht, wo ich hin soll. Ich kriege Herzklopfen, weil ich etwas Verbotenes tue. Ich öffne also die Türe, dann stehe ich draussen und schnuppere die frische Luft. Das gibt mir ein Gefühl der Lebendigkeit und Freiheit. Ich versuche zu gehen, mache den ersten Schritt, den zweiten, den dritten Schritt. Es ist wie ein Wunder. Ich fühle mich gut, habe aber eine Angst. Der Wind weht ziemlich stark, was schön ist, aber auch Angst macht, weil ich den schon lange nicht mehr erfahren habe. Es ist fremd. Ich gehe da zwei, drei Schritte, mein Gang ist unsicher auf den Füßen. Ich bin es nicht gewohnt, draussen zu laufen, ich habe auch keine Kraft mehr. Die Muskeln machen nicht mehr mit.
Ich habe Angst, nicht weit zu kommen, weil mich die Kraft verlassen würde. Ich stütze mich mit den Händen ab und laufe fast auf allen vieren. Die Angst lähmt mich fast. Das erste Ziel ist die Treppe runter zu kommen, dann auf den Weg zu gelangen um aus der Anlage raus zu kommen. Ich komme die Treppe runter auf den Weg. Da hat es aber kein Geländer mehr, wo ich mich halten kann. Da versuche ich zu laufen, was kaum geht, ich balanciere da wie ein Seiltänzer. Ich finde auch das Gleichgewicht nicht, weil es räumlich frei ist. Es ist eine neue Dimension und Wahrnehmung da. Es ist grossartig, zugleich aber auch bedrohlich. Die Geräusche der Natur, der Wind, das verunsichert mich. Es fehlt der Halt. Es fehlt mir die räumliche Begrenzung des Raumes, die ich vorher hatte. Ich habe da noch einen unendlich weiten Weg vor mir bis auf die Strasse. «Die erreiche ich nie», denke ich, «ich habe die Kraft nicht.»
Ich treffe dann die Entscheidung, wieder umzukehren. Ich resigniere und gebe auf mit dem Gedanken: «Ich kann nicht, es geht nicht, ich erreiche das Ziel nicht, es ist zu weit. Ich habe die Kraft nicht, ich bin erschöpft.» Die Beine schlottern, das Herz schlägt schnell, ich gehe zurück auf allen vieren, halte mich am Geländer und ziehe mich hoch. Die Zimmermädchen sehen mich und lachen. Sie machen Bemerkungen: «Kannst du nicht mehr laufen, hast du das Laufen verlernt?» Sie stützen mich und bringen mich wieder in mein Zimmer zurück.

Am Abend kommt mein Mann und schreit mich an: Was fällt dir ein?» Er reisst mich an den Haaren und schlägt mich. Ich denke, ich bin selber schuld, weil ich verbotene Sachen gemacht habe. Ich bin aus dem Zimmer und aus dem Haus gegangen. Dafür werde ich jetzt für einige Tage in den Kohlenkeller gesperrt. Dann komme ich zurück in mein Zimmer.

Die Todessituation:
Ich bin krank, leide an Muskelschwund, das Herz ist angegriffen. Das Herz ist ja auch ein Muskel. Als ich sterbe, sitze ich in einem Sessel im Zimmer und starre zum Fenster hinaus. Da sehe ich die Bäume und den Himmel, das löst die Sehnsucht nach Freiheit, nach frei sein aus. Ich denke auch an meinen Fluchtversuch und denke: «Ich hätte weitergehen sollen, nicht zurückkehren sollen. Es war ein Fehler, zurückzugehen, denn es kam nur noch schlimmer.» Der Keller, die Schläge ... Dann kommt der Herzstillstand. Das Herz holpert zuerst, das hat schon einige Tage vorher angefangen, da hatte ich zuerst Herzrhythmusstörungen. Die letzte Wahrnehmung ist der Himmel, die Wolken und die Unendlichkeit, die ich sehe. Das letzte Bild ist, wie ich mich da laufen sehe beim Fluchtversuch.

Die Vorgeschichte:
Ich komme ursprünglich von einer ländlichen Gegend, meine Eltern sind recht begütert. Meine Familie und meine Verwandtschaft hat Besitz in Grundstücken. Ich bin einzige Tochter von Eltern, die mich mit diesem Mann verheiraten wollen. Er ist ein Bekannter der Eltern und kennt mich aus der Kindheit. Er fragt die Eltern, ob er mich heiraten könne. Die stimmten zu. Es ist kein gesellschaftlicher Unterschied zu meinem Mann. Sie meinen, ich sei dort gut aufgehoben. Es ist eher eine Zweckehe aus geschäftlichen Gründen. Ich bin aber mit der Ehe einverstanden.
Mein Gewinn dabei ist, dass ich dann einen anderen Status habe, ich bin dann nicht mehr Tochter und Kind, sondern eine Ehegattin und eine erwachsene Frau. Ich wollte auch Kinder und eine richtige Familie haben. Ich stellte mir ein solches Leben als gut, glücklich und erfüllend vor. Mein Bestreben ist es auch gewesen, dass ich wegkomme von zuhause. Es ist mir schon klar gewesen, dass die geschäftlichen Gründe auch wichtig sind, aber ich habe nicht sehen wollen, wie dieser Mann wirklich ist.

Die Ehezeit:

Der Mann ist bald ziemlich autoritär, geht recht lieblos mit mir um. Zudem hat er neben mir auch andere Frauen und Liebschaften. Diese nimmt er sogar mit nach Hause. Ich wundere mich, frage mich, ob das normal ist. Ich spreche ihn aber darauf nicht an.

Ich spreche auch mit niemandem anderes darüber. In dieser Gesellschaft spricht man nicht über seine Ehe. Zudem ist mir dieser Vorfall auch etwas peinlich, wie ich behandelt werde von ihm. Ich hätte erkennen können, wie er zu mir steht, denn ich horche an der Tür und höre, dass er zu einer Frau gesagt hat: «Ich liebe diese Frau nicht, ich heirate sie nur aus geschäftlichen Gründen». Ich verdränge es. Ich tue so, als ob ich das falsch gehört und falsch verstanden hätte. Ich lege hier meine Wahrnehmung einfach beiseite oder drehe sie sogar noch um und sage zu mir: «Er hat gesagt, ich liebe diese Frau, das Geschäftliche ist gleichgültig.» Ich will die Realität nicht sehen, so wie sie ist. Ich manipuliere mich da einfach selber. Mein Vorteil dabei ist, dass ich es weiterhin so haben will, wie es ist. Es soll so weitergehen wie bisher. «Ich habe das ja nur zufällig und unerlaubterweise gehört und wenn ich das nicht gehört hätte, dann wüsste ich jetzt davon auch nichts, also brauche ich das auch nicht zur Kenntnis zu nehmen.» Wenn ich das ignoriere, dann kann ich weiterhin die Ehefrau dieses Mannes bleiben und so meinen angestammten Status behalten. Und so läuft es dann weiter. Schleichend und Schritt für Schritt kommen dann die Situationen, in denen mir Fehler unterstellt werden.

Die Problematik:

Die hat vor allem damit zu tun, dass ich meinen Weg weitergehen und vorwärts gehen will. Ich habe mir auch eingeredet, dass sich das noch ändern und verbessern wird, dass ich das schon hinkriegen werde. Das ist schon vor der Ehe passiert. Ich kann da jetzt nicht einfach einen Rückzieher machen. Ich bin versprochen und verlobt und die Sache ist geregelt. Auch das Geschäftliche ist schon neu am Laufen.

Es ist also alles abgemacht und alle haben sich darauf eingestellt. Die Karten sind gedruckt und die Hochzeit geplant. Der Wagen rollt. «Jetzt kann ich nicht wie ein kleines Kind kommen und sagen, dass ich es nicht mehr will. Das kann ich den Eltern und den anderen Verwandten und Bekannten nicht antun.»

Ich höre auf nachzudenken und frage nicht nach. Da ist ein Kommunikationsproblem mit mir vorhanden. Kommunikation heisst ja auch, den anderen so wahrzunehmen wie er ist, und sich nicht selber etwas vormachen. Wenn ich die Realität wahrnehmen würde, müsste ich auf das eingehen und mich dem stellen, was ich da gehört habe. Den Fakten stellen. Das wollte ich aber nicht tun. «Es ist nicht, was nicht sein darf.» Ich setze mich runter. Ein Konflikt mit der Realität ist da. Zuerst im Elternhaus: «Als Mädchen bin ich weniger wert.»

Ich genüge mir nicht, wie ich bin. Ich fühle mich wenig wert. Aus der Tatsache ziehe ich mir einen solchen Mann an, denn ich strahle aus, dass ich mich minderwertig fühle. Sonst würde mir der gar nicht über den Weg laufen. Das hat möglich gemacht, was dann passiert ist.

Die Frage stellt sich für mich jetzt, warum man sich überhaupt in ein solches Leben hinein begibt? Da muss man etwas in sich tragen, dass man das tut. In einem solchen Leben kann man vermeiden, selbständig und eigenständig und selbstverantwortlich zu sein und zu leben, seine Möglichkeiten auszuschöpfen, an der Vielfalt des Lebens teil zu haben. Dadurch vermeidet man auch die Lebenslust, das Leichte, das Schöne. Das Leichte hat aber keine Bodenhaftung, meine ich. Das Leichte ist eben leicht und hat keine Schwere. Man kann davon fliegen, bleibt nicht auf dem Boden. Es ist die Befürchtung da, abzuheben, durchzuknallen, weil man die Grenzen nicht mehr kennt.

Im Nachhinein:

Ich sehe, dass er selbst ein Problem hat. Deswegen muss er mich kontrollieren. Er hat Angst, dass ich bemerke, wie wenig Selbstwert er hat. Er macht mich mundtot. Ich konnte erkennen, was ich im Leben nicht erkennen konnte, nämlich, dass dieser Mann nicht viel Geld hatte. Er hatte wesentlich weniger, als er vorgegeben hat. Zudem war er unfähig, etwas zu Stande zu bringen und nicht fähig, Geld zu verdienen – wie ich. Er konnte nichts, lebte von seinem und dem elterlichen Vermögen. Er hat es nur auf meine Mitgift und auf mein Erbe abgesehen. Er wollte gut heiraten, um so zu Geld zu kommen. Ich erbte viel als einziges Kind.

Er ist selber auch gar nicht der Meinung gewesen, dass ich was falsch mache. Seine Absicht ist gewesen, mich zu verunsichern, in den Minderwert zu bringen, mich hörig zu machen.
Zu beachten sind auch die Bezüge, die da gemacht worden sind. Ich bin im Garten und der fragt mich, ob ich unser Haus nicht möge, als ob das eine mit dem anderen etwas zu tun hätte. Die Tatsache, dass ich heute selber die Leute kritisiere, ist eine Folgeerscheinung aus diesem Leben. Dadurch bringe ich mich auf Distanz zum anderen.
Das ist auch so ein Punkt, dass ich zuerst nicht einmal auf den Gedanken kam zu fliehen, wo die Zimmertüre immer offen war. Das ist kaum zu glauben. Ich war also nicht bereit alleine zu laufen. Ich meinte es draussen nicht zu schaffen, die Kraft würde nicht reichen, aber wenn ich den Weg zurückgehen kann, dann hätte ich ihn auch weitergehen können. Ich ging dann zurück, anstatt vorwärts zu gehen, das hätte aber meine Kraft gesteigert. Je weiter ich gegangen wäre, desto mehr Kraft hätte ich bekommen.
Die Vermeidung des Lebens, der Lebenslust und der Lebendigkeit führt dann letztendlich zur Hörigkeit.

Erkenntnisse für das aktuelle Leben:
Ich brauche mich nicht zu rechtfertigen, denn rechtfertigen muss sich nur jemand, der schuldig ist. Und wenn er dann trotzdem weitermacht kann ich sagen, auch wenn du mir das noch 100 Mal sagst, bin ich nach wie vor der Meinung, dass ich es gut finde. «Für mich stimmt es, ich sehe das anders.» Ich muss die Absicht dann benennen: «Willst du mich runterziehen? Willst du mich erniedrigen oder demütigen? Lass das.» Zu dem aber hätte ich bereit sein müssen, mich selbst in meiner Größe zu erkennen. Ich habe mir selbst den Raum für meine Entwicklung genommen und so konnte mein Mann diesen Raum nehmen. Was ich nicht nutze, nutzt ein anderer. Ich habe mich nicht definiert.
Auch momentan besteht eine Disposition zur Hörigkeit. Was ich mir von meinen Freundinnen gefallen lassen habe und was ich mir aktuell von meiner Freundin gefallen lasse, kommt mir jetzt gerade in den Kopf. Sie lügt mich an und ich meine noch, mich rechtfertigen zu müssen. Auch wie ich sie jedes Mal entschuldige, wenn sie was bemängelt. Das ist etwas, das mich erniedrigt und runterzieht, das mich unterdrückt, und ich entschuldige

das. Es geht mir manchmal schlecht, wenn ich mit ihr zusammen bin. Mir tut das nicht gut, ihre Energie zieht runter, und ich entschuldige sie.
Es ist ein Konflikt da, zwischen dem einschränkenden Zimmer und der Freiheit. Jetzt wird es aber Zeit, dass ich mein Leben in die Hand nehme und plane, wie ich mich beruflich neu orientiere. Und, dass ich endlich in meiner Beziehung meine Bedürfnisse einbringe. Ich bin nämlich richtig und normal. Vermutlich werde ich diese Beziehung beenden. Das aber um meiner selbst willen.

Fallbeispiel «Mykene»

Der Klient klagt darüber, dass er nichts Neues anfängt. Er möchte aus seiner jetzigen Tätigkeit als Beamter raus, traut sich aber nicht. Befürchtet, er würde scheitern und versagen. Er habe noch so viel drauf, könne aber seine Ressourcen nicht nutzen, diese würden brach liegen.
Ich arbeite mit ihm heraus, dass er wohl einmal seine Verantwortung missbraucht haben müsse, Ressourcen verschleudert, Land vernichtet und Arbeitskraft ausgebeutet haben müsse.

Früheres Leben:
Ich sehe mich als jungen Mann, griechischer Kulturraum. Ich sehe Meer. Ich lebe in einer Gemeinschaft. Ich bin ein junger Gemeinderat, einer von Dreien. Wir leben spärlich. Wir können gerade mal knapp das produzieren, was wir für uns selber benötigen, für unsere Lebensgemeinschaft. Ich meine, wir haben ein Armutsproblem. Anderen Städten, Stadt-Staaten (Polis) geht es wesentlich besser als uns. Viele von unserer Gemeinschaft beklagen das. Das stelle ich als Thema im Gemeinderat zur Diskussion: «Es existiert hier ein Problem.» Wir betreiben da lediglich Viehwirtschaft, Fischfang, Ackerbau für Getreide und Gemüse. Neben den Bauern gibt es auch einen kleinen Anteil an Gewerbebetreibenden. Wir erwirtschaften gerade das Nötigste und können keine Luxusgüter kaufen von den Händlern, die mit den Handelsschiffen unterwegs sind, karge Böden und schlechte Rahmen-

bedingungen.» Das Problem wird im Gemeinderat besprochen, wir sind zu dritt. Es gibt einen ziemlich alten Mann im Gemeinderat, dann ein Mann in den mittleren Jahren und ich bin der junge Gemeinderat; so sind auch alle Generationen vertreten. Das ist auch gewollt so. Die Zeit ist so ca. 1200 v. Chr. in der Gegend von Thessaloniki am Meer.
Ich spreche darüber auch mit anderen, vor allem mit meiner Familie und mit meinen Freunden. Es taucht plötzlich der Gedanke auf: «Wir können doch auch umsiedeln, von hier gehen, an einen Ort, wo bessere Lebensbedingungen vorhanden sind.» Es gibt eine Polarisierung zu dieser Idee im Dorf. Die jüngeren Leute sind eher dafür, zu gehen, die älteren sind dagegen. Es ist eine Generationenfrage. «Man kann da nicht einfach mit 4000 Leuten wegziehen und uns irgendwo neu ansiedeln», wird eingewendet. Es gibt eine Spaltung aufgrund dieser Diskussion im Verhältnis etwas 50 zu 50. Wir gehen. Die, die bleiben wollen, sollen bleiben. Es gibt dann gleichviel Boden und Anbaufläche für weniger Leute. Vielleicht ist diese Teilung die richtige Lösung für die Zukunft für alle Beteiligten.

Weitere Entwicklung:
Die Reisevorbereitungen dauern etwa zwei Jahre, um Schiffe zu bauen und Vorräte anzuhäufen, z.B. Trockenfleisch, Brot, Dörrgemüse, Dörrfrüchte, Käse und andere haltbare Sachen. Es müssen Tiere geschlachtet werden, um Trockenfleisch produzieren zu können. Die Tiere nehmen wir aus den Beständen, aus unserem Anteil der Güterteilung. Zuerst bauen wir Schiffe. Riesengrosse Segelboote, etwa zwanzig. Die Boote werden aus Holz gebaut, vom Wald. Diejenigen, welche gehen, machen den anderen Platz und überlassen denen das Land. Wir gehen weg, damit die Bleibenden mehr haben. Wir nehmen also ein Opfer auf uns und machen Platz. Die Atmosphäre in der Gesellschaft ist zu dieser Zeit etwas giftig. Ich, wir denken: «Diejenigen, die bleiben wollen, denken nicht weiter und sind nicht veränderungsbereit. Der Weizen wird von der Spreu getrennt, die Alten sterben hier und die Jungen bauen sich dann an einem anderen Ort etwas Neues auf, wo sie nachhaltig wachsen können. Am alten Ort kann unser Überleben nicht gesichert werden.» Ich denke so für mich: «Es ist eine extrem verrückte Idee, dort weg zu gehen und diese Völkerwanderung anzutreten.» Ich hoffe auf bessere Lebensbedingungen, auf fruchtbares Land, neue Möglich-

keiten und bessere Chancen. Jeder soll sich frei entscheiden können, ob er mitmachen oder bleiben will. Es soll keiner irgendetwas müssen. Die einen sind wagemutig und abenteuerlich, sie sollen ihr Leben neu wagen können. Die anderen sind heimatverbunden und wollen bleiben, das sollen sich auch tun können. Das Weggehen ist die Lösung aus unserem Problem, eine Win-Win-Situation soll es werden.

Therapeut:
Die Schilderung klingt geschönt und unrealistisch. Ich frage daher, wie sich die Menschen verhalten, wenn Bäume gefällt und Tiere geschlachtet werden.

Weitere Entwicklung:
Die Trennung vom alten Ort geht nicht so reibungslos vor sich, wie gedacht. Es gibt Krach. Sie wollen uns hindern, unsere Reisevorbereitungen zu treffen und uns abreisen zu lassen. Wir werden als Verräter am eigenen Volk bezeichnet. Wir werden gewaltsam zurückgehalten. Es ist der Tag des Aufbruchs, wir wollen gehen am frühen Morgen, da wird uns dann der Weg versperrt, es ist eine Barrikade gemacht worden zum Hafen, damit wir nicht zu unseren Schiffen gehen können. Sie stellen sich uns in den Weg. Sie wollen uns nicht gehen lassen, sie sind zornig. Wir wollen uns aber nicht aufhalten lassen. Wir räumen die Barrikade weg, es gibt da ein ziemliches Handgemenge. Ja, es gibt Verletzte, etwa zehn Verletzte und zwei Tote. Sie werfen uns vor, dass wir sie im Stich lassen würden; sie, die älteren Leute. Ich rechtfertige das: «Sie können ja mitkommen, mit uns, sie wollen aber nicht. Sie wollen bleiben, und wir wollen uns nicht die Zukunft verbauen lassen. Wir können und dürfen uns nicht aufhalten lassen. Das können wir nicht hinnehmen.» Letztendlich ziehen sie dann ab und gehen nach Hause. Meine Eltern sind auch da, ich spreche noch mit ihnen. Sie verstehen, dass wir gehen wollen. Wir legen dann ab. Ich denke: «Es gibt keinen Weg zurück, es ist alles geplant und organisiert.»
Wir gehen dann mit ca. 2000 Leuten, rund 2000 bleiben. Etwa zwei Drittel der Jungen und ein Drittel der mittleren und älteren Generation. Viele junge Familien mit Kindern. Es geht über das Meer Richtung Süd-Ost. Es soll einfach ein neuer Standort für uns gesucht werden. Wir suchen eine riesen-

grosse, menschenleere Bucht mit flachem Hinterland und hinten Gebirge und Wald. Wir haben uns bei den Handelsschiffen vor Kleinasien vorher erkundigt, wo es freies Land gibt. Die haben uns gesagt, dass drei Tage Richtung Süd-Ost viel gutes, unbewohntes Land ist. Wir landen dann an der türkischen Küste in der Nähe des heutigen Izmir.

Nächste Schritte:

Eine Gruppe von Spezialisten erkundet die nähere Umgebung auf Eignung des Platzes hin. Es passt. Wir bauen Häuser aus Stein vom Gebirge und aus Sand und Wasser. Das sind Sandsteinhäuser. Das ist eine grosse Arbeit für uns alle. Alle sind erschöpft, ich auch. Es ist ja auch was Neues. Das habe ich noch nie gemacht.

Als Nächstes machen wir das Land urbar. Gepflügt und gesät. Es gibt schlechte Stimmung wegen der schweren Arbeit. Ich bin enttäuscht, dass bei einigen so wenig Goodwill für etwas Neues da ist. «Es scheinen da einige Leute die nötige Aufbauarbeit nicht machen zu wollen.» Ich baue auch an unserem Haus und an den Ressourcen. Die Häuser sind etwa 1 – 2 km vom Meer entfernt, im Hinterland sind dann die Felder. Hier ist viel mehr Platz und es ist alles viel offener als am alten Ort. Der Boden hier ist fruchtbarer und weicher, weniger steinig als vorher. Es ist gutes Land zum Bebauen. Wir können Fischfang betreiben, Fruchtbäume anpflanzen, Ackerbau betreiben, jagen und sammeln. Einige der Unzufriedenen fahren dann schon wieder nach Hause zurück. Ich bin verärgert: «Sie kennen ja den Weg. Wer gehen will, soll gehen, wer kommen will, soll kommen. Sie verraten unsere Idee.»

Die weitere Entwicklung:

Die erste Ernte kann etwa nach einem Jahr eingefahren werden. Bis dann leben wir von Vorräten, vom Fischen, von der Jagd und von dem, was zu finden ist. Es ist knapp für alle. Es entwickelt sich nicht alles so wie gedacht. Ich habe mir das auch anders vorgestellt, als es jetzt ist. Es kommen auch keine Schiffe vorbei, weil man uns nicht kennt und nicht von uns weiß. Man sieht uns auch nicht, wir liegen nicht auf der Handelslinie. Viele sind enttäuscht und gelangweilt, sie haben auch Heimweh.

Die Produktion unserer Baumwolle ist nicht so groß und die Preise sind nicht so gut, es ist eine ziemlich mühsame Sache, es muss viel gearbeitet werden, wir können gerade das Nötigste kaufen, keine Luxusgüter. Wir haben nicht mehr als vorher am alten Ort, eher weniger, das Leben hier ist aber viel härter. «Das was wir im Moment hier haben, das haben wir zuhause auch gehabt und einfacher gekriegt. Deswegen hätten wir nicht von zuhause weg gehen müssen, da konnten wir tun was wir wollten», motzen sie. Es gibt immer mehr Unzufriedene, ich bin langsam nicht mehr beliebt, die Gefolgschaft nimmt ab, ich fühle mich langsam isoliert und allein.
Man spricht immer mehr schlecht über mich. Ich kriege dann auch Zweifel und überlege mir, ob ich mit den Leuten zurück fahren soll. Ich sage mir aber dann: «Ich ziehe die Sache hier durch!» Befürchtung? Ich habe Angst, mein Gesicht zu verlieren, ausgelacht zu werden. «Man würde mir Schwäche vorwerfen, angesehen als einer, der verantwortungslos gehandelt hat.» Ich muss zeigen, dass ich in der Lage bin, meine Pläne durchzusetzen, dass ich kompetent, zuverlässig und glaubwürdig bin.
Sogar die Kinder müssen mithelfen, anstatt zu einer Schule zu gehen. «Alle müssen mithelfen beim Aufbau. In einer Aufbauphase gibt es andere Prioritäten. Die Kinder sollen von der Praxis und vom Alltag lernen.» Die Leute sind am alten Ort freier gewesen, hier werden sie von mir und meinem Clan beherrscht. Ich bin der Rädelsführer. Sie machen Vorwürfe: «Du hast uns hier hingebracht, Du hast uns hier reingeritten.»
Ich löse in denen Schuldgefühle aus dadurch, dass ich sie als Verräter an der Sache bezeichne. Es gibt dann mit der Zeit auch hier eine Spaltung von 50 zu 50. Ich werde dann attackiert und angepöbelt, wo nun das gute Leben sei, das ich ihnen versprochen hätte, fragen mich die Leute. Ich hätte sie betrogen und sie angelogen. Ich brauche dann sogar Bodyguards zum Schutz und für den Schutz meiner Familie. Was ist mein Beitrag? Es geht hier nicht demokratisch zu, es gibt keinen Gemeinderat wie vorher, ich bin der Alleinherrscher hier. Ich bin voller Ehrgeiz, der für sich und die anderen viel erreichen will. Ich bezeichne mich auch als Philosoph. Ich habe vielleicht den Leuten versprochen: «Ich werde Euch in ein Land führen, wo Milch und Honig fliesst.» Ich habe in den Leuten die Sehnsucht geweckt nach der Ferne und nach einem besseren Leben.

Die Händler auf den Schiffen haben auch gesagt, dass wir rückständig seien und karg leben würden. Es gäbe bessere Lebensmöglichkeiten weiter unten im Süden. Da fühle ich mich unbedeutend. Das haben uns die phönizischen Seefahrer gesagt, die an den Küstenstädten Handel betreiben. Wo die waren? Ja, die sind zu uns gekommen an den alten Ort. Es kamen aber keine grossen Schiffe bei uns vorbei, dafür ist die Bucht auch zu klein. Wir wollten deshalb weiter in den Süden gehen, damit die Wege kürzer werden für die Schiffe auf dem Meer nach Kleinasien und Nordafrika (Ägypten).
Nach unserem Plan wollten wir ein echter und grosser Handelsplatz werden und prächtig gedeihen. Das war mein Traum, Wohlstand und ein besseres Leben für mich und auch für die anderen. Dafür wollen wir Baumwolle anpflanzen und verkaufen, um dann Getreide und Luxusgüter, wie Kleider und Schmuck, kaufen zu können. Vorteil? Erfolg und Reichtum, aber nicht nur für mich, sondern für alle. Ich will verbunden sein, mit den Handelsbeziehungen auf dem Meer und ein Handelszentrum aufbauen. Das ist der große Wurf.

Nächste Entwicklung:
Die Ernte geht massiv zurück. Die Böden geben nicht genug her, die Leute sind erschöpft. Wir müssen aber viel Baumwolle produzieren, damit die Schiffe kommen und uns die Ware abkaufen, sonst gehen sie direkt in die grossen Städte wie Athen oder Ephesus. Der Grund? Die Böden sind ungeeignet. Ja, und es gibt auch Insekten. Ich reagiere aber nicht drauf, sondern mache weiter. Die Stimmung verschlechtert sich.

Der Tod:
Ich werde vergiftet mit Schlangengift. Ich sehe eine Einladung bei Freunden. Es gibt zu essen und zu trinken. Plötzlich fühle ich mich wie leblos; das Blut zirkuliert nicht mehr, es stimmt etwas nicht. Ich sage nichts, ich bin ganz stur und starr. Es kreisen viele Gedanken im Kopf. «Was passiert da? Das kann doch nicht sein, das ist doch nicht möglich, dass ich jetzt sterbe. Das habe ich nicht verdient. Ich wollte doch nur das Beste und hatte die besten Absichten.» Ich fühle mich innerlich gelähmt, das Gehirn ist dann gelähmt, ich kann nicht mehr denken, ich weiss nicht mehr, wer und was ich bin. Ich bin verwirrt und kenne mich nicht mehr. Ich bin völlig isoliert in

mir und nehme die äussere Umgebung jedoch wahr. «Das ist das Ende, das ist der Tod.» Ich kann mich nicht mehr bewegen, ich kann nicht mehr reden, ich bin starr und fühle nichts mehr. Sie schütteln mich und rufen: «Hallo.» Das Leben ist dann zu Ende und die Seele geht dann raus.

Nach dem Tod und Rückblick:

Ich sehe dann, was passiert ist. Vergiftet mit Schlangengift von einer Viper; das ist im Wein gewesen. Man wollte mich loshaben, weil man die Sache hier aufgeben und zurückfahren will. Es sind Leute gestorben. Zusammengebrochen. Das Herz hat nicht mehr mitgemacht. Insgesamt fünf. Die Leute sind jetzt mehrheitlich zur Einsicht gekommen, dass das was wir hier machen, nicht gut ist. Man musste mich ausschalten, weil ich die nicht hätte gehen lassen, ich hätte einen Bürgerkrieg angezettelt. Vertraute von mir, Brüder, haben mitgemacht. Die Frau und die Kinder aber nicht. Es ist eine Verschwörung gewesen, es sind alle einverstanden gewesen.
Eigentlich bin ich vom Schlangengift noch gar nicht tot. Ich bin nur gelähmt, aber innerlich lebe ich noch. Ich komme lebendig in die Erde, jetzt bin ich lebendig begraben. Ich will mich bewegen und kann es nicht, ich liege zwei Meter unter dem Boden. Panik, ich ersticke, keine Luft mehr. Ich will nach Luft schnappen, ich kann mich jetzt auch wieder bewegen, weil plötzlich die Lähmung weg ist. Ich komme aber nicht mehr hoch, ich komme dort nicht raus, es ist alles Erde über mir, ich werde praktisch erdrückt. Es ist unerträglich. Das ist ein grausames Sterben. Die Seele geht dann weg, sie zwängt sich durch die Erde hindurch. Ich sehe dann die abgewirtschafteten Baumwollplantagen und die Leute, welche sich freuen, dass es mich nicht mehr gibt.
Ich habe in dem Leben nichts erreicht. Es gehen dann alle 1600 Leute zurück. Es gibt keine Widerstände, man muss meinen Zorn nicht mehr fürchten. Ich hätte die Leute unterdrückt und gefügig gemacht. Ich sehe dann, dass es am alten Ort nicht zum Besten bestellt ist.
Die Leute leiden Not dort, sie haben Hungersnöte gehabt, sie kriegten fast ihr Essen nicht zusammen, es fehlten ihnen auch die jungen Leute, die ihnen geholfen hätten. Viele sterben durch Krankheiten wegen Mangelerscheinungen. Es fehlte an allem, viele starben an Hunger und Erschöpfung. Wegen den abgeholzten Wäldern wurde die Saat weggeblasen und das Wasser

versickerte nicht mehr im Waldboden. Die Böden hatten zu viel Wasser. Meine Eltern sind auch gestorben an einer Krankheit, Auszehrung, an langsamer Vergiftung von verschimmelten Lebensmitteln. Traurig macht mich das. Die beiden Geschwister, die zurück geblieben sind, leben aber noch. Sie leiden zwar Not, doch sie leben noch.
Alle nehmen sich vor, zusammen zu bleiben, neu anzufangen. Sie pflanzen an, forsten auf, bestellen die Felder, sie machen das Beste aus der Situation. Die Leute, die zurückgekommen sind, haben auch ihr Gesicht nicht verloren. Sie sind dazu gestanden, dass das, was sie gemacht haben, nicht in Ordnung gewesen ist.

Zurück zur Vorgeschichte:
Ich bin der Anführer der Partei von den Wegzugswilligen. «Die Alten denken da nur an sich, die wollen versorgt werden von den Jungen, und nun haben sie Angst um ihre Zukunft. Sie denken da aber nicht an uns, an die Jungen und deren Zukunft.» Ich werfe ihnen Eigennutz und Egoismus vor. Absicht? Ich will beweisen, dass ich einen eigenen Willen und eine eigene Meinung habe. Ich will da auch nicht als unentschlossen und wankelmütig dastehen, sondern als ein Mann mit einem festen Standpunkt, der entschlossen ist. Ein Mann mit Richtung und Rückgrat. Ich will Standfestigkeit und Klarheit markieren, so wie das ein richtiger Politiker tut. Ich will als hart, entschlossen unnachgiebig und widerspruchsfrei dastehen.

Ich will die Gegenargumente nicht hören, ich will auch nicht abwägen, das Für und Wider. Ich will nicht dastehen als einer, der etwas zurück nimmt, der sich nicht entscheiden kann und sein Wort nicht hält. Es ist auch Sturheit da. Die Gegner sagen, es gibt da moralische und ethische Verpflichtungen. Die Alten haben Angst, wenn die Jugend weggeht. Die ist ihre Altersversicherung. Sie haben auch Angst vor Überfällen von anderen Völkern.
Das wird überall besprochen, zu Hause, auf den Dorfplätzen, es gibt Diskussionsrunden etc. Ich halte Vorträge zu diesem Thema: « …es geht darum, voraus zu blicken und nicht an der Vergangenheit hängen zu bleiben, und wenn das gewisse Leute nicht einsehen wollen, dann wollen sie die Realität nicht wahrhaben, dann können und sollen sie hier bleiben.»

Das Problem:

Ich wollte nicht das Beste aus dem machen, was ich vorfinde, die vorhandenen Möglichkeiten nicht ausschöpfen, die da sind. Das ist mir auf lange Sicht zu wenig gewesen, es war mir zu wenig Perspektive da, zu wenig Horizont. Ich wollte unbedingt etwas Neues, etwas Eigenes aufbauen. Ich wollte in andere Dimensionen vorstoßen, das Unbekannte erfahren und das Unglaubliche und Ungeheuerliche wagen, mehr Abwechslung. Ich wollte an die Grenze des Machbaren gehen, den grossen Wurf landen. Ich habe die Idee bekommen und mich an der Idee berauscht. Vorgegeben habe ich aber, dass wir Fortschritt brauchen und dass das nur mit einem Neuanfang geht.
Die Schuld in diesem Leben ist die Spaltung der Gesellschaft, dass die Leute entwurzelt werden und der Tod der Leute bei der Abreise und beim Aufbau. Ich habe die Menschen überredet, ihre Familien im Stich zu lassen. Ich habe ein funktionierendes Staatsystem und in der Folge das Öko-System aus den Angeln gehoben. Das habe ich damals nicht wissen wollen, aber man hat gewusst, dass das passiert. Ich habe gesagt, dass sie nicht weiter als über den Dorfrand hinaus denken. Ich will dem Teil, der liberal und reformfreudig ist, zum Aufbruch verhelfen.
Ich gehe da als junger Gemeinderat, dem noch weitgehend die Erfahrung fehlte, her und mache diese wahnsinnige Übung. Völlig verantwortungslos. Das nennt man wohl «grössenwahnsinnig.» Die Selbstüberschätzung meiner Person ist auf Unreife zurück zu führen, die auf der Einstellung beruht, dass alles machbar ist.
Ich habe es einfach gesehen: Man baut einfach Baumwolle an und der Rest ergibt sich von selbst. Meine Einstellung: «Es ist alles kein Problem, man muss das riskieren, alles andere ergibt sich von selbst, man muss ein Wagnis eingehen, einen Schritt vorwärts machen.» Ich will bedeutend sein. Ich will sie in die Bedeutungslosigkeit vertreiben, an den Rand, und ich will das Volk auf mich ziehen. Entscheidung: «Wenn ich sie von einem besseren Leben überzeugen kann, dann werden sie mir folgen, mir vertrauen und an mich glauben.»

Therapeut:

Der Klient hat seine Lösung gefunden und redet und redet … und berauscht sich an seiner Lösungsfindung. Was aber ist das echte Problem? Geht es wirklich darum, dass sich der unerfahrene Gemeinderat überschätzt und die anderen überflügeln will? Was hat er sich wirklich von diesem Plan versprochen? Ich frage ihn, wie die Idee entstanden ist.

Der Anfang:

Vorher sehe ich gerade, bin auf Reisen gewesen, mit den Phöniziern. Ich habe auf ihren Schiffen angeheuert und mir den Mittelmeerraum angesehen, Alexandria und die kleinasiatische Küste. Das war neu und immer spannend. Das Unbekannte hat mich gereizt. Ich ging dann nach Hause und erzählte dort, wie andere leben und was möglich ist; dass wir ein Provinzdorf sind und andere dagegen leben viel besser. Mit meiner Vision werden sich die Leute auf meine Seite stellen.

Ich habe in dieser Zeit schon gesehen, dass jetzt etwas aus dem Lot kommt. Es wird zum Selbstläufer, es ist nicht mehr überschaubar. Ich verliere den Überblick, die Kontrolle über die Sache. Meine Ideen werden immer weiter entwickelt und weiter gesponnen von den anderen. Ich bin nur noch Beobachter. Ab dem Moment, wo ich sehe, dass ich einen Fehler gemacht habe, dass es jetzt so weit gekommen ist. Eigentlich möchte ich hier bleiben und die ganze Sache vergessen, aber das geht nicht, das kann ich jetzt nicht mehr. Ich habe etwas entzündet, etwas entfacht, eine Begeisterung ausgelöst.

Ich muss das Spiel mitspielen und dann schauen, dass ich wieder ins Spiel komme. Ich muss das jetzt laufen lassen. Im Moment kann ich nichts mehr tun, so werde ich zum Zuschauer meiner eigenen Inszenierung, wie ein Kommentator, wie ein Berichterstatter. Ich bin nur der Ideengeber und habe keinen Einfluss mehr auf das Geschehen. Im Prinzip bin ich überflüssig. Ich habe ich mich dann wieder von dieser Euphorie anstecken lassen. «Ich bin einfach gut. Ich bin ein Genie. Ich bin grossartig.» Nun stehe ich wieder innerhalb der Sache, im Zentrum. Ich bin das Zentrum der Welt – wie absurd, sehe ich jetzt.

Ich hätte von diesem Plan abgehen sollen, weil die Sache ein Fehler ist. Welcher Vorteil hält ihn ab? Es ist die Begeisterung. Das ist wie ein Kick. Es war mir langweilig nach meiner ersten großen Reise. Es fehlte die Spannung, der Kick des Neuen und Unbekannten erzeugt wieder Spannung, wie bei der Reise vorher. Was noch? Bedeutung für die gesamte Handelswelt. Ziemlich dumm, diese Denkweise.

Therapeut:
Die Frage ist, was befürchtet der Klient, wenn er das Projekt gestoppt hätte?

Fortsetzung:
Ich kann da nicht mehr raus, aus dieser fixen Idee. Das Gift hat mich gelähmt und ich habe alle mit dieser fixen Idee vergiftet. Das, was wir vorher zu Hause gehabt haben, war gut. Etwas Gutes sollte man nicht aufgeben. Dort an Ort und Stelle hätten die Verbesserungen vorgenommen werden sollen. Und wenn ich richtig hinschaue, hatten wir gar kein Problem. Alle waren zufrieden. Was für eine Inszenierung.
Ich brauche immer was, was mich begeistert und antreibt, sonst werde ich dann wie die beiden anderen im Gemeinderat, satt, zufrieden und selbstgefällig. In Selbstgefälligkeit zu versinken, ist das Schlimmste, weil man dann nichts bewegt. Ah, vielleicht muss ich deshalb immer was bewegen und andere aufmischen. Das mache ich heute auch.
Die Katastrophe ist letztendlich erst dadurch entstanden, dass ich den Schritt zurück nicht machen wollte, weil ich mich von dem prickelnden Gefühl nicht trennen wollte. Der Fehler ist nicht, den Fehler zu machen, sondern den nicht zu korrigieren. Das hätte ich jederzeit können. Wenn ich überzeugen konnte, dann hätte ich das auch wieder retour tun können.

Kapitel 5
Die Reinkarnationstherapie in der Praxis

In diesem Kapitel werden folgende Themen behandelt:
- Grundsätze der Reinkarnationstherapie
- Das Vorgespräch zur Reinkarnationstherapie
- Traumatische und schmerzhafte Erfahrungen
- Schwangerschaft, Zeugung und Geburt
- Die Lebensaufgabe
- Rückführung und Bearbeitung früherer Leben
- Aufbau der Reinkarnationstherapie

Grundsätze der Reinkarnationstherapie

Nach dem Schöpfungsprinzip ist alles gleichwertig. Nach diesem Grundsatz des Gewissens funktioniert alles Leben. Daraus ergibt sich, dass jeder Mensch gleich dem anderen ist, egal welches Problem er hat, egal was ihm passiert ist, egal was er getan hat und egal wer er ist. Die Reinkarnationstherapie verläuft nach diesem Gleichheitsgrundsatz. Der Leitsatz für die Praxis der Reinkarnationstherapie ist:

Alles ist gleichwertig, alles ist eins

Wenn gleichwertige Interessen miteinander in Konflikt geraten, ist die, für alle Beteiligten, langfristig beste Lösung zu finden. So hat jeder Mensch die Möglichkeit, seine Vergangenheit aufzuarbeiten und sich weiterzuentwickeln. Es gibt kein «gut» und kein «böse», es gibt nur den Menschen und sein Problem. Es gibt keine Klassifizierung von Status oder Beruf: Der Handwerker ist dem Akademiker gleich. Es gibt keinen «besseren Menschen» und keinen «schlechteren Menschen.» Ob Prominenter oder No-

Name, jeder ist ein Mensch, in seinen Anlagen gleich und in der der Seele nackt. Jeder tut in jedem Augenblick sein Bestes, auch, wenn er es im Nachhinein als Fehler betrachtet. Und für das Beste, was er gegeben hat, gebührt ihm Wertschätzung. Man stelle sich nur vor, der heutige Top-Manager wäre in einem früheren Leben ein Schmied gewesen und wir würden den Beruf des Schmieds abwerten? Wie würde er sich dann fühlen? Wie würde sich ein Klient fühlen, wenn der Therapeut den Status der früheren Existenz des Klienten als minderwertig betrachtet? In der Therapie ist der Therapeut ein wertneutraler Beobachter und Akteur, der den Seelenanteil des Klienten stärkt. Gemeinsam erarbeitet er mit ihm Lösungswege, vergleichbar eines Rechtsanwaltes der Seele.

Beklagt sich ein Klient über andere und ist ihm Schlechtes widerfahren, bezieht der Therapeut keine Position, weder für die Seite des Klienten, noch für die der anderen Person. Klienten erwarten oft, dass der Therapeut «mit weint» oder bestätigt, wie schlecht der andere doch ist, von dem er gerade geplagt wird. Das allerdings nützt niemandem, betrachtet man vorrausschauend, dass auch der Klient sicher in einem früheren Leben eine ähnliche Rolle inne hatte.

Wenn ein Klient diese Therapie macht, kann er aber immer Mitgefühl erwarten und es wird ihm Wertneutralität entgegengebracht. Wertneutralität wird vom Klienten oft mit Distanziertheit oder Kälte verwechselt. Das zeigt aber nur, dass der Klient noch in seiner eigenen Problematik gefangen ist. Wenn Ehepartner oder Partner beide Reinkarnationstherapie machen, ist Wertneutralität besonders wichtig, um beiden Klienten gleichermaßen eine gute Therapie zu bieten. Hier kommt im Besonderen der Grundsatz zum Tragen: «Wenn gleichwertige Interessen verschiedener Personen miteinander in Konflikt geraten, ist die, für alle Beteiligten, langfristig beste Lösung zu finden.»

Gründlich, geradlinig und offen sein und bei Bedarf Information geben ergibt ein gutes Miteinander zwischen Klient und Therapeut. Interesse am Klienten haben in Form von «ich will wissen», konkrete Fragen, kreative Resultate und eine lebensbejahende Einstellung von seitens des Therapeuten, machen die Therapie zu etwas Praktischem, was jeder anwenden kann.

Die Reinkarnationstherapie verläuft nach einer bestimmten Struktur. Diese wird auf jeden Klienten individuell abgestimmt, je nachdem, welches Problem er mitbringt. Der erste persönliche Kontakt mit einem Klienten findet meist telefonisch statt. Danach erfolgt das intensive Kennenlernen des Klienten durch ein Vorgespräch zur Therapie: Eine klassische «Anamnese» oder «Vorgespräch zur Therapie.» Danach beginnt die spannende Phase der Therapie, in der sich der Klient neu kennenlernt: die Reise zu sich selbst.

Das Vorgespräch zur Reinkarnationstherapie

Für die Therapie wird der Mensch als Ganzes erfasst - wie er seinen Alltag lebt, und in ihn eingebunden ist. Die Therapie ist nichts Abgehobenes und erwartet daher einen ganz normalen Menschen und kein hochentwickeltes spirituelles Wesen.

Für die Therapie ist alles wichtig, was zum Menschen gehört, denn es kann bedeutsam sein. Es zeigt den Weg zu den früheren Leben auf, die bearbeitet werden wollen. Genau genommen lässt sich das Thema eines Klienten oft schon beim ersten Kontakt festmachen. Das sollte dem Menschen keine Angst machen, sondern er sollte es positiv betrachten; er ist einfach Mensch und Menschen leben ihren Alltag nach ihren früheren Leben. Daher sind manche Themenkreise offensichtlich und leicht wahrnehmbar. Sein Unbewusstes möchte ihm dadurch helfen und zeigt dem Therapeuten schon beim ersten Kontakt wichtige Themenkreise.
Eine häufige Frage ist: «Gibt es bei Ihnen auch Parkplätze?» Die Frage klingt erst einmal üblich, sie hat aber für die Reinkarnationstherapie eine tiefere Bedeutung. Die Frage zeigt an, dass es im Leben des Klienten vermutlich um das Thema «Platz» geht. Eventuell hat dieser Mensch seinen Platz im Leben noch nicht ganz gefunden oder zweifelt selbst dran. Trotz der zahlreichen Navigationshilfen, stellen sich bei der ersten Anfahrt zur Therapie oft Orientierungsprobleme ein. Vielleicht hat dieser Klient seinen Weg noch nicht gefunden oder befindet sich auf einem Weg, der ihm nicht gefällt. Es zeigen sich dadurch karmische Probleme mit «Orientierung» oder sein Leben ist gerade «verfahren.»

Es macht für die zukünftige Therapie einen Unterschied, ob ein Klient hektisch herein kommt oder vor der Türe wartet, obwohl die Türe bereits geöffnet ist oder ob er sich ruhig und gelassen verhält. Und es macht auch einen Unterschied, ob ein Klient seine Wasserflasche braucht und diese mitbringt. Letzteres kann darauf schließen lassen, dass er in einem früheren Leben einmal nicht ausreichend zu trinken hatte und einmal verdurstet ist. Und sicher macht es einen Unterschied, ob ein Klient eher wenig redet oder redefreudig ist. Klienten versuchen diese «Problem-Erkennungszeichen» oft zu unterdrücken. Das ist wenig sinnvoll, denn die Therapie braucht den Menschen, wie er ist.
Ist der Klient angekommen, beginnt die erste Sitzung mit dem eigentlichen Vorgespräch. Vorab hat der Klient ausreichend Raum für Fragen zur Therapie, zum Ablauf oder zur Vorgehensweise innerhalb der Therapie, bevor dann der nächste Abschnitt der eigentlichen Therapie beginnt. Das gesamte Vorgespräch ist zielführend aufgebaut und deckt meist die gesamten Lebensthemen des Klienten ab. Das gibt dem Klienten die Möglichkeit, sich ganz auf sich zu konzentrieren und macht es ihm leicht, zu antworten und nichts Wesentliches zu vergessen. Das Vorgespräch ist auf seine Weise eine Rückführung des jetzigen Lebens; seine Ziele sind:

- Die einzelnen Themen / Problemkreise des Klienten werden erfasst
- Der Klient erhält einen Überblick über sein Leben und seine Probleme und setzt sich mit seinem Leben in der Gesamtheit auseinander. Oft stellt er selbst, vorher noch nie erkannte Zusammenhänge fest. Manchmal «purzeln» die Erkenntnisse nur so raus …
- Der Klient setzt sich zum ersten Mal mit der Sichtweise der Reinkarnationstherapie auseinander und deren Eigenverantwortlichkeit
- Alle Antworten des Klienten sind wichtig und können den Weg in die früheren Leben ebnen und ein vorläufiges Bild der Traumata in früheren Zeiten zeichnen
- Das Unbewusste des Klienten öffnet sich, da alle Karmapunkte angesprochen werden
- Blockadesätze, die unbewusst Lebens- und Therapieblockaden steuern, können schon vor der eigentlichen Therapie erfasst werden

Es werden keinerlei Vorgaben gegeben oder Ratschläge erteilt. Der Therapeut stellt offene, zielführende Fragen, die dem Klienten ermöglichen, in ganzen Sätzen zu antworten. Der Therapeut verzichtet auf suggestive und geschlossene Fragen, die zu «Ja» oder «Nein-Antworten» anregen würden. Der Klient kann durch die offene Fragestellung frei wählen, wie er die Fragen des Klienten beantwortet. Zusammenfassende Aussagen des Therapeuten dienen lediglich dazu, das Verständnis des Klienten zu fördern.

Das Vorgespräch schließt mit einer Zusammenfassung. Der Klient bekommt bereits hier einen groben Überblick, in welche Richtung seine Therapie geht und was ihn erwartet, damit er sein Therapieziel, welches er sich gesetzt hat, erreichen kann. Jeder Mensch verspricht sich von seiner Therapie einen bestimmten Vorteil, um sein Leben wieder in Fluss zu bringen. Die Therapie arbeitet direkt auf das Ziel hin und führt lediglich die früheren Leben zurück, die dafür Lösungsmöglichkeiten und wesentliche Erkenntnisse bieten. In der Therapie wird auch darauf geachtet, dass die Ziele realistisch und erreichbar sind. Eine Million im Lotto zu gewinnen, ist kein realistisches Ziel, sondern deutet eher auf ein darunterliegendes Problem hin. Möchte jemand beispielsweise Fähigkeiten wieder erlangen, um anderen zu schaden, wie magischen Fähigkeiten, kann die Therapie ihm dabei nicht helfen. Die Therapie kann dem Menschen auch nicht dabei helfen, seinen materiellen Körper zu überwinden, wie vielfach gewünscht; sie kann ihm aber bewusst machen, welche Aufgabenstellung er hat und welche Vorteile eine echte Reinkarnationstherapie hat.

Klienten oder deren Verwandte, Partner oder Bekannte, haben manchmal Einwände gegen die Reinkarnationstherapie. Grundsätzlich ist jeder Einwand gegen die Therapie ein individueller Einwand gegen das Leben an sich. Einwände anderer spiegeln nur den eigenen Einwand gegen das Leben wieder. Einwände gegen eine Therapie, die Menschen weiterentwickelt, sind Blockaden, die auch sein Leben blockieren. In der Therapie kann nichts auftauchen, was nicht schon bereits im Leben wirkt. Die Therapie bearbeitet Einwände möglichst direkt, um die Lebensblockade aufzulösen.
Klienten, die bereits Therapie hinter sich haben, insbesondere klassische Therapien, haben meist bereits Vorgespräche (Anamnesen) hinter sich und

werten das anstehende Vorgespräch häufig als «überflüssig» oder «verlorene Zeit» ab. Und auch nicht jede Reinkarnationstherapie bedient sich eines Vorgespräches; das aus den verschiedensten Gründen. Die zentrale Frage dabei ist nicht «Vorgespräch oder nicht?», sondern «was weiß der Therapeut über den Klienten oder nicht?» Wie soll eine Therapie wirklich erfolgreich verlaufen, wenn dem Therapeuten die Möglichkeit fehlt, den Klienten dabei zu unterstützen, die rückgeführten früheren Leben auf sein heutiges Leben zu beziehen? Oder die richtigen Umsetzungsmöglichkeiten der früheren Leben mit dem Klienten zu erarbeiten oder falsche Rückschlüsse zu erkennen, damit das jetzige Leben nicht wieder scheitert?
Klienten, die sich vehement gegen ein Vorgespräch wehren, zeigen ein Vermeidungsverhalten. Eine sinnvolle Frage dazu ist: «Wo will ich mir nicht in die Karten schauen lassen; was gibt es in mir zu entdecken, was unentdeckt bleiben soll?» Es ist immer sinnvoll, das Vorgespräch als Möglichkeit zu nutzen, sich zu öffnen und mitzuarbeiten.

Im Vorgespräch nimmt die Frage nach den Eltern und den nahestehenden Personen eine besondere Rolle ein. Eltern sind Wegbegleiter, die ersten Partner und damit auch Konfrontationspartner. Sie führen den Menschen direkt und ohne Umschweife an sein Karma heran. Alles, was der Klient über seine Eltern sagt, ist er selbst. Manchen Klienten fällt es nicht leicht, dies anzunehmen. Diese Erwartung an einen Klienten wäre auch zu hoch und würde überfordern.
Eine genaue, konkrete Information über die Beziehung zu Eltern, Geschwistern und zum Partner geben Aufschluss über die karmische Beziehung zwischen den Menschen. Es ist für die weitere Vorgehensweise in der Therapie beispielsweise wichtig zu erfahren, ob zwischen den Eltern ein Abhängigkeitsverhältnis besteht oder einer der Eltern oder der Partner suchtkrank war oder ist. Es bestimmt das Therapiethema des Klienten, wenn einer der Elternteile «nie da war» oder bei gewaltsamen Übergriffen nicht eingeschritten ist. Oder der eine Elternteil die Anweisungen des anderen, an dessen Stelle, ausgeführt hat.
Ein weiterer zentraler Punkt des Vorgespräches ist die Erhebung der Probleme des Klienten. Welche Probleme hat der Klient? Wie viele Probleme hat der Klient? Kann der Klient Probleme benennen oder hat er eventuell

keine Probleme? Für die Reinkarnationstherapie ist es wichtig, dass ein Klient seine Probleme benennen und ausformulieren kann. Diese Therapie basiert auf dem Prinzip der Eigenverantwortlichkeit; das bedeutet, dass der Klient seinen Beitrag zur Entstehung seines Problems sieht oder zumindest in Betracht zieht, dass er einen Beitrag dazu leistet, dass sein Problem entstehen konnte. Die Therapie erwartet jedoch nicht von ihm, dass er die Ursachen schon kennt. Wäre das so, hätte er das Problem schon gelöst. Solange ein Problem da oder noch da ist, kennt der Klient die echten Ursachen noch nicht.

Hat ein Klient kein Problem, so geht die Therapie davon aus, dass es in seinem Leben aber ein Thema gibt, welches ihn stark beschäftigt und seine Aufmerksamkeit bindet. Dieses Thema ist durchaus geeignet, es aufzuarbeiten, um die darin gebundene Energie aus früheren Leben frei zu setzen.

Manche Menschen haben in ihren Augen keine Probleme und fühlen auch keine Probleme, kommen aber dennoch zur Therapie. Der Hintergrund dafür kann sein, dass sie «keine Probleme haben dürfen», weil es in früheren Leben Erfahrungen gab, dass es heute besser ist, keine Probleme zu haben. Ein weiterer Grund ist, dass es manchen Menschen schwer fällt, sich einzugestehen, dass es Probleme in ihren Leben gibt, da sie befürchten, dass sonst «alles zusammenbrechen würde.» Oder sie denken, dass es eine Schwäche ist, wenn sie nicht stark sind, sondern schwach; sie setzen das Vorhandensein von Problemen mit Schwäche gleich.

Bei einem Klienten, der unzählige Probleme aufzählt und ausführlich beschreibt, steht es an, zu überprüfen, welches sein Hauptproblem und was sein wirkliches Problem ist.

Ein weiterer hervorzuhebender Punkt des Vorgesprächs sind die Situationen im Leben eines Menschen, durch die er sich verstimmt fühlt und die bei ihm Stimmungsschwankungen auslösen. Emotionen, Gefühle und Gemütszustände führen direkt zu wichtigen früheren Leben. Emotionen sind ein Gradmesser und zeigen, wie ein «roter Faden», klar den Weg zu den wichtigsten früheren Leben an, die rückgeführt werden sollten. Hier zeigt sich, worum sich das Leben des Klienten wirklich dreht. Hat ein Klient Schwierigkeiten, seine Stimmungsschwankungen zu erkennen, ist eine ausführliche Verstimmungsanalyse sinnvoll, bevor man mit den Rückführungen beginnt.

Die Reinkarnationstherapie interessiert sich auch dafür, was der Klient für seine persönliche Entwicklung schon bereits vor dieser Therapie unternommen hat. Sind wertvolle Erkenntnisse bereits da, können diese in die Therapie mit einbezogen werden. Frühere Leben, die durch andere Reinkarnationstherapien bewusst wurden, können in diese Therapie integriert und verwertet werden; dann braucht man nicht ganz von vorn anzufangen. War eine vorherige Therapie aus Sicht des Klienten einmal nicht so erfolgreich, gibt das für die Therapie wichtige Anhaltspunkte für die weitere Therapie.

Nach dem vollständigen Vorgespräch wird sichtbar, welche weitere Vorgehensweise für den Klienten in der Therapie am sinnvollsten ist. Die meisten Klienten freuen sich darauf, zuerst einmal ihre früheren Leben aufzuarbeiten. Grundsätzlich ist das auch der nächste Schritt in der Therapie, nicht immer aber ist das der Weg, der das Problem des Klienten auch löst. Es kann daher passieren, dass es erforderlich ist, sich zuerst mit Erlebnissen des aktuellen Lebens auseinanderzusetzten und diese aufzuarbeiten. Das können beispielsweise erlebte Unfälle sein, Operationen oder andere traumatische Ereignisse, die das jetzige Leben stark beeinflussen. Übergeht oder ignoriert man diese Erfordernisse, könnte das dazu führen, dass die Aufarbeitung der früheren Leben zwar erfolgreich verläuft, sich aber Blockaden, die durch beispielsweise eine Operation entstanden sind, erhalten bleiben. Die wirksamere Vorgehensweise wäre, das Ereignis des heutigen Lebens sorgfältig aufzuarbeiten und dann erst das entsprechende frühere Leben zu bearbeiten, welches dem Ereignis im aktuellen Leben zugrunde liegt. Dann kann man zu einer dauerhaften Problemlösung kommen.

Aus dem Vorgespräch ergibt sich auch, ob es ratsam ist, sich als erstes der vorgeburtlichen Phase und der Geburt zuzuwenden. Die Erkenntnisse über diese Zeit, verrücken Manches an den Platz, an den es hingehört, befreien beispielsweise von Glaubenssätzen und Gefühlsproblematiken.

Grundsätzlich ist das Vorgespräch vergleichbar mit einer Landkarte der früheren Leben. Diese zeigt, an welcher Stelle «Start» zu drücken ist, damit das anvisierte Ziel erreicht wird.

Traumatische und schmerzhafte Erfahrungen

Die Reinkarnationstherapie bearbeitet Traumata der früheren Leben, der vorgeburtlichen Zeit und Traumata des aktuellen Lebens. Hätten wir keine traumatischen Erfahrungen gemacht, hätten wir keine Probleme. Probleme sind Folgeerscheinungen aus traumatischen Erfahrungen. Traumatisch sind sie geblieben, weil die Erfahrung nicht oder nicht richtig verarbeitet werden konnte. Würde der Mensch bei jeder schlimmen Erfahrung die Puzzleteilchen des Geschehens richtig einordnen können und die für ihn richtigen Schlüsse daraus ziehen, würde ihm das Erlebte nichts anhaben können. Daher werden traumatische Erlebnisse zurückgeführt und alle wesentlichen Punkte herausgearbeitet. Sind diese bewusst, die notwendigen Erkenntnisse darüber vorhanden, ist das Erlebnis «nachträglich verarbeitet.» Ein Trauma ist eine Situation, die dem Menschen Schmerz bereitet, lebensbedrohlich ist und / oder den Tod bedeutet. Dazu zählen im aktuellen und früheren Leben:

Körperliche Traumata:

- Die Zerstörung des Körpers und / oder Körperteilen
- Schwere, lebensbedrohliche Verletzungen mit bleibendem Schaden
- Ein Mord und Selbstmord, Hinrichtungen, eine Folter
- Eine Krankheit, Siechtum oder eine dauernde Lähmung
- Ein schwerer Unfall oder Unfalltod, ein Schock
- Eine Vergiftung
- Operationen
- Manipulationen des Gehirns

Psychische Traumata:

- Leben in Unterdrückung und / oder Zwang
- Infragestellung der Person
- Verrat

- Verlassen werden in lebensbedrohlicher Situation
- Überlebender einer Katastrophe mit vielen Toten zu sein (Überlebensschuld)
- Isolation, ausgestoßen werden und / oder Verurteilungen
- Demütigungen
- Ohnmachtssituationen und / oder Sinnlosigkeit
- Erhaltene Suggestionen und / oder Gehirnwäsche
- Manipulation der Wahrnehmung

Traumata der Pränatale:

- Alle Traumata die der Mutter geschehen
- Streit der Eltern / Trennung
- Ablehnung des Kindes / mangelnde Versorgung
- Gespräche über Schwangerschaftsabbruch / Abtreibungsversuche
- Suizidgedanken der Mutter, Suizidversuche, Unfälle der Mutter
- Medikamenten- und Drogeneinwirkung / Alkohol
- Nabelschnur um den Hals, Erstickungsängste
- Verlust eines Elternteiles
- Kopfdruck
- Geburtstrauma

Das erlebte äußere Trauma kann erst entstehen und zum Bestandteil des Lebens werden, wenn im Menschen bereits eine Disposition dazu vorhanden ist. Ein Trauma ist die äußere Antwort auf:

- Selbstverrat
- Selbstaufgabe
- Selbstunterdrückung
- Selbstzerstörung

Es ist grundsätzlich der schlechte Umgang mit sich selbst, der traumatische Erlebnisse anzieht.

Schwangerschaft, Zeugung und Geburt

Die Zeit, bevor der Mensch geboren ist, ist eine Zeit der Entstehung, der Reifung und die Phase, in der der Mensch das Licht der Welt erblickt. In der Therapie wird diese Zeit in drei gleichwertige Phasen eingeteilt:

- Schwangerschaft
- Zeugung & Lebensaufgabe
- Geburt

Jede der drei Phasen ist gleich bedeutsam und jede wird als eine, in sich abgeschlossene Phase, betrachtet. Das bedeutet, dass jede Phase für sich betrachtet, die gleichen Themen des Klienten aufzeigt.
Es ist grundsätzlich sinnvoll, sich die pränatale Zeit anzuschauen und aufzuarbeiten, da es den Therapieverlauf vervollständigt. Bei bestimmten Problemen eines Klienten ist es jedoch vor der Rückführung früherer Leben erforderlich, diese Zeit aufzuarbeiten. Ansonsten lässt sich das Problem des Klienten nicht oder nur schwer lösen. Zu diesen Problembereichen zählen: Abhängigkeit von Substanzen, Gewalt, Gewalteinwirkung im Elternhaus, Lebensunlust, Gefühlsprobleme, Kontaktschwierigkeiten, Partnerschaftsprobleme und Partnerlosigkeit.

Die Schwangerschaft

Die Schwangerschaft ist die Zeit, in der das Kind im Mutterleib Monat für Monat heranwächst. Das ungeborene Kind nimmt bereits in diesen Monaten der Schwangerschaft alles auf, was sich nach der Geburt als Thema in seinem Leben zeigt. Diese vorgeburtliche Phase ist gleichermaßen ein Teppich, auf dem das Karma der Vergangenheit und das weitere Leben ausgebreitet werden. Das ungeborene Kind wird durch die Gedanken, die Gefühle und Erlebnisse der Mutter geprägt, aber auch die des Vaters oder anderer nahestehender Personen. Wie ist das möglich?

Irrtümlicherweise denkt eine große Anzahl der Menschen, dass Kinder im Mutterleib nichts mitbekommen und ihr Verhalten keinerlei Einwirkung auf das späteres Leben des Kindes hat. Die Erfahrungen zeigen ein vollständig anderes Bild. Rückführungen in die Schwangerschaft mit der Mutter haben ergeben, dass Gedanken der Mutter und des Vaters später als Glaubenssätze weiterwirken. Das ungeborene Kind ist auf unbewusster Ebene mit diesen Personen verbunden und verinnerlicht Gedanken, Gefühle, Geheimnisse und Handlungen als das Eigene. Im aktuellen Leben kann sich der Mensch von den Prägungen und deren Auswirkungen nur schwer lösen, da ihm das, was er verinnerlicht hat, nicht mehr bewusst ist. Lösungen beispielsweise, die Eltern für sich als Patentlösung ansehen, werden übernommen und als eigene Lösung für das spätere Leben angesehen. Es kann zum Zeitpunkt der Verinnerlichung keine Prüfung vorgenommen werden, ob diese Lösungen auch sinnvoll sind.

Beispiel:
Ein Kleinkind beginnt ab einer bestimmten Lebenszeit mit den ersten Versuchen, sich erstmals aktiv mit anderen zu unterhalten. Wir nennen das: «Es fängt an zu sprechen.» Ein Elternpaar klagte darüber, dass ihr Kind nicht sprechen würde, sie hätten aber das Gefühl, es könne sprechen. Das Kind war wach, interessiert an seiner Umwelt und die bisherige Entwicklung völlig normal. Ich habe die Mutter spontan gefragt, ob es während der Zeit der Schwangerschaft etwas gab, worüber sie nicht sprechen wollte. Sie überlegte zuerst und wollte schon verneinen – eine typische Erstreaktion eines Menschen - dann sagte sie unvermittelt: «Ja, da war was!» Sie erzählte mir die Geschichte, dass sie der Meinung war, über ein bestimmtes Thema brauche sie mit ihrem Ehemann nicht reden, das würde wieder zu Diskussionen führen. Er bräuchte nicht alles wissen. Ihr Gedanke war: «Ich muss nicht über alles reden, der muss nicht alles wissen. Das behalte ich lieber für mich, dann habe ich Ruhe!»
Auf einem Spaziergang mit dem Kind wurde dann das Thema dem Kind gegenüber thematisiert. Eine Person sagte zum Kind: «Du, als du noch im Bauch der Mama warst, da hat doch die Mama erzählt: «Ich muss nicht über alles reden, der muss nicht alles wissen. Das behalte ich lieber für mich,

dann habe ich Ruhe!» Das war für den Papa gedacht und nicht für dich; du kannst also ruhig sprechen, das ist in Ordnung.»
Nach dem Spaziergang, zuhause angekommen, fing das Kind an zu sprechen und zwar fließend und verständlich. Die Eltern konnten es kaum glauben und meinten: «Was habt ihr mit dem Kind gemacht …?» Das Kind hatte die Fähigkeit zu sprechen; nur unbewusst hielt es das Kind für ratsam, zu schweigen. Es folgte dem verinnerlichten Programmsatz.
Nachdem bewusst und erkannt wurde, dass es einen Unterschied zwischen sich und anderen gibt, konnte die Wirkung des Programmsatzes seine Kraft verlieren. Bei einem Erwachsenen würde man das Thema noch weiter durch Rückführungen vertiefen. Das ist aber oft nicht mehr notwendig, da das Problem gelöst ist.

Über Kleinkinder, insbesondere Säuglinge wird auch oft gedacht, dass wenn sie nicht sprechen, dass sie auch nichts verstehen und man könne daher bedenkenlos alles sagen. Säuglinge können nicht sprechen, sie hören aber alles und verwerten das Gehörte ebenso, wie ein Erwachsener.

Sämtliche Erfahrungen der vorgeburtlichen Zeit zeigen die karmischen Themen auf, die der Mensch in der jetzigen Inkarnation näher betrachten möchte. Sie zeigen auf, welches Karma der Mensch mitbringt und welche Themen er im aktuellen Leben aufarbeiten möchte. Die Ereignisse, Gedanken und Gefühle in der Schwangerschaft, aber auch während der Zeugung und Geburt aktivieren diese Themen. Jedes ungelöste Problem aus der Vergangenheit wird «angestupst» und durch ähnliche Ereignisse, Gefühle oder Programmsätze reaktiviert. Frühere Leben werden gleichermaßen immer nur durch Erlebnisse reaktiviert, im aktuellen Leben und auch in der vorgeburtlichen Zeit.

Hat das ungeboren Kind im Mutterleib selbst Traumatisches erlebt, hinterlässt das Glaubenssätze. Diese Glaubenssätze steuern das Leben nach der Geburt und wirken einschränkend. Das gleiche Thema war aber auch schon Thema in der Vergangenheit; nur deshalb wird das ungeborene Kind in seiner vorgeburtlichen Zeit durch Erlebnisse damit konfrontiert.

Die Aufgabe der Therapie ist es, gefasste Glaubenssätze unwirksam werden zu lassen. Für den Klienten ist es wichtig, die Identifikation mit den Glaubensätzen aufzulösen, wie bei dem Kind, welches nicht sprach. Der Therapeut stellt in der Praxis keine «Zufallsfragen», sondern arbeitet zielgerichtet mit einem strukturierten Fragesystem. Es ist wichtig, traumatische Erlebnisse im Mutterleib vollständig und sorgfältig aufzuarbeiten, damit der Klient keine negativen Gefühle, beispielsweise der Mutter oder anderen Personen gegenüber entwickelt. Das wäre wenig sinnvoll und kontraproduktiv, wenn sich negative Gefühle den Eltern gegenüber entwickeln oder gar noch festigen. Das schafft nur Probleme, anstatt sie zu lösen. Ziel der Therapie ist, die Ablösung von Problemen zu erwirken und nicht Schuldprojektionen auf Eltern oder andere Personen zu fördern.

Es geht hier auch nicht um das sogenannte «den Eltern verzeihen», wie es oft angeraten wird. Es gibt nichts zu verzeihen! Es gibt deshalb nichts zu verzeihen, weil sich der Mensch diese Eltern selbst ausgesucht hat, mit den Bedingungen, die er antrifft. Daher hat auch niemand «Schuld» an dem Schicksal des ungeborenen Kindes. Jede andere Sichtweise widerspricht der Eigenverantwortlichkeit des Menschen. Die einzig sinnvolle Frage ist: «Warum passiert mir das? Warum ist es «gerade recht», dass mir das passiert? Welche Aufgabe habe ich daran?»

Die primäre Aufgabe ist es, anhand des Karmas genau zu klären, was das ungeborene Kind mitbringt. Ist das geklärt, verlieren sich Aversionen, Schuldzuweisungen, Wut oder Hass gegenüber den Eltern. Es kehrt Verständnis, Mitgefühl und Wertneutralität ein. Sicher ist es durchaus möglich, dass, bedingt durch aktuelle Situationen, eine Abgrenzung gegenüber den Eltern notwendig ist. Das aber nur, wenn das Verhalten der Eltern so ist, dass es sich schädigend auf den Menschen auswirkt. Das aber würde bei jedem anderen Menschen auch anstehen.

Der große Vorteil der Bearbeitung der vorgeburtlichen Zeit ist auch, dass Abhängigkeiten zu den Eltern, falsche Verpflichtungsgefühle, Minderwertigkeitsgefühle oder Abgrenzungsprobleme neu betrachtet werden können.

In Bezug auf die Eltern lässt sich feststellen:

- **Eltern sind Eltern!** Das allein gibt ihnen aber nicht das Recht, sich ihrem Kind gegenüber unterdrückerisch zu verhalten und es leiden zu lassen.
- **Eltern sind Eltern!** Das gibt dem Kind aber nicht das Recht, sich den Eltern gegenüber unterdrückerisch zu verhalten und sie leiden zu lassen.
- **Eltern sind Eltern!** Eltern sind aber auch Karmapartner und deshalb passiert das alles. Sie sind dieses Mal deswegen so nah, damit das Karma bestmöglich aufgearbeitet werden kann.

Klienten fällt es zu Beginn einer Therapie oft schwer, diese Sichtweise nachzuvollziehen. Oft kommt von Klienten die Aussage: «Das sind doch meine Eltern!» Schaut man aber näher hin, stellt der Umgang mit den Eltern aber genau das Beziehungsproblem in weiteren Beziehungen dar.

Wichtige Erlebnisse der Schwangerschaft

Die Schwangerschaft mit der Mutter wird nach einem erprobten, strukturierten Konzept rückgeführt. Es werden die Stationen ins Bewusstsein gebracht, die für den Klienten wichtig sind. Schritt für Schritt erfährt der Klient mehr über seine Zeit im Mutterleib und kann für sich ein anderes realistisches Selbstverständnis gewinnen und sich von den Prägungen der Zeit lösen.
Jeder Mensch hat die Zeit im Mutterleib anderes erlebt. Dadurch nimmt jeder Mensch etwas anderes als Prägung in sein Leben mit. Es macht einen Unterschied, ob der Mensch neun Monate herangereift ist oder nur sieben Monate. Es macht auch einen Unterschied, ob die Mutter in dieser Zeit gearbeitet hat oder nicht. Hat ein ungeborenes Kind beispielsweise in der Schwangerschaft selbst Verluste erlebt oder hat ein Elternteil Verluste erlebt, dann wird man dieses Thema ganz sicher im aktuellen Leben finden. Ebenso gestaltet sich das bei finanziellen Problemen, bei Betrug, Überanpassung, Pflichtbewusstsein, Einnahme von Substanzen und Medikamenten und weiteren Themen.

Die erste Reaktion der Mutter und des Vaters auf die Schwangerschaft:

«Willkommen, schön, dass du da bist!» So wünscht sich ein Mensch, dass er zur Begrüßung empfangen wird. Das wünscht sich auch ein Kind im Mutterleib, dass es auf diese Weise begrüßt wird. «Ist das auch bei mir so gewesen?», wird sich der ein oder andere jetzt fragen. Meist läuft es leider nicht so. Die Begrüßung verläuft oft anders, wie erwartet, obwohl das Kind eventuell sogar erwünscht ist. Woran liegt das? Der allererste Gedanke der Mutter, den sie hat, als sie bemerkt, dass sie schwanger oder wieder schwanger ist, prägen das Selbstverständnis des Menschen für sein weiteres Leben. Meist ist das ein kurzer Blitzgedanke, der spontan gedacht oder sogar ausgesprochen wird. Der Moment kommt einem Überraschungsmoment gleich; so kann der Gedanke beispielsweise lauten: «Was jetzt schon?» Da wird eine Schwangerschaft durch die Mutter grundsätzlich begrüßt, sie hat aber jetzt noch nicht damit gerechnet. Der Gedanke wirkt negativ und ablehnend. Das ungeborene Kind fühlt sich abgelehnt und nicht willkommen. Die Gegenreaktion des Kindes und der Gedanke der Mutter bilden die Selbstidentifikation des Menschen. Der Satz der Mutter führt später dazu, dass der Mensch diesen Satz selbst benutzt, wenn etwas Neues in sein Leben tritt. Eventuell hat er immer das Gefühl, dass er früh dran ist oder ungelegen kommt.
Ist die Schwangerschaft unerwünscht, wirkt der erste Gedanke der Mutter als ein starkes Ablehnungsgefühl in den verschiedensten Ausprägungen. Minderwertigkeitsgefühle prägen dadurch oft das ganze Leben, wenn diese Prägung unbewusst bleibt.

Sätze die das Gefühl von Ablehnung, Zurückweisung und Minderwert zur Folge haben, sind beispielsweise:

- Nicht schon wieder!
- Das kann doch nicht wahr sein!
- Das ist sicher eine Blähung / Magenverstimmung …
- Alles, nur das nicht!
- Ich werde doch wohl nicht schwanger sein?
- Das glaube ich jetzt nicht!

Die Begrüßung des Kindes ist oft ein Reflexgedanke. Meist arrangieren sich die Eltern mit der Schwangerschaft und freuen sich dann auf das Kind. Der Gedanke bleibt aber dennoch für das Leben prägend und sitzt, oft nur als latentes Gefühl, immer im Hintergrund.

Die Probleme der Eltern miteinander:

Eltern haben Probleme im Verlauf der Schwangerschaft; das bleibt nicht aus. Es wird gestritten, es fallen böse Worte, es werden Drohungen ausgesprochen, es werden Trennungen ins Auge gefasst und es gibt Versöhnungen. Persönliche Probleme, die Mutter und Vater während der Schwangerschaft haben und auch die, die beide miteinander haben, übertragen sich auf das ungeborene Kind. In der Therapie zeigt sich, dass der Klient später mit dem gleichen oder einem ähnlichen Thema Probleme hat, und genau diese Themen mit in die Therapie bringt. Oft haben Eltern unterschiedliche Meinungen und Sichtweisen zu ein und derselben Sache. Im aktuellen Leben kann sich der Mensch dann oft selbst nicht zwischen diesen beiden Standpunkten entscheiden. Die zwei Seiten der Eltern zeigen sich als Konflikt in ihm. Oft ist das in der Folge auch in Streitsituationen der Konfliktpunkt mit dem Partner. Die gleichen Themen finden wir in früheren Leben eines Klienten wieder. In der Therapie geben die Eigenschaften der Eltern oder deren Rollenverteilung untereinander, den Hinweis auf wichtige frühere Leben des Klienten. Für den Klienten ist es bei der Bearbeitung der Schwangerschaft wichtig, nicht nur eine Situationsbeschreibung zu erfahren, sondern auch die Gedanken und das gesprochene Wort von Mutter und Vater aus wichtigen Situationen zu kennen. Auch den wirklichen Grund zu wissen, warum sich die Eltern geheiratet haben, wird auf den Klienten befreiend wirken und ihm wichtige Erkenntnisse über sein eigenes Beziehungsleben geben.

Vorhandene Geheimnisse der Eltern oder Familiengeheimnisse nehmen bei der Aufarbeitung der Schwangerschaft eine wichtige Rolle ein. «Das geht mich nichts an» oder «was soll mir das bringen, wenn ich das weiß?» sind manchmal Aussagen der Klienten in der Therapie. Grundsätzlich ist das richtig. Geheimnisse anderer gehen einen anderen nichts an. Die Geheim-

nisse der Eltern aber haben einen besonderen Stellenwert. Sie gehen den Klienten was an. Sie gehen ihn deshalb etwas an, weil sie sein Leben unbewusst beeinflussen, ohne dass er es bemerkt und ohne dass er von deren Existenz weiß oder sie kennt. Sie blockieren beispielsweise Bereiche seines Lebens, wie seine Karriere, oder verhindern Partnerschaften oder ziehen dementsprechende Partner an.
Wie bereits beschrieben, verinnerlicht das ungeborene Kind Erlebnisse und Gedanken der Eltern. Tragen die Eltern Geheimnisse in sich, ist es der Charakter eines Geheimnisses, dass es unentdeckt bleiben soll – sonst wäre es kein Geheimnis. Geheimnisse sind gesichert durch Gedanken, wie: «Das darf nie jemand erfahren, sonst gibt es eine Katastrophe» oder «das bleibt für immer in mir verschlossen.» Diese Gedanken verursachen, dass das ungeborene Kind in seinem späteren Leben diesem Gedanken unbewusst folgt. Es wird also unbewusst alles dafür tun, dass das Geheimnis nicht entdeckt wird. Fatal ist, dass der Mensch ein Geheimnis schützt, welches nicht einmal sein Geheimnis ist, sondern das eines anderen. Er kennt es nicht einmal, geschweige denn, dass ihm bewusst ist, dass er ein Geheimnis schützt. Zu erkennen ist das lediglich daran, dass es bei ihm in verschiedenen Lebensbereichen nicht läuft. Und damit das Leben in Fluss kommt, muss die Wirkung von Geheimnissen aufgelöst werden. Wir wollen die Eltern nicht bewerten oder verurteilen. Es ist ausschließlich das Ziel der Reinkarnationstherapie, dass sich ein Klient von den Folgeerscheinungen dessen, was er verinnerlicht hat, befreien kann. Als Geheimnis kommt beispielsweise in Frage:

- Fehlverhalten, Vergehen
- Lügen, Betrug, Berechnungen
- Doppelleben, frühere und außereheliche Verhältnisse
- Die Eltern sind eventuell nicht die Eltern
- Probleme mit der Vaterschaft
- Frühere Abtreibungen
- Kriminalität

Die Aufzählung ist beliebig erweiterbar, da Geheimnisse immer individuell gelagert sind. Für die weitere Therapie ist dies ein wichtiger Punkt, damit die Therapie am Punkt arbeiteten kann. Oft zeigt sich in der Therapie, dass der Klient ähnliches schon einmal angedacht oder geahnt hat. Es findet schnell eine Aussöhnung mit dem Thema statt. Für den Klienten ist es wichtig, um die Konfliktstrukturen loslassen zu können, die er dadurch übernommen hat. Hat ein Elternteil beispielsweise den Partner betrogen, hat das oft die Konsequenz, dass sich deren Kinder mit Betrügereien auseinandersetzen müssen. Sie finden dafür keine Erklärung, warum das Thema in ihrem Leben vorhanden ist. Manchmal muss sich der Mensch erst einen Schubs geben, um sich dem zu stellen. Meist aber siegt der Wille, das eigene Leben in Fluss zu bringen.

Spezielle Wiederholungen:

«Jedes Mal zur Weihnachtszeit nehme ich zu», «im Sommer werde ich komischerweise depressiv, obwohl die Sonne scheint», «jedes Jahr im Winter kremple ich meine Leben um.» Haben sie auch solche Phänomene? «Zur Weihnachtszeit zuzunehmen ist doch normal», sagen die meisten Menschen. Ist das wirklich so? Wiederholt sich diese Phase eventuell deshalb, weil die Mutter in der Schwangerschaft zu dieser Jahreszeit an Gewicht zugenommen hat oder sie bereits in der hochschwangeren Phase war? Meist findet sich zu solchen Phänomenen in der Schwangerschaft eine Verknüpfung mit realen, zum Problem passenden Ereignissen und Reaktionen der Mutter oder des Vaters. Das ungeborene Kind nimmt diese Phasen auf und reproduziert sie im späteren Leben. Werden die Hintergründe der Wiederholungen bewusst, müssen sie nicht mehr stattfinden und können aufhören.

Abtreibungsversuche oder Abtreibungsgedanken der Mutter während der Schwangerschaft:

Die Reaktion des Kindes auf Abtreibungsgedanken oder Abtreibungsversuche prägen Lebensprogramme im Zusammenhang mit Anerkennung. Abtreibung kann in offener oder versteckter Form (Unfälle) vorliegen. Auch bloße Gespräche über dieses Thema werden vom Kind als Lebensbedrohung gewertet. Elternteilen oder anderen Familienmitgliedern, die die Abtreibung befürworten, begegnet der Klient im späteren Leben mit Misstrauen oder Ablehnung. Die Abtreibungsgegner können zu Personen werden, die für den Klienten immer Recht haben und denen gegenüber er sich verpflichtet fühlt. Beide Beziehungsqualitäten sind disharmonisch und müssen durch Besprechung der Abtreibungsproblematik ins Gleichgewicht gebracht werden.

Beispiel:
Schafft es ein Arzt, die Mutter davon zu überzeugen, dass sie ihr Kind zur Welt bringt, ist der Arzt, wie ein «Lebensretter» für das Kind. Beim Arzt gibt es Anerkennung, Sicherheit und Geborgenheit. Es kann sein, dass der Mensch im späteren Leben gern und häufig zum Arzt geht. Ein Besuch beim Arzt ist aber nur dann sinnvoll, wenn ein gesundheitliches Problem existiert. So kann es absurderweise dazu kommen, dass Krankheiten nur entwickelt werden, damit ein Arztbesuch gerechtfertigt werden kann. Das vielleicht gerade in einer Zeit, in der es wenig Zuwendung im Leben gibt oder sich der Mensch einsam und unsicher fühlt.

Das Erbrechen während der ersten Monate der Schwangerschaft zeigt an, dass sich die Mutter innerlich in Konflikt mit der Schwangerschaft befindet, sich das aber nicht eingesteht. Nach außen wird oft eine Fassade aufrechterhalten; der innere Druck aber wird durch das Erbrechen auf das Körperliche gespiegelt. Ein ehrliches sich eingestehen: «Ja, ich habe ein Problem damit, dass ich schwanger bin», wäre sinnvoller und würde das Erbrechen beenden. Stattdessen wird das Erbrechen oft hochgehalten und als normale Begleiterscheinung einer Schwangerschaft bezeichnet. Viele angehende Mütter sind sogar fast stolz darauf, wenn sie sich übergeben müssen und die angehende Mutter, die das nicht muss, erscheint als weniger normal.

Einnahme von Substanzen während der Schwangerschaft:

Muss die Mutter Medikamente einnehmen oder führt sie sich Drogen zu, beeinflusst das die Wahrnehmung des ungeborenen Kindes. Das Trinken von Alkohol während der Schwangerschaft verursacht beim ungeborenen Kind das, was wir als Rausch bezeichnen. Selbst geringe Mengen vermögen das zu bewirken. Die früher oft ausgeteilten Ratschläge, ein Glas Rotwein mit verquirltem Ei zur Stärkung zu trinken, kann sich später so auswirken, dass der Mensch morgens vorab ein Glas Sekt zur Stärkung trinkt, um fit zu werden. Grundsätzlich wird durch die Einnahme von Substanzen ein sogenanntes Suchtprogramm für das spätere Leben angelegt. Dieses Suchtprogramm fördert eine spätere Sucht. Der Mensch ist suchtgefährdet, das kann sich später in Drogensucht, Medikamentensucht, Alkoholsucht, Kaufsucht oder anderen Abhängigkeiten zeigen. Dem Suchtprogramm ist es egal, wie es sich später zeigt.

Um die Sucht aufzulösen, ist eine spezielle Vorgehensweise erforderlich. Es bedarf einer zielgerichteten Fragetechnik, um an die Ursachen heranzukommen. Eine unsachgemäße und oberflächliche Vorgehensweise würde die Sucht nur verstärken. In der Praxis kommt oft die Frage: «Kann ich wieder trinken ohne süchtig zu werden?» Die Antwort ist ein klares: «Nein!» Es geht auch nicht darum, sich zukünftig hemmungslos Substanzen zuzuführen, sondern den Klienten generell von seinen, damit verbundenen, Abhängigkeitsstrukturen zu befreien. Wer abhängig ist von Substanzen, ist auch sonst im Leben ein Mensch, der in Abhängigkeiten lebt. Die Abhängigkeit von Substanzen ist der Spiegel auf der körperlichen Ebene und muss separat bearbeitet werden. Eine Reinkarnationstherapie kann beim Therapiethema «Abhängigkeit» nur erfolgreich sein, wenn die gesamte vorgeburtliche Zeit sorgfältig angeschaut wird.

Beschwerden der Mutter in der hochschwangeren Zeit:

In den letzten Monaten der Schwangerschaft hat die Mutter «viel zu tragen». Oft ist jeder Schritt eine Last. Wasser in den Beinen, das Gehen ist beschwerlich, jede Bewegung macht zu schaffen. Der Alltag ist kaum noch zu bewältigen. Die Stimmung ist gedrückt, die Mutter bleibt lieber zuhause. Sie geht nicht mehr weit weg, kann nicht mehr Autofahren. Alles ist nur noch darauf ausgerichtet, das Leben des Kindes zu schützen. Vor allem aber schützt die Mutter auch sich selbst, beispielsweise vor unvorhergesehenen Angriffen. Es ist auch eine Zeit, in der sich viele zukünftige Mütter damit beschäftigen, was es bedeutet, ein Kind auf die Welt zu bringen. Sie nehmen erstmals wirklich wahr, wie sich ihr Leben verändern wird. Das erzeugt oft Gefühle von Traurigkeit und Abschied vom bisherigen Leben, Abschied vom Beruf, von Freunden, von Kollegen, Abschied von einer ganzen Lebensführung. Die Stimmung ist gedrückt. Einerseits ist die Veränderung gewollt, andererseits ist ein Verzicht zu leisten. So sind die Sichtweisen häufig nicht immer realistisch, sondern besetzt mit irrationalen Vorstellungen. Nicht selten ist der Gedanke da: «Jetzt ist mein Leben endgültig besiegelt, jetzt kann ich nicht mehr weg» oder «jetzt ist mein Leben zu Ende» oder «jetzt wird alles anders.» Sätze, wie diese, erzeugen Endzeitstimmung und prägen vor allem den depressiven Klienten. Das Träge und Schwere im Erleben der Mutter hat seine Erlebnisse früherer Leben restimuliert. Die Gedanken, Gefühle und Körperwahrnehmung der Mutter finden sich beispielsweise im Leben des Klienten wieder als:

- Unfähigkeit, morgens aufzustehen
- Generelle Unbeweglichkeit, wenn es anstrengend im Leben wird oder in einem bestimmten Monat des Jahres
- Fehlende Investitionsbereitschaft
- Gefühl, den Alltag nicht meistern zu können
- Immer zuhause bleiben wollen, nicht weg von der Heimat
- Schweres Lebensgefühl
- Gefühl, angegriffen zu werden, der Aggression anderer ausgesetzt zu sein
- Gefühl, sich immer schützen zu müssen. Damit werden Selbstschutzprogramme aus früheren Leben restimuliert

Sind Geheimnisse in Bezug auf die Entstehung des Kindes da, können jetzt in der hochschwangeren Phase Ängste auftauchen, dass «mit der Geburt alles raus kommt» und das Leben ins Chaos abgleitet.

Gerade in der hochschwangeren Phase fangen die meisten Frauen nichts Neues in ihrem Leben mehr an. Es werden anstehende Arbeiten oder Projekte auf einen späteren Zeitpunkt nach der Geburt verschoben: «Das tu ich mir jetzt nicht mehr an, da warte ich ab bis das Kind da ist.» Im späteren Leben führt das oft dazu, dass Arbeiten aufgeschoben werden. Das Austragen einer Schwangerschaft wird unbewusst gleichgesetzt mit dem Realisieren einer Idee. Der allgemeine Sprachgebrauch: «Ich gehe mit einer Idee schwanger» beschreibt die Entwicklungszeit sehr treffend.

Andererseits besteht die hochschwangere Zeit aber auch aus der Vorfreude auf ein total anderes Leben: Ein Leben ohne die ungeliebte Arbeit, ein Leben nur noch für die Partnerschaft und das Kind oder ab jetzt versorgt werden. Oder es schafft die Anerkennung, mit einem Kind nun als vollwertiges Mitglied der Gesellschaft da zu stehen: als Mutter. Endlich Mutter sein und es auch geschafft zu haben, ein Kind zu haben. Immer noch werden Frauen ohne Kinder als minderwertig betrachtet und für ihr Anderssein von der Gemeinschaft verurteilt.
Für das weitere Leben ergibt sich daraus oft eine Fixierung auf das positive Gefühl während des Schwangerseins, insbesondere, je näher der Geburtszeitpunkt rückt. Jedes erneute Schwangersein wiederholt dieses Gefühl. Es geht dabei nicht primär um das Kind, welches geboren wird, sondern um das Gefühl der Mutter während der Schwangerschaft. Aussagen wie: «Ich liebe es schwanger zu sein» oder «das Schönste dabei ist immer die Zeit bis das Kind geboren wird.» Meist soll dadurch ein Mangel im Leben der Mutter ausgeglichen werden.
Viele Frauen erfahren in der Zeit der Schwangerschaft Schonung, Zuwendung, Anerkennung oder Freude, die sie sonst in ihrem Alltag weniger erfahren. Männer empfinden die Zeit der Schwangerschaft oft als sichtbares Zeichen ihrer Stärke, ihres Besitztums oder Selbstausdrucks.

Krankheiten und Probleme:

Alle Krankheiten und Probleme lassen sich auf die Schwangerschaft zurückführen und sind dort bereits angelegt worden. Tauchen die Auslöser dafür während der Rückführung nicht bereits auf, müssen sie gezielt erfragt werden.

Die Zeugung

Die Zeugung ist die Phase der vorgeburtlichen Zeit, durch die ein Kind entsteht. Es gibt grundsätzlich keine rein positive Zeugung, auch wenn es von den Eltern oft so empfunden wird. Es kommt bei der Zeugung nicht wirklich auf den sexuellen Akt an, sondern auf die Handlung der beteiligten Personen und auf das, was begleitend gedacht, gefühlt und gesprochen wird. Und auf die wirklichen inneren Absichten der Eltern und den Umgang der Eltern miteinander und die Unstimmigkeiten, die aktuell in der Beziehung da sind.

Das Kind braucht den Konflikt der Eltern. Er ist der andere Pol zu seiner Lebensaufgabe, die die Seele mitbringt. Dieser andere Pol spiegelt sich in den Eltern beim Zeugungsvorgang. Bereits vor der Zeugung nimmt die Seele die Gefühle der Eltern füreinander und deren Konflikte wahr. Das zieht die Seele an, da sie hier die «richtigen Bedingungen» für ihre neue Inkarnation erkennt. Es kommt auf die besten Bedingungen an, die die Seele für die Erfüllung ihrer Lebensaufgabe finden kann. Das können durchaus problembehaftete oder konfliktstarke Bedingungen sein, wenn das die besten Bedingungen sind. Gerade an negativen Charaktereigenschaften der Eltern kann eine Lebensaufgabe hervorragend erfüllt werden. Sie zeigen auf, wie es nicht sein sollte und motiviert dazu, es später richtig zu machen. Die Eltern spiegeln, als Gegenpol zur eigenen Lebensaufgabe, das Karma des Klienten wieder.

Ein Versehen, wie oft gerne behauptet, ist die Wahl der Eltern nicht. Es ist eine freie Wahl, um sein Karma mit den gegebenen Möglichkeiten bestmöglich bearbeiten zu können.

So macht es einen Unterschied, ob eine Zeugung manipulativ verläuft, gefühlskalt ist oder eine gewaltsame Zeugung ist. Oder ob die beteiligten Personen nicht bei der Sache sind und an was ganz anderes denken, als sich auf den Partner zu konzentrieren. Auch der Einfluss von bewusstseinsverändernden Substanzen spielt eine wesentliche Rolle. Erfahrungsgemäß verläuft ein solches Leben damit vielfach chaotisch.

Die Geburt

Die Geburt ist die letzte der drei vorgeburtlichen Phasen. Danach ist das Kind geboren und der Eintritt in ein neues Leben erfolgreich verlaufen. Die Geburt ist die erste eigene Stresssituation des Menschen, die er zu bewältigen hat. So, wie sein Geburtsvorgang verläuft und wie er diese Situation meistert, so wird er jede Situation in seinem Leben angehen. Schließlich weiß er, dass diese Vorgehensweise ihn erfolgreich weiter gebracht hat. Die Geburt prägt den Umgang mit Stress, mit Anforderungen der Umwelt und jegliche Art von Aktivitäten, bei denen der Mensch von A nach B gehen soll. So, wie die Geburt eines Menschen verläuft, so wird jede Phase im Leben verlaufen, in der es von A nach B geht. Das kann ein Projekt sein, eine Beziehung oder eine Reise. In der Phase der Geburt, in der es die größten Schwierigkeiten gab, wird es auch später bei Projekten die meisten Schwierigkeiten geben. Wir bezeichnen den gesamten Ablauf als das «Geburtsmuster» des Menschen.

Wir betrachten bei der Aufarbeitung der Geburt nicht nur den eigentlichen Geburtsvorgang, sondern auch die Zeit vom Auftreten der ersten Wehen, bis zur eigentlichen Geburt. So, wie das Kind auf die ersten Wehen reagiert, wird zum Reaktionsprogramm auf neue Situationen, Anforderungen und Vorhaben.

Fragt man Klienten bei der Rückführung, wie ihre erste Reaktion auf die Wehen sind, kommt oft die Antwort: «Endlich geht es los!» Fragt der Therapeut, wie er die ersten Wehen empfindet, werden die Wehen oft als «Druck von hinten» bezeichnet und als unangenehm empfunden.

Wichtig ist auch die Reaktion der Mutter auf ihre ersten spürbaren Wehen. Kommen diese ungelegen, weil die Mutter noch ihre Wohnung putzen will, bevor sie ins Krankenhaus geht oder bevor die Hebamme kommt? Lässt sie die Wehen zu oder werden sie unterdrückt? Ist die Mutter vorbereitet? Hat sie organisiert, wie sie ins Krankenhaus kommt? Die Reaktion der Mutter im Zusammenspiel mit der Reaktion des Kindes gehört zum Geburtsmuster des Kindes. Der Körper der Mutter reagiert durch Wehen als Zeichen der Bereitschaft der Mutter und des Kindes zur Geburt. Fehlt es an der Bereitschaft einer der beiden, stellen sich häufig keine Wehen ein. Eine mögliche Folge kann eine Übertragung des Kindes sein.

Wie verläuft die Fahrt ins Krankenhaus? Gibt es Stau? Dann wird sich das im späteren Leben als Stau auswirken. Projekte beispielsweise stagnieren, der Mensch wir ungeduldig, hektisch und drängelt. Im ungemütlichsten Fall, kann der Mensch den Stau nicht ertragen und «tickt aus» oder wird aggressiv. Was passiert mit der Mutter im Krankenhaus? Sind Ärzte da, die die Geburt begleiten können? Werden die Wehen medikamentös gestoppt? Das hat zur Folge, dass es für den Klienten im Leben meist auf Anhieb hervorragend läuft und plötzlich wird er blockiert. Seinem Empfinden nach passiert das von außen. Wehenhemmer wirken im Leben als emotionales Wechselbad ohne Zwischenemotionen in Form von «Himmelhochjauchzend, zu Tode betrübt».

Als den eigentlichen Geburtsvorgang bezeichnen wir die Phase, wenn die Wehen stark genug sind, dass das Kind raus gepresst werden kann. Auch in dieser Phase ist das Zusammenspiel der Mutter und des Kindes wichtig für das spätere Geburtsmuster und das Verhältnis zur Mutter. Das Kind verlässt sich auf die Unterstützung der Mutter und vertraut darauf, dass es auf die Welt gebracht wird. Nicht immer aber ist das auch das Bestreben der Mutter; und nicht immer ist die Mutter bereit, alles dafür zu geben, dass das Kind rauskommt. Die Presswehen geben der Mutter die Möglichkeit das Kind rauszupressen. Das Pressen aber ist meist mit Schmerzen verbunden. Denkt die Mutter an sich und ihre Schmerzen? Hört sie auf zu pressen, lernt das Kind, dass sich nahestehende Personen nicht genügend einsetzen oder hinter dem Kind stehen. Bleibt das Kind stecken, weil die Mutter nicht mehr presst, wird seitens der Hebamme oder des Arztes oft gebrüllt: «Pressen, pressen, jetzt pressen sie doch …» Dann wird sich das Kind später dem Druck entziehen wollen und wird auf Druck emotional reagieren. Ist während der Geburt das Leben des Kindes sogar bedroht, wird es entweder solche Situation in einen Projektverlauf einbauen oder gänzlich vermeiden. Eine spätere Hyperaktivität findet meist ihre Ursache in einer lebensbedrohlichen Situation während des Geburtsvorgangs. Es stellt eine Art Beweisführung dar, dass man noch lebendig und aktiv ist, keinesfalls passiv oder ohnmächtig, wie während des Geburtsvorgangs. Erfahrungen in der Therapie haben ergeben, dass darin auch Ursachen für die Krankheit ADHS zu finden sind.

Alle Probleme, Krankheiten, insbesondere chronische Krankheiten des Klienten, finden sich nicht nur in der Schwangerschaft mit der Mutter, sondern in komprimierter Form auch in der Geburt wieder. Alle Probleme, die sich in der Geburt zeigen, kommen auch in den späteren Rückführungen in frühere Leben vor. Oft geben bereits Aussagen des Klienten während der Rückführung Hinweise auf potenzielle frühere Leben. Beispiele dafür sind: «Ich komme mir vor, wie in einem Schraubstock» oder «ich fühle mich verraten und verkauft» oder «das Vertrauen ist für immer dahin, das geht nie wieder gut zu machen» oder «ich ersticke.»

Machtkämpfe mit der Mutter während des Geburtsvorgangs weisen auf frühere Machtkämpfe in erbitterter Feindschaft hin.
Außenstehende Personen, wie Hebamme oder Arzt erfahren selten, was sich in den Gedanken von Mutter und Kind abspielt. Intuitiv erfassen sie oft die Situation und handeln. Auch Ärzte und Hebammen sind Menschen und sagen oft nicht, was sie denken, sondern schweigen und handeln. Das Kind aber nimmt dennoch diese Gedanken in sich auf.
Hat ein Kind die Nabelschnur um den Hals und kann nicht rauskommen, zeigt das an, dass es sich in seinem späteren Leben oft selbst «einen Strick dreht» und selbstzerstörerisch handelt. Nicht selten finden wir im Leben eines solchen Menschen verkappte Suizidgedanken oder Suizidversuche. Arbeitet man das dazugehörige Karma auf, verfliegen diese Tendenzen.

Hat ein Klient beispielsweise eine Geburt durch einen Kaiserschnitt, zeigt er einerseits einen starken Aktivitätsdrang, macht aber vielleicht kaum Urlaub. Er möchte verhindern, in ein polares Verhalten zu fallen. Kaiserschnittgeburten ziehen oft eine fehlende Investitionsbereitschaft nach sich, selbst etwas zu tun, um im Leben weiter zu kommen. Oft existiert der Anspruch, dass andere dafür zuständig sind, frei nach dem Motto: «Es fliegen mir die gebratenen Tauben in den Mund!» Der Klient hat nicht gelernt, sich durchzukämpfen; er kennt keine Stresssituation und geht diesen oft aus dem Weg. Kinder, die durch Medikamenteneinfluss während der Geburt, ihre Geburt nicht wirklich wahrgenommen haben und geholt werden mussten, warten später oft darauf, dass jemand da ist, der sie aus einer ungeliebten Situation rauszieht. Weigert sich ein Mensch, das Leben anzunehmen, kann sich das in einer Zangengeburt manifestieren; der Mensch muss mit Gewalt in seine Aufgabe hineingebracht werden. Die Ursache für Süchte, wie Drogenkonsum etc. findet sich in der Geburt als Betäubung wieder.

Die Zeit unmittelbar nach der Geburt ist die dritte Phase der Geburt. Wie wird das Kind empfangen? Wie wird es behandelt? Wird ein Mädchen von der Hebamme begrüßt mit den Worten: «Ach da haben wir ja unsere Prinzessin», wird sich dieses Programm vermutlich so auswirken, dass sich das Mädchen im späteren Leben wie ein Prinzessin verhält und dementsprechend Ansprüche stellt. Diese Aussage weist aber auch auf ein früheres Leben als Prinzessin hin, mit allen Konsequenzen. Wie empfängt die Mutter ihr Kind? Oft dreht sich an dieser Stelle die gesamte Beziehung zwischen Mutter und Kind und bekommt eine neue Richtung.
Kind und Eltern kennen sich aus Existenzen in Feindschaft. Behinderungen und Missbildungen können unter anderem vom Kind selbst angelegt werden oder sind eventuell Begleiterscheinungen von Abtreibungsversuchen. Die Absichten dahinter sind sehr subtil und oft weniger edel. Erfahrungsgemäß zielen Sie oft auf Rache an den Eltern ab. Abtreibungsversuche oder Ablehnung sind oft Auslöser. In Wirklichkeit ist es die Rache für Erlebnisse früherer Leben, wegendessen man sich im aktuellen Leben versorgen lassen will. Ein häufiges Motiv ist auch die Selbstbestrafung für eine karmische Schuld. Würde die Geburt eines Klienten ohne Zwischenfälle verlaufen, würde er nicht als Klient in die Praxis kommen – er hätte keine Probleme.

Jede Phase der vorgeburtlichen Zeit wird langsam und sorgfältig ins Bewusstsein gebracht. Der Therapeut geht strukturiert vor und frägt die wichtigen Stationen ab. Zu schmerzhafte Erlebnisse, die vom Klienten nicht konfrontiert werden können, tauchen als Thema in keiner der vorgeburtlichen Phasen auf, weil er den Schmerz nicht verarbeiten könnte. Diese Themen können aber im Therapieverlauf ergänzt werden, wenn die Zeit dafür reif ist. Tatsachen, die aktuell nicht konfrontiert werden können, dienen auch aktuell nicht zur Lösungsfindung, wohl aber im späteren Verlauf der Therapie. Dieser Umstand sollte aber nicht als Rechtfertigung benutzt werden, um Vermeidungsstrategien des Klienten zu unterstützen. Vermeidungsverhalten eines Klienten ist kein Nicht-Konfrontieren-Können.

Die Lebensaufgabe

Die Lebensaufgabe ist die treibende Kraft, dass sich die Seele immer wieder von neuem verkörpert. Die Verkörperung gibt ihr die Möglichkeit, ihre Lebensaufgabe erfüllen zu können. Es zieht sie dazu wiedergeboren zu werden; die Umstände einer Zeugung stehen für die Teilpersönlichkeiten, die sich in ihr miteinander in Konflikt befinden. Die Lebensaufgabe eines Menschen ist sehr einfach und unspektakulär gehalten:

- Die eigentliche Lern- und Entwicklungsaufgabe
- Was sie sich vorgenommen hat zu überwinden (aus ihren karmischen Erfahrungen)
- Was sie sich vorgenommen hat zu entwickeln

Eine Lebensaufgabe ist die Basis der gesamten Persönlichkeitsentwicklung des folgenden Lebens. Sie benennt die Defizite des Charakters und zeigt den Weg der Persönlichkeitsentwicklung auf. Deshalb brauchen wir klare, nachvollziehbare Antworten. Häufige Antworten sind:

- Anderen Menschen zu helfen
- Mathematik (o.ä.) zu studieren
- Meine Eltern zusammenzuführen
- Andere auf den rechten Weg zu führen

Alle diese Vorschläge haben nichts mit einer echten Lebensaufgabe zu tun; sie muten teilweise eher überheblich an oder deuten auf ein Sendungsbewusstsein hin. Antwortet mir ein Klient, er möchte gerne ehrlich werden, dann kann das beispielsweise eine konkrete Lernaufgabe sein. Oder antwortet er, dass er Respekt entwickeln will oder dass er lernen will, sich durchzusetzen, sind das klare Antworten.

Bei jedem Klienten werden die Antworten sorgfältig überprüft. Eine wirkliche Lebensaufgabe steht immer in Zusammenhang mit den Themen des Klienten. Hier gilt das Motto: «Klopf auf den Busch, aber nimm nicht den ersten Hasen, der hinter dem Busch hervorkommt!» In der Therapie wird die Lebensaufgabe in Verbindung mit der Rückführung der Zeugung herausgearbeitet.

Rückführung und Bearbeitung früherer Leben

Die eigentliche Reinkarnationstherapie beginnt mit den Rückführungen in frühere Leben zur Bearbeitung der Probleme des Klienten. Jetzt kann die Anamnese herangezogen und ausgewertet werden. Der Therapeut erstellt einen Therapieplan für den Klienten. So wird sichergestellt, dass das Hauptthema des Klienten erfasst wird und zielgerichtet bearbeitet werden kann. Das Hauptthema des Klienten stellt immer den ersten Problemkreis des Klienten dar. Die früheren Leben, die zu diesem ersten Problemkreis gehören, müssen rückgeführt werden und können an den Angaben in der Anamnese abgelesen werden. Das Hauptthema des Klienten wird nach der Problementschlüsselungsmethode, die wir in Kapitel 4 kennengelernt haben, entschlüsselt, in eine Struktur gebracht und in den Therapieplan aufgenommen.

Um eine dauerhafte Problemlösung für den Klienten zu erreichen, ist das eine sehr effiziente Vorgehensweise, die dem Klienten vor allem die Sicherheit gibt, dass sein Thema erkannt wird. Der Klient braucht sich dadurch nur die früheren Leben anschauen, die für seine Problemlösung wichtig sind. Das ist die spannende Aufgabe des Therapeuten: Für jeden Klienten einen individuellen Therapieplan erstellen. Der Klient hat lediglich die Aufgabe, im Rahmen seiner Möglichkeiten mitzumachen und sich darauf einzulassen. Es wird von ihm keine Problemlösung erwartet. Er kennt zwar seine Lösung, weil sie in ihm liegt, sie ist ihm aber nicht bewusst. Wäre sie ihm bewusst, hätte er kein Problem. Der Therapeut unterstützt den Klienten dabei, als Hilfe zur Selbsthilfe, Erkenntnisse für klare Lösungswege zu bekommen.

Die Reinkarnationstherapie hat System. Orientiert sich der Mensch an der Natur, erkennt er, dass alles in der Natur auf ein perfekt ineinander laufen-

des System abgestimmt ist. Der Körper des Menschen läuft rund, wenn der Mensch gesund ist – wenn sein System funktioniert. Eine Therapie ohne System durchzuführen, würde wenig Sinn machen.
Nur «mal eben» eine Rückführung in ein früheres Leben durchzuführen oder Rückführungen ohne System aneinandergereiht rückzuführen, ist keine Therapie. Diese Therapie weiß durch ihre Vorgehensweise, welche früheren Leben aus dem Unbewussten ins Bewusstsein gehoben werden müssen, damit eine Therapie daraus wird. Gemäß der Gesetzmäßigkeit «wie im Großen, so im Kleinen» ist ein früheres Leben auch ein in sich geschlossenes System. Auch bei der Aufarbeitung früherer Leben weiß die Therapie, welche Informationen ins Bewusstsein geholt werden müssen, damit eine Rückführung vollständig ist und befreiend wirkt. Nach jeder Aufarbeitung eines früheren Lebens kann sie gezielt Folgerückführungen ansteuern und damit eine Therapie aufbauen. Ist ein früheres Leben unschön ausgegangen, ist das ein Zeichen, dass das Leben nicht «rund» gelaufen ist; anders formuliert: Das System ist außer Funktion geraten. In der Therapie fragen wir daher nach den Hintergründen dafür und bringen in Erfahrung, was dem entgegen stand, dass das frühere Leben rund gelaufen wäre. Im Nachhinein entdeckt der Klient seine versäumten Möglichkeiten in früheren Leben, seine Ressourcen und seine neuen Möglichkeiten im aktuellen Leben. Das bringt ihm eine dauerhafte Problemlösung.

Wie erlebt ein Klient ein früheres Leben?

Das persönliche Erleben ist bei jedem Klienten anders. Wie ein Klient ein früheres Leben in der Rückführung erlebt, kann nicht generalisiert werden. Jeder Mensch ist anders und so ist auch jedes Erleben anders. Die Erfahrungen aus der Praxis zeigen, dass sich ein Mensch in der Therapie immer nur so verhalten kann, wie er sich auch in seinem alltäglichen Leben verhält. Er wird in der Therapie nicht plötzlich ein anderer Mensch sein können. Folglich werden das emotionale Erleben und die Intensität, wie ein früheres Leben erlebt wird, unterschiedlich sein. Ein Mensch der im Alltag eher kühl reagiert und wenig Emotionen zeigt, wird in einer Rückführung ebenso reagieren oder genau das Gegenteil sein. Ein Zahlen-Daten-Fakten-Typ, der sehr rational veranlagt ist, hat während der Rückführung eines früheren Lebens oft Schwierigkeiten, seine Gefühle auszudrücken. Ein Klient, der in seinem Alltag stark emotional reagiert, ist das meist in seinem Erleben in der Rückführung auch. Das eine Erleben ist so gut, wie das andere. Es gibt in der Therapie keine Vorgaben, wie «es richtig» ist. Das würde den Klienten unter Druck setzen.

Klienten selbst haben manchmal den Anspruch an sich selbst, sie müssten ganze Filme sehen oder stark gefühlsmäßig reagieren – fast so, als wären sie nicht mehr hier und in einer ganz anderen Welt. Nicht jeder Klient erlebt das Geschehen während der Rückführung in einer sehr authentischen Form, als wäre er dort. Nicht jeder Klient kann sehen, hören und fühlen, was er in früheren Leben erlebt hat.

Manche Klienten sehen schnell aufeinanderfolgende Bilder, wie in einem Kinofilm, manche sehen Standbilder oder nur schemenhafte Bilder. Bei manchen Klienten ist ein Gedanke zuerst da und erst dann folgt ein Bild. Manche Klienten fühlen nur und sehen keine Bilder. Alles Erleben hat Existenzberechtigung und ist Ausdruck der Persönlichkeit des Klienten. Im Laufe der Therapie verändert sich das Erleben des Klienten durch seinen Entwicklungsprozess. Dann kommen die anfangs eventuell fehlenden Bilder oder Emotionen hinzu.

Manchmal sind Klienten verärgert, weil sie das Gefühl haben, dass der Therapeut es nicht «schafft», sie in ein früheres Leben hinein zubringen. Sie erleben ein früheres Leben lediglich über ihre Vorstellung und Imagination. Vorwürfe, wie: «Ich bin nicht drin» oder «das ist ja nur Fantasie» oder «das ist ja gar keine Rückführung» oder «das muss ich mir zusammendichten» zeigen lediglich ein darunter sitzendes Problem des Klienten an. Dieses Problem hindert ihn daran, ein früheres Leben so zu erleben, wie er es sich vorstellt und abverlangt. Es ist nicht immer die Einsicht vorhanden, dass sich ein Problem auch auf diese Art und Weise zeigt: Im Erleben früherer Leben. Es fehlt dem Klienten hier nicht nur an der Fähigkeit, sich auf sein Unbewusstes einzulassen, sondern zusätzlich an der Fähigkeit, sich selbst in einem Defizit zu erleben. Genau dieser Mangel aber zeigt sich vermutlich überall in seinem Leben auch. Und vermutlich ohne dass er bemerkt, dass das bereits die Ursache für die meisten seiner Probleme ist. Der Klient zeigt durch sein Verhalten, dass er eine Blockade hat. Wir nennen eine solche

Blockade «Lebensblockade». Eine Lebensblockade wird sich in der Therapie früher oder später als «Therapieblockade» zeigen. Eine Therapie- und Lebensblockade kann aufgelöst werden und dann werden die meisten Probleme gleich mit gelöst sein. Lebensblockaden bedürfen zur Auflösung einer besonderen Vorgehensweise. Die beschriebene Uneinsichtigkeit des Klienten besteht nicht nur dem eigenen Mangel gegenüber, sondern er negiert auch, dass er eine Blockade hat. Es gilt der Grundsatz:

Lebensblockaden sind dazu da, sie aufzulösen!

Um eine Therapie von Anfang an effizient durchführen zu können, klopfen wir bereits die Anamnese nach Lebensblockaden ab. Immer wieder kommt es vor, dass Klienten berichten, man hätte ihnen gesagt, sie könnten keine Rückführungen machen. Sie hätten keine Bilder gesehen und das ginge deswegen bei ihnen nicht. Hier ein spannendes Beispiel aus der Praxis mit einer Klientin:

Eine Dame interessierte sich für eine Therapeutenausbildung bei mir. Sie machte zur Bedingung, dass es ihr vorher gelingen müsse, selbst Rückführungen an sich zu erleben. Schließlich könne sie ja keine Rückführungen anbieten, wenn sie selbst keine Therapie hat. Ein lobenswerter und ethischer Grundgedanke für einen angehenden Therapeuten. Es stellte sich heraus, dass sie es schon einmal probiert hatte, in ein früheres Leben rückgeführt zu werden, es aber nicht funktionierte. Der rückführende Therapeut teilte ihr mit, sie könne keine Rückführungen machen, das würde bei ihr nicht gehen. Vor der Anmeldung zur Ausbildung vereinbarten wir einen Termin für eine Proberückführung. Die Klientin war ziemlich nervös, weil ja ihr Herzenswunsch davon abhing. Ich habe sie mit meiner üblichen Einstiegsmethode in ein früheres Leben hineingeleitet und die Klientin hatte keinerlei Probleme, sich auf ein früheres Leben einzulassen, obwohl sie nervös war. Ganz im Gegenteil, die Klientin war offen und es lief hervorragend. Die Klientin war glücklich über dieses Erlebnis.

Erfahrungsgemäß kann jeder Mensch Rückführungen machen, man muss ihm nur den Weg ebnen.

Es gibt kaum Menschen, die keine Rückführungen machen können. Es ist oft eine Frage des Vorgehens und der Rückführungstechnik. Es ist wenig sinnvoll Schuldzuweisungen an den Klienten zu geben, denn:

Unser Bewusstsein, oft als «unser Verstand» bezeichnet, ist auch während einer Rückführung in ein früheres Leben immer präsent. Er kommentiert oft die Informationen aus dem Unbewussten, die sich durch Einfälle, Gedanken oder Emotionen zeigen, meist begleitet von Bildern. Die irrige Meinung, bei einer Rückführung müsse der Verstand ausgeschaltet sein, ist unrealistisch. Wir brauchen unseren Verstand schon allein, um zu antworten. Gemeint ist damit eher, dass während der Rückführung das Ego ausgeschaltet werden sollte. Auch das ist nicht durchführbar, weil es existiert. Vielmehr ist es die primäre Aufgabe des Therapeuten, zu differenzieren, ob die Antwort des Klienten dem Ego oder Seelenanteil zuzuordnen ist. Erst im Therapieprozess selbst kann der Egoanteil transformiert werden. Kommentierende und bewertende Gedanken des Egos sind beispielsweise:

- Das kann nicht sein
- Das ist es nicht
- Das geht den Therapeuten nichts an
- Das habe ich doch schon mal gesagt
- Das sag ich jetzt nicht

Der Therapeut bittet in diesem Fall, den Klienten für die Dauer der Rückführung seinen Verstand zurückzustellen, weil er später noch Gelegenheit hat, seine Meinung dazu zu äußern.

Möchte man ein früheres Leben sorgfältig und vollständig aufarbeiten, kann pro Sitzung ein früheres Leben aufgearbeitet werden. Für gewöhnlich fällt es dem Klienten leicht, auf die Fragen des Therapeuten zu antworten. Manchmal empfindet ein Klient die Sitzungen anfangs noch als etwas anstrengend; das hat meist mit seinem zu bearbeitenden Thema zu tun. Ist die Rückführung rund und die Bearbeitung abgeschlossen, fühlt sich der Klient leichter, als vor der Sitzung. Nach der Rückführung findet eine Nachbespre-

chung statt. Sie gibt dem Klienten die Möglichkeit, das Erlebte in sein Leben zu integrieren.
Niemals wird eine Sitzung abgebrochen, sie wird immer rund abgeschlossen. Klienten, die innerlich offen für eine Klärung sind, empfinden ihre Sitzungen als spannend, erfrischend und freuen sich schon auf die nächsten Sitzungen, was immer das Unbewusste zu Tage fördert. Schwere oder Überforderung am Ende einer Sitzung sind ein Hinweis darauf, dass das Wichtigste noch unbewusst geblieben ist.

Kann beim Rückführen etwas hoch kommen, was mir schadet?

Im gesamten Rückführungsprozess werden nur die früheren Leben bearbeitet werden können, die zum jeweiligen Zeitpunkt konfrontiert werden können, sowohl Opfer- wie auch Täterleben. Auf frühere Leben, die noch nicht reif sind, konfrontiert zu werden, wird es selbst für den Therapeuten kaum einen Hinweis geben. Sie sind auch für die Klärung der aktuellen Thematik des Klienten nicht relevant, können aber zu einem späteren Zeitpunkt des Therapieprozesses durchaus reif sein.

Die Vorbereitung eines früheren Lebens

Die Bearbeitung des Teiles der Therapie, in dem frühere Leben erstmals bearbeitet werden, nimmt einen besonderen Stellenwert ein. Wir unterscheiden zwischen der ersten Rückführung und Folgerückführungen. Zur ersten Rückführung des Klienten wird sein Unbewusstes nochmals eingestimmt, um das rückzuführende frühere Leben «anzutippen». So wird sichergestellt, dass die erste Rückführung möglichst direkt an ein Trauma kommt, welches Lösungen bringt. Das erste frühere Leben wird ein Leben sein, in dem der Klient als Opfer ein Trauma erlebt.
Das Problem wird mit konkreten Fragen «auf den Punkt» herausgearbeitet. Dazu beschreibt der Klient sein Problem noch einmal. Die Aufgabe des Therapeuten dabei ist, den Klienten dabei durch zielführende Fragen zu

unterstützen, dass er sein Problem exakt definieren kann. Mögliche Schlüsselfragestellungen, je nach Antwort des Klienten sind:

- Welche Fähigkeit müssten Sie haben, dass die Situation kein Problem für Sie wäre?
- Was dabei ist Ihr Unvermögen?
- Welchen Mangel verspüren Sie hier (in der Situation)?

Daraus ergibt sich für den Klienten und den Therapeuten eine exakte Problembeschreibung. Ist die Antwort noch nicht fassbar genug oder noch nicht am Punkt, wird nochmals solange nachgehakt, bis sich beim Klienten eine bestimmte Körperspannung einstellt; der Hinweis, dass es jetzt Zeit ist, um den Klienten in sein erstes früheres Leben hinein zu geleiten. Das eigentliche Problem ist ein Unvermögen des Klienten, die optimale Lösung zu realisieren. Das kann beispielsweise sein:

- Ich kann mich nicht öffnen,
- Ich kann mich nicht durchsetzen
- Ich kann nicht reden etc.

Es ist nicht die äußere Situation oder der beschriebene Konflikt selbst. Sein Unvermögen zu formulieren, ist für den Klienten am Anfang nicht immer leicht. Genau das aber ist ein sehr gutes Zeichen für seine Therapie. Wäre es ihm nicht unangenehm, hätte er sein Problem nicht.

Der Einstieg in ein früheres Leben (Opferleben)

Zum Einstieg in das frühere Leben wird der Klient gebeten, sich eine bildliche Vorstellung seiner früheren traumatischen Erfahrung zu machen. Schonung des Klienten ist hier wenig sinnvoll, denn er ist reif dazu, sich die schlimmste und allerschlimmste Erfahrung anzuschauen, die zu seinem Problem gehört. Es soll ein Einstieg in das schlimmste, mit dem Unvermögen verknüpfte Geschehen, welches der Klient zu diesem Zeitpunkt konfrontieren kann, sein. Das frühere Trauma soll klar und bildhaft beschrieben werden. In jedem Fall bewirken die konkreten Fragen des Therapeuten, dass der Klient eine eventuelle erste Blockade in der Erinnerung an frühere Leben durchbricht. Hier bereits kann der Klient über seinen bisherigen Vorstellungsrahmen hinausgehen und weitere Traumata aus weiteren früheren Leben anzeigen, welche das genannte Problem zusätzlich aufrechterhalten und gespeichert sind. Schont der Therapeut den Klienten, weil er meint: «Oh das ist jetzt zu schlimm für ihn», blockiert er damit die Entwicklung seines Klienten. Hat ein Therapeut selbst Angst vor dem, was das Unbewusste seines Klienten hergeben wird, überträgt sich die Angst auf seinen Klienten. Es ist daher empfehlenswert, dass der Therapeut sich selbst mit seiner Vergangenheit auseinandersetzt.

Ist das frühere Leben ausreichend für Einstieg vorbereitet, wird der Klient gebeten, seine Augen zu schließen: «Schließen Sie nun die Augen und gehen Sie direkt in die Situation / Szene in dem früheren Leben, in dem Sie ...» Der Klient befindet sich ab dem Zeitpunkt bereits in seinem ersten früheren Leben. Sein Unterbewusstes hat ihn durch die Vorarbeit bereits in das frühere Leben hineingeleitet. Manchmal ist es erforderlich dem Klienten Zuversicht zu vermitteln, in dem der Therapeut ihm sagt: «Sie sind schon in dem früheren Leben drin, es gehört schon bereits dazu.» Alternativ und immer auf die Thematik des Klienten bezogen, stehen der Therapie mehrere Einstiegsmöglichkeiten zur Verfügung. Beispiele dafür sind:

- **Einstiegsmethode über eine aktuelle Verstimmung des Klienten:**
  Klient schildert eine Situation, in der er von einer anderen Person «schlecht» behandelt wird. Es ist eine Opfersituation und er will deren Wiederholung auflösen. Fragen können sein: «Schildern sie bitte ihre Situation, in der ihr Problem auftritt» oder «machen sie ein Beispiel, in der sie das besonders schlimm erlebt haben ...»
- **Gefühlseinstieg:**
  Beim Einstieg in ein früheres Leben über das Gefühl des Klienten wird er beispielsweise gefragt: «Wie haben Sie sich dabei gefühlt ... als ob, oder, wie wenn da gerade was mit Ihnen passiert?» Auch hier achtet der Therapeut, dass er nah am Klienten arbeitet und ihn dazu durch Fragen an den Punkt bringt.

- **Einstieg über Symptom**
  Möchte ein Klient eine Krankheit oder ein Körpersymptom bearbeiten, ist es möglich, ihn direkt in das verursachende Trauma hinein zu geleiten. Da ein Körpersymptom eine frühere Todessituation beschreibt, ist ein sofortiger Einstieg möglich.
  Der Therapeut lässt ihn sein Symptom beschreiben und exploriert die Krankheitsentstehung. Eine Antwort des Klienten kann beispielsweise sein: «Als, wenn mir jemand einen Speer in die Schulter schiebt ...» Ist die Antwort ausreichend fassbar, wird der Klient in das zum Symptom gehörige frühere Leben hineingeleitet. Für die Auflösung eines Symptoms sind oft mehr, als nur ein früheres Leben verantwortlich.

Fragetechnik allgemein

Der Klient befindet sich nach der Einleitung nun in einem seiner ersten früheren Leben in seinem Therapieprozess. Als erstes wird exploriert, wo sich der Klient befindet, was seine Rolle ist und in welchem Umfeld er sich befindet. Der Therapeut stellt dazu immer kurze W-Fragen in der Gegenwartsform, um das Geschehen vollständig auf allen Ebenen zu erfassen und den Klienten mit allen äußeren und inneren Erfahrungen in Kontakt zu bringen, die für die Lösung seines Problems wichtig sind. Das dient dazu, das Geschehen im früheren Leben voranzubringen. Es ist dem Klienten nicht immer möglich, selbst zu erkennen, wie es in seinem früheren Leben weitergeht. Das ist die primäre Aufgabe des Therapeuten. Dieser entwickelt seine nächste weiterführende Frage immer individuell anhand der Antwort, die der Klient ihm auf seine letzte Frage gegeben hat. Steht der Klient beispielsweise vor einem traumatischen Erleben in der Rückführung, braucht er die Unterstützung des Therapeuten, damit er durch das Trauma durchgehen kann und sich von diesem befreien kann. Keinesfalls wird die Rückführung vor dem Trauma beendet, denn das würde sein Problem aufrechterhalten, es massiv aktivieren und verstärken.
Um ein Geschehen / Erlebnis weiterzubringen, werden an wichtigen Stationen eines früheren Lebens vier Wahrnehmungs- und Erlebenseben abgefragt: das äußere Geschehen, der Körper, das Gefühl und der Gedanke.

Die vier Ebenen erfassen das gesamte Erleben des Klienten. Sie werden im Wechsel abgefragt. Zum äußeren Geschehen gehören auch alle gesprochenen Sätze und Gedanken des Klienten und Sätze und Gedanken anderer Personen. Zusammen bilden sie die späteren Leit- und Blockadesätze des Klienten. Der Klient soll intensiven Kontakt mit sich selbst in der früheren Existenz bekommen.

Schritt für Schritt wird das Geschehen nun voran gebracht. Dabei wird der Klient aber nicht gefragt: «Was sind die wichtigsten Stationen ihres Lebens?» Das würde eine Überforderung für ihn darstellen. Er selbst erfährt die wichtigen Stationen des Lebens erst, wenn das frühere Leben vollständig rückgeführt ist.
Der Klient kann immer nur das mitteilen, was er aktuell sieht, denn er kann nicht während einer Rückführung vorrausschauen. Und er wird nach der Rückführung auch nur das wissen, was vom Therapeuten erfragt wurde. Es wird das abgefragt, was der Klient wissen muss, um sein Problem zu lösen. Es wird dem Klienten nicht überlassen, was er aus einem früheren Leben erfahren möchte. Würde der Therapeut das zulassen, würde der Klient immer bevorzugen, seine unangenehmen Erfahrungen bei der Rückführung auszusparen. Das ist ein natürliches Verhalten des Menschen, Schmerzhaftes zu umgehen. Es stellt ein vermeidendes Verhalten dar. Genau dieses vermeidende Verhalten schafft ihm aktuell bereits schon seine Probleme. Es ist also sinnvoll, mit geschickten, zielgerichteten Fragestellungen den Vermeidungswillen zu umgehen.

Der Klient kommt, damit der Therapeut ihn dabei unterstützt, wissen zu können, was er bisher nicht wissen wollte.

Starke Emotionen sollen intensiv gefühlt, von innen heraus durchlebt werden. Das Lebensgefühl und die Lebenseinstellung werden beim Durchleben in Erfahrung gebracht. Das Lebensgefühl und die Lebensentwicklung ist eine Wirkung auf die Einstellung zum Leben an sich.
Wie tief sich ein Klient auf die Rückführung des früheren Lebens einlassen kann, richtet sich u.a. nach seiner Problematik. Der eine hat es nicht leicht, Gefühle nachzuempfinden bzw. sie zu benennen, dem anderen fällt es

schwer, seine Gedanken in wörtlicher Rede wiederzugeben. Hat jemand früher glühende Reden gehalten oder seine direkte Rede missbräuchlich eingesetzt, wird er während der Rückführung vermutlich die indirekte Rede verwenden. Manche Klienten beschreiben ihr früheres Leben aus einer Beobachterposition, als wären sie ein Berichterstatter ohne emotionale Beteiligung. Alle diese Phänomene finden ihre Ursachen in einem wichtigen früheren Leben. Sie werden daher als Hinweis betrachtet, hinterfragt, und das dementsprechende Leben zurückgeführt. Danach lösen sich diese Phänomene gewöhnlich auf.

Die Fallbeispiele aus der Praxis in diesem Buch zeigen auf eindrückliche Weise deutlich das unterschiedliche Klientenverhalten: Mal mehr, mal weniger Intensität. Das eine ist so gut, wie das andere.

Schmerz, Bewusstlosigkeit, körperliche Gewalt

Bei körperlichem schmerzhaftem Erleben geht der Therapeut in seiner Fragestellung sehr sensibel, aber dennoch zielgerichtet vor. Um die Schmerzblockade und die Wirkung auf das aktuelle Leben aufzulösen ist eine gute Frage: «Wie fühlt sich der Schmerz an?» Es werden, ohne Vorgaben zu geben, die einzelnen, vom Schmerz betroffenen Körperteile abgefragt. Vergleichende Antworten, statt das echte Empfinden zu schildern, werden hinterfragt, damit sich die Schmerzblockade auflösen kann. Der Therapeut hinterfragt solange, bis er wahrnehmen kann, dass sich die Spannung im Klienten von selbst löst.

An dieser Stelle werden auch Übereinstimmungen mit dem traumatischen Erleben erfasst. So traumatisch ein Erleben auch sein mag, es kann nur passieren, wenn ein Teil des Menschen damit einverstanden ist. Damit sich der Klient vom Trauma ablösen kann, ist es wichtig zu erfragen, welcher Teil von ihm damit konform geht und was er sich davon verspricht. Es werden zudem die Gedanken, Entscheidungen, und eventuelle Racheschwüre des Klienten erfasst, damit er die Anhaftung an das Trauma loslassen kann.

Der Tod in einem früheren Leben und die Auswirkungen

Die Todessituation ist eine der wichtigsten Stationen bei der Rückführung durch ein früheres Leben. Wie ein Leben beendet wird, hat unmittelbare Auswirkungen auf das aktuelle Leben. Wird der Tod bei einer Rückführung vernachlässigt, führt das meist dazu, dass:

- Der Mensch sein Trauma nicht durchleben konnte und sein Problem folglich erhalten bleibt
- Der Mensch in dem früheren Leben «stecken bleibt» und sich die Problematik verstärkt
- Sich Körpersymptome entwickeln, die er vor der Rückführung nicht da waren
- Das aktuelle Leben des Menschen eine unerwünschte Wende nimmt, weil Charaktereigenschaften aktiviert werden, die im früheren Leben gelebt wurden
- Der Mensch Vorlieben entwickelt, die er vor der Rückführung nicht hatte

Dem Tod wird daher bei der Bearbeitung eines früheren Lebens eine besondere Bedeutung gegeben. Ein gewaltsamer Tod spiegelt die Gewalt wieder, die der Mensch selbst im Leben angewendet hat. Als Gewalt bezeichnen wir auch jede Handlung gegen sich selbst. Hat der Mensch gegen sich gehandelt, zieht diese gewaltsame Behandlung seiner selbst, Gewalt nach sich. Auslöser des Todes ist immer ein Lebensbereich, dem man selbst schon Zerstörung zugefügt hat. Das innere Erleben des Todes zeigt auf, inwieweit der Mensch sich wirklich gelebt hat und wie er seine Aufgaben erfüllt hat.

Der Mensch stirbt, wie er gelebt hat.

Hat ein Mensch Angst vor dem Tod, bedeutet das, er hat eventuell Angst vor einer früheren Todesart oder er hat sein Leben nicht gelebt. Oder er hat eventuell, aufgrund seiner Versäumnisse und seinem Fehlverhalten, Angst vor seiner Lebensbilanz. Wenn der natürliche Tod ein wirklich erfülltes Leben beendet, wird er als Entspannung empfunden. Ein Leben, welches in

Krankheit endet, war nicht wirklich ein erfülltes Leben. Ein grundsätzlicher Gedanke aus den Erfahrungen zeigt:
Die Gedanken, Gefühle, Schlussfolgerungen, Rückschlüsse aus den Umständen um den Tod, ebenso wie kurz vor dem Tod sind daher besonders prägend. Ein Fazit nach dem Tod ist einseitig und erzeugt Probleme. Dieses wirkt sich in späteren Leben als Lebensprogramm aus und kann unter Umständen ein ganzes Leben blockieren.
Ein Selbstmord in einem früheren Leben ist eine Schuld gegen sich selbst, gegen das eigene unrealisierte Potenzial, sowie gegen den eigenen Körper und die Lebensaufgabe, die unerfüllt bleibt. Selbstmord stellt eine Lebensverweigerung dar, die sich in späteren Leben von außen manifestieren kann, beispielsweise als Abtreibung.

Die Auswirkungen des Todes

Mit dem Tod wird alles, im Leben unreflektierte und unbearbeitete, konserviert und mitgenommen. Entscheidungen, Einstellungen, Gedanken, Absichten und Rechtfertigungen wirken im Unbewussten weiter. Der Tod fixiert die gelebte Persönlichkeit und zwingt den Menschen, diese in späteren Leben zu reflektieren. Das Todeserlebnis selbst wirkt sich in Folgeleben und dem aktuellen Leben aus in:

- Ängsten und Abneigungen vor dem, was der Todesursache oder den Begleiterscheinungen ähnelt
- Zwanghaftem Wiederholen von Verhaltensweisen, die man im Unbewussten, aufgrund des Todeserlebnisses, mit Überleben gleichsetzt
- Innerer Wiederholung des Todesgefühls als Depression
- Wiederholung der Todessituationen durch Krankheiten
- Ausdruck des Todes - Geschehens in der Körperhaltung und in der unbewussten Erwartungshaltung gegenüber dem Alltag und dem Leben
- Die Art und Weise, wie man heutige Vorhaben beendet.

Um die Auswirkungen aufzulösen, wird der Tod sorgfältig bearbeitet. Lebensprogramme, die im oder nach dem Tod gefasst wurden, werden primär schon beim Durchleben des Todes herausgearbeitet. Dieser Teil ist beim Rückführen oft emotional besetzt, weil der Klient noch nicht wertneutral reflektieren kann. Der Klient wird auch hier wieder durch Fragen des Therapeuten begleitet, um ihn sicher durch diese wichtige traumatische Situation hindurch zu geleiten.

Auch bei seiner ersten Lebensbilanz über das rückgeführte Leben wird der Klient unterstützt, die für ihn wichtigen Erkenntnisse zu gewinnen. Das Ego zieht eine einseitige Schlussfolgerung aus dem Leben und entwickelt Selbstbestrafungsprogramme und andere blockierende Einstellungen. Sie bilden Blockadeprogramme für spätere Leben. Der Mensch bindet sich an diese selbstgesetzten Blockadeprogramme und richtet unbewusst sein Leben danach aus.

Wer nur seine Opferleben kennt, wird zum Opfer werden.

Bis zu diesem Punkt der Rückführung hat der Klient eine spannende Geschichte erlebt. Er ist durch den Tod durchgegangen und hat seine Phase nach seinem Tod erlebt. Was aber kann er jetzt daraus für sein aktuelles Leben mitnehmen? Was hat er aus dem bisherigen Erlebnis gelernt? Was soll ihm das, was bisher bewusst wurde bringen? Was kann die Rückführung ihm bringen? Was kann er daraus an problemlösenden Erkenntnissen gewinnen? Nach einem solchen Opferleben kann er bis zum aktuellen Stand lediglich lernen:

- Ich bin ein Opfer
- Ich bin durch andere Menschen oder Umstände zu Tode gekommen. Das bestätigt ihm, was er schon beklagt

Gelernt hat der Klient daher bis jetzt wenig Lösungsrelevantes. Eine Lösung, die ihn vor Wiederholungen schützt, ist ihm nach wie vor unbekannt. Es kann keine Ablösung vom Geschehen stattfinden. Der Klient bleibt einerseits in seinem Ärger über den, der ihm etwas angetan hat stecken, andererseits verstärkt sich sein Minderwert und die Wut auf sich selbst, weil er anderen etwas antun «musste» und keine andere Lösung hatte.

Ablöserituale von früheren Leben, Löschungen oder Verzeihungsrituale ändern an diesen Gefühlen wenig, denn es fehlt dem Klienten eine wichtige Erkenntnis über sich selbst: Es fehlt die Antwort auf die Frage: «Warum?»
Der nächste Teil, den der Therapeut erfragt, ist folglich der, der eine echte Lösung enthält: die Vorgeschichte des bisher Erlebten.

Die Vorgeschichte zum Opferleben

Die zentrale Frage ist: «Wie kommt es zum Trauma?» Als Vorgeschichte bezeichnen wir alle wichtigen persönlichen und äußeren Lebensumstände. Sie geben Aufschluss darüber, was für die Entwicklung des Klienten in seinem früheren Leben verantwortlich ist. In welchem Kulturkreis lebt der Klient? Meist verursacht ein Leben nach Regeln und Tradition ungeahnte Folgen, ebenso wie ein Leben, in dem sich der Klient dagegen sperrt.
Jedes Opfergeschehen, wie auch heutige Krankheiten, Unfälle, Schädigung durch andere Menschen oder Umstände, enthält eine Schuld des Opfers an sich selbst. Ein Teil von ihm lässt indirekt diese Zerstörung zu. Das Opfergeschehen ist die Antwort auf ein falsches Verhalten in der Lebensweise. Was an der Lebensführung stimmt nicht? Was war das Problem des Klienten? Was war letztendlich der Auslöser für den Weg, der ihn direkt ins Trauma führte? Wichtig ist auch, mit welcher Lernaufgabe der Klient in das frühere Leben gekommen ist und die Entscheidungen, die er getroffen hat. Mit welchen Umständen kann er nicht mehr umgehen? Welche innere Disposition hat er zu seinem erlebten Trauma? Was ist das Unvermögen des Klienten?
Die Lösung liegt in der Erkenntnis über die Zusammenhänge der Vorgeschichte in Verbindung mit der weiteren Entwicklung. Die Lösung wird individuell erarbeitet und ist für jeden Klienten eine andere. Mögen sich die rückgeführten Geschichten mehrerer Klienten auch ähneln, so unterschiedlich kann das Problem jedes einzelnen Klienten sein. Sind drei Klienten beispielweise gemeinsam bei einem Schiffsuntergang ums Leben gekommen, so hat meist jeder seine eigene Vorgeschichte, seine eigene Lebensaufgabe und sein eigenes Problem, welches sich von dem der anderen unterscheidet. So kann das Unvermögen beim einen sein, «ich kann mich nicht

einfügen», beim anderen «ich kann meine Meinung nicht sagen» beim anderen «ich kann mich nicht durchsetzen.»

Rückführungsarbeit ist, auf die lange Sicht betrachtet, keinesfalls Standardvorgehen, weil der Therapeut mit dem Klienten immer seine individuelle Vorgeschichte klärt und die Ursachen herausarbeitet. Für den Klienten ist dieser Prozess manchmal etwas unangenehm; unangenehm deshalb, weil es «ans Eingemachte» geht. Es trifft ihn am Nerv. An dieser Stelle der Therapie werden seine früheren Verdrängungen aufgelöst. Da zeigen sich zeitweise kleine Abwehrreaktionen oder es greifen Verteidigungsmechanismen. Das jedoch nur solange, bis der Klient seine lösende Erkenntnis zum Verlauf des Geschehens hat. Dann tritt Erleichterung ein. Der Therapeut achtet stets darauf, dass das Geschehen – also die Story, die der Klient erzählt – in sich stimmig ist. Anfang, Mittelteil und Ende des Geschehens müssen sich entsprechen und nach dem Gesetz von Ursache und Wirkung stimmig sein. Insgesamt muss ein früheres Leben für den Klienten inhaltlich Sinn machen und seine Entwicklung für ihn nachvollziehbar sein. Nur kurze Szenen aus einem früheren Leben erfüllen diesen inneren Anspruch nur unzureichend.
Nach der ersten Rückführung in ein Opferleben, steht das erste passende Täterleben an. Der Klient visualisiert mehrere Möglichkeiten eines Täterlebens. Es wird anschließend das rückgeführt, welches die größte sichtbare Spannung im Klienten auslöst.

Die Vorgeschichte zum Täterleben

In einem Täterleben ohne Vorgeschichte kann der Klient nur lernen:

- Ich bin ein Täter
- Ich bin ein schlechter Mensch.

Eine solche Erkenntnis bringt ihn wenig weiter. Wenn ein Täterleben so stehen bleibt, wird er sich so sehen und das bleibt haften. Eventuell setzt er noch nach: «Ich habe es ja geahnt» In einem Täterleben befindet sich der Klient in einer Unterdrückerrolle, der Täterrolle. Sich als Täter zu betrachten, ist dem Klienten weitaus unangenehmer, als sich als Opfer einer Situation zu sehen. Muss er sich durch die Rückführung anschauen, was er anderen angetan hat, zeigt ihm das auf, zu was er auch heute im Extremfall fähig wäre. Diese Anteile von ihm machen ihm manchmal Angst, obwohl er sie kennt oder zumindest in sich spürt.

Beispiel:
Bei dem Thema Aggression kommt es häufig vor, dass Klienten berichten, dass sie in ihrer Kindheit oder Pubertät, plötzlich «ausgerastet» sind, wie sie es beschreiben. Sie wurden provoziert und haben endlich all ihren Mut zusammengefasst, sind dann explodiert und der andere wurde verschlagen. Im Nachhinein sind sie derart über sich erschrocken, dass sie ihre Aggression für den Rest ihres Lebens unterdrücken, um keinen weiteren Schaden anzurichten.

Selbstunterdrückung ist nur eine Scheinlösung. Eine echte Lösung wäre die Bearbeitung der früheren Leben, aus denen die Aggression herrührt. Außerdem in Erfahrung zu bringen, warum sie scheinbar notwendig war und welches echte Problem dahinter steht. Ohne Aufarbeitung blockiert die Selbstunterdrückung den Menschen und es fehlt ihm an einem wichtigen Potenzial, nämlich dem Positivpotenzial seiner Aggression. Zudem taucht die Aggression, nach dem Prinzip der Ganzheit, im Umfeld des Menschen auf (Kap. 2, Gesetz der Wiederkehr des Verdrängten).

Die Aufarbeitung von Täterleben befreit von unnötigen Blockaden und machen möglich, das Positivpotenzial zu nützen. Sperrt der Mensch ein Negativpotenzial, sperrt er auch gleichzeitig das entsprechende Positivpotenzial in sich ein. Dieses hat die gleichen Wurzeln, wie das Negativpotenzial. Es kommt immer drauf an, welche Entscheidung der Mensch trifft. Will er es eben positiv oder negativ einsetzen. Der Mensch hat immer die freie Wahl. In einem Täterleben ist es immer eine beabsichtigte aktive Handlung des Menschen, die einen existenziellen Schaden für andere nach sich zieht. In der Therapie nennen wir das «Schuld». Zur Schuld gehören die Tat an sich, und der Schaden für den anderen. Mit dem Schaden, den der andere zu erleiden hat, gibt der Klient gleichzeitig die Erlaubnis, dass er den gleichen Schaden in einem Folgeleben und im aktuellen Leben erleidet. Das ist der Hauptgrund, warum ein Mensch zur Therapie kommt: Er möchte sich von der Wirkung seiner früheren Taten befreien. Der Therapeut bearbeitet daher nicht nur das Opferleben des Klienten, sondern primär die lösungsbringenden Täterleben.

Die Bearbeitung von Schuld

Schuld ist Verletzung der eigenen seelischen Integrität durch eine Handlung, zu der man vor dem Gewissen nicht stehen kann. Dies ist gleichbedeutend mit Verursachung – der Erschaffung einer negativ wirkenden Energie. Es wird nicht unterschieden zwischen «großer Schuld» und «kleiner Schuld». Vor dem Gewissen ist jede Schuld gleich. Der Schuh drückt manchmal bei einer scheinbar kleinen Schuld mehr als bei einer großen Schuld. Die Therapie wertet nicht und jeder Klient ist gleichwertig, egal, welches Päckchen er trägt und was er auf dem «Kerbholz» hat.
Es wird in der Therapie zwischen verschiedenen Schuldformen unterschieden:

1. **Aktive Schuld durch Zerstörung:**
   Es wird zerstört, was einem Probleme bereitet, die man nicht lösen kann. Der Klient ist einem Gegenstand, einer Sache oder einem Menschen gegenüber ohnmächtig. Er findet keine echte Lösung für sein Problem oder er will diese nicht.
2. **Schuld durch Unterlassung:**
   Der Klient duldet oder lässt eine Zerstörung zu. Das bedeutet, er unterstützt die Zerstörung, wie beispielsweise bei «unterlassener Hilfeleistung.» Das gilt auch für das, in der Polarität, normale Maß an Zerstörung. Wer die Veränderung einer Situation nicht zur Kenntnis nimmt und am Alten festhält und das Neue - und damit eine Weiterentwicklung blockiert - trägt selbst zur Zerstörung dieses Lebensbereichs bei. Ein Beispiel dafür sind überholte zwischenmenschliche Beziehungen; sie werden häufig von außen zerstört, um auf diese Weise die anstehende Veränderung einzuleiten

3. **Schuld durch Nicht-Kommunikation:**
   Jede Schuld beginnt mit der fehlenden Kommunikation mit sich selbst – mit dem eigenen Gewissen. Der Instanz im Menschen, die immer den richtigen Weg weist. Die Folge davon ist die Ausweitung der fehlenden Kommunikation auf das Leben und auf die Beziehungen zu anderen Menschen. Daraus entwickeln sich Probleme, wie Geheimnisse, Verschweigen, falsche Anweisungen oder Lügen die zur Schädigung führen. Dahinter steht eine bestimmt Absicht oder eine Koketterie «ich schau mal, wo das hinführt.»

Niemand ist wirklich gezwungen, eine Schuld zu begehen. In der Praxis, während der Rückführung, sagen Klienten häufig: «Ich kann nicht anders» oder «ich muss das machen» oder «ich habe keine Wahl.» Das sind Rechtfertigungen, mit denen sich der Klient erlaubt, die Schuld zu begehen. Das ist vergleichbar einer Tarnkappe, die dem Tun den Anschein gibt, es sei in Ordnung. Der Therapeut unterstützt den Klienten schon während der Bearbeitung des früheren Lebens durch spezifische, zielgerichtete Fragen dabei, die Rechtfertigungsmechanismen zu durchschauen. Dadurch kann der Klient den Schaden konfrontieren, den er verursacht hat. Als Schaden bezeichnen wir gewöhnlich einen konkreten, sichtbaren Schaden. Aber auch unsichtbare körperliche und geistige Unterdrückung schädigt andere körperlich, ebenso wie die Lebensverhältnisse; sie vernichtet zusätzlich immer auch die Lebens- und Arbeitsmotivation der Unterdrückten.
Schuld begeht ein Mensch nur deshalb, weil er keinen anderen Ausweg aus der Situation sieht, in die er sich hinein gebracht hat. Und auch das nur, weil er die Konsequenzen, die ihm in dieser Situation drohen, nicht tragen möchte. Würde er sich entscheiden, diese zu tragen, könnte er sich frei von Schuld halten. Auch hier gilt der Grundsatz:

Das eigene Leben steht dem anderen Leben nach.

Zwar ist die sorgfältige Aufarbeitung der Schuld für den Klienten sehr befreiend, genauso wichtig ist es aber die Vorgeschichte zu explorieren. Der eigentliche Auslöser dafür, dass er seine Schuld begeht, liegt in einem Täterleben viel weiter zurück. Erst der individuelle Umgang mit dieser auslösenden Situation prägt seine Entwicklung so, dass sich der Klient schuldig macht. Nach der Bearbeitung des früheren Lebens werden für den Klienten alle Zusammenhänge transparent und erkennbar.

Der Therapeut bringt durch gezielte Fragen alle Umstände rund um die Schuld in Erfahrung. Interessant für den Klienten sind dabei seine Gedanken und Emotionen, sein Entschluss zur Schuld, seine Rechtfertigungen, seine Absichten, die er in Wirklichkeit damit verfolgt und seine persönlichen Vorteile. Ein geschultes Auge des Therapeuten erfasst, ob die Antworten stimmig sind und zum Erlebten passen und ob alle Festhaltemechanismen ins Bewusstsein des Klienten gehoben wurden. Es soll erreicht werden, dass der Klient den Kreislauf der Wiederholungen unterbrechen kann. Die Vorgeschichte wird herausgearbeitet. Ferner erfragt der Therapeut detailliert das Problem, welches der Klient durch die Unterdrückung anderer mit Gewalt lösen wollte. Bei der ursächlichen Bearbeitung des Täterlebens muss zum Schluss eine stimmige nachvollziehbare Story da stehen; es muss eine echte Alternative zum Erlebten herausgearbeitet sein, ansonsten kann sich der Klient kaum von der Schuld und den Folgen befreien. Bleibt eine Schuld in einem früheren Leben unbewusst, weil sie beispielsweise bei der Bearbeitung übersehen wurde, kann das zur Folge haben, dass sich Ängste und Probleme verstärken. In jedem Fall werden Rückführungen daher ergänzt werden müssen, um den Klienten weiterzubringen.

Im Kern ist jeder Mensch gut!

Im Zusammenhang mit der Bearbeitung von Schuld und Täterleben ist diese Aussage ein wesentlicher Grundsatz der Therapie. Sie sagt aus, dass der Mensch in seinem Seelenanteil gut ist. Der Seelenanteil ist sein Kern. Dieses Bewusstsein sollte ihn jedoch nicht dazu verführen, sich gefallen zu lassen, was ihm schadet und Leid zu ertragen, in dem er den anderen damit rechtfertigt, dass dieser ja einen guten Kern hat. Lässt er das zu, macht er sich an sich selbst schuldig.
Nachdem Vorgeschichte und Ursachen des Täterlebens bewusst sind, wird der Klient zu einer zweiten Lebens-Bilanz aufgefordert. Das Gewissen beurteilt nun die eigenen Taten nach höchsten ethischen Maßstäben und der

Maxime: Was die beste Lösung unter Berücksichtigung aller Möglichkeiten gewesen wäre. Es wird schließlich eine Aufgabe für das nächste Leben entwickelt. Zum Abschluss der Rückführung wird festgestellt, ob das Leben noch weitere wichtige Elemente oder Situationen enthält, die bis zu diesem Zeitpunkt noch nicht bewusst geworden sind. Der Therapeut achtet auf Emotionen und Körpersymptome, die noch da sind. Sobald das Geschehen vollständig erfasst ist und alle wichtigen Fragen beantwortet, sowie alle Traumata aufgelöst sind, wird der Klient in die Gegenwart zurückgeholt. Anschließend erfolgt eine Nachbesprechung der Rückführung mit dem Klienten.

Nachbesprechung einer Rückführung

Die Nachbesprechung ist eine weitere wichtige Aufgabe des Therapeuten in der Rückführungspraxis. Die wesentlichen Ereignisse, Leitsätze, Einstellungen, Berechnungen, Suggestionen, Rechtfertigungen, eventuelle falsche Rückschlüsse, Überlebensprinzipien, die Lebensbilanz und Gefühle aus dem früheren Geschehen werden analysiert; der Bezug zum heutigen Leben wird aufgezeigt und der Verlauf des früheren Lebens wird karmisch entschlüsselt.
Der Therapeut arbeitet mit dem Klienten die rückgeführten Erlebnisse so gründlich wie möglich durch. Gedanken, Emotionen, Körperempfindungen, Persönlichkeit und Lebensverlauf des Geschehens sollen dabei ausgedrückt werden. Der Klient soll auf die Fragen zunächst spontan aus seiner eigenen Erinnerung und Erkenntnis heraus antworten. Ergeben sich dabei Schwierigkeiten im Verständnis des Erlebten, kann der Therapeut den Erkenntnisprozess des Klienten unterstützend fördern. Sind konkrete Umsetzungsschritte im alltäglichen Leben erforderlich, werden diese hier in der Nachbesprechung besprochen und begleitet.

Ein vollständig bearbeitetes früheres Leben verschwindet nach kurzer Zeit aus den Gedanken des Klienten, weil es rund abgeschlossen ist. Sobald ein Klient von den Bildern eines früheren Lebens nicht loslassen kann und diese dauernd präsent sind, ist eine Ergänzung notwendig. Ein wichtiger

Punkt oder eine Erkenntnis fehlt noch. Vollständig bearbeitete frühere Leben ziehen Leichtigkeit nach sich. Trauer oder Tränen zeigen an, dass die Rückführung unvollständig ist. Oft sind Trauer oder Tränen ein Hinweis darauf, dass eine Schuld nicht ans Licht kam.

Klärung einer karmischen Beziehung

Zahlreiche Beziehungen haben einen karmischem Hintergrund (Kap 4, Themenkreis «Beziehungen»). Die meisten Menschen in einer Partnerschaft kennen sich bereits aus früheren Leben. Stellt der Therapeut fest, dass es sich um eine Problematik zwischen den Beziehungspartnern handelt, werden die früheren Leben bearbeitet, aus denen sich die Beziehungspartner kennen.
Der Therapeut konzentriert seine Fragen auf die Konfliktsituationen in der Beziehung des Klienten mit dem Partner. Das frühere Leben des Klienten, welches er mit dem Partner gelebt hat, kann an der Konfliktsituationen abgelesen werden. Der Therapeut bringt die Vorwürfe, die sich die Partner machen, in Erfahrung, um so die Rückführung in das frühere Leben vorzubereiten: «Wenn sie sich mit Ihrem Partner streiten, welche Vorwürfe macht er ihnen, welche Vorwürfe machen sie ihm?» Die gegenseitigen Vorwürfe sind der direkte Wegweiser zu den früheren Leben, die die beiden binden.
Sind die Vorwürfe klar benannt, wird der Klient erfragt, aus welcher Rollenverteilung sich beide kennen und in welcher Rolle er sich selbst dabei sieht und in welcher den Partner. Anschließen geleitet der Therapeut den Klienten auf die gewohnte Weise in dieses frühere Leben hinein, welches dann sorgfältig aufgearbeitet wird. Um Schuldzuweisungen zu vermeiden, muss sich der Klient abwechselnd in der Opferrolle und in der Täterrolle erleben. Nur so kann die Beziehung ins Gleichgewicht gebracht werden.

Bei der Bearbeitung der früheren Leben achtet der Therapeut auf persönliche Täter-Opfer-Beziehungen. In der Nachbesprechung des früheren Lebens wird herausgearbeitet, welche Person der heutige Partner im früheren Leben war. Dann werden Aufgabenstellungen innerhalb der Beziehungen und eventuelle Umsetzungsschritte besprochen.

Aufbau der Reinkarnationstherapie

Der gesamte Therapieprozess besteht aus mehreren Stufen. Dieser Mehrstufen-Aufbau der Reinkarnationstherapie gewährleistet eine effektive, fortschrittliche Anwendung und stellt sicher, dass auch die tiefsten Schichten des Unbewussten erreicht werden können – soweit das erforderlich ist.
In der Reinkarnationstherapie können verschiedene Problemkreise behandelt werden, wie Ängste, Hemmungen, Lernschwierigkeiten, berufliche Konflikte, Beziehungsprobleme, Psychosomatiken etc. Die Wurzel aller Probleme ist psychische Verdrängung. Somit ist das einzelne Symptom nicht ausschlaggebend bei der Indikation für die Reinkarnationstherapie. Es ist die Bereitschaft des Menschen, sein Unbewusstes aufzuarbeiten.

Der Aufbau der Reinkarnationstherapie

1. Einführende Sitzung, bei der Ereignisse des heutigen Lebens, sowie die Verhaltensmuster besprochen werden
2. Bearbeitung des aktuellen Lebens, insofern erforderlich
3. Rückführung der Pränatale und Geburt, insofern das ansteht
4. Bearbeitung der einzelnen Problemkreise. Die Zusammenhänge von Ursache und Wirkung vermitteln
5. Erweiterung und Ergänzung durch vertiefende Themen bis hin in die tiefsten Tiefen des Unbewussten. Die Zusammenhänge zwischen den verschiedenen Leben werden hergestellt und ein Muster herausgearbeitet. Es werden frühere Leben der tieferen Schichten rückgeführt
6. Schlüsselerlebnis
7. Zusammenfassung der Therapie zum runden Therapieabschluss

Die «Ur- Schuld» ist ein Phänomen, dem gerne auf die Spur gegangen wird. Das ist jedoch erst dann sinnvoll, wenn der Entwicklungsweg, den der Klient gegangen ist, von der Ur-Schuld bis heute, in der Therapie rückwärtsgegangen wurde. Kurz gesagt: Die Ur-Schuld ist ein Fehler im Umgang mit sich und seinen Potentialen, begangen aus einer Berechnung und Absicht,

oder aus Gedankenlosigkeit heraus Sie ist ein Schlüsselerlebnis, welches jedes Leben erklärt.
Der chronologische Aufbau einer gesamten Therapie bis hin zum Schlüsselleben des Klienten und darüber hinaus, ist eine Zusammenstellung aus den Erfahrungen langjähriger Therapiearbeit. Es ist zwar empfehlenswert den gesamten Therapieprozess zu durchlaufen, ist aber keine Voraussetzung dafür, dass eine Therapie begonnen werden kann. Jeder Klient hat die freie Wahl, wie weit er geht. Das liegt in der Eigenverantwortlichkeit des Klienten, was er klärt.

Voraussetzung beim Klienten für einen Therapieabschluss

- Wachsendes Problem- und Verantwortungsbewusstsein,
- Eigenanteil erkennen, ursächliches Denken
- Gesteigertes ethisches Empfinden
- Verbessertes Einfühlungsvermögen in andere Menschen
- Gesteigertes Einfühlungsvermögen in andere Ebenen, wie Tier, Pflanze, Materie. Die Trennung zwischen Ich und Du hebt sich auf
- Egohandlungen und Egoanteile sind geringer und damit Verstimmungen und Probleme
- Verminderte Überheblichkeit und Minderwert, wachsende Akzeptanz, Toleranz, Dankbarkeit, Demut, Eins-Sein mit allem
- Das Geben ist stärker, das Nehmen geringer
- Nützliche Rolle in der Sozialgemeinschaft
- Transformation vom Ego zur transpersonalen Identität
- Dankbarkeit dem Leben gegenüber

Das Ergebnis der Reinkarnationstherapie soll sein, dass der Klient seine Programme, seine Leitsätze aus früheren Leben kennt, auch seine Rechtfertigungen und Entschuldigungen durchschaut hat. Folglich kommt er sich so sehr bald selbst auf die Schliche, sollte er in alte Verhaltensweisen oder Muster zurückfallen. Ziel der Reinkarnationstherapie ist es, dass der Klient seine gewonnenen Erkenntnisse später auch ohne den Therapeuten anwendet. Der Klient kann sich selbst beobachten und auf Ursachen für Probleme schon im Ansatz zusteuern. So verhindert er, dass er normale Themen zu Problemen werden lässt. Hat er seine Vergangenheit verstanden, kann er in der Gegenwart planen, ohne in Zukunft, alte Ziele zu verfolgen.

Fallbeispiel «Marktverkäufer»

Ein Klient hat Panik, wenn er sich vor Menschen präsentieren muss. Wenn er Vorträge halten soll, fällt ihm nichts ein. Er hat einen Blackout.

Rückführung
Ich sehe mich da mit blonden Kraushaaren, wie der von den Marx-Brothers, der Lustige, der nicht spricht. Ich spreche allerdings. Ich habe einen dreieckigen Hut auf, ich habe braune Augen. Ich trage eine weite Hose, eine Ballonhose, weisse Socken, meine Jacke ist wie aufgeblasen.

Das sieht alles ein bisschen auffällig aus, das ist meine Arbeitskluft, damit ich mich von den anderen Leuten unterscheide. Die anderen Leute sprechen mich deswegen an, warum ich solche Kleider trage und ich unterhalte mich mit den Leuten, Ich habe eben eine spezielle Rolle, ich präsentiere unsere Waren. Das sind Werkzeuge. Ich bin auf einem Markplatz, zusammen mit meiner Familie, meinen Geschwistern. Wir befinden uns an einer Ecke des Marktes, ganz am Rande. Wir sind immer am gleichen Ort, damit die Leute gleich wissen, wo wir sind. Das ist strategisch gut, gegen hinten ist Platz, die Leute können dort stehenbleiben und weitergehen. So kann ich unsere Werkzeuge demonstrieren. Es sind neuzeitliche, moderne und revolutionäre Werkzeuge: Hammer, Bohrer, Feilen, Schrauben, Nägel, Sägen, Hobel. Mit diesen Dingern werden nun Sachen fabriziert und zusammen gebaut, es wird genagelt und verschraubt. Wir sind immer früh am Morgen auf dem Markt, damit wir unseren Platz dort haben. Das ist einmal pro Woche, am Mittwoch. Es kommen Leute, ich begrüsse sie und spreche sie an. Die Leute sprechen mich auch an wegen meinen Kleidern, ich sehe darin ein bisschen aus wie ein Clown. Ich fühle mich gut und vital. Ich erkläre einem Mann das Werkzeug, wie man das einsetzen kann, und dann kommen immer mehr Leute, die beziehe ich dann alle in die Demonstrationen ein, und die Sache wird immer lustiger und heiterer. Wir haben eine Fabrikation zuhause. Dort stellen wir diese Werkzeuge her. Und nun vermarkte ich das hier auf dem Markt durch meine Präsentationen. Die Produkte sind einzigartig und von guter Qualität. Bei den Präsentationen wird dann so richtig gefuhrwerkt. Die Leute bleiben dann stehen und schauen zu, manchmal gibt es so richtige Menschenansammlungen. Sie sind neugierig. «So ist es richtig, jetzt bin ich in meinem Element. Das beflügelt meinen Ideenreichtum. Wenn viele Leute zuschauen, läuft der Verkauf ohne, dass ich was dafür tun muss.»

Die Sprüche und Bemerkungen dazu. Es läuft witzig und komisch ab, aber auch manchmal etwas provokativ. Das gefällt. Ich nehme die Obrigkeit etwas auf den Hebel. Wir arbeiten alle zusammen, ich beziehe die anderen von der Familie ein. Ich mache alles spontan und aus dem Stegreif, spreche den meisten Text, sie reichen mir die Sachen und helfen mir. Alles intuitiv und auf die Situation bezogen. Ich beziehe auch die zuschauenden Leute mit ein: «Halte das mal. Setz dich. Ist das nicht praktisch und bequem?» Ich habe auch eine Menge Utensilien dabei, um den Leuten etwas zu zeigen. Wir bieten auch so eine Art von Scheren an, und so mache ich dann auch Frisuren von bekannten Leuten aus Perücken mit der Schere. Die Leute wissen dann, wer das sein soll. Es werden da auch Rollenspiele gemacht zwischen mir und meinen Geschwistern. Die sollen dann mal dieses und jenes machen, und ich gebe die Regieanweisungen. Und so wird demonstriert, was man z.B. mit einer Schere alles machen kann. Wir können dann unsere Werkzeuge gut verkaufen, wir haben viel Erfolg damit – auch mit den nicht so bekannten Sachen. So lernen die Leute sie kennen: Hammer, die Beisszange, den Stechbeitel, Messer, Sägen, etc. Verkaufen tun wir immer alles, aber präsentieren nicht. Nebenan gibt es Kleider und ein anderer verkauft Geschirr.
Wir wohnen am Stadtrand von Paris. Wir sind ein Gewerbe- und Produktionsbetrieb. Unser Anwesen besteht aus einem Wohnhaus und einem Fabrikationsbetrieb. Das Haus ist zweistöckig mit Flachdach. Es gibt eine Küche, Wohn- und einige Schlafzimmer. Ans Haus anlehnend befindet sich die Produktionswerkstatt, wo wir die Werkzeuge entwickeln und fabrizieren. Es

muss viel produziert werden, weil auch viel verkauft wird. «Nachdenken, erfinden, entwerfen und ausprobieren.» Ich helfe dann beim Giessen mit, wo es gerade fehlt. Ich habe eine ganz positive Lebenseinstellung: «Das Leben macht Spaß!» Ich bin in einem stetigen Denkprozess bis zum Verkauf an den Konsumenten. Von diesen können wir viel lernen. Sie machen oft sofort Verbesserungsvorschläge. Mit der Kritik der Leute gehen wir sehr konstruktiv um, wir nehmen die nicht persönlich sondern als wertvolle Anregung.

Nächste Entwicklung:
Es kommen dann immer mehr Leute. Ich mach mir nun auch Gedanken, was ich den Leuten Neues bieten könnte bei meinen Präsentationen. Ich denke mir etwas aus, mache es dann nicht mehr so ganz spontan. Man sagt dann auch, dass die Leute eher wegen mir und meinen Aufführungen zum Stand kommen als wegen den Gerätschaften, die wir verkaufen. Ich fühle mich geschmeichelt. Ich bin stolz auf mich und meinen Erfolg.
Die Präsentationen sind jetzt fast eine Show. Ich überlege mir nun, was ich da darstellen soll, und so beginnt sich die Sache und das Interesse der Leute langsam zu verschieben von den Werkzeugen hin zu den Aufführungen. Ich denke: «Ich sollte den Leuten etwas bieten, wenn sie schon wegen meinen Aufführungen kommen.» Ich will den Leuten immer mehr Vergnügen bereiten, und da überlege ich mir, was ich das nächste Mal sagen und machen könnte. Ich mache immer noch vieles spontan, aber ich überlege mir schon einige Szenen im Voraus. Vorteil für mich? Anerkennung. Ich stehe im Mittelpunkt. Rechtfertigung: «Ich muss den Erfolg bewahren, dass die Leute bleiben.» Damit die Resonanz weiterhin gut bleibt. Gefühl der Freude und Euphorie. Eine gewisse Anspannung ist da, ob das dann gut ankommt, was ich mir da ausgedacht und einstudiert habe. Ich entferne mich von meinen Wurzeln. Bei den Aufführungen werden die Werkzeuge für mich nun fast zur Nebensache. Es geht jetzt fast mehr um die Präsentation und Selbstdarstellung von mir.
Das Haareschneiden ist mein Steckenpferd. Der Kardinal (Mazarin) wird dann meine Lieblingsfigur. Sie erkennen dann, wenn ich den dann kämme und dem noch eine Kappe aufsetze. Es lachen dann alle Leute. Der Kardinal ist bekannt, er gilt als etwas trocken und streng. Ich habe mir die Kardinal-

szenen einstudiert, dass der dann auch eine Kappe in passender Farbe braucht. Das musste dann auch vorbereitet werden. Die Leute amüsieren sich dann köstlich. Der Kardinal ist eine neue Erfindung, diese Figur ist vorher nicht drin gewesen. Wir verkaufen aber nicht mehr Waren als vorher, aber die Zuschauer nahmen stark zu. Ich ziele nun auf den Mann ab, vorher sind die Figuren unpersönlich dargestellt worden. Die Leute freuen sich, wenn ich den Kardinal auf die Schippe nehme. Ich zeige mich mit den Leuten solidarisch. Das zieht bei den Leuten, ich habe Erfolg damit. Szenen mit Schränken, die zusammengestellt werden. Da sitzt dann plötzlich der Kardinal drin, wie in einem Gefängnis. Oder ich sage: «Jetzt machen wir dem Kardinal ein schönes Bett.» Dann wird das Holz gesägt und die Bretter zusammengestellt und verschraubt, dann kommt die Matratze und er legt sich dann rein. Die anderen Familienmitglieder helfen mit und tragen die Balken und Bretter und bringen die Werkzeuge, die wir brauchen. Mein Bruder spielt immer den Kardinal. Der sagt aber eigentlich nicht viel, eigentlich nur ja oder nein. Er ist ziemlich einsilbig.
Den König lasse ich weg, man darf ihn nicht imitieren und sich lustig machen, das würde schlecht ankommen im Publikum und es wäre Majestätsbeleidigung. Der Kardinal geht schon, und so gibt es Szenen wie: Der Kardinal in der Kirche, am Esstisch, mit einer Säge hantieren oder mit einem Hammer, der Kardinal beim Friseur, im Bett, wie er isst und trinkt auf dem Stuhl, den wir mit unseren Werkzeugen zusammen gesetzt haben. Da gibt es unendlich viele Möglichkeiten. Die Kardinalsgeschichten werden zum Renner. Die sind dann meine Marke. Die Szenen sind nicht negativ oder destruktiv, sondern humorvoll und lustig. Er selber wird auch nicht kritisiert, z.B. in seiner Amtsführung, sondern er wird eher bescheiden und ein bisschen als unbeholfen und sympathisch dargestellt, wie Komödie. Das Publikum wird also immer mehr und wegen dem allgemeinen Zulauf der Leute profitieren auch die anderen Standbetreiber auf dem Markt. Wir nehmen den anderen Marktteilnehmern nichts weg, wir sind keine Konkurrenz für die, weil wir andere Produkte verkaufen als sie.

Nächste Entwicklung:
Wir werden entdeckt und kriegen eine Einladung für eine Aufführung. Es kommt ein feiner Herr nach einer Vorstellung zu mir, so einer mit Perücke

und Hut, ein adeliger Mann. Ich meinte ihn auch unter den Zuschauenden gesehen zu haben. Er spricht mich an: «Was Ihr macht, hat mir gefallen, habt Ihr Muße, mit Eurer Kunst meine Gäste zu unterhalten. Ihr werdet auch dafür entlohnt werden. Ihr braucht nur das zeigen, was Ihr hier auf dem Markt zeigt.» Ich soll nun also verschiedene solche drolligen Kardinalsszenen aufführen bei diesem Herrn auf dem Schloss, so eine Art Satire und Komödie darstellen. Wir sagen dem Mann dann zu und gehen dann dorthin, mit etwa zehn Personen. Das sind meine Eltern, die Geschwister, die Verschwägerten, meine Frau. Der Vater hat da schon einige Bedenken, dass wir das tun wollen, solche Aufführungen machen. «Da geht es nicht mehr um die Werkzeuge. Wir sind Werkzeugmacher und keine Komödianten, dann meint man, wir seien Hofnarren ...» Trotz dieser Bedenken halten wir dann unsere Vorstellung in diesem Schlösschen ab, so wie auf dem Markt, und wir haben auch grossen Erfolg damit. Man findet es bemerkenswert, dass man seine eigenen Fabrikate auf eine solche originelle Weise anbietet.
Es zieht dann breitere Kreise, und es finden dann auch weitere Vorstellungen statt. Bei einigen Adeligen auf ihren Schlössern. Es sind kleinere Schlösser. Vier solcher Aufführungen sind es und überall haben wir den gleichen guten Erfolg gehabt, die Leute haben sich köstlich amüsiert. Ich denke so bei mir: «Vielleicht bringen wir es noch an den Königshof. Das wäre das Größte.» Jeder Komödiant will vor dem König auftreten. Natürlich wäre das auch für uns die größte Ehre. Die Einladung von Molière persönlich. Das weiß jeder, dass er für die Unterhaltung am Hof zuständig ist. Ich stelle mir das geistig schon vor: Der König kommt, dann stehen alle Leute auf. Wir vor ihm mit unserer Aufführung, vor diesem auserlesenen Publikum …
Es kommt keine Einladung. Wir sind auf dem Markt und verkaufen wieder. Das Leben geht dann weiter wie bisher, wir gehen am Mittwoch wieder auf den Markt und preisen dort unsere Produkte an.

Nächste Entwicklung:
Bei den Aufführungen ändert sich nun aber etwas. Der Kardinal wird nun nicht mehr imitiert, dieses Thema ist nun durch. Mein Bruder spielt jetzt nicht mehr die Figur des Kardinals, sondern diejenige des einfachen Bürgers und das allgemeine Volk, das unter der Last und der Beschwerlichkeit

der gegenwärtigen Zeit zu leiden hat und unter den aktuellen Lebensbedingungen. Die Aufführungen werden nun etwas zeit- und sozialkritischer.
Es fällt hier und da auch ein Spruch gegen die Obrigkeit, gegen den Adel und gegen den König. Ich persifliere die besseren Leute, wie die sich benehmen und wie die mit unseren Werkzeugen hantieren, z.B. auf dem Château Latrousse, dass es dort gehoben und fein zugeht und nicht so primitiv wie bei uns. Ich arbeite da auch mit meinem Bruder zusammen und stehe in Interaktion mit ihm. Er spielt jetzt den etwas dummen und plumpen Bürger, die Stimme des Volkes, und ich dagegen spiele den vornehmen Herren und besseren Bürger. Der Bruder ist etwas wortkarg und einsilbig, der Pöbel weiss sich eben nicht auszudrücken. Wortkarg und einsilbig ist er auch schon als Kardinal gewesen, das ist aber der Trick gewesen, dass der nicht viel sagt, so erscheint der Kardinal als freundlich, harmlos, bescheiden, verständnisvoll und hilfsbereit, als eine grosszügige Person, der alles recht ist. Diese Figur ist eigentlich sympathisch dargestellt worden. Ich verwende die Erfahrungen, die ich auf diesen Schlösschen bei den besseren Leuten gemacht habe.
In einer Aufführung gehe ich dann zu weit. Das ist nicht geplant. Ich demonstriere eine Neuentwicklung, einen Schraubenzieher. Ich drehe die Schraube mit diesem Ding und mein Bruder hält das Brett. Ich sage dann: «Eins, zwei, drei, einmal für den König, einmal für den Kardinal und einmal für den Finanzminister und fertig ist es, das ist zusammengeschustert, so einfach geht das.» Ich frage dann meinen Bruder: «Na, hält das?» Er: «Es hält.» Ich zeige den Schraubenzieher hoch und sage: «Das ist die Wunderwaffe, den kriegt ihr für drei Louisdor.» Sie maulen: «Das ist zu teuer» Ich wende mich dann an meinen Bruder und frage: «Sind drei Louisdor zu teuer?» Er übernimmt die Stimme des Volkes und antwortet «Ja.» «Siehst du sagen die Leute, das ist zu teuer.» Dann sage ich zu ihnen: «Gut, dann gebe ich es für zwei Louisdor. Ich weiss ja, dass ihr so viel Steuern bezahlen müsst, damit ER und die seinen sich ihre grossen Bäuche füllen können.»
Ich muss hier ja erklären, warum ich von drei auf zwei Louisdor runter gehe. Den zweiten Teil dieses Satzes sage ich aber fast im Flüsterton, so dass das nur die Leute in den vorderen Reihen verstehen, denn so etwas darf man nicht laut sagen. Die Leute in der hinteren Reihe, die das nicht verstan-

den haben fragen dann, was ich da gesagt hätte. Dann sagen diejenigen, die das gehört haben: «Er hat gesagt, damit er und die seinen sich ihre grossen Bäuche füllen können.» Dann sagen die Leute: «Damit meint er wohl den König.» Die Leute kichern dann hinter vorgehaltener Hand, das geht dann praktisch über den ganzen Marktplatz. Ich stelle den König hier als Verschwender dar. Das mit der Absicht, dass die Leute eine kritische Einstellung dem König und dem Adel gegenüber kriegen. Damit mindere ich auch seine Autorität mit dem persönlichen Vorteil, dass mir die Leute dann recht geben. Das hebt meinen Status, so bin ich auch einer von ihnen, ein armer Schlucker aus dem einfachen Volk, genau wie sie. Der König soll sich schuldig fühlen Ich manipuliere die Leute und induziere Widerstand gegen den König. Ich benehme mich so wie einer, der sich das wohl erlauben kann. Damit setze ich seine Autorität herab. Das hat auch etwas Selbstgefälliges an sich. Damit werte ich mich auf, und die Leute sind auch meiner Meinung, dass das so ist mit den Steuern, dass die hoch sind, und sie finden es irgendwie auch mutig, dass da überhaupt jemand so etwas zu sagen wagt. Ich bin dann in ihren Augen eine mutige Person, eine, die es wagt zu sagen, was ist und wie es wirklich ist.

Nächste Entwicklung:
Man darf den König nicht öffentlich beleidigen und das Volk aufhetzen. Man darf ihn auch nicht der Lächerlichkeit preisgeben und ihn persönlich treffen. Das ist unter der Gürtellinie gewesen, was ich gesagt habe. Meine innere Stimme sagt, bevor ich diesen Spruch mache: Hör auf, halte den Mund, du gehst zu weit.» Ich muss aber noch eine Pointe drauf setzen, damit das ankommt bei den Leuten. Ich lege diese innere Stimme dann beiseite und sage mir: «Er erträgt schon ein bisschen, man darf nur nicht immer so ängstlich sein, zudem kenne ich ja nun die Leute, so etwas werde ich mir wohl erlauben können.» Flaues Gefühl im Magen. Ich fühle mich nun klein und strotze nicht mehr vor lauter Kraft, Energie und Selbstbewusstsein, wie noch einige Minuten vorher, wo ich die Dinge noch so richtig im Griff gehabt habe. Betretenes Schweigen bei uns in der Familie.
Es kommt eine Garde von Soldaten anmarschiert. Es sind etwa zwölf Leute und ihr Kommandant. Sie kommen aber auf uns zu und machen dann vor uns Halt. Der Kommandant zeigt dann auf mich und meinen Bruder und

sagt dann lakonisch: «Mitkommen.» Wir gehen dann mit und werden in das Gefängnis gebracht. Soldaten befragen die Leute auf dem Markt, was da genau vorgefallen ist. Im Gefängnis sind etwa 20 bis 30 Personen. Das sind Kriminelle, Diebe, Schläger, Mörder. Ich fühle mich elend und leer. Wir werden wie Verbrecher behandelt. Zuerst mache ich mir selber einen Vorwurf, den lege ich dann aber beiseite und sage zu mir: «Das kann doch kein ausreichender Grund ist, um uns hier festzuhalten und einzusperren, das ist doch eine Bagatelle.» Ich bin zuversichtlich, dass man uns bald wieder raus lässt. Sie lassen meinen Bruder frei.

Ich muss in den Keller. Folterkeller. Ich werde dann fast ganz entkleidet und mit Ketten angebunden, die Arme und Beine auseinander. Mit den Händen halte ich mich an einer Stange über mir. Neben den zwei Wärtern und dem Folterknecht ist noch einer da, so eine Art Richter, Schreiber. Der Folterknecht ist ziemlich klein, aber sehr kräftig gebaut. Er trägt einen Sackumhang mit Kapuze. Der Richter fragt mich: «Gibst du zu, den König persönlich beleidigt zu haben?» Ich sage: «Nein». Der andere nimmt dann ein brennendes Eisen aus dem Feuer und hält mir das auf die Brust. Der Schmerz ist ungeheuerlich, die Haut verbrennt. Ich kriege eine ungeheure Wut und einen Hass gegen diese beiden Leute wegen ihrem massiven Vorgehen. Die Wut richtet sich gegen diese herablassende Art und Arroganz. Der wiederholt dann genau die gleichen Worte, und ich vereine abermals. Wieder das glühende Eisen und dieses Mal am Rücken. Ich schreie auf. Der Folterknecht legt dann das Eisen wieder ins Feuer. Er kommt dann mit einem Schwert auf mich zu und haut mir dann obendrein beidseitig auf die Oberschenkel. Das brennt wie Feuer, ich sacke ein. Das zieht dann an den Armen und Beinen, das ist dann auch sehr schmerzhaft. Zum dritten Mal die gleiche Frage, und ich sage wieder: «Nein.» Ich gebe nicht nach und sage zu mir, dass ich mich aufgeben würde, wenn ich nachgebe … Der andere sagt dann: «Ich stelle dir jetzt zum fünften Mal die Frage, ob Ihr den König persönlich beleidigt habt. Der Folterknecht brennt mich dann wieder und haut mir mit dem Schwert zwei Dinger auf die Füsse, und jetzt lass ich die Stange über mir los. Ich hänge jetzt mit den Armen an den Ketten und das ist der grösste Schmerz, den es bisher gegeben hat, dieses Ziehen an den Handgelenken. Dann gebe ich zu, dass ich den König persönlich beleidigt habe. Der andere gibt dann den Befehl: «Schneide ihm jetzt die Zunge raus.» Er packt mich dann an der Zunge, so mit einem Handschuh und zieht dann diese so richtig raus und schneidet die ab. Das verursacht einen schneidenden Schmerz. Ich kann jetzt nicht mehr sprechen, es fliesst auch Blut aus dem Mund. Die Familie holt mich ab.

Fortsetzung und Tod:
Ich gehe nicht mehr aus dem Haus. Es ist auch peinlich. Dass ich so großkotzig war. Große Reden geschwungen und dann jetzt ein Haufen Elend. «Think big, fall deep.» Ich kann auch nicht mehr richtig laufen. Ich kann die Beine nicht mehr richtig abknicken und die Füße sind verbrannt. Ich schiebe die Beine auf dem Boden, eins neben dem anderen, wie ein alter gebrechlicher Mann. Meist sitze ich. Ich habe noch Ideen, aber nicht mehr so, wie vorher. Die Verkäufe lassen nach. Ich fehle. Sie haben auch Angst, wieder solche Präsentationen aufzuführen. Das hätte ich mal vorher bedenken sollen. Ich kann ja auch nicht mehr sprechen. Ich kann nur noch denken und mit Händen und Füßen reden. Ich habe viel Zeit zum Nachdenken.
Ich werde melancholisch. Essen kann ich kaum, ich werde dünner. Anfällig für Krankheiten. Die Influenza erfasst mich. Die Lunge macht nicht mehr mit. Ich huste mir die Seele aus dem Hals. Druck auf der Brust. Stechende Schmerzen. Fieber. In meinen Fieberträumen sehe ich Molière und einen bösartigen Zwerg, ein Kind neben ihm, was zu dem Zwerg sagt: «Du bist deines Standes nicht mehr würdig.» Dann stirbt mein Körper. Der Kopf denkt noch: «Alles war umsonst.»

Problem und Erkenntnis:
Was ist schief gelaufen? Ich habe mich nicht gewürdigt gefühlt, nachdem wir bei den Adeligen aufgetreten sind. Ich habe vermutlich gedacht, dass mein Leben ab diesem Zeitpunkt eine Wende nehmen würde. Dann war ich wütend auf diese feine Gesellschaft. Eigentlich war ich nur wütend auf mich selbst, dass ich im Grunde genommen nicht wichtig bin und wenig zu sagen habe. Ich sehe da auch keinen grossen Aufstieg mehr in meinem Leben, und ich bin jetzt nicht mehr zufrieden wie vorher. Ich war wieder auf dem Marktplatz und das Leben geht gleich weiter wie vorher. Ich habe da im geheimen wohl erwartet, dass ich jetzt irgendwie aufsteigen werde. Ich bin fast ein wenig enttäuscht vom König. Ich habe mich nur noch selbst darge-

stellt und nur noch mich gesehen. Alle anderen waren nicht mehr gleichwertig, sondern Statisten für meine Selbstdarstellung. Ich habe mich verführen lassen vom Applaus und meine Prioritäten aus den Augen verloren. Ich habe mich hin zu einem Komödianten manipuliert.
Ich habe vergessen, um was es geht. Es geht darum, meine Talente gewinnbringend für die Familie einzusetzen und den Nachkommen eine gute Zukunft zu bereiten. Ich habe die Demut und die Dankbarkeit verloren. Ich habe meine Kunst höher gestellt, als das Gemeinschaftsgefühl. Ich habe aufgehört mit mir zu reden, dann war die Intuition weg und es wurde starr. Dass ich heute Blackout habe, wenn ich reden soll, dürfte klar sein, denn a) habe ich keine Zunge mehr, b) denke ich, dass ich wieder anfange zu manipulieren.

Fallbeispiel «Kerker»

Der Klient fühlt sich durch seine Ehepartnerin belogen und betrogen. Er fühlt sich «wie an den Pranger gestellt» und völlig hilflos.

Rückführung:
Ich stehe am Pranger, ich werde verurteilt. Das ist draußen auf einem Platz. Eine öffentliche Verhandlung. Ich bin eine Frau, recht gut gekleidet. Da ist jemand, den sie umgebracht haben und das war nicht ich. Der Richter …

Zurück zur Vorgeschichte:
Ich werde gefangen genommen. Von zwei Polizisten. Fünf Leute in Schwarz schauen zu. Älterer Mann drückt mich runter! Ich komme in einen Kerker. Vorwurf? Ich soll einen Mann umgebracht haben. Das ist absurd. Ich habe niemanden umgebracht. Ich bin unschuldig. Die lassen nicht mit sich reden. Man will mich gesehen haben. Ich komme vor den Richter. Sitze vorne, dann der Richter vor mir und ein Schreiber und einer, der mir das vorwirft. Grimmiges Gesicht. Schwarz gekleidet. Der Richter eröffnet die Verhandlung und gibt dem anderen das Wort. «Du hast am 6. September

abends in der Dunkelheit den feinen Herrn W. im Walde brutal erschlagen! Man hat dich gesehen.» Es sind zwei Personen, ein Mann und eine Frau. Ich verstehe das nicht. Ich fühle Wut: «Wie kann der Mann das so behaupten?» Der Richter: «Wieso hast du diese schändliche Tat durchgeführt?» Ich antworte: «Ich habe diese Tat nicht begangen. Ich habe keinen Grund den feinen Herrn umzubringen.» Ich bin sowieso gegen das Töten. Der Richter: «Das musst du gewesen sein! Sie haben dich gesehen.» Ich sage: «Ich war nicht da, ich kann nicht sagen, wer das getan hat.» Er: «Was, das kannst du mir nicht sagen? Sag die Wahrheit.» Ich: «Ich sage die Wahrheit. Ich kann nicht morden. Ich war das nicht, das können sie mir nicht antun. Ja, ich war dort, aber ich habe niemanden getötet. Ich war nur austreten. Da war niemand.» Bitte glauben sie mir, ich war es nicht! Er lacht nur barsch: «Du hast Deine Strafe verdient.» Der soll nicht immer so ein dummes Zeug reden. Leute verurteilen, ohne die Hintergründe zu wissen! Ich weiß nicht, wie mir geschieht, es ist so, als wenn ich Teil eines Bühnenstücks bin. Es geht alles so schnell. Ich komme nicht richtig zu Wort. Völlig unfähig, ausgeliefert, den hohen Herren. Das kann doch hier nicht deren Ernst sein. Ich bin eine unbescholtene Frau, die nur ihre Ware verkauft. Der Richter: «Der Beweis ist erbracht, du warst dort.» Das Urteil wird gesprochen: «Du bist zu lebenslänglichem Kerker verurteilt. Du hast einzustehen für den Mord. Es ist wie man sagte, du hast ihm den Kopf eingeschlagen.» Das ist ein Komplott. Ich fühle mich betrogen von den beiden Zeugen. Ich kenne sie ganz gut. Manchmal habe ich denen geholfen. Den toten Mann kenne ich nicht.

Fortsetzung:

Ich war das doch gar nicht! Zwei Männer bringen mich in einen anderen Kerker. In ein Gefängnis. Meine Gedanken kreisen immer, weil ich das nicht verstehe, wie alles gewesen sein soll. Sie hatten mich gesehen, ja ich bin da gewesen. Der Mann sagt, er sei auch da gewesen. Ich kann das nicht verstehen. Dunkel, runde Fenster. Ich trage gute Kleidung, für die Feinen ist es zerlumpte Kleidung. Jahr 1786. Ich fühle mich betrogen und verletzt. Tiefer Schmerz. Wie kann man nur? Wie können Menschen so verlogen sein? Ich habe wenig Licht, dunkel. Kleines Fenster mit Licht. Vier Meter auf zwei Meter; eine alte Schüssel und ein Eimer. Zerfetzte Tücher fürs

Trocknen. In den Felsen gebaute Toilette. Mir graust. Angst. Drückt mir fast die Kehle ein, fühle mich hilflos. «Lasst mich hier raus, ich war es nicht.» Ich bin heiser, kann nicht mehr sprechen. Irgendwas schnürt mir die Kehle zu. Die Wut und die Unfähigkeit, dass ich mich nicht anders habe wehren können. Ich hätte weglaufen können, ich habe es nicht getan. Eingesperrt bis zum Lebensende. Ich habe Angst, dass ich hier sterben muss und es keine Hoffnung gibt, hier wieder raus zu kommen! Bin alleine. Es ist eine dicke Holztüre da, mit Durchreiche. Der Wärter zeigt mir alles. Ist ein mürrischer alter Mann. Morgens um 5.30 Uhr ist Weckzeit, 11.30 Uhr Mittag und 17.30 Uhr Abendbrot. Tag für Tag dasselbe. Trockenes Brot. Wasser, manchmal Kaffee (vermutlich wünsche ich mir das nur) und Suppe mit einem Stück Brot. Abends ein Brot. Manchmal Wurst, manchmal Käse. Ich habe keinen Hunger. Meistens gebe ich nach. Linsensuppe. Es sind noch welche da, nicht hier. Wie ich, die haben lebenslänglich. Keine Verbindung zu denen! «Hier, dein Mittagessen.» Ich denke: «Schon wieder Linsensuppe. Iss, was da kommt. Ich werde was davon essen.» Ich war es nicht. Der Wärter sagt: «Wenn das so weiter geht, kriegst du gar nichts mehr.» Wenn ich hier nicht rauskomme, nehme ich mir das Leben. Das kann ich keine 40 Jahre aushalten. Trockene Ecke. Ich grüble wieder: «Wie konnte das kommen, warum? Habe ich etwas falsch gemacht. Ich finde keine Antwort. Vielleicht wollten sie mich loswerden?» Ich sehe keinen Sinn darin. Ich habe ihnen doch immer geholfen! Ob die vielleicht ein Komplott haben? Stunden vergehen. Ich stehe auf, ich laufe. Ich setze mich hin, ich stehe auf, ich laufe. Es macht mich krank, dass ich nichts weiter tun kann, als rumlaufen. Keine Luft. Ich ersticke, weil der Raum so klein ist. Wie groß? Zweieinhalb auf drei Meter. Ich überlege, für was es gewesen sein könnte. Krieg war. Ziehe mich zurück: «Es hat ja sowieso keinen Sinn mehr, darüber nachzudenken, ich komme hier nie wieder raus.» Diese Enge, wie festgemauert. Es ist was schreckliches, so eingesperrt zu sein. Man sieht keinen Himmel. Nur Mauern. Man sieht nichts. Muffig, Geruch, Mäuse, Ratten, die verjage ich immer. Stock. Damit jage ich sie weg. Eines der Tiere zu fangen, zähmen und sprechen, aber ich habe nichts, wo ich es reintun kann. Schmerzen, stechende Schmerzen habe ich plötzlich. Nach 3 Jahren beginnt es. Da muss ich vorsichtig atmen, weil das Stechen mit jedem tieferen Atmen kommt. Lungenentzündung. In der Sommerzeit war es besser. In der

Winterzeit ist es schlimmer. Von Jahr zu Jahr ist es schlimmer. Dann geht es langsam zu Ende. Liege auf meinem Bett. Heißer Kopf, nur Hitze, Hitze. Ich will sterben! Ich spüre meinen Körper nicht. Hass auf den Wächter, weil niemand hilft. Eigentlich ist er ja nett. Der Einzige, der mit mir spricht. Wenn ich frei wäre, würde ich gesund werden. Ich bekomme eine Decke mehr, aber es nützt nicht viel. Schmerzhaft am ganzen Körper. Stechender Schmerz. Rippenfell. Wenn ich sterbe, dann bin ich befreit. Eisig kalt! Es geht mir schlechter. Ich denke manchmal über mein ganzes Leben nach. Bin unter die Händler gegangen. Alles was es so gibt, verkaufe ich. Bürsten, Töpfe … Dann die Verurteilung! Vielleicht hat das Schicksal es so gemeint mit mir! Kriege immer weniger Luft. Angst. Das Sterben. Ich bitte darum, mir meine Taten zu verzeihen. Ich bin auch nur ein Mensch. Ich möchte läuten, es ist nicht möglich, die Glocke nicht erreichbar. Traurig, alleine zu sterben. Warum musste ich so enden. Wer hat mir das geglaubt? Eingeschlafen. Kopf an die Seite gelegt.

Nach dem Tod – Rückblick, was war:
Ich bin zurückgekommen von einer längeren Reise. Wir haben verkauft. Dinge aus Ton, Schüsseln, Töpfe zum Waschen. Mein Kompagnon hat eine Werkstatt. Ich bin später dazu gekommen. 4-stöckiges Haus, die Werkstatt ist unter dem Dach. Ich habe ein gutes Geschäft gemacht. Bin im Geschäft. Spreche mit meinem Partner, wie wir was verändern wollen. War fertig mit der Arbeit, dann plötzlich kommen sie. Sie nehmen mich mit zur Wache. Was ist denn los? Wirft mir vor: «Ihr habt einen Mann umgebracht, vorgestern Nacht.» Entsetzt und überrascht. Ich hatte mir nie was zu Schulden kommen lassen. «Das kann nicht sein, das war ich nicht. Wann soll das denn geschehen sein?» Ihr seid gesehen worden. Ihr seid doch gestern mit dem Wagen gefahren, wir haben Fußstapfen gesehen ...» Der Kompagnon sagt: «Das klärt sich schon auf. Das ist sicher nur ein Irrtum, du kommst wieder raus.». Ist dann nicht mehr gekommen.

In der Nacht war es sehr dunkel, da konnte man schon nicht mehr richtig sehen! Herr W. sollte eine große Summe erben, dann wurde Herr W. ermordet. Es war der Neffe, der bekommt jetzt alles. Er hat mich gesehen und gesagt, ich sei es gewesen. Er ist dann weggezogen gegen Osten. Sie brauchten einen, der sich nicht wehren kann und ich war einfach zur falschen Zeit am falschen Ort. Wäre ich nicht gekommen, hätten sie es irgendeinem Gesindel zugeschrieben.

Problem:
Eigentlich wollte ich nicht durch die Nacht fahren. Ich war auch müde und hatte das Bedürfnis, mich auszuruhen. Ich habe aber die Anstrengung auf mich genommen. Ich hatte eine gute Idee mitgebracht und konnte es kaum erwarten, die zu besprechen. Ich wusste um die Gefahren im Wald. Da treiben sich alle möglichen Tunichtgute herum. Das habe ich beiseite gewischt. «Ich fahre jetzt durch. Endlich wieder ein warmer Ofen.» Rechtfertigung: «So spät ist es noch nicht, was soll mir schon passieren. Bei mir gibt es nichts zu holen.» Ich kenne die Gegend und man kennt mich, da tut mir niemand was.» Ich gehe einfach davon aus, dass mir nichts passiert. Das ist überheblich. Ich setze mich einfach über die Gefahren hin weg und tue so, als wären sie nicht da und als gelten sie nicht für mich. Ich wollte die Realität nicht sehen, habe mich darüber hinweg gesetzt. «Mir macht ja keiner was.» Endlich Geborgenheit. Hätte ich mich ausgeruht, wäre ich da nicht gesehen worden.

Ist heute auch so. Meine Frau hat mich betrogen. Ich habe ihr vertraut. Das stimmt ja auch nicht ganz. Zweifel waren da. Auch alles wegen der Geborgenheit. Hätte ich hingucken wollen, hätte ich es bemerkt. Aber ich wollte ja nicht. Die Ehe hätte ich mir sparen können. Geborgenheit sieht anders aus.

Fallbeispiel «Gigolo»

Der Klient, männlich, klagt über sein Problem mit Frauen. Er würde sich nicht trauen, sie anzusprechen. Er sei, wie ein Neutrum und fühle sich in ihrer Gegenwart orientierungslos und nicht attraktiv. Die Befürchtung ist, dass das böse ausgeht. Er meint, verführt und gelyncht zu werden.

Rückführung:
Irgendwo in der Mitte stehend, andere um mich rum, witzig, lächerlich, mit einer Narrenkappe auf. Mittelalterlicher Hof. Vermutlich in der Narrenrolle. Möglicherweise bin ich aber auch der, der mit vielen Frauen Verhältnisse hat. Spanisch, italienischer Bereich. Einer, der sich gut artikulieren kann, den die Frauen mögen. Klar ein Mann! Es kommt der Verdacht, dass ich Frauen zum Ehebruch anstiftete und sie verführte. Ich sehe jemanden, der am spanischen Hofe in feinen Sachen gekleidet ist. Ich stehe da, Hände auf den Rücken gebunden. Publikum um mich herum. Am Waldrand und mit vielen Männern. Und Frauen und Vertreter der Kirche. Die hassen mich. Allein gegen alle. Deprimiert, schwer, Spannung. Man spricht für die anderen.
Die Anklage lautet: Hurerei. «Señor Gonzales, sie sind angeklagt der Hurerei. Ihr habt gegen die Regeln der Kirche verstoßen. Ihr werdet beschuldigt, die Gesetze gebrochen und gesündigt zu haben und mit vielen Frauen Unzucht getrieben zu haben. Es spricht der mit der feinen Kleidung. Ich denke: «Dieser Blödmann. Ihr habt keinerlei Recht mir das anzutun. Ich habe ja nur versucht, die Frauen glücklich zu machen. Ich weiß, wie man mit Frauen umgeht. Sie wollen Konkurrenten ausschalten und verstecken sich hinter leeren Worten.» Vorwurf: «Ihr habt die Ehre des Hofes verletzt und Sitten beschmutzt. Ihr habt das Vertrauen aller ehrenwerten Männer am Hofe missbraucht, und sich das Vertrauen ehrbarer Frauen erschlichen.» Wut. «Was für ein totaler Quatsch.» Ich werde rumgeschubst. «Das ich von den Frauen so geliebt wurde, war mein Selbstbewusstsein.» Sie stimmen dem anderen zu: «Geiler Affe, Hurensohn.» Die Menge ist aufgebracht, fühlen sich betrogen. Es wird brenzlig. Die Frauen sind still. Schauen eher mitleidig. Ich denke: «Sehnsucht nach den schönen Zeiten.» Ich höre: «Hängt ihn doch auf, macht ihn doch fertig. Der soll nicht ungeschoren davonkommen.» Plötzlich Leere im Kopf. Druck. Angst. «Ich will's nicht hören.» Vor dem Tod stürzen sich alle auf mich. Nieder. Die wollen nicht, dass der weiter redet. Einige rennen los. Ich bin starr. Merke, dass es ernst gemeint ist. «Die sind doch alle wahnsinnig.» Sie fesseln mich, kann mich nicht lösen. Sie bringen mich in den Wald unter dem Gejohle. Ich kann nicht weg. Ausgeliefert. Ich denke: «Ich verstehe die Situation nicht. Ich mag die Frauen, aber ich habe nicht gedacht, dass das ganze solche Auswirkungen hat. Ich

dachte, ich wäre ganz geschickt vorgegangen.» Ich wollte es runter spielen, aber dazu kam ich nicht mehr. Seil über dem Baum, sie halten mich hoch. Viele gucken nur zu, weil sie ihren Spaß dran haben. Schlinge um den Hals. Ich kann gar nicht mehr denken. Kriege kein Wort raus. Ich kann das nicht fassen. Ich höre: «Lasst ihn baumeln.» Ich: «Jetzt ist es zu Ende. Die sind alle nicht mehr zu retten, die sind verrückt.» Sie ziehen das Seil über den Ast, und dann lassen sie mich fallen. Jetzt zieht sich der Knoten zu. Ich kriege keine Luft mehr. Versuche zu strampeln. Dann Erleichterung. Bin tot. «Das sind alles gefährliche Idioten. Weil sie sich kompromittiert fühlen. Die haben nichts im Hirn. Wo sie doch eigentlich Diplomaten sind, führen sie sich auf, wie die Tiere.»

Nach dem Tod:
Einige Frauen weinen: «Dass das so ein Ende hat. Er war doch ein netter Kerl.» Sie lachen und machen sich lustig: «Dieser geile Hahn hat ausgefickt.» Sie ziehen mir die Hosen runter. Sie wollen mich noch mal lächerlich machen. Sie zeigen auf mein Geschlechtsteil und lachen: «Der ist aber klein oder ist er geschrumpft. Schmeißt ihn ins Wasser.» Sie wollen mich nicht bestatten. Verachtung, als Wasserleiche zu enden. Ich war doch auch so ein edler Mann, wie sie. Ich bin nicht mehr ein Mitglied der Kirche. «Du hast nie zu uns gehört». Bitterkeit in mir und ich sage mir: «Freunde sind irgendwann zu allem fähig. Wenn es hart auf hart kommt, dann hilft dir keiner. Ich kann mich nur auf mich selbst verlassen und kann vorsichtig sein. Am besten lasse ich es ganz, meinen Vergnügungen nachzugehen, weil es gefährlich ist, und wenn's 'rauskommt, dann bringen sie einen um. Man muss einen einwandfreien Lebenswandel führen, und nicht jedem Gefühl nachgehen.»

Zurück zur Vorgeschichte:
Eine von den Frauen ist schwanger geworden. Als wir uns treffen, im Wald. Mit Pferd. Schock, Freude. Freude, weil ich sie sehen werde. Das wird eine schöne Stunde werden. Stelle mir das vor. Sie ist schon da. «Sie ist zwar lieb und zärtlich, aber es scheint sie was zu bedrücken.» Ich versuche sie empfänglicher zu machen. «Ihr seid so anders heute.» Ich befürchte, dass der Mann was erfahren hat. Nachricht, die nicht gut ist. Bin starr. «Was ist

los mit Euch?» Sie: «Ich bekomme ein Kind.» Mir gefriert das Blut in den Adern. «Das ist das Schlimmste. Das alles rauskommt.» Lege mein Gesicht in die Arme. Stöhne. Sie versucht mich zu trösten. Ich will mit ihr fliehen. «Lasst uns zusammen weggehen.» Sage das nur so. Sie hat noch zwei Kinder. Sie kann gar nicht mit mir fliehen. Das weiß ich. Wenn es rauskommt, ist der Ehemann kompromittiert, wenn es in die Öffentlichkeit kommt. Meine Karriere ist dann zu Ende. Wir haben keine Lösung. Sie will das Kind kriegen. Beim Mann bleiben. Ich erfahre es vom Ehemann. Er fängt mich ab, beim Ausreiten. Er fordert mich zum Duell heraus. «Komm her du Schweinehund.» Jetzt ist alles aus. Er weiß Bescheid, er will es nicht geheim halten. Was soll ich tun. Versuche mit ihm zu reden: «Es geschieht Euch recht, wenn Ihr Euch nicht um Eure Frau kümmert. Das könnt Ihr haben.» Ich hoffe, er knickt ein und kriegt ein schlechtes Gewissen und weil er sich so im recht fühlt. Ich fühle mich vital und überlegen, weil ich ihm die Frau ausgestochen habe. Trete ihm aufrecht und aggressiv entgegen. «Wenn du Ärger haben willst, dann kannst du ihn haben.», denke ich. Ihn zu entwaffnen und zu fechten ist ziemlich blöd. Ich will ja nicht. Ich muss zeigen, dass ich besser bin als er. Der bessere Fechter ist der bessere Liebhaber. «Wenn es sein muss.» Er fühlt sich gedemütigt, obwohl er mich herausgefordert hat. Fühle mich stark. Ich trinke eine Flasche Wein auf den Sieg.

Fortsetzung:
Ich bin am Hofe. Schreibe Briefe und Empfehlungen. Gesandtschaften. Ich gehe auf in der Arbeit. Bin zu weit gegangen. Schwächling. Ich will ein bisschen Zeit verstreichen lassen, bis sich die Lage beruhigt hat. Es ist eine Zofe, die Frau von einem anderen Diplomaten, einem Höfling. Er erzählt es anderen. Sie lauern mir auf. Ich krieg einen totalen Schock. Ich will fliehen. «Das war ein Fehler, ihn zu demütigen.» Sie kreisen mich ein. Jetzt habe ich keine Chance mehr. Ich hätte abhauen sollen.» Sie fesseln mich, bringen mich in die Waldlichtung. Sie beschimpfen mich. «Hurensohn». Weil ich eine Frau geschändet habe. «So schlimm kann das ja gar nicht gewesen sein. Ihr seid ja nur neidisch. Blast Euch mal nicht so auf.» Sie binden mich auf ein Pferd. «Ich verstehe nicht, dass sie nicht geschwiegen hat. «Warum hast du alles verraten.» Warum Frauen so ehrlich sein müssen, verstehe ich

nicht. Blödes Weibsbild, hättest du nicht den Mund halten können? Dann säße ich jetzt nicht hier.» Ich koche vor Wut und fluche vor mich hin.

Zurück zum Kennenlernen:

Beim Tanzabend. Finde sie besonders schön. Schaue ihr in die Augen. «Mein Gott, wie schön.» Ich will Blickkontakt halten. «Oh, da könnte ich Glück haben.» Beim Ball bin ich sehr höflich, freundlich, lächelnd, verbeuge mich und schmeichle ihr. «Ich bin entzückt, Euch kennenzulernen.» Ich muss sie gefangen nehmen. Ich muss schauen, was ihr am besten gefällt. Sie mag, dass ich höflich bin. Sie lächelt, wenn ich mich verbeuge. Ich mache ihr Komplimente und merke, dass sie das braucht. Woran? Na, weil sie darauf reagiert. Ich merke Übereinstimmung. Ich kokettiere und mache sie verwirrt. «Was wird mein Mann dazu sagen?» Ich muss ihr die Bedenken nehmen. «Euer werter Gatte scheint keine Zeit zu haben.» Ich will ihr andeuten, dass er sowieso keine Zeit hat und ich habe Zeit für sie. Ich schaue ihr tief in die Augen. Damit will ich ihr zeigen, dass ich es ernst meine.

Ihr Mann ist einer mit dem ich zusammen arbeite, der Leiter. Ich schreibe ihr einen kurzen Brief, will sehen, ob sie sich einlässt. Ich zeige ihr meine Vitalität, ich bin sehr forsch. Wenn sie meine Kraft sieht, wird sie auch noch mehr wollen. Ich will die, die unglücklich sind aus Ihrem Elend befreien. Wir trinken eine Flasche Wein, ich will sie einstimmen. Wenn sie etwas Alkohol trinkt, kann ich sie besser rumkriegen, sie gefügig machen. Ich unterwerfe sie meinem Willen. Sie traut sich ja nur nicht. Ich muss etwas nachhelfen. Ich muss sie so stimulieren, dass sie es immer wieder will. Sie küsst mich aus Dankbarkeit.

Wir treffen uns öfters. «Ich bin der Retter von unglücklich verheirateten Frauen.» Ich kann sie zeitweise aus Ihrem Frust befreien. Überzeugung: «Ich habe das Recht in eine Beziehung einzubrechen, wenn die Frauen unausgefüllt sind. Ich tue Ihnen doch was Gutes.» Ich täusche ihr vor, dass sie diejenige ist, an der ich ein besonderes Interesse habe. Sie ist gefühlsmäßig gebunden, sie kann nicht raus. Im Moment ist es da, das Interesse an der Sexualität. Ich täusche Liebe vor und will Sex.

Als die Beziehung aufhört:

Ich habe das Interesse verloren, wenn ich merke, dass sie Gefühle entwickelt. Ich denke sofort: «Oh Gott, so soll es ja nicht weitergehen.» Mir wird mulmig, distanziere mich innerlich. «Ich will mich nicht binden». Es zieht sich alles zusammen im Körper. «Ich muss Schluss machen mit ihr, weil sie sich sonst in mich verliebt.» Sie fängt an, mir auf die Nerven zu gehen. Ich stoße sie vor den Kopf. Wodurch? Wenig Zeit haben und viel weg sein. Die macht bestimmt eine große Szene und heult. Ich weiß nicht wie ich mich verhalten soll. Ich will keinen Ärger. Ich sage, dass ich beschäftigt bin und ihre Ehe nicht gefährden will. Ich mache auf moralisch. Sage ihr, dass ich zum Ehemann nicht tauge und dass sie besser bei Ihrem Ehemann aufgehoben ist. Ich zeige mich als jemand, der Verantwortung übernimmt und deshalb die Beziehung abbricht. «Wenn ich mich verantwortlich zeige, sehe ich wie ein Ehrenmann aus und dann kann mir keiner Vorwürfe machen.» Im Beruf und privat ist das ein Kavaliersdelikt, ein Zeichen von Männlichkeit. Das ist wichtiger als das Ansehen. Sie vergessen es und sehen es nicht als Verstoß gegen den Ehrenkodex.» Absicht den Männern gegenüber: Ehrgeiz, die anderen Männer abzuwerten und lächerlich zu machen. Absicht den Frauen gegenüber: Lass sie sich doch abstrampeln, ich komme auch anders zum Ziel. Sie zu entwerten. «Frauen sind es nicht wert, dass man sich ernsthaft um sie bemüht.» Nein, sie ist nicht die erste Frau. Es gibt viele am Hof. Man schweigt. Jeder weiß es, aber keiner sagt was. Und solange nichts passiert, bleibt das auch so. Ich muss aufpassen, wenn die Frau sehr hübsch ist. Da würde es Ärger geben. Die Frauen schweigen aber. Dann kommt das geschilderte Gespräch, als sie mir sagt, dass sie schwanger ist. Dann schnappen sie mich, dann werde ich kastriert.

Therapeut:

Bei der ersten Schilderung hat der Klient, vermutlich, weil es für ihn zu schmerzhaft und peinlich war – das Kastrieren noch nicht konfrontieren können.

Fortsetzung:

Ich werde bei lebendigem Leibe kastriert. Durch den Mann der Frau, dem Wortführer. Er ist der, dem das Recht zuerkannt wird, mich zu verletzen, statt des Duellierens. «Er soll unehrenhaft sterben. Tod durch Erhängen. Wir machen ihn zur Minna, zur Frau» Ich bin im Kopf verwirrt, wie gelähmt. Sie lachen und freuen sich was passieren wird. Ausgeliefert der Meute, weil ich mich nicht wehren kann, dass sie mich so demütigen. Nackt vor Ihnen stehend, und der Lächerlichkeit preisgegeben. «Das habe ich nicht verdient, die wollen sich nur an mir rächen, die trauen sich nicht, es einzeln mit mir aufzunehmen.» Sie rotten sich zusammen. Hass. «Irgendwann werde ich es Euch heimzahlen. Irgendwann kriege ich euch und dann nehme ich mir euch einzeln vor. Dann schlage ich euch den Kopf ab.» Das lenkt mich ab von der Situation. Die Wut gibt mir Lebenskraft. «Los schneidet ihm das Ding ab.» Er zieht seinen Degen, den ich ihm aus der Hand geschlagen habe, setzt ihn unter den Hoden an und ich halte die Luft an, spanne alle Muskeln. «Warum töten sie mich nicht gleich, warum diese Quälerei. Ich zur Lächerlichkeit preisgegeben.» Ich bin so schockiert, ich kann gar nicht mehr hören, ich bin erstarrt. Furchtbarer Schmerz, ich werde wahnsinnig, es brennt, verliere das Bewusstsein. «Oh Gott lass mich sterben.» Der Mann tritt auf meine abgetrennten Geschlechtsteile. «Ihr habt das letzte Mal gefickt, Hurensohn. Nun sind seine Taten mit Blut gesühnt. Er hat seine Ehre und Männlichkeit verloren. Er ist keiner mehr von uns.» Ich denke: «Es lohnt sich nicht zu leben. Nur der Tod kann die Erlösung bringen. Ich habe alles falsch gemacht, aber ich verstehe nicht was. Sie haben mich zu einem Nichts gemacht. Ich bin nichts mehr wert, weil ich kein Mann mehr bin. Ich habe nichts Böses getan und trotzdem sterbe ich unehrenhaft.» Gefühl von blamiert. «Ich habe doch nur mein Vergnügen gesucht.» Es ist mir peinlich, dass sie alle auf mein Geschlechtsteil gucken, Hilflosigkeit, Scham, Gefühllos. Ich schließe die Augen. Ich will nicht sehen, wie sie mich angucken. «Holt ein Seil, er soll am Baum baumeln.» Sie schreiben was auf meinen Rücken: «Tod dem Frauenschänder.»

Anfang:

Ich sehe mich in einem Garten. Ich bin da mit einer Frau. Als ich von Liebe spreche, lächelt sie und behandelt mich wie ein Kind, streicht über mein Gesicht. Sie sagt: «Ich bin schon in gute Hände versprochen.» Der andere ist ein richtiger Mann, älter, Reife, Erfahrung. Sie behandelt mich nicht als ernsthaften Mann. Ich denke: «Das darf nicht wahr sein, dass sie mich nicht liebt. Ich werde nie wieder jemanden lieben, weil ich nur diese Frau haben will.» Ich will nicht mehr enttäuscht werden. «Es lohnt sich nicht, Liebe in eine Frau zu investieren, weil ich dann doch zurückgewiesen werde. Dann will ich sehen, dass ich mein Vergnügen kriege.» Mein Beitrag ist mein Egoismus, ich habe sie verführt, obwohl sie nicht wollte, ich konnte mich nicht zügeln und so kann sie mich mit Recht als nicht ernsthaft bezeichnen.

Therapeut:
Welchem Teil gibt die Ablehnung Recht? Was ist der Beitrag, dass er kastriert und gehängt wurde?

Fortsetzung:
Dem Teil der sich keiner Verantwortung stellen will für andere. Ich bin zu egozentrisch. Ich sehe nur meine Bedürfnisse und die der anderen nicht. Vorgespieltes Verlangen nach gefühlsmäßiger Bindung. Hoffnungen gemacht. Sie haben erwartet, dass ich mich auf sie einlasse. Ich habe Illusionen, Träume, Verzweiflung, Resignation produziert, weil das Interesse nicht Ihnen galt, sondern meinem Vergnügen. Sie fühlen sich ausgenutzt und manchmal kam es zur Trennung, Scheidung, Depressionen. Sie haben es gewusst und haben genauso kokettiert, wie ich. Die mussten mich nett finden, ich habe immer danach geguckt was sie wollten. Ich will Frauen, wo es nicht geht. Ich bin nicht bindungsfähig. Was ist wenn er bindungsfähig wäre? Dann müsste ich den anderen ernst nehmen und Verantwortung übernehmen. Ich kann dann nicht mehr tun was ich will. Ich könnte nicht frei sein. Dann nimmt sie mich beim Wort und dann wird's eng ... Wenn es zur Nagelprobe kommt, dann gehe ich. Dass ich die Ehe nicht zerstören will, ist der Gipfel der Verlogenheit. Ich tue Sorgsamkeit vortäuschen. Es ist mir aber schlichtweg egal.
Erkenntnis: Die Freiheit scheint inkompatibel mit festlegen zu sein. Wer sich auf was einlässt, ist nicht mehr frei für was anderes. Somit muss ich lernen, Klarheit zu schaffen, eindeutig zu sein und offen zu sein, mich einlassen. Ansonsten bin ich unfassbar und standpunktlos. Das ist keine Grundlage für die Weiterentwicklung. Erkenntnis zum Thema Orientierung: Ich war bewusstlos als sie mich kastriert haben. Auf einmal war ich tot und wusste nicht, wie mir geschah.

Fallbeispiel «Marlene»

Eine Klientin fühlt sich von anderen Menschen ausgenutzt. Sie schildert, sie sei immer für andere dagewesen, hätte nahestehende Personen bis zum Tod gepflegt; keiner hätte ihr das wirklich gedankt. Ganz im Gegenteil, sie würde Vorwürfe bekommen. Man würde nicht das Gute sehen, sondern immer nur das, was nicht geklappt hat.
Zu diesem Thema wurde bereits ein Opferleben rückgeführt. Es steht jetzt an, sich das Täterleben dazu anzuschauen.

Rückführung
Schulklasse, Kindergarten. Die Kinder mögen mich. Ich mag diese Kinder. Meine Haare sind nicht gepflegt, Dirndl, Sandalen. Ich spiele mit den Kindern. Ich möchte gern, aber ich bin hilflos. Ich weiß nicht ob ich das schaffe. Wenn sie einzeln auf mich zukommen, habe ich keine Schwierigkeiten. Ich bin verantwortlich für die Kinder. «Hat denn von euch jemand einen Wunsch?» Es ist ungewohnt für die Kinder. Ich habe Angst die Kontrolle zu verlieren. Ich muss aufpassen, dass mir die Gruppe nicht aus den Rädern gerät. Schlage Polonäse vor. Fühle mich nicht wohl, es ist nicht was ich will. Ich will was anderes machen. Ich bin unsicher. Ich möchte was machen, wo ich selber beteiligt bin. Ich verwandle mich in eine Tänzerin, ich möchte die Leute verzaubern, selber tanzen. Ich habe ein hübsches Kostüm an, ich nehme meinen Zauberstab. Die Kinder sind mein Publikum, ich singe und tanze. Sie sind ganz fasziniert, sie kennen mich gar nicht so. Irgendwann ist die Performance vorbei. «Jetzt könnt ihr nach Hause gehen, morgen machen wir weiter.» Ich gehe nach Hause, Apartment, allein, gefällt mir nicht so. 1920, ich bin 25 Jahre.

Nächste Situation:
Eins von den Kindern stirbt an Diphtherie. Die Mutter kommt und erzählt es mir weinend, ich bin traurig. Wenn die Kinder sterben, dass finde ich schlimm. Ich bin distanziert, weil es mir nicht gehört. Ich höre auf Kindergärtnerin zu sein und werde Tänzerin. Ich habe keine Lust mehr, was soll ich tun? Gehe zu einer Schule, wo ich tanzen lernen kann. Bewegung und

Ausdruck. Kein Gesellschaftstanz. Marlene Dietrich auf der Bühne im Theater. Da ist noch einiges in mir drin. Ich möchte was machen, was mir Spaß macht. Tanzlehrerin sagt: «Du kannst es mal bei jemandem den ich kenne, probieren.» Gefühl von erkannt. Das habe ich mir schon immer gewünscht. Ich habe Angst, dass ich sagen muss, es hat nicht geklappt. Ich könnte nicht gut genug sein. Leere Bühne. In dem Moment wo ich die Musik höre, kann ich mich vergessen. Ich bin Teufelswerk, Clown, ich werde eine Elfe. Ich will ein kleines Mädchen sein. Dann höre ich: «Du kannst aufhören, Du bist engagiert. Es gibt keine Schwierigkeit in die Gruppe reinzukommen. Zwei bis drei Jahre mache ich das in der Oper, Solotänzerin. Dann treffe einen jungen Mann, heirate, Familie zwei Kinder. Eine friedliche, harmonische Zeit.

Nächste Situation:
Ich werde krank, der Arzt hat was nicht erkannt. Ein Fehler, ein Mann, der seine Aufgabe nicht ernst nimmt. Ein Haus mit weißen Möbeln. Wunderschön, alles was ich brauche. Ist mir egal, ob ich sterbe, oder nicht. Ich werde immer schwächer, kann mich selber nicht mehr versorgen. Die Familie ist nicht präsent. Muttertyp, ist die Schwester. Ich will nicht, dass sie erkannt wird (die Krankheit), er soll mich in Ruhe lassen, er versucht rauszukriegen, was ich will. Er spricht nicht alles aus und versucht mich abzuhören. Er weiß was mit mir los ist. Tuberkulose oder Schwindsucht. Er weiß es, spricht es nicht aus. Ich will es nicht so deutlich hören, Ich weiß es ohnehin, das genügt.

Der Tod:
Ein Gerippe kommt. Es sagt: Du weißt schon, dass ich dich holen muss. Ich: «Ich habe auf dich gewartet, trag mich zur Tür.» Hat knochige Arme, es könnte etwas weicher sein. Ich dachte es wäre einfacher zu sterben. Ich möchte es weicher haben, nicht diese Kälte und Härte.

Nach dem Tod:
Jetzt ist es fertig, es ist vollbracht. Meine Lebensaufgabe; ich selbst zu werden. Jetzt komme ich in die Realität. Es kommt der Gedanke, dass das nicht alles war. 45 Jahre ist nicht genug. Ich war krank, ich konnte nichts tun.

Therapeut:
Die Schilderung der Klientin klingt etwas beschönigt. Sie geht über Konfliktpunkte hinweg. Es ist zu vermuten, dass die Realitäten verschoben sind. Ihre Beschreibung des Todes lässt diese Vermutung zu. Ich frage, sie, auf was ihr Tod eine Antwort ist und bei was sie nichts tun konnte, weil sie krank war.

Fortsetzung – zurück in die Situation:
Das ich oberflächlich war. Ich habe mehr mich gesehen, als die Kinder, die Kinder habe ich nicht wahrgenommen. Ich wollte es gut machen und habe dadurch die Kinder vernachlässigt, nicht aufgepasst.
Folgen? Im Kindergarten, das Kind gehört ins Bett. Sie hat einen hochroten Kopf, ist apathisch. Ich habe ein schlechtes Gewissen, dass ich das nicht früher bemerkt habe. Ich schiebe das weg: «Die Mutter muss es bemerken, ich bin doch nicht die Mutter.» Unangenehmes sehe ich nicht gerne. Ich traue meinen Beobachtungen nicht. Ich spiele mit den Kindern und will nicht gestört werden in meinem Programm. «Ich will jetzt erst mein Programm durchziehen und dann sehen wir weiter. Ich muss meine Pflicht erfüllen. Vielleicht übertreibe ich nur, ich warte mal ab, wie es morgen aussieht. Das muss doch nichts bedeuten.» Ich vernachlässige das Kind. Ich sollte den Arzt anrufen. Mein Versäumnis ist, Hilfe zu holen. Ich tue nichts. «Nichts sehen und nichts tun.» Ich habe mein Versäumnis vor mir selber gerechtfertigt mit: «Wenn es ernst wäre, hätte die Mutter etwas gesagt. Das Kind wird müde sein.» Ich entscheide: «Ich will jetzt kein krankes Kind, ich kann es jetzt nicht gebrauchen. Es darf nur dann passieren, wenn ich es will.» Ich möchte bestimmen, wie die Dinge laufen. Ich will, dass alles klappt und dass alles seine Ordnung hat. Das Kind stirbt an Fieber. Es hätte gerettet werden können. Dann kommt die Mutter: «Warum haben sie mir nicht Bescheid gesagt?» Ich antworte nicht. Ich stehe nur da und sage: «Ich habe eine Aufgabe, ich kann die Kinder jetzt nicht allein lassen». Ich gehe der Konfrontation aus dem Weg. Ich denke: «Sie hat sich nicht gekümmert. Sie war zu sehr mit sich beschäftigt. Ich bin doch nicht verantwortlich für dieses Kind, das ist doch in erster Linie die Mutter. Sie hat Schwierigkeiten zu geben. Sie vertritt nur ihre eigenen Interessen und das Kind ist ihr lästig.»

Ich muss dann den Kindergarten verlassen. Mir wird vorgeworfen, ich hätte meine Aufsichtspflicht verletzt. Ich wehre mich gegen die Verantwortung. Man kann mir aber nichts beweisen, dass ich was gesehen habe. Ich nehme den Weggang sehr gelassen. Irgendwie berührt mich das nicht. «Es ist nicht meine Welt. Es ist Zeit, dass ich gehe. Ich brauche etwas, wo ich mich entwickeln kann.» Ich weiß schon, was passiert ist, aber ich will davon nichts wissen. Es macht mich auch wütend, wenn mich jemand nach dem Kindergarten fragt. Damit halte ich mir die Sache vom Leib. «Ich kann mich da nicht mit beschäftigen, wie unwichtig.» Ich verdränge es. Ich denke einfach nicht drüber nach. Meine Welt ist wie eine verklärte Welt. Ich summe den ganzen Tag vor mich hin und trällere Chansons und träume von der Oper. Was ich vom Leben erwarte? Das Leben soll sorglos ein.
Ich versuche es mal mit der Bühne, stelle fest, dass die Begabung nicht ausreicht.

Therapeut:
Die Schilderung zu Anfang der Rückführung, die Klientin wäre zur Oper gegangen, ist unrealistisch. Ich frage deshalb, was jetzt eine realistische Version wäre, wie es nach dem Kindergarten weitergeht. Wo war sie wirklich auf der Bühne?

Fortsetzung:
Im Tingeltangel. Auslöser? «Du taugst nichts für den Job.» Was soll ich jetzt tun? Ich will Haltung bewahren. Ich verleugne mich und den wirklichen Zustand. Ich gebe mich im Tingeltangel elfenhaft, angreifbar und sensibel. Ich mache Vorschläge wie man das anderes gestalten könnte. Vorwurf an die anderen: «Die machen nichts aus ihrem Leben, die könnten wenn sie wollten.» Sie verstehen mich nicht und ich verstehe sie nicht. Flitter. Ich mache so wie Marlene Dietrich mit dem Stock in der Hand, unnahbar, stark geschminkt und beherrsche die Bühne. Der eine der im Tingeltangel ist, sagt: «Ist alles schönes Gerede, das hat mit der Realität nichts zu tun.» Ich denke: «Die verstehen mich nicht, die erklären mich ja für einen Spinner.» Da zweifelt einer und nimmt mich nicht ernst: »Das ist alles Humbug, das sind doch nicht sie, das ist doch alles nur fauler Zauber.» Ich: «Der erkennt mich nicht, mit meiner Begabung. Der kann mich doch

mal, was geht mich das alles an. Ich passe da nicht rein, in dieses Milieu.» Dann werde ich wütend, stampfe mit den Füßen, schimpfe, bin außer mir. Schlage mit den Fäusten zu, verteidige mich. Dann: «Die ist nicht mehr normal, die müssen wir einliefern.» Die passt nicht zu uns. Ich: «Die fühlen sich überfordert. Ziemlich billig.» Ich fühle mich unwohl. Ich muss gehen. Ich werde abgeholt und weggebracht.
Was ist real? Ich werde eingeliefert, willenlos, depressiv. Ich will nicht mehr. Ich fliehe. Was ist die Villa wirklich? Gestreifte Matratzen, Ärzte mit weißen Kitteln, Schwester mit Häubchen, schöner Garten, alles wunderschön. Wo ist sie wirklich am Ende des Lebens? Ich stehle mich aus dem Leben. Vielleicht war ich in einer Klinik. Ich bin nervenkrank, ist wohl eine Nervenklinik. Es ist auch keine Villa, sondern kalt und harte Betten. Ich tue aber so, als wäre es ein wunderschöner Ort. Ich stelle mir das einfach vor und dann ist es so. Was führt zum Tod? Habe geträumt, ich stehe auf der Opernbühne und werde gefeiert. Ich brauche einen Fächer. Ich echauffiere mich so. Das war zu viel. Wache nicht mehr auf aus dem Traum. Herz hört plötzlich auf zu schlagen.

Anfang:
Ich sehe mich am Fenster stehen und denke darüber nach, ich sollte Opernsängerin werden. Ich traue mich nicht. «Was ist, wenn es nicht reicht?» Ich bin Kindergärtnerin. Ich kann mich in der Realität nicht akzeptieren, da ist Leere. Welche Realität? Jemand der flüchtet. Ein armes kleines Mädchen, das umherirrt. Ich blockiere meine Kreativität und meine Intuition. Vielleicht finde ich es anstrengend, ich will nicht erwachsen werden. Wie ist der Anspruch an das Leben? Ich finde, ich habe mehr verdient. Eigentlich bin ich beleidigt mit dem Leben. Ich müsste als Opernsängerin geboren sein. Ich kann mich nicht einfügen in das Leben, was ich habe. Das ist mir alles zu trivial. Ich bin zu was Höherem geboren. Ich glaube, es fehlt mir an Realitätsbewusstsein. Aufgabe ist, das Leben in Demut anzunehmen. Und wenn ich was werden will, dann muss ich was dafür tun. Daran scheiterte es. Das war auch der Vorwurf an die anderen. Ich kümmere mich nicht um mich, um was ich wirklich drauf habe. In Folge habe ich das Mädchen im Stich gelassen und mich nicht gekümmert. Die Traumwelt, in der ich da gelebt habe, die fühlt sich geborgen an. Geborgenheit hätte ich gehabt,

wenn ich mir ein schönes Leben erschaffen hätte und mich meinem Leben gestellt hätte. Ich müsste mich ausdrücken, dann käme heraus, dass ich nicht die bin, als die ich mich präsentiere. Sondern? Ein egoistisches, gieriges Weib. «Ich bin das Maß aller Dinge» und habe nur Ansprüche an andere. Das wollte ich wohl vermeiden.
Heute träume ich auch. Mein Sohn sagt, ich würde durchs Leben laufen, wie eine Diva und würde in meiner eigenen Welt leben. Das ist so, seit meine Kinder älter waren und ich wieder berufstätig sein wollte. Mein Mann hat das unterbunden. Das Argument war, das seine Frau nicht arbeiten braucht und nur für das Haus zuständig ist und die Kindererziehung. Da habe ich mir meine Welt gebastelt. Ich lese auch keine Kontoauszüge. Das machen andere für mich. Ich gebe das Geld aus und bis jetzt geht es gut. Ich soll aber jetzt etwas sparen. Jetzt werde ich mich als erstes um meine Kontoauszüge kümmern. Damit fange ich an. Es ist auch ein Ausnützen, wenn andere alles für mich machen müssen.

Fallbeispiel «New York»

Der Klient befindet sich im laufenden Therapieprozess und verspürt verstärkt, dass er sich verstecken muss. Das hat er zwar schon immer, aber nicht so stark. Der Klient klagt über Kontaktarmut und fehlende Beziehungen.

Rückführung:
Widerstandsstreben, ich will mich mit links losreißen, wehre mich, dagegen, dass ich mitgehen muss. Einstellung: «Nur weg.» Ich soll Feuer gelegt haben. Hat er? «Nein, das war ich nicht.» Ich werde von zwei Polizisten auf den Boden geworfen, Kopf voraus. «Wir werden schon sehen, was du gemacht hast.» Der Griff erfolgt, weil man mich überwältigen will und mir Handschellen anlegt. Der Brustkorb ist eingeengt, keine Luft. Legt sein linkes Knie auf meine Schulter, weil ich immer noch Widerstand leiste, obwohl ich am Boden liege. Stechender Schmerz im linken Arm, wenn er

auf den Rücken gezogen wird. Fühle mich gedemütigt, frustriert, dass ich es nicht geschafft habe, zu entkommen. Packen mich links und rechts an den Armen und reißen mich hoch. Stechender Schmerz in der gesamten linken Körperhälfte. Kein Widerstand wäre wie ein Schuldeingeständnis: Wehren zeigt, dass ich unschuldig bin. Ich muss doch denen und den Leuten drum herum zeigen, dass ich unschuldig bin. Wenn der Arm wieder weh tut, wehre ich mich und leiste Widerstand. Ich leiste auch innerlich Widerstand gegen das Schuldeingeständnis. Ich liege am Boden und leiste dennoch Widerstand. Ich bin doch im Recht. Ich werde unschuldig abgeführt. «Wenn Sie unschuldig sind, wird sich das schon herausstellen.» Ich: «Jemand soll sich meine Schulter anschauen, ich habe Schmerzen.» Arzt kommt, nichts festzustellen. Ich täusche das vor, Schauspielerei.
Auf dem Revier wird mir mitgeteilt: «Ihnen wird vorgeworfen, Ihren Kollegen, den Anwalt Mr. Smith in seinem Büro ermordet zu haben und zur Verdeckung Feuer gelegt zu haben» Ich: «Ich bin selbst Anwalt, das ist völlig aus der Luft gegriffen. Es gibt keine Beweise gegen mich.»
Ich komme wieder frei. Insgeheim denke ich: «Sie werden wohl niemanden finden, außer mir. Ich denke nicht, dass ein anderer Täter gefunden wird. Man kann mir nichts nachweisen.»
Ich sage aus: «Ich hatte einen Termin mit dem Anwalt. Ich arbeite ja dort. Es ist völlig normal, dass ich mich dort aufhalte und man mich sieht.» Man hat mich ja nur gesehen, man darf mich ja auch sehen. Erleichterung, Befreiung, Genugtuung, doch heil aus der Sache herausgekommen zu sein. «Ich gehe mal was trinken und feiere meinen Sieg über Justiz und Polizei.» Aus Mangel an Beweisen freigelassen.

Therapeut:
Aufgrund des Gedankenganges des Klienten scheint es offensichtlich, dass er mehr weiß und mehr mit dem Tötungsdelikt zu tun. Zudem verneint er Fragen des Therapeuten nach der Schuld, weil das Unbewusste die Therapiesitzung mit der früheren Befragung verwechselt. Er wird dem Therapeuten das Geschehen so schildern, wie er es jedem anderen geschildert hat, um unaufgedeckt zu bleiben.

Fortsetzung:
Ich lebe in New York anonym in einem Reihenhaus. Ich ziehe da weg, weil ich Angst habe, dass mich doch noch jemand erkennt und mich mit dem Verbrechen in Verbindung bringt. Vertuschung. Denke da an den Betrug und Mord. Was hat er damit zu tun? Ich habe keine Anwaltslizenz. Wenn man entdecken würde, dass ich ein falscher Anwalt bin, würde man mich augenblicklich mit dem Verbrechen in Verbindung bringen. Ich darf nicht mehr auffallen, ich muss als unbescholtener Bürger gelten. Ich gehe in die Anonymität der Großstadt um nicht mit der Vergangenheit in Verbindung gebracht zu werden. Angst vor Aufdeckung, Flucht. Die falsche Identität als Anwalt wird abgelegt. Offizielle Begründung: «Ich kann da nicht mehr arbeiten, wo so ein schreckliches Verbrechen geschehen ist. An mir bleibt immer das Brandmal: Mangel an Beweisen.»
Arbeite als Rechtsanwaltsgehilfe. Ich muss Unwissenheit, Halbwissen vortäuschen. Interesse heucheln. Tiefstapeln. Zweck? Nicht auffallen. Ich mache Zeitungsverkäufer, damit ich auf dem Laufenden bleibe, falls doch noch was rauskommt. Und Tätigkeit bei der Justiz. Behaupte, ich hätte zwei Semester Jura studiert. Fühle mich ängstlich, auf der Flucht, dass mich ja niemand entdeckt. Einsam, müde, isoliert, schlapp, ohne Kontakt. Außer meiner Arbeit gibt es nichts. Angst jemanden zu begegnen, der mich von früher kennt. «Man weiß ja nie, wo sie sich aufhalten.» Die Angst entdeckt zu werden, ist lebensübergreifend. Der Schmerz an der Schulter bleibt, er zieht sich zur Brust hinunter. Es ist eine gute Ausrede, mich von gesellschaftlichen Aktivitäten fernzuhalten. Der Schmerz hat einen sekundären Nutzen: «Ich kann ja nicht so ...» Was will ich vermeiden? Auffallen und erkannt werden als möglicher Täter. Die Unschuld ist ja nicht bewiesen, ein Restverdacht bleibt ja immer.

Tod:
Sich das ganze Wissen aneignen, das war alles umsonst. Resignation, Depression, Traurigkeit. Da arbeitet man und arbeitet man, wenn am Ende doch nichts übrigbleibt. Jetzt bin ich zwar wieder frei, aber was nützt es mir, wenn ich mich mein ganzes Leben lang nicht mehr blicken lassen kann. Was bewegen wollte ich und werde durch Ignoranz gehindert, nur weil es in irgendwelchen Gesetzbüchern steht. Ich werde mich nicht nochmal so rein-

hängen, ich bin ja nicht blöd, weil es sich nicht lohnt, weil nichts dabei herauskommt. Die Welt hat mich nichts machen lassen. In Wirklichkeit verfluche ich das ganze System. Das ganze System soll doch zum Teufel gehen. Das war doch Pech, das war ein dummer Zufall.
Es klopft. Schockstarre. «Polizei, aufmachen.» «Jetzt haben sie dich doch noch entdeckt, jetzt bist du fällig.» Öffne im Schock die Tür. Wie ein Riesenschlag im Kopf. Breitet sich im Kopf aus wie eine Welle. Polizei: «Was ist denn mit dem los?» Ich falle aus der Tür heraus. Sie versuchen meinen Sturz zu verhindern. Polizei: «Wieso ist der jetzt tot?» Ich sterbe im Schock. Stechender Schmerz in der Brust links am Herz, Atemnot. Letzter Gedanke: «Es ist alles umsonst. Eine vollkommen sinnlose Existenz.» Nachher: «Jetzt brauche ich mich nicht mehr zu verstecken» Erleichterung.

Vorgeschichte:
Haus im Grünen, Land, habe einen älteren Bruder, ich habe eine Bärenmaske auf. Wir spielen. Macht mir Spaß. Ich spiele Bär. Der Bruder studiert Wirtschaft. Ich bin 20 Jahre alt, gehe in die Großstadt. Habe bei meinem Vater mitgearbeitet, möchte ein eigenes Leben führen. Bruder soll das Geschäft übernehmen. Ich bin immer nur der Zweite.

Gehe in Anwaltskanzlei, Interesse an Justiz allgemein. Möchte Praxis kennenlernen. Botenjunge, Aushilfstätigkeit. Chef ist freundlich und erklärt viel. Spaß macht mir, wie man juristische Schreiben aufsetzt und formuliert. Akten lesen, sortieren, Schreibarbeiten, Gesetzestexte heraussuchen. Ich lese heimlich Akten. Ich bin niedriger Angestellter, wie Hilfsarbeiter. Das Wissen gibt mir, dass ich mitreden kann. Ich bin so intelligent, dass ich dem folgen kann. Ich werde gebraucht, bin engagiert. Ich bin geeignet für den Juristenberuf. Ich gebe dann auch dem Chef Antwort, als er was nicht weiß und werde in meine Schranken gewiesen: «was erlauben sie sich?». Auf den Augenblick habe ich gewartet und dann wird das nicht anerkannt. Fühle mich missachtet. Das war Zeitverschwendung. Zeitverschwendung ist, dass das, was ich weiß, gegenüber dem, was ich wissen muss, weit hinausgeht. Erwartungshaltung: dass ich seine Aufmerksamkeit bekommen müsste. Er soll mir anbieten, dass ich Karriere machen kann. Das «Plus» ist Zeitverschwendung. «Ich bin der ewige Gehilfe.» Er bietet mir eine Ausbildung an.

Ich verlasse die Kanzlei und ziehe um. «Da komme ich nicht weiter.» Ich stelle seine Kompetenz und seine Integrität in Frage. Er ist nicht fähig, die Firma zu leiten. Was fehlt ihm? Die Kompetenz und die Dinge richtig zu tun. Das habe ich doch erlebt. Der hält sich für was Besseres. Wenn er seine Bücher nicht kennt, das ist doch sein Beruf. Er müsste es ja wissen.
Leute bequatschen und überzeugen konnte ich schon immer. Privat helfe ich anderen. Ich sage, dass ich in einer Kanzlei arbeite, aber nicht als was. Gehobenes Gefühl. Ich spiele mich hier schon wie ein Rechtsanwalt auf. Das ist der Beginn der Hochstapelei. Wenn ich etwas nicht weiß, dann sage ich: «Morgen kann ich Auskunft geben.» Das zeigt, dass ich kompetent bin. Ich habe kein Problem damit, eine Frage nicht beantworten zu können. Aber ich lasse den Menschen Raum für eine Interpretation, was ich bin. Und somit vermittle ich einen falschen Eindruck. Das ist Hochstapelei. Der andere nimmt aufgrund meiner Aussagen automatisch an, ich habe Recht mit meinen Aussagen. «Ich bin Engel der Armen.» Ich fühle mich toll. Konflikt? Zwischen Laufbursche sein und Anwalt sein wollen. Ich bin wütend, weil ich selbst keine Chance habe, dort hinzukommen. Fange an zu schimpfen über die soziale Ungerechtigkeit. Weil Titel was zu sagen haben und alleine das Interesse an einem Beruf nicht entscheidend ist.
Ich denke dann: «Zu was braucht man eine Ausbildung und ein Studium. Ist doch gar nicht notwendig. Ich bin doch der lebende Beweis dafür.» Wenn man jahrelang studiert und dann doch Fehler begeht, trotz der Ausbildung Fehler macht, muss man sich doch fragen: «Wozu eine Ausbildung, wenn man dann nicht lernt, wie man es richtig macht. Man braucht ja nur das Wissen haben, denn damit arbeitet man ja.» Als Nächstes kaufe ich mir einen Titel als Anwalt und gefälschte Papiere.

Fortsetzung mit den gekauften Papieren:
Es läuft hervorragend. Ich bin sehr selbstbewusst, aufgrund meines Wissens. Niemand bemerkt, dass ich keine Ausbildung habe. Das bestätigt mir mein Vorgehen. Ich glaube dann fast selbst, dass ich Anwalt bin. Ich lasse mich mit einem anderen Namen als Anwalt nieder. Ich gewinne, habe dann bessere Fälle und ein höheres Einkommen. Ich arbeite meistens im Strafrecht. Meine Strategie ist: Ablenkung, Aufmerksamkeit auf mich ziehen, damit der andere aus dem Fluss kommt. Zitieren aus Gesetzestexten, er-

schlage die anderen damit. Laute Stimme, wie wenn jemand eine Rede hält. Steigere mich dann absichtlich da hinein. Absicht? Den anderen zu bremsen. Die Angst wird überspielt. Ich sage mir: «Ich habe das Recht. Ich habe es mir seit Jahren erarbeitet. Ich weiß ja, dass ich es kann. Es steht mir zu Rechtsanwalt zu sein. Wozu brauche ich eine Ausbildung? Ich weiß ja, dass ich es kann.» Ich weiß ja auch wirklich viel. Ein anderer Anwalt sucht einen Nachfolger für seine Kanzlei. Er bietet mir an, sein Nachfolger zu werden. Er arbeitet im gleichen Haus, wie ich. Ich erzähle nichts über meine Vergangenheit, Familie.

Weitere Entwicklung:
Ich verliere einen Prozess. Den hätte ich gewinnen müssen. Der Mandant ist verärgert. Ich habe ihn falsch beraten. Dadurch ist er geschädigt worden – durch meine Inkompetenz vor Gericht. Ich begründe ihm das mit: «Der andere war eben besser.» Der Anwalt, dem ich nachfolgen soll, bekommt das mit und sagt: «Das hätten Sie aber auch gewinnen müssen.» Ich sage nichts, ich murmle nur. Angst kommt und Frösteln, innerliches Schütteln, Puls geht hoch, es krampft sich alles zusammen. Ich bin allein im Büro. Ich sehe Unterlagen. Ich überlege mir, ob ich ihm die Wahrheit sagen soll. Schamgefühl kommt. Ich schäme mich, weil ich sein Vertrauen missbraucht habe. Wodurch? Dass ich nicht bin, als was ich mich ausgebe und dass mir das in Fleisch und Blut übergegangen ist. «Es kommt doch jetzt alles raus, das darf doch nicht sein, das ist ja das Ende. Alles was ich aufgebaut habe, ist weg. Keine vernünftige Position, kein vernünftiges Einkommen, keine vernünftige soziale Stellung, erbärmliches Leben, peinlich.» Peinlich ist aber nur, dass ich ihn belogen habe, seine Ehrlichkeit und seine Integrität missbraucht habe. Ich fühle mich klein, erbärmlich, mies, am Boden. Scham, dass ich mir nicht vertraut und nicht an mich selbst glaube. Dann sage ich mir: «Ich würde keinen Erfolg haben, wenn ich es nicht könnte. Wenn er mich schon fragt, ob ich sein Nachfolger sein will, muss er doch davon überzeugt sein, dass ich ein guter Anwalt bin. Ich lasse mir die Chance doch nicht entgehen, wenn sie mir angeboten wird.» Ich gehe zu dem Anwalt, will den Zweifel zerstreuen. Es gibt ein Gespräch.
Ich gehe rein mit dem Ziel, die Unterlagen müssen weg, weil das niemand außer ihm weiß. Entweder er vernichtet sie freiwillig oder ich muss Gewalt

anwenden. Ich drohe ihm nonverbal: «… sonst muss ich Sie zum Schweigen bringen …»
Er beginnt das Gespräch: «Wollen Sie, dass noch andere dahinterkommen? Irgendwann fällt auch anderen Ihr Verhalten auf, dass da was nicht stimmt. Sie haben Fehler gemacht, die nicht passieren hätten dürfen. Sie haben Fälle verloren, die Sie hätten gewinnen müssen.» Ich denke darüber nach, was es sein könnte, aber ich erfahre es nicht mehr. Fehler macht jeder. «Was Sie gemacht haben, ist Betrug, kein Fehler.»

Die Tat:
Rechtfertigung vor mir selbst: «Es geht um meine Existenz. Ich habe mir das erarbeitet und lasse es mir von niemandem zerstören. Warum muss man das an die große Glocke hängen.» Entscheidung: «Ich kann das nicht zulassen. Ich muss ihn aus dem Weg räumen. Bevor Du mich ruinierst, muss ich Dich ruinieren. Das ist der geringere Schaden.» Ich gehe auf ihn zu, drücke ihm von vorne die Kehle zu, werfe ihn zu Boden, setze mich auf ihn drauf. Er ringt nach Luft. Es kommt Ekel und Entsetzen hoch. Es kommt das Gewissen: «Lass es sein, du tust Unrecht.» Anflug von Mitgefühl. Rechtfertigung: «Es ist notwendig, dass ich es tue. Wenn es um die nackte Existenz geht, haben Gefühle keinen Platz. Er sieht nicht das Gesamte, das jahrelange Engagement.» Das ist rechthaberisch und soll von der ausstehenden Strafe befreien. Das ist verantwortungslos und feige. Vermeiden? Die Strafe zu ertragen. Ich untersuche den Herzschlag. «Tot!» Ich nehme die Unterlagen, es ist 17:30 Uhr, ich gehe: «Geschafft! Ich gehe in mein Büro dann nach Hause und denke nach, verbrenne die Unterlagen der falschen Identität. Ich spiele viele Szenen für den nächsten Tag durch.

Fortsetzung nächster Tag:
Ich frage mich: «Hätte ich nicht doch eine andere Möglichkeit gehabt?» Schiebe es weg: «Es ist das einzige, was ich machen konnte.» Mir wird übel und ich muss mich übergeben. Ich habe einen Menschen umgebracht, das kann ich nicht wieder gutmachen. Rechtfertigung: «Ich wollte das nicht, das ist einfach so über mich gekommen.» Ich fühle mich hilflos und ratlos. Mir wird nicht bewusst, dass ich zu Unrecht Anwalt bin. Er liegt über Nacht in seinem Büro. Strategie: Ich fahre mit Auto vor, habe ja mein Büro dort.

Warte bis jemand kommt, eine Frau. Ich komme unwesentlich früher, gehe in das Büro, klopfe lauter als sonst, als wäre der Anwalt noch nicht da. Das sieht sie im Vorbeigehen. Gehe dann in das Büro hinein. Es dauert nicht lange, bereite alles vor und zünde an. Dann gehe ich zum Frühstück mit dem Auto, wie immer. Ich kehre zurück, so auffällig, dass sich der Polizist an mich erinnert. Er sagt, ich solle nach Hause fahren. Ich tue das. Gehe am Nachmittag wieder hin. Brand ist gelöscht. Polizei taucht bei mir im Büro auf fragt ob mir was aufgefallen ist. Ich überlege: «Was muss ich tun, wie muss ich mich verhalten, dass ich völlig unverdächtig erscheine?» Sage aus, dass ich da war. Das wird mir geglaubt. Tatsache ist, ich wurde beobachtet, aber nicht in der entscheidenden Situation. Beweis ist Polizist, der mich wegschickt. Das beweist, ich war nicht da, als das Feuer ausbrach, weil ich beim Frühstück war. Die Frau hat gesehen, dass der Anwalt nicht da war.

Verhaftung

Jetzt kommt etwas ins Spiel, womit ich nicht gerechnet habe. Ich muss improvisieren. Mache Show auf Polizeirevier. «Ich verstehe nicht, warum ich verdächtig sein sollte, wenn ich kurz vorher da war.» Der Polizist: «Sie machen uns weis, Sie hätten keinen Schlüssel zum Büro» Ich: «Wir haben getrennte Räume, er hat auch keinen Schlüssel zu meinem Büro. Leute können bestätigen, dass ich da ein- und ausgegangen bin. Es ist nichts Besonderes, wenn ich da rumstehe. Er hat mir seine Nachfolge angeboten und das ist mir jetzt zum Nachteil. Was reimen Sie sich denn da zusammen.» Taktisch kluges Vorgehen, logische Selbstverteidigung in der Situation. Nur wer spekuliert, macht sich verdächtig. «Wenn Sie daraus schließen können, dass ich etwas mit dem Mord zu tun haben könnte, das müssen Sie mir erst mal erklären.» Dann lassen sie mich wieder gehen. Der Nachteil ist, dass ich untertauchen musste, nicht mehr als Anwalt tätig sein kann, bescheidenes Leben führe, sozialer Abstieg, einsam. Lebenswert weg, den ich mit Fleiß aufgebaut habe. Ich verfluche den Anwalt.
Fluch: «Ich wünsche, dass du genau das erlebst, was ich durch dich erleben und erleiden musste, damit du das am eigenen Leib verspürst. Du sollst erleben, wie es ist, dass alles zerstört wird, was man sich aufgebaut hat durch die Borniertheit eines anderen. Wenn du noch leben würdest, dann würde ich dir wünschen, dass dir das gleiche widerfährt, was du mir angetan

hast, dass alles, was du dir mit Lust und Freude aufgebaut hast, durch reine Böswilligkeit und Engstirnigkeit zerstört wird. Dass du dann wie ich für den Rest deines erbärmlichen Daseins im Verborgenen bleiben musst und ein genauso trostloses und erbärmliches Leben führen musst wie ich. Das ist die gerechte Strafe. Erst dann ist die Tat gesühnt.»

Therapeut:
Es fehlt die wirkliche Motivation für die Hochstapelei. Die bisherige Schilderung erklärt nicht ausreichend, warum er nicht einfach den Fehler zugeben konnte.

Zurück an den Anfang zur Vorgeschichte
Ich weiß nicht genau, was ich beruflich machen soll. Ich erzähle nichts. Ich will auch studieren, dass ich gleichberechtigt bin, wie der Bruder. Ich bin nur der kleine Bruder, fühle mich zurückgesetzt. Theatergruppe, da kann ich mich ausleben. Rollen ausleben. Mich mit den Rollen identifizieren, wie derjenige sein müsste, wie er sprechen müsste, artikulieren müsste, Glücksgefühl. Ich gehe darin auf. Vater sagt zum Bruder: «Wenn du mit dem College fertig bist, studierst du.» Was aus mir werden soll, interessiert nicht. Als ob ich Luft wäre. «Wenn er mich nicht beachtet, zeigt er, dass ich nicht so viel wert bin wie mein Bruder.» Fühle mich gedemütigt. Ich fühle mich missachtet, zurückgesetzt. Sagen tue ich nichts, ziehe mich zurück, schweige. Ich sage nicht, was ich will. Ich vermeide jede Ich-Botschaft. Mein Verhalten ist unterdrückerisch. Ich will, dass er mir die Bedeutung gibt, die mein Bruder hat. Ich kann das nicht ertragen, dass ich immer die Nebenrolle spiele. Vater: «Wenn es dir nicht gefällt, musst du gehen». Erwartung: Er soll mich fragen: «Was ist denn los?» Vater soll es mir anbieten. Was? Dass ich die Schauspielschule besuchen kann. Mit meinen Ideen und Phantasien könnte ich mit Sicherheit etwas bewegen. Bruder will davon nichts wissen. Geld ist angeblich nicht da. «Er soll auf die Schnauze fallen, weil er mich bremst.» Spiegelt die innere Bremse. Ich gehe dann, weil der Vater mir nicht sagt: «Dann geh auf die Schule, du bist gut.»
Überall wo ich hinkomme, vermeide ich zu sagen, was ich will und fühle mich immer missachtet. Wenn jemand das nicht tut, gehe ich. Ich bin immer der Meinung, dass ich es kann, ohne berufliche Voraussetzungen bringen zu

müssen. Warum soll auch jemand meine Leistung anerkennen, wenn ich das Falsche tue. Ist ein Hinweis, dass etwas anderes ansteht. Was? Schauspielerei. Andere unterhalten, Freude bereiten. Schauspielschule: muss man nicht studieren.

Problem:

Ich kann mich nicht damit abfinden, wie es ist. Es fehlt mir an Respekt vor der Schöpfung. Ich weigere mich in Folge, selbst für meine Träume einzustehen. Eigentlich Trotz. Damit mache ich meine eigene Zukunft kaputt. Solange ich mich aufrege, mich zurückgesetzt fühle, muss ich mich nicht beweisen. Studium bedeutet Status, ich bin etwas wert, eine integre Person. Status ist wie Vorschusslorbeeren. Da hat man einen Bonus und muss sich nicht beweisen. Habe die Identität gewechselt, weil ich mich mit den kleinen Würstchen nicht identifizieren kann. Ich wollte einen Quantensprung machen, ohne was dafür zu tun, kein lernen. Beim Theaterspielen hätte ich etwas entwickeln können. Warum will ich das nicht? Rechtfertigung, warum ich es vermeiden habe: «Kunst ist nichts Reales. Was ist die Wirklichkeit? Ablenken von der eigenen Schwäche, Schritt für Schritt die Karriereleiter rauszugehen. Angst vor meiner Unvollkommenheit. Lernen, dass Rückschläge auch Entwicklungsschritte sein können. Dann hat mich das Schicksal zurückgeworfen und dazu gezwungen und es war kein Problem - wie dumm! Man muss bei der Kunst unten anfangen und sich hocharbeiten; habe Angst, da zu enden wo ich anfange. Umgang mit der Begrenztheit der Fähigkeit. Demut zeigen vor dem Göttlichen. Jetzt weiß ich, wovor ich mich verstecke: vor dem kleinen Würstchen in mir.

Im Nachhinein

Der Fall bleibt ungeklärt. Aufgeflogen ist meine Hochstapelei nur bei dem Anwalt. Man kann mich nicht fassen, ich beziehe keine Position. Als Rechtsanwalt muss man eine klare Position beziehen. Mögliche Lösungen eines anderen abschlagen. Wer selbst nicht aufgedeckt werden will, kann andere nicht aufdecken. Blinder Fleck: Ich hätte ja jederzeit was anderes machen können.

Selbstbestrafung: «Ich bin für mein Verbrechen nicht bestraft worden. Ich weiß, ich habe eine Strafe verdient. Weil mich ja niemand mehr bestrafen kann und mich zur Verantwortung ziehen kann, soll die Strafe durch ein höheres «Gericht» erfolgen.» «Ich habe es verdient, wie als Mörder ein ganzes Leben lang von der Gesellschaft ausgeschlossen zu sein.» «Ich habe kein Recht, ein erfülltes Leben zu führen.» «Ich darf nie wieder einen Beruf ausüben, für den ich nicht qualifiziert bin, weil sonst durch meine Tätigkeit andere zu Schaden kommen.

Erkenntnis:
Dies ist nicht die Strafe, die ich vom Leben (Ursache und Wirkung) bekomme, und somit unsinnig. Das ist auch die Ursache für Dinge im heutigen Leben, wo ich sage: «Das kann ich nicht.» Heute habe ich immer das Gefühl ich bin ein Hochstapler. Heute habe ich studiert – auf Anraten der Eltern - entspricht nicht wirklich meinen Fähigkeiten.
Wenn heute mein Leben in Gefahr wäre und ich müsste lügen, dass sich die Balken biegen, dann kann ich das nicht. Der Fluch wirkt zurück: Ich fühle mich nirgends zu Hause. Ich bin ständig auf der Flucht, kann mich nirgends niederlassen. Lebe isoliert und verstecke mich. Ist jetzt nicht mehr nötig, weil ich heute nicht mehr als Mörder gesucht werde. Ich muss mich fassbar machen und verbindlich werden.

Kapitel 6
Besonderheiten der Reinkarnationstherapie

In diesem Kapitel werden folgende Themen behandelt:

- Regressionstherapie
- Entwicklungs- und Lebensblockaden
- Magische Leben und Hochkulturen
- Reinkarnation und Besetzung
- Selbstrückführung
- Reinkarnation und Astrologie

Die Regressionstherapie

Die Reinkarnationstherapie bearbeitet traumatische Erlebnisse der vergangenen Inkarnationen. Die Regressionstherapie hingegen arbeitet traumatische Erlebnisse des aktuellen Lebens auf. Dazu gehören:

- Psychische Gewalt
- Sexuelle und andere gewaltsame körperliche Übergriffe
- Nahtodeserlebnisse
- Unfälle, Operationen unter Narkose
- Eingeredete Schuld
- Identitätsverlust
- Kriminalität innerhalb der Familie
- Verluste nahestehender Personen

Durch die Reinkarnationstherapie erweitert der Klient Stück für Stück sein Bewusstsein. Er macht sich Verdrängungen mit dem Ziel bewusst, mehr und mehr über ein ganzheitliches Bewusstsein verfügen zu können. Um dieses Ziel zu erreichen, müssen auch Verdrängungen des aktuellen Lebens bewusst und Bewusstseinslücken geschlossen werden. Traumatische Erlebnisse werden meist ganz oder teilweise verdrängt. Man weiß längst, dass es in der Erinnerung des Menschen nach schlimmen Erlebnisse und Katastrophen, wie beispielsweise Hausbränden, Lücken gibt. Die Wahrnehmung ist häufig unvollständig oder verschoben. Teile des Erlebten werden unrealistisch wahrgenommen, ausgeblendet oder verschoben. Der Beobachter eines Erlebnisses meint dann, es sei so und so gewesen. Führt man ihn in das Erlebnis zurück, ist er oft sehr erstaunt darüber, wie es sich wirklich zugetragen hat.

Traumatische Erlebnisse, die selbst körperlich erfahren werden, sind oft vollkommen aus dem Bewusstsein verdrängt und nicht erinnerbar. Es scheint so, als existiere die Situation nicht und als ob sie nie passiert wäre. Bei Unfällen beispielsweise fehlt dem Bewusstsein meist der Augenblick, der den Unfall eingeleitet hat. Momente der Bewusstlosigkeit sind Bewusstseinslücken, die oft wichtige Inhalte des Geschehens in sich tragen. Streng genommen ist jede Bewusstlosigkeit ein Teilchen, welches dem Menschen zu seiner Ganzheit fehlt. Natürlich könnte man jetzt argumentieren, dass es gut so ist, wenn das, was schmerzt, nicht mehr erinnerbar ist. Frei nach dem Motto: «Was ich nicht weiß, macht mich nicht heiß!» Diese Haltung ist nachvollziehbar, aber wenig sinnvoll. Jeder Inhalt einer Bewusstseinslücke taucht nach dem Prinzip der Ganzheit im Außen, also in der Umwelt, immer wieder auf – solange bis die Lücke geschlossen wird. Unerklärliche Wiederholungssituationen sind oft ein Spiegel des Inhaltes von Bewusstseinslücken. Das können bestimmte Menschen sein oder unliebsame, immer wieder auftauchende Problemsituationen. Wird die Bewusstseinslücke geschlossen und die Verdrängung bewusst, lösen sich Probleme oft sofort. In der Praxis stellt sich der Therapeut Fragen wie:

- Gibt es bewusste, aber noch unverarbeitete, oder nicht vollständig verarbeitete Schlüsselerlebnisse im aktuellen Leben, die Auslöser für vorhandene Störungen sind?
- Können sie den Erfolg der Therapie verhindern und hemmen sie Erkenntnisfähigkeit und Umsetzung der Therapie?

- Welche Auswirkungen haben sie auf den Verlauf der Therapie?
- Prägen sie die Problematik und damit das Leben des Klienten?
- Liegen verdrängte Erlebnisse vor?

Traumatische Erlebnisse finden wir nicht nur in der Kindheit, sondern zu jeder Zeit des Lebens. Weint ein Mensch immer, wenn er über ein Erlebnis redet, zeigt das, dass er etwas an dieser Situation nicht verarbeitet hat. Man sollte ihn dazu motivieren, dieses Erlebnis näher zu betrachten und alle verdrängten Anteile aufzuarbeiten. Um Inhalte aus dem Bewusstsein ins Unbewusste zu verdrängen, bedarf es eines dementsprechenden Gedankenganges. Nichts passiert automatisch oder zufällig.

Psychische Gewaltanwendung

Psychische Gewalt geht körperlicher Gewalt immer voraus. Bis Beleidigungen und Demütigungen als Gewalt erkannt werden, sind Betroffene oft seelisch zerstört. Psychische Gewalt ist heimtückisch und wird verdeckt ausgeübt. Körperliche Gewalt ist eindeutig, Der Täter manipuliert, handelt offen oder passiv-aggressiv. In der Öffentlichkeit ist psychische Gewalt kaum ein Thema. Dabei ist sie viel weiter verbreitet als körperliche Übergriffe. Nur wenige Menschen werden in der Öffentlichkeit beleidigt und vor Zeugen abgewertet, degradiert, beleidigt, erniedrigt, fertiggemacht oder tyrannisiert. Der Täter geht oft strategisch vor. Das Kind kann psychische Gewalt kaum erkennen; es spürt nur, dass etwas nicht stimmt. Meist dauert es bis ins Erwachsenenalter, bevor der Betroffene begreift, dass ein Großteil seiner Probleme die Ursache in psychischer Gewalt findet. Der Täter ist dem Kind gegenüber feindselig gesonnen, gibt aber vor, das Kind zu lieben. Deswegen bemerken andere erst sehr spät, was wirklich hinter geschlossenen Türen vorgeht.
Psychische Gewalt ist ein feindseliger Angriff auf das Denken, die Psyche, die Wahrnehmung und das Sein eines Kindes. Je länger ein Kind dieser Gewalt ausgesetzt ist, desto mehr zweifelt das Kind an der eigenen Wahrnehmung und an dem eigenen Verstand. Es gehört zur Strategie des Täters,

dem Opfer einzureden, dass es selbst schuld sei. Psychische Gewalt beispielhaft zusammengefasst ist:

- Stehengelassen zu werden
- Lächerlich gemacht zu werden
- Sich anderen Kindern mehr zuzuwenden
- Sich über das Kind lustig zu machen
- Sich beim anderen Elternteil beschweren und schlecht reden (extrem: in Gegenwart des Kindes)
- Ignorieren und strafen durch Schweigen, in Gefühlen immer wieder verletzt werden
- Abwerten durch Kritik am So-Sein, wie Figur, Gesicht, Intelligenz, Sprache, etc.
- ... und vieles mehr

Ein Täter hat Probleme mit sich selbst, die er nicht löst. Er fühlt sich innerlich unzulänglich und handelt aus Selbsthass. Da die Ursachen in ihm selbst liegen und nicht in seinem Opfer, wird er sein Verhalten fortsetzen, meist lebenslang. Meist hat auch der Partner darunter zu leiden, nicht selten ist dieser ähnlich gestrickt und die Partner demütigen sich gegenseitig. Kinder sind für den Täter spannende Opfer, da sie noch unbedarft sind. Das gleiche gilt auch für erwachsene Personen, die psychischer Gewalt ausgesetzt sind. Bei Erwachsenen klingt das oft so: «... aber ich weiß, dass er mich liebt!» Eine fatale Aussage, die Erwachsene immer mehr in die Zerstörung ihrer Persönlichkeit bringt. Wer Gewalt ausübt, egal welcher Natur, der liebt nicht, sondern kontrolliert und zerstört.

Die Praxis zeigt, dass der Täter meist uneinsichtig ist und eine konstruktive Auseinandersetzung zwecklos ist. Für eine Einsicht, müsste der Täter Mitgefühl entwickeln. Dazu ist er weder fähig, noch willens. Er müsste sich auf seinen eigenen Schmerz und seine Verletzung einlassen. Und er müsste seine Schuld gegenüber dem Kind - seinem Kind - und anderen gegenüber anerkennen. Er müsste aushalten, wie es sich anfühlt, erlebt zu haben, was er seinem eigenen Kind und anderen nahestehenden Personen zugefügt hat. Seine Schuldgefühle wären für ihn nicht auszuhalten. Das Gefühl, minderwertig zu sein, aufgrund seiner eigenen Schuld, wäre zu stark. Beteuerun-

gen, sich zu bessern, sind daher meist nur Lippenbekenntnisse und keine echte Einsicht. Der Täter möchte natürlich, dass sein Opfer bei ihm bleibt, sonst müsste er sich ein neues Opfer suchen, das er demütigen kann; das möchte er vermeiden. Es wird immer zur Wiederholung kommen.
Es bleibt dem Erwachsenen meist nur die klare, dauerhafte Trennung. Bei Erwachsenen, die psychische Gewalt erleben, findet man in der Therapie sehr häufig vorhandene, aber nicht erkannte psychische Gewalt bei den Eltern. Sinnvoll ist, um zukünftige Wiederholungssituationen zu vermeiden, aufzuarbeiten, warum sich der Mensch dieses Zuhause ausgewählt hat.

Fallbeispiel:
Der Klient kommt in die nächste Sitzung und schildert, er habe einen Traum gehabt, in dem sein Vater vom Berg abgestürzt wäre: «Wir waren auf einer Wanderung, er konnte sich mit den Händen nicht mehr halten. Er rutschte und stürzte hinunter. Er war unauffindbar. Die Mutter war auch dabei, sie stand noch oben.» Weiter berichtet der Klient, sein Vater habe manchmal eine blöde Art, macht dumme beleidigende Sprüche. Er hab eine Art Humor, mit dem er nichts anfangen könne. Seit einiger Zeit ginge ihm das auf den Wecker, einiges sei mit dem Vater nicht geklärt. Klient: «Heute habe ich ein distanziertes Verhältnis zu ihm, auch zu der Mutter. Wir haben uns nicht viel zu sagen, ich gehe selten nach Hause. Früher war das Verhältnis besser zu den Eltern, das änderte sich seit der Beziehung zu einer ehemaligen Freundin; da habe ich auch über sie und unser Verhältnis zu reflektieren begonnen. Mit Beziehungen im Allgemeinen, nicht primär mit Frauen, scheint das was zu tun zu haben. Es hat vor allem mit der Beziehung zu mir etwas zu tun. Ich habe wegen dem Vater ja auch mein handwerkliches Potential aufgegeben.
Der Grund dafür ist vielleicht ein Erlebnis, das ich mit ihm gehabt habe. Da hat er mich vielleicht massiv enttäuscht. Enttäuschend wäre, dass ich ihn vorher anders gesehen habe. Das muss eine unglaubliche Geschichte sein. Das müsste ein Erlebnis in der Kindheit sein, bei dem der Vater eine Rolle spielen könnte. Da fällt mir gerade was ein. Ich erinnere mich, dass ich mal den ganzen Tag mein Osternest gesucht habe und als ich es gefunden hatte, durfte ich es nicht mehr essen, sondern sollte warten.

Rückführung:

Ich bin klein, ca. 6 Jahre alt. Es ist Ostersonntag. Meine Schwester und ich dürfen unsere Osternester suchen. Meine Schwester hatte es gleich gefunden, ich noch nicht. Ich bin guter Hoffnung und suche weiter. Ich suche im Garten, in allen Zimmern, ich finde es nicht. Es kann doch nicht sein, dass ich kein Osternest habe. Mutter sagt: «Du musst nur suchen!» Dann gibt es Mittagessen, ich habe es noch nicht gefunden. Ich muss essen. Dann gehen wir spazieren; ich darf nicht weiter suchen. Erst danach. Wir haben drei Uhr nachmittags. Die Schwester hat ihr Nest schon leer gegessen. Ich muss es finden. Ich weiß nicht mehr, wo ich noch suchen könnte. Es ist dann eine Enttäuschung da, ich komme mir dumm vor. Ich zweifle wieder daran, ob überhaupt etwas da ist. Nach der zweiten Suchrunde kommt die Verzweiflung hoch, ich bin verwirrt im Kopf und kann es nicht glauben, kann es nicht fassen. Die Freude des Vaters nimmt entsprechend meiner Verzweiflung zu. Er hat ein Grinsen auf dem Gesicht, er freut sich innerlich. Ich kriege langsam eine innere Wut. Ich bin frustriert und es kommt ein Sinnlosigkeitsgefühl. Etwa nach zwei Stunden resigniere ich dann, es lässt mir aber keine Ruhe. Ich suche weiter bis es Abend ist. Die Mutter bestärkt mich weiterzusuchen, nachdem ich wieder aufgeben will. Dann fängt die Mutter an, mir zu helfen. Sie sagte «heiß» oder «kalt». Vor lauter Verzweiflung krieche ich unter den Küchentisch in der Küche und bleibe sitzen. Die Mutter sagt «heiß, heiß, heiß», aber ich sehe nichts. Dann gucke ich hoch und sehe es endlich. Es klemmt zwischen dem Schubladenende und dem Tisch. Ich bin glücklich, und traurig gleichzeitig. Ich sehe es zuerst von unten, eine Entspannung und Erlösung ist da im ersten Augenblick. Ich kann es aber nicht gleich nehmen, die Mutter musste erst noch die Schublade aufmachen. Er hat es mir sehr schwer gemacht, es war eigentlich nicht zu finden.

Ich denke über die Eltern, dass sie mich nicht lieb haben, sonst hätten sie das nicht gemacht. Ich fühle mich leer und allein. Ich bin enttäuscht über das Verhalten von Vater und Mutter. Ich habe das nicht gedacht von ihm, dass er so ist, so gemein, das tut weh.

Als ich das Osternest dann gefunden hatte, sagt die Mutter: «Jetzt nicht, jetzt gibt es Abendessen.» Ich sitze unter dem Tisch und fühle mich allein. Ich frage mich, wieso mir keiner geholfen hat. Der Vater freut sich, weil er

es so gut versteckt hat und sagt: «Ja, das hatte ich gut versteckt.» Jetzt habe ich den ganzen Tag gesucht, und ich soll nicht mal davon essen, ich komme mir noch bestraft vor.
Der Glaube an ihn bricht zusammen, es ist auch Traurigkeit da, weil ich ihn plötzlich anders sehe, als ich ihn gesehen habe. Ich habe plötzlich das Gefühl, meinen Vater verloren zu haben; er ist gestorben für mich, weil er so ist, er steht nicht zu mir. Ich entscheide dann, dass ich nichts mehr zu tun haben will mit ihm. Er hat mich lächerlich gemacht, er hat mich enttäuscht und mein Vertrauen missbraucht. Ich habe das Vertrauen zu ihm verloren. Und zur Mutter auch. Sie ist keine Mutter. Eine Mutter macht sowas nicht. Sie hat mich auch leiden lassen.
Der Vater sagt dann auch noch, die Mutter hätte mir geholfen, sonst hätte ich es nicht gefunden. Das löst in mir aus, als ob ich versagt hätte, eine Aufgabe nicht erfüllt hätte. Ich fühlte mich elend. Er wertet mich ab und plagt mich schon wieder. Ich empfinde Hass für ihn. Er kommt sich dann noch schlau vor und setzt sich in Konkurrenz zu mir. Ich verliere die Achtung vor ihm und die Identifikation mit ihm. Ich will nicht so werden wie er ist. Ich tue nicht, was er tut, dann werde ich nicht so wie er. Wenn ich etwas tun würde, wie er es tut, dann würde ich werden wie er. So treffe ich die Entscheidung, genau das Gegenteil zu tun von dem was er tut. Ich zeige ihm so, was ich von ihm halte, wie ich ihn sehe, dass ich nichts zu tun haben will mit ihm. Ich zeige es ihm auf eine verdeckte Weise. Wenn er vorwärts läuft, dann laufe ich rückwärts. Wenn er diesen Weg geht, dann gehe ich den anderen Weg. Wenn er das eine tut, dann tue ich das andere.
Die Mutter durfte nichts verraten, sie hat mir dann am Abend auf die Sprünge geholfen, sonst hätte ich es nie gefunden, in meinem ganzen Leben nicht. Es war unter dem Küchentisch, zwischen Schublade und Tischkante. Das Verstecken des Osternestes war hier nicht angemessen und verhältnismässig.

Die Folgen für den Klienten sind immens. Er leidet unter einem generellen Misstrauen, Autoritätspersonen gegenüber. Als Selbstschutz nahm er sie nicht mehr ernst, zog sie ins Lächerliche und sprach ihnen die Kompetenz ab. So wollte er verhindern, dass er an ihnen aufschauen kann und erneut Vertrauen aufbaut. Gleichzeitig fühlt er sich Autoritäten gegenüber immer minderwertig und traut sich nicht zu konfrontieren; er verfällt in eine Art verbaler Starre, wie früher als Kind unter dem Tisch. Er ist Einzelgänger und hat Schwierigkeiten, echte Beziehungen aufzubauen. Er bezweifelt dass er liebenswert ist und hat sich inzwischen Verhaltensweisen zugelegt, mit denen er andere Menschen vergrault. Er hat sein Leben lang versucht, dem Vater zu beweisen, dass er mehr erreicht hat, wie dieser. Vergleichbare Vertrauensbrüche durchzogen sein Leben.

Kaum zu verarbeiten war für ihn die Erkenntnis, dass sein Vater – ein erwachsener Mann, sich an seinem eigenen Sohn messen und mit seiner Intelligenz rühmen muss - einem Kind gegenüber. Er erkannte, dass sein Vater neidisch auf sein herzerfrischendes Wesen war und konnte etliche Folgesituationen einordnen, in denen der Vater ähnliche perfide, quälerische Spielchen mit ihm gespielt hatte. Eine befreiende Erkenntnis war, als er entdeckte, dass das Grinsen des Vaters, kein echtes Lachen war, sondern Ausdruck von sadistischer Freude. Er konnte den Schmerz über diesen tiefen Vertrauensbruch, den er immer latent in sich spürte, endlich einordnen.
Zudem konnte er die bisherigen «schlauen Sprüche» des Vaters als Rechtfertigungen ausmachen. Die Selbstvorwürfe, die ihm der Vater induzierte, er hätte versagt und sei dumm, hörten auf. Die Wut gegenüber Vater und Mutter löste sich aber erst auf, nachdem das dazugehörige frühere Leben rückgeführt wurde. Der Klient hat danach begonnen, sich auf gleicher Ebene mit dem Vater auseinanderzusetzen.

Dieses Kindheitserlebnis zeigt beispielhaft, was ein Kind als traumatisch einordnet, wie es Erlebnisse verarbeitet und welche Teile unverarbeitet bleiben. Zudem, wie das Denken eines Kindes abläuft und in welchem Maße ein Kind Zusammenhänge herstellen kann. Nicht immer ist es die körperliche Gewalt, die traumatisiert und Spuren hinterlässt. Psychische Gewalt oder emotionale Verwahrlosung, hinterlassen viel tiefere Wunden. Sarkasmus, Humor oder hintergründige Absichten können von Kindern beispielweise kaum eingeordnet werden.
Kinder verstehen nur das einfache gesprochene Wort und die direkte einfache sichtbare Handlung. Ein Kind glaubt und vertraut, insbesondere seinen Eltern. Ein Kind traut seinen Eltern primär erst einmal nichts Böses zu.

Böse Absichten ihm gegenüber kann ein Kind im Kleinkindalter nicht durchschauen und einordnen. Stellt ein Kind die Integrität seiner Eltern in Frage, bricht gleichzeitig seine Welt zusammen. Wie lebt wohl ein Kind mit einem Vater und / oder einer Mutter zusammen, von denen es weiß, dass es keinen Schutz erfährt, wenn es drauf ankommt? Oder die ihm sogar absichtlich schaden wollen? Das Kind kann nicht einfach ausziehen und ist darauf angewiesen, bei seinen Eltern zu leben. Die einzige Lösung ist meist eine komplette innere Abschottung und der Aufbau einer Scheinsicherheit, um emotional überleben zu können.

Sexuelle und andere gewaltsame Übergriffe

Der Begriff «gewaltsame Übergriffe» beschreibt jede Form körperlicher Gewaltanwendung. Ob Klaps, Haue, Abreibung oder Dresche, Tracht Prügel, Senge – diese Kosenamen werden oft als Verniedlichung und Rechtfertigung für Gewaltanwendung gegenüber Kindern benutzt. Egal welchen Namen der Mensch der Gewalt gibt: Gewalt bleibt Gewalt. Gewalt gegen Kinder hat für das spätere Leben die gleichen Folgen, wie bei einem Erwachsenen. Kinder leiden meist noch mehr unter Angst, Wut, Scham, Verzweiflung oder tiefer Verletztheit. Die Folgen sind Minderwertigkeits- und Schuldgefühle im Erwachsenenalter. Gewalt an Kindern beeinflusst die gesamte Entwicklung des Kindes und verändert ihr Selbstverständnis für sich und ihre Persönlichkeit. Dem Täter ist das primär erst einmal egal, sonst würde er anders handeln. Es mangelt ihm an Mitgefühl, meist hält er Gewalt für die einzige Erziehungsmethode oder er benutzt Gewalt zur eigenen Frustbewältigung. Es gibt keine Rechtfertigung dafür, einem Menschen Gewalt anzutun.

Wer geschlagen wird, schlägt selbst;
wenn nicht direkt, dann subtil!

Kinder werden geschüttelt, geschlagen, getreten, geprügelt. Sie erleiden Platzwunden, innere Verletzungen, Verbrennungen, Knochenbrüche. Mittel dazu sind brutale Ohrfeigen, Prügeln mit Lederpeitschen, Zaunlatten, Rohrstöcken, Besenstielen, Gürteln, Schaufeln, Teppichklopfern etc. Geschlagene, geprügelte, misshandelte Kinder entwickeln Verhaltensauffälligkeiten. Gewalt führt zu psychischen Konflikten, welche die Persönlichkeitsentwicklung massiv stören können. Kurz- und langfristige Folgen für das weitere Leben sind: Angstzustände, Gefühle der Wut, Scham, Wertlosigkeit und Schuldgefühle, Depression, psychosomatische Beschwerden, sozialer Rückzug und erhöhte, oft latente Aggressionsbereitschaft und Gewalttätigkeit.

Folgen haben auch «miterlebte Gewalt» im Zuhause. Die Aussage: «Kinder verstehen das doch gar nicht», ist ein Trugschluss. Selbst ein Säugling versteht, was gesprochen wird. Kinder nehmen das Erleben ihrer Eltern und anderer Bezugspersonen von Geburt an wahr. Deshalb ist jede Gewaltanwendung einer, gegenüber ihnen nahestehenden Bezugsperson, wie Gewalt an ihm selbst. Gerechtfertigt wird die Gewaltanwendung oft mit: «Hat mir auch nicht geschadet.» Eine ziemlich absurde Haltung, denn der entstandene Schaden ist genau das, was angeblich keinen Schaden angerichtet hat: Die Fähigkeit, ohne Mitgefühl, andere zu misshandeln.

Kinder, wie Erwachsene reagieren schambesetzt, wenn sie über erlebte Gewalt reden sollen. In der Therapie erkennt man Gewaltanwendung in der Kindheit oder in Beziehungen deshalb manchmal erst auf den zweiten Blick. Oft wird die Gewalt umschrieben mit beispielsweise: «Der Vater war streng, ich bin ihm aus dem Weg gegangen» oder «der Vater war ziemlich autoritär» oder «es gab schooon Strafen» oder «wenn sie betrunken war, wurde sie ungerecht». Solche Aussagen werden in der Therapie hinterfragt, um ein realistisches Bild der Erlebnisse zu bekommen. Oft ist auch die gesamte Zeit, in der Gewalt erlebt wurde, nicht mehr erinnerbar. Klienten berichten oft, sie können sich beispielsweise vor dem sechsten oder achten Lebensjahr an nichts mehr erinnern.

Selten kommen Personen zur Therapie, die Gewalt ausüben oder ausgeübt haben. Es sind eher die Opfer, die eine Veranlassung sehen, ihrem Leben eine Wende zu geben. Klienten berichten, ihre Eltern würden bei Fragen nach dem «Warum», die Gewaltanwendung bagatellisieren. Zu beobachten ist, dass gewalttätige Eltern in hohem Alter eher bereit sind, Eingeständnisse zu machen.

Mögliche Auswirkungen der Gewalt sind:

- Angst vor Beziehungen mit Tiefgang und echter Nähe
- Man traut dem anderen nicht, er könnte sich ja als gewalttätig entpuppen
- Mächtige Partner / unterdrückerische Partner. Wiederholung von Ausgeliefertsein, Hilflosigkeit, Verlassensein als Erwachsener
- Dass es «immer nur bei allem» um Macht geht
- Wenig Auseinandersetzungspotenzial. Unfähigkeit sich zu wehren, sich hilflos und gedemütigt fühlen
- Unterwürfiges Verhalten und insgeheim den vermeintlich Stärkeren verachten. Auf der anderen Seite immer stark sein müssen, keine Schwächen zulassen können, denn: «Nur Opfer sind schwach.» Identifikation mit dem Täter, um stark zu sein.
- Probleme in der Identitätsentwicklung. Den gegenteiligen Charakter entwickeln, beispielsweise sanftmütig, duldsam, immer liebevoll und verständnisvoll. Ablehnung des «typisch männlichen»
- Aggressionshemmung bis hin zur vollkommen Ablehnung von Aggression: «Ich wollte nie so werden wie ...!» Ablehnung des männlichen Prinzips bis hin zur Verleugnung des eigenen Geschlechts
- Probleme mit dem Selbstwert. Sich nicht wert genug fühlen, geliebt zu werden; sich für vieles schuldig fühlen, Fehler bei sich suchen.
- Probleme «nein» zu sagen, wenn es ansteht und richtig wäre. Keine eigenen Grenzen setzen können, wenn jemand in das eigene Territorium eingreift und über die Grenzen geht (Vereinnahmung)
- Es immer recht machen wollen; die Grenzen der eigenen Belastbarkeit nicht spüren.
- Überzogene Sensibilität in der Wahrnehmung, um rechtzeitig reagieren zu können. Überall den Feind sehen.
- Eigene Gewalt gegenüber den eigenen Kindern, Probleme mit eigenen Kindern. Eventuell keine Kinder haben wollen, weil man sich selbst nicht über den Weg traut
- Zerstörerisches Verhalten um die aufgestaute, aber gedeckelte Wut raus zulassen; Anlässe suchen, um Wut raus zulassen, wie Streitsituationen hervorrufen; Autoaggression, Suizid, Drogenmissbrauch.
- Autoritätskonflikte, Autoritäten werden nicht respektiert

Da sich Kinder einerseits als Teil der Mutter, andererseits jedoch auch als Teil des Vaters erleben, kann es auch dazu kommen, dass sie sich dennoch mit dem gewalttätigen Vater, dem Aggressor, identifizieren; und das auch, wenn sie seine Verhaltensweisen ablehnen oder durch diese verängstigt sind.
Die Auswirkungen gewaltsamer Übergriffe zeigen sich oft lebenslang. Die Ursachen dafür liegen in früheren Leben. Die Erlebnisse des aktuellen Lebens sind lediglich Wiederholungen. Aus den früheren Leben ergibt sich eine Disposition dazu, mit Gewalt konfrontiert zu werden. Das ist der Grund, warum viele Menschen immer wieder mit neuen Gewaltsituationen konfrontiert werden. Um sich von dieser inneren Disposition abzulösen, ist es sinnvoll, die dementsprechenden früheren Leben aufzuarbeiten. So können sich die seelischen Auswirkungen der erlebten Gewaltanwendung im aktuellen Leben auflösen.

Begonnen wird solch ein therapeutischer Prozess individuell, entweder mit der Rückführung des traumatischen Erlebnisses des aktuellen Lebens oder direkt mit der Bearbeitung des früheren Lebens. Immer erfolgt eine sorgfältige Nachbesprechung. Blockierende Programmsätze werden bewusst gemacht und verlieren dadurch ihre Wirkung. Traumatische Geschehen, die verdrängt sind, werden ebenso aufgearbeitet, wie Geschehen, an die sich der Klient noch erinnern kann. Bei bereits erinnerbaren Erlebnissen finden sich immer noch wesentliche Anteile des Geschehens, die verdrängt wurden. Blockierende Gedanken, Gefühle oder Programmsätze werden meist erst durch die Rückführung bewusst.
Die zugehörigen früheren Leben sind fast ausnahmslos Geschehen, in denen sich der Klient als eigenverantwortlicher Erwachsener erlebt – nicht als Kind, wie eventuell in der traumatischen Situation des aktuellen Lebens. Will sich ein Mensch wirklich und dauerhaft von den seelischen Auswirkungen befreien, muss er bereit sein, sich seinen Opferleben, die Gewalt beinhalten, aber auch seinen Täterleben zu stellen. Er wird sich seinen Taten in früheren Leben stellen müssen, denn das sind die Ursachen dafür, dass er heute Gewalt erlebt. Es wäre unsinnig zu erwarten, dass ihn etwas anderes erwartet, als das, was er als Opfer erlebt hat. Die Massivität der Gewalt, die er im aktuellen Leben erfährt, drängt darauf, sich seiner Ver-

gangenheit zu stellen und anzuschauen. Gerade bei sexuellen Übergriffen, ist die Palette dessen, was wir in der Therapie finden breitgefächert: Von menschenverachtenden, gegen die Menschenwürde gerichtete Handlungen bis hin zu blutigen Auseinandersetzungen. Sexueller Missbrauch an Kleinkindern wird in der Therapie beispielsweise als Akt gegen die Würde des Menschen betrachtet.

Für die meisten Klienten der Therapie ist der Übeltäter anfangs immer derjenige, der zuschlägt oder der, der missbraucht, wenn es um Gewalt in der Familie geht. Nehmen wir an, es ist der gewalttätige Vater (wobei es oft auch Mütter gibt, die extrem gewalttätig sind). Selten wird die Rolle des anderen, nicht gewalttätigen, Elternteils näher betrachtet.

Vor Jahren kam ein Klient in die Therapie, der sich lang und breit über seinen brutalen Vater ausließ. Er berichtete, dass er bereits seit Jahren in einer anderen Therapie das Verhältnis zu ihm aufarbeite. Wörtlich meinte er: «Ich habe ein Vaterproblem!» Das Verhältnis zur Mutter bezeichnete er in seiner Kindheit als «gut». Auf meine Frage hin, wie sich seine Mutter verhalten habe, als der Vater ihn brutal vor ihren Augen zusammenschlug, antwortete er, sie hätte geweint und sich rausgehalten aus dem Streit. Für ihn war das normal gewesen, dass seine Mutter der Situation gegenüber ohnmächtig da stand. Die Frage: «Was haben Sie von ihrer Mutter in der Situation erwartet?», ließ ihn stutzen. Er antwortete sofort: «Sie konnte nicht anders.» Er rechtfertigte das Verhalten seiner Mutter und zeigte aber dadurch, dass seine Erwartung an die Mutter eine andere war. Er beantwortete die Frage beim zweiten Male mit: «Eigentlich war ich allein, als Mutter muss sie mich doch schützen.» Er fühlte sich von der Mutter im Stich gelassen. Danach stellte er fest: «Ich habe ein Mutterproblem!»
Ihm wurde klar, dass er genau das immer wieder in seinen Beziehungen mit Frauen erlebte: Die Partnerin stand nie hinter ihm. In der weiteren Therapie konnte er erkennen, dass die Mutter aus Angst vor dem Vater nicht eingriff und erkannte ihren Egoismus und ihre Feigheit. In der Rückführung durch die Geburt fand sich, dass die Mutter ihn im Stich gelassen hat, in dem sie aufgehört hatte, zu pressen, weil sie die Schmerzen nicht ertragen wollte.

Nicht nur der Vater ist Täter, sondern auch die Mutter. Die Unterlassungsschuld der Mutter wiegt schwerer, als die Schuld des Vaters. Für Kinder ist die Unterlassungsschuld schwer zu erkennen, da derjenige, der unterlässt, «nichts tut» und sich meistens selbst als Opfer sieht. Das tut dem Kind zwar körperlich nicht weh, hinterlässt dafür aber gravierende seelische Schmerzen.
Für die Aufarbeitung des Karmas des Klienten ist es wesentlich, das zu erkennen, da die Therapie sonst einseitig verläuft. Das Verhältnis zur Mutter ist nicht wirklich gut, da die Mutter sich nicht überwindet und sich nicht für ihr eigenes Kind einsetzt. Auch hier gilt der Grundsatz:

Das eigene Leben steht dem anderen nach.

Die meisten Beziehungsschwierigkeiten resultieren nicht aus dem Erleben mit der Person, die berechenbar und fassbar ist, sondern aus der Beziehung zu der Person, die nicht berechenbar und fassbar ist. Die Mutter ist im vorliegenden Beispiel nicht fassbar. Das Kind lernt nicht, sich für sich einzusetzen. In der Vergangenheit fanden sich bei diesem Klienten sowohl Geschehen mit Gewaltanwendung, als auch Geschehen mit einer gravierenden Unterlassungsschuld.
Für Kinder ist erlebte Gewalt ausnahmslos belastend, jedoch in anderer Weise, wie Erwachsene das aus ihrem Blickwinkel sehen. Aus der Sicht der Erwachsenen wird das missbräuchliche oder sexualisierte Handeln in den Fokus gerückt. Je extremer und länger die Handlungen ausgeführt werden, desto schwerwiegender sind die Folgen für Kinder. Schwieriger für die Kinder zu verarbeiten ist jedoch, dass sie in der Regel von Erwachsenen missbraucht werden, die für sie eine besondere Vertrauens- oder Betreuungs- und Schutzperson darstellen; also von einer wichtigen Bezugsperson in ihrem Leben.

Das Zurechtrücken der Verantwortung für die erlebte Gewalt ist daher ein sehr wesentlicher Punkt in der Therapie. Wesentlich für die Bearbeitung des Karmas und infolgedessen für die weitere Verarbeitung und Heilung. Das Ziel der Therapie ist es, Schuldgefühle, aber auch Schuldzuweisungen aufzulösen. Dadurch wird der Klient frei.

Verluste nahestehender Personen

Der Verlust einer Bezugsperson im Leben eines Menschen ist ein weiteres Thema für die Regressionstherapie. Ein Verlust ist ein seelisches Trauma und die Ursache für vielschichtige Folgeprobleme. Der Verlust wird oft als normale Begebenheit des Lebens betrachtet; der Klient selbst sieht das vielfach ebenso. Vermutlich ist das so, ähnlich, wie bei fast allen emotionalen Verletzungen, weil Verluste weniger spektakulär sind, wie Gewaltanwendung und sexueller Missbrauch. Größtmögliche Verlusttraumata entstehen durch:

- Den Tod der Mutter / die Trennung von der Mutter
- Den Tod des Vaters / die Trennung vom Vater
- Den Tod eines Geschwisters oder des eigenen Kindes
- Den Tod des Partners oder eines Freundes
- Materielle Verluste, die existenziell sind

Hat ein Mensch in frühen Jahren eine Bezugsperson durch Tod verloren, wird der Verlust das vorherrschende Therapiethema sein. Auswirkungen bei Kindern, die früh ihre Eltern verlieren, sind unter anderem:

- Anhänglichkeit bis hin zum besitzergreifenden Verhalten
- Eifersucht / Kontrollverhalten
- Überängstlichkeit / Abhängigkeiten / Aggressionshemmung und Überanpassung, um niemanden mehr zu verlieren
- Resignation und Suizidneigung
- In der Kindheit «stecken geblieben»
- Suche nach dem verstorbenen Elternteil in Partnern oder Kindern
- Sich nicht tief auf einen anderen Menschen oder eine Sache einlassen wollen, weil ein eventuell eintretender Verlust, nochmals Schmerzen hervorruft
- Weitere Verluste

Erkennbar ist auch, dass ein Verlust der Anfang einer Kette von Folgeverlusten im weiteren Leben ist. Nicht selten sind hohe materielle Verluste eine

Ausdrucksform sich wiederholender Verlustsituationen. Gerade Kinder werfen sich nach dem Tod eines Elternteils oft vor, an dessen Tod Schuld zu sein, weil sie vielleicht nicht gehorcht haben und frech waren. Unsinnigerweise meinen sie, das würde zum Tod geführt haben.

Beispiel:
Eine Klientin, deren Mutter in ihrer Kindheit an einer unheilbaren Krankheit gestorben ist, dachte, ihre Mutter sei gestorben, weil sie ihr nicht helfen wollte und eigenmächtig aus dem Haus gegangen ist, um mit Freudinnen zu spielen. Diese Selbstvorwürfe basierten auf der Aussage der Mutter: «Du bringst mich nochmal ins Grab.» Zudem meinte sie, dass sei nur deswegen passiert, weil sie ihren eigenen Bedürfnissen nachgegangen ist. Nach dem Tod der Mutter verzichtete sie auf die Durchsetzung ihrer Bedürfnisse, ging in einen helfenden Beruf und passte sich an die Bedürfnisse der anderen an. Widerstand gab es für sie nicht mehr. Sie bestrafte sich damit für ihre Schuld, die sie sich selbst eingeredet hatte. Ihre Partnerschaften waren eher oberflächlich oder sie hatten schon von der Basis her, keine Möglichkeit zur Tiefe. Dazu gehörten Verhältnisse zu bindungsunwilligen und aggressiven Partnern. Finanziell ist sie abgesichert, hat aber immer die Angst, später ohne was dazu stehen und alles zu verlieren. Bei ihrem Kind hat sie Angst, es durch Umstände, wie Überfall oder sexuelle Belästigung, zu verlieren.

Die Aufarbeitung des Verlustes gab ihr die Möglichkeit, sich von ihren Selbstvorwürfen zu befreien. Ihre Ängste verbesserten sich. Ihre Schuldgefühle, die sie empfand stammten jedoch nicht aus ihrem aktuellen Leben, sondern aus einem früheren Leben. Daher konnten sich diese erst weitgehend nach der Aufarbeitung des früheren Lebens auflösen. Sie erlebte sich als Mutter, die von ihrem Ehemann verlassen wurde und die ihr eigenes Haus anzündete. Ihr eigenes Kind verbrannte darin, was nicht beabsichtigt war. Sie fiel in eine Schockstarre, um ihre Schuld nicht spüren zu müssen. Ihre unbewusste Motivation dafür war das Bedürfnis, sich von allen Bindungen zu befreien.

Viele Kinder werfen dem verstorbenen Elternteil vor, er habe sie durch den Tod verlassen und entwickeln Wut gegenüber dem verstorbenen Elternteil.

Auch hier ist es unbedingt notwendig, das entsprechende frühere Leben aufzuarbeiten. Sicher wird man ein früheres Leben finden, in den der Vorwurf, verlassen worden zu sein, hingehört. Noch bedeutsamer ist es aber, rückzuführen, wo der Klient selbst andere verlassen hat. Wer Verluste erlebt, hat auch anderen Verluste zugefügt. Das zentrale Ziel in der Therapie ist, das Muster dahinter zu finden. Verlusterfahrungen sind nur Folgeerfahrungen. Der Verlust sollte daher aufgearbeitet und die Hintergründe in Erfahrung gebracht werden.

Entwicklungs- und Lebensblockaden

Entwicklungsblockaden sind Lebensblockaden. Diese Entwicklungsblockaden blockieren das Fortschreiten im Leben. Sie sitzen meist fest verankert, tief im zeitlosen Speicher des Unbewussten. Die meisten Lebensblockaden sind nicht auf Anhieb erkenn- und identifizierbar. Es sind Programm- und Blockadesätze, die unbewusst das Leben steuern. Irrationalerweise dienen sie dem Schutz des Menschen und sind deshalb auch hochwirksam. Eine Lebensblockade ist vom Menschen selbst «installiert» worden. Der Schutz macht jedoch in der Auswirkung im aktuellen Leben keinen Sinn und ist überholt. Durch die einst positive Absicht, soll diese Lebensblockade aber erhalten bleiben. Sie bleibt daher in der Therapie meist lange Zeit versteckt. Blockaden können häufig in den ersten Sitzungen nicht gleich herausgearbeitet werden, da sie sich als solche nicht zeigen. Erst im Laufe der Therapie zeigt sie sich dadurch, dass die Weiterentwicklung stagniert. Eine Lebensblockade ist auch eine Therapieblockade. Da es in der Therapie um Entwicklung geht, macht die Blockade «ihren Job» und blockiert auch eine Therapie, denn das Blockieren ist ihre Aufgabe. Sie sind oft vom Inhalt her, sehr raffiniert angelegt und oft verschlüsselt. Erkennt man sie, erkennt man auch, dass sie die ganze Zeit offensichtlich, aber nicht erkennbar waren, sondern erst im Nachhinein. Oft werden sie nach einer gewissen Therapiezeit in einem Nebensatz formuliert, wie: «Wenn ich nicht so gut bin, dann habe ich auch weniger Probleme» oder «wenn man mich nur lassen würde, aber wahrscheinlich muss man die Menschheit vor mir schützen.» Eine Lebensblockade ist sehr häufig ein «Misserfolgsprogramm.» Das führt dazu, dass auch Therapien kaum Erfolg haben können. In einer Therapie wird immer das passieren, was im Leben auch passiert und es kann in der Therapie nichts passieren, was im Leben nicht passiert.

Ein Mensch, der im Leben immer versagt und mit seinen Projekten immer scheitert, wird unbewusst von einem «Versagensprogramm» gesteuert. Das Versagen ist zwar innerlich gewollt, jedoch in seiner Wirkung vollkommen unsinnig. Es stellt eine Selbstbestrafung und Selbstunterdrückung dar. In der Therapie nimmt der Therapeut daher folgende Punkte näher unter die Lupe:

- Wofür will sich der Klient selbst bestrafen, wofür unterdrückt er sich?
- In welchem Kontext macht diese Selbstbestrafung und Selbstunterdrückung wirklich Sinn?
- Was hindert am Erfolg? Was sind die Vorteile, was die Nachteile?
- Welcher Vorsatz geht dem Versagen voraus?

Argumente gegen die Therapie gehören unter anderem zur unbewussten Absicherungsstrategie, damit der Therapeut der Lebensblockade nicht auf die Spur kommt. Klienten «kratzen nur deshalb die Kurve», weil die innere Lebensblockade ahnt, dass der Therapeut gerade dabei ist, sie aufzudecken.
Wer beispielsweise in seinem Leben nicht vorankommt, sondern das Gefühl hat, es läuft rückwärts und es wird immer enger, bei dem kann eine Lebensblockade die Steuerung seiner Entwicklung übernommen haben. Oft hört man Sätze wie: «Ich komm nicht vorwärts» oder «es kommt immer was dazwischen» oder «es war alles umsonst.» Menschen die sich immer wieder «ein Ei legen», boykottieren sich selbst.
Es nützt wenig, nur zu wissen, dass man sich blockiert. Es ist wichtig zu wissen, mit welcher Absicht man es tut und wie der Blockadesatz heißt. Den Blockadesatz aber nur zu kennen, löst allein die Blockade nicht auf. Sie lässt sich nur im Kontext des früheren Lebens auflösen, aus dem sie stammt. Lebensblockaden müssen als eigenes Therapiethema behandelt werden und die früheren Leben gezielt angesteuert werden. Würde der Therapeut nur

den Inhalt der früheren Leben aufarbeiten und nicht die Blockaden, wirken diese weiter und können später den gesamten bisherigen Therapieerfolg wieder infrage stellen.
Weitere Lebensblockaden sind Endlossätze mit dem Wort «immer» oder «jedes Mal, wenn ...» Solche und andere Sätze werden oft als selbsterfüllende Prophezeiungen bezeichnet. Es sind angelegte Lebensblockaden, die sich durch «immer wieder gut zureden» und positive Affirmationen kaum auflösen.
Das Phänomen «kaum ist ein Problem weg, ist schon das nächste da», gehört auch zu den Lebensblockaden. Sie verhindern das Weiterkommen. Ein Mensch beispielsweise, der in einem früheren Leben die Karriereleiter raufgefallen ist und mühelos eine hohe Position erreicht hat, diese aber missbraucht hat, wird sich für Folgeleben Aufstieg absprechen und das «Vitamin B» versagen. Wenn sich ein Weg zum Aufstieg anbahnt, würde er sich an seinen Problemen erschöpfen und keine Kapazitäten für den eigentlichen Aufstieg frei haben.

Wie der Mensch Ursache seiner Probleme ist, ist er auch Ursache seiner Selbstsuggestionen. Hat er eine Blockade, kann er sich fragen: «Was wäre, wenn ich sie nicht hätte? Welchen tieferen Sinn hat die Blockade, wie heißt die versteckte Aufgabe, auf die mich diese Blockade hinweist?»

Magische Leben & Hochkulturen

Tiefgreifende Probleme finden ihre Ursachen häufig in früheren Leben, in denen der Mensch das Opfer von Fremdbeeinflussung gewesen ist oder andere beeinflusst hat. In der Therapie bezeichnen wir diese Leben als «magische Leben». Im Unterschied zur gewöhnlichen Fremdbeeinflussung liegt die Quelle der Beeinflussung und Manipulation in magischen Leben in einem, für den Menschen unsichtbaren Bereich, aber dennoch identifizierbar, fassbar und entmystifiziert. Manipulation ist ein uraltes Mittel, um eigene egoistische Ziele durchzusetzen. In magischen Leben passiert die

Manipulation hintergründig - ohne das Wissen und ohne bewusste Zustimmung des Menschen. Ziel der Manipulation ist es, den Geist des Menschen so zu beeinflussen, dass der Mensch nach fremden Vorstellungen mühelos funktioniert und steuerbar ist. Vergleichbar einer Marionette lebt der Mensch ein Leben, ohne zu wissen, dass er nicht mehr er selbst ist und dass er nach dem Willen anderer lebt.

Die Fremdbeeinflussung kann den Menschen in seinem Handeln, seinen Emotionen und in seinem Denken manipulieren. Ein Mensch, der den Willen anderer manipuliert, um ihn gefügig zu machen, strebt mit seinen Taten grundsätzlich danach, Ego- Ansprüche zu befriedigen und sich selbst in jeder denkbaren Form zu erhöhen. Mit der Erhöhung ist aber der Absturz vorprogrammiert.
Das gängigste Mittel zur Beeinflussung ist das Medium «Suggestion». Diese werden auf die vielfältigste Weise induziert. Das kann innerhalb eines Rituals durchgeführt werden oder beispielsweise durch Lichtspiele, Hypnose oder durch andere hochentwickelte Techniken früherer Kulturen. Die Mittel sind zahlreich: Drogen, manipulierte Talismane, Düfte, Töne, Steine, Propaganda, etc. Beim Blick hinter die Kulissen kann man die konkreten Drahtzieher als Einzelpersonen, isolierte Gruppierungen, geheime Organisationen, politische Gruppierungen, ganze Staatsapparate, etc. ausmachen.

Das sagenumworbene Atlantis wird als der Ursprung der menschlichen Kultur, aber auch als Ursprung der Entwicklung der Fremdbeeinflussung betrachtet. Rückführungen in frühere Leben aus dieser Zeitqualität geben Hinweise auf die Entstehung der gesamten Kultur mit ihrer Hochtechnologie. Der Niedergang dieser Kulturen wurde durch den Missbrauch der Fähigkeiten und Machtmissbrauch herbeigeführt. Zahlreiche Sciencefiction- und Fantasy-Filme geben Einblicke in diese Zeitqualität. Sie spiegeln die Summe der gesamten Erfahrungen der Seelen aus dieser Zeit wieder. Alle weiteren Hochkulturen, wie die babylonische, die sumerische, die ägyptische, die süd- und mittelamerikanischen Kulturen mit ihren Priesterkulturen und vielfach magischen Praktiken, wurzeln in den atlantischen und vergleichbaren Kulturen.

In der Therapie werden Manipulation und Besetzung durch Suggestionen und auch Flüche als die stärkste Vereinnahmung im früheren Leben gesehen. Sie verursachen:

- Idealisierung anderer und von sich selbst
- Symbiose in Partnerschaften
- Abhängigkeiten jeglicher Art
- Hörigkeit in Partnerschaften, sexuelle Hörigkeit
- Hass bis zur Vernichtung
- Illusionäres Verhalten
- Machtkämpfe «bis aufs Blut»
- Mentale Konditionierungen
- Identitätsverlust

Die Bearbeitung magischer Leben erfolgt in der Reinkarnationstherapie erst, wenn erste Problemkreise bearbeitet sind.
Eine vorherige Rückführung in derartige frühere Leben zu Beginn einer Therapie wäre verantwortungslos, da einem Klienten die nötige Reife fehlt, diese Leben zu verstehen und zu verarbeiten. Rückführungen würden mehr Schaden als Lösungen bringen. Oft existieren sehr verklärte und mystisch angehauchte Vorstellungen über vergangene Kulturen und deren Praktiken. Diese sind meist unrealistisch und haben häufig wenig mit dem realen Leben dieser Epochen zu tun.

In der Therapie arbeiten wir magische Leben sehr sorgfältig auf. Es werden dabei keinerlei magische Praktiken vermittelt, wie vielfach gedacht. Ebenso wenig erlangt ein Klient seine magischen Fähigkeiten, die er früher einmal besessen hat, wieder zurück. Ziel der Therapie ist ausschließlich, den Klienten dabei zu unterstützen, dass er seinen freien Willen wiederlangt und sich von der Wirkung der Fremdbeeinflussung befreien kann. Letztendlich soll ihm seine ursprüngliche Identität wieder zugänglich werden.

Fallbeispiel «Peru»

Ausgangspunkt eine Sonnenfinsternis, die bei dem Klienten Unbehagen auslöste. Er war auf einer Reise zu einem Ort, an dem die Sonnenfinsternis sichtbar sein sollte. Der Zug hielt auf offener Strecke an und er saß fest und konnte nicht weg. Panik kam in ihm hoch. Er fühlte sich plötzlich als Opfer von Umständen, die er nicht beeinflussen konnte.

Rückführung:
Ich bin ein Opfer für die Götter, ein Kind. Ich meine 7 oder 9 Jahre alt. Ich soll geopfert werden. Ich bin im richtigen Alter, männlich, ein hübscher Junge mit grossen Augen, der den Göttern gefallen wird. Es ist eine Ehre für mich, dort ausgewählt zu werden. Ich bin stolz darauf. Ich bin in den Bergen. Sehr weit oben, etwa 5000 m hoch; es ist ein heiliger Berg, sein Name ist etwas mit «Q». Es sieht karg aus, wie eine Mondlandschaft, graue Erde. Man kommt nur zu Fuss hoch, mit Lasttieren (Lamas). Es wohnt niemand dort oben, man geht da nur hin um Opferungen durchzuführen. Wir wohnen in den Tälern unten. Dort ist es aber auch schon recht hoch, die Vegetation ist aber noch grün. Es ist eine schöne Aussicht von dort oben, man sieht weit herum. Das Tal ist fern.

Ich bin schon seit Wochen dort. Es geht mir gut. Ich bekomme gut zu essen, damit ich gut genährt bin. Ich bin etwas schmal und ich sollte etwas kräftiger sein. Es ist kalt da oben, aber das macht mir nichts aus. Wodurch? Ich freue mich. Ich lebe dort in einer Hütte auf dem Berg. Da sind Frauen, die versorgen mich. Es wird ein Fest für mich geben, extra für mich. Ich weiß, dass ich ein Opfer bin, ich weiß aber nicht, was das genau bedeutet. Ich weiß: Ich bin ein Opfer für den Sonnengott. Das haben sie mir gesagt in der Hütte und die Priester auf dem Weg. Das Opfer ist, dass ich auf mein weiteres Leben verzichte und dass man auch auf mich verzichtet. Ich muss auf die Familie verzichten. Ich werde vorbereitet, auf den großen Tag.
Trotzdem ist mir irgendwie nicht wohl und möchte am Liebesten wieder nach Hause. Ich kann aber nicht, ich bin da jetzt drin und kann nicht weg, man würde mich auch nicht lassen.

Nächste wichtige Situation:
Der große Tag ist da. Der Priester, Hohepriester, ist der König der Sippe. Ich bin nun aufgrund meiner Eignung zum Opfer ausgewählt worden. Ich bin ein besonders schönes Kind. Man bringt mich zu einem Platz. Er ist ein Stück weiter unten. Man hat Sicht in die Täler und Unendlichkeit der Weite. Ich fühle mich gut, habe keine Angst. Wodurch nicht? Ich habe etwas bekommen. Was zu trinken. Alkohol – kennen wir heute nicht – vermutlich aus Getreide, aber nicht aus Kartoffeln. Das macht mich willenlos. Das kenne ich schon aus der Hütte. Es macht ruhig. Ich denke dann nicht viel. Es gibt ein gutes Gefühl. Meine Wahrnehmung ist anders. Die anderen sind weit weg. Es ist mir eigentlich jetzt egal, was passiert. Noch was? Ich bekomme die Blätter in den Mund. Coca-Blätter. Sie sind gut, sie machen alles schön. Die kenne ich auch schon, seitdem ich da bin. Ich sehe einen großen Stein. Sie legen mich da drauf. Ich stehe im Mittelpunkt, denn ich bin ausgewählt worden, es ist eine Ehre, dem Sonnengott geopfert zu werden. Es ist auch für meine Familie eine Ehre.
Ich werde für die Opferung parat gemacht, gekleidet, geschmückt und einbalsamiert. Als erstes werde ich gewaschen. Ich muss jetzt gewaschen werden. Der Priester spricht, dass ich gereinigt werden muss, um dem Sonnengott ein würdiges Opfer zu sein. Ich höre Worte, aber eher weiter weg, aber ich höre sie. Dann wird mein Körper mit Kräutern bedeckt. Das riecht gut. Dann werde ich geweiht, dem Sonnengott. Der Priester spricht wieder: «Nimm dieses heilige geweihte Kind … nimm uns den Schatten und gib uns Deine Kraft …» Oh, vermutlich eine Sonnenfinsternis, die ansteht. Es sind etwa 20 Leute anwesend. Der König ist da. Die Priesterschaft besteht aus sechs Leuten, dann kommt das übrige Volk, das sind Handwerker, Händler und Bauern. «Ich bin eine wichtige Person.» Das erfüllt mich mit Stolz: «Ich bin ein göttliches Kind, die Familie kann stolz auf mich sein.» Der Sonnengott ist der höchste Gott. Name? So was, wie Itti oder Titti. Nie davon gehört. Meine Eltern wissen es bestimmt.

Die Priester leben im Königshof, es sind die Gelehrten. Nicht hier, woanders. Auf dem Weg im Tal sind wir dort gewesen. Als Opfer werde ich aufgenommen von den Göttern. Wenn ich dann wieder auf die Welt komme, bin ich auf einer höheren Stufe als jetzt, z.B. ein Priester oder Händler.

Als nächstes bekomme ich ein Kleid, wie ein Tuch, angezogen. Es wird mir Schmuck angelegt. Ob ich das mitbekomme? Nein, nur schemenhaft. Ich bin unfähig, mich zu bewegen oder etwas zu machen. Ich nehme das alles so hin. Durch die Drogen. Der König spricht dann zur Sonne und dankt. Er schenkt mich ihm, damit er sich an mir erfreuen kann und zu mir sagt er, dass ich ein wichtiges Mitglied der Gemeinschaft bin und in göttliche Gefilde aufsteigen werde. Die jugendliche Schönheit und Unschuld ist für die Sonne und der Beginn der Pubertät auch für den Mond.
Dann ist die Zeremonie vorbei und ich werde in eine Nische gesetzt, wie ein Schrein, komisch. Körperhaltung. Eingerollt, die Knie sind an den Oberkörper gezogen, die Arme sind um die Knie gelegt. Den Körper zur Sonne. Sichtbar für den Sonnengott. Mir ist nicht klar, dass ich dort sterben werde. Ich werde nur dort hingestellt, hineingesetzt in diese Aushöhlung in sitzender Stellung wie eine Puppe mit direktem Blick zur Sonne. Ich bin betäubt. Ich schaffe es nicht, den Kopf hoch zu halten. Es werden dann auch Opfergaben hingestellt. Es kommt dann jeder vorbei und macht Zeichen vor mir und spricht etwas.

Es ist kühl dort oben, in der Nacht eiskalt. Ich werde dort einfach ausgesetzt, ich musste dort bleiben und kann nicht weg und zurück. Ich kann auch nicht laufen, die Füsse sind zusammengebunden. Nein, nicht die Füße, es sind die Drogen. Man hat da einfach ein Loch in den Felsen gemacht und mich dort reingestellt, der Sonne zugeneigt. Die Luft ist dünn und der Wind bläst. Ich sitze in gekrümmter Stellung. Ich habe nichts zu trinken. Ich trockne aus und verdunste, weil mir das Wasser entweicht. Das lässt mich schrumpfen. Es beginnt bei lebendigem Leibe ein Prozess der Mumifizierung, ich werde wie eine Puppe – würde ich jetzt noch länger leben. Das ist doch schrecklich. Fühle mich ausgeliefert, der Natur, dem Sonnengott und dem Ort hier. Ich würde auch nicht gehen. Meine Familie wäre auch nicht zufrieden, sie würden ihre Vorteile verlieren, es ergäben sich Nachteile für sie. Ich opfere mich für die Familie, ich will ein wichtiges Mitglied für sie sein, denen helfen. So entscheide ich, mich dem, was kommt, nicht zu widersetzen und tue, was man von mir verlangt. Damit ist allen gedient und alle sind zufrieden. Die gehen dann und steigen runter und ich bleibe hier.

Der Tod:
Das Herz schlägt, aber das Blut kann nicht mehr richtig zirkulieren, es wird dick und es kommt dann zum Kreislaufkollaps. Erfriere in der Nacht. Die Kälte spüre ich bewusst nicht. Durch die Blätter, die ich kaue, bzw. im Mund habe. Ein Teil von mir nimmt das alles wahr. Ich habe überall grosse Schmerzen, das Herz schmerzt und schlägt schnell, es kommt aber fast nicht mehr durch und schlägt ins Leere. Es zieht sich alles innerlich zusammen, die Zirkulation verlangsamt sich. Das Blut wird immer dicker. Es ist fast keine Zirkulation mehr da, es wird dann alles langsamer und es steht fast alles still. Es ist keine Energie mehr da, ich merke, dass die Uhr bald abstellen wird, das löst eine Angst aus. Angst vor dem was kommen wird. Eigentlich will ich leben, und das kann ich jetzt nicht mehr, ich bin nicht bereit zu sterben. Es ist einfach ein Dasitzen bis zum Schluss, am Ende nimmt der Körper nur ein schwaches Zucken wahr, dann ist das Leben zu Ende. Das letzte, das ich wahrnehme ist die Sonne und die Weite. Ich schaue Richtung Osten, von da kommt die Sonne und zieht über mich hinweg.

Nach dem Tod:
Ich habe nun die Erwartung, dass etwas Gutes kommt, dass jemand kommt und mich befreit, dass der Sonnengott kommt und mich erlösen würde. Aber es kommt nichts, das ist es eben. Es kommt die Einsicht, dass alles nicht so ist wie gedacht, sondern das alles ganz anders ist. Es gibt gar keinen Sonnengott, es ist eine Enttäuschung da, eine Wut, es ist ein Gefühl da, dass man mich betrogen, verraten und missbraucht hat, für nichts und wieder nichts. Es war ein völlig sinnloses, nutzloses Tun. Sie machen das, damit sie ihre Herrschaft festigen können und zeigen dem Volk, dass sie die Mächtigen sind. Sie können alles machen, auch Kinder opfern. Sie glauben nicht an das, was sie mir erzählt haben. Das Volk glaubt es. Es ist alles Lug und Betrug gewesen. Das sah ich an der Schwelle vom Diesseits zum Jenseits. Von all dem, das mir versprochen worden ist, erfüllte sich nichts. Es gibt keine Götter in dem Sinne, es gibt auch keinen Sonnengott. Ich habe Verantwortung und Lasten übernommen für nichts. Niemand will etwas von mir, weder mir etwas geben noch etwas nehmen. Es ist alles indifferent. Die Sonne ist einfach da, neutral. Wer sie nützt, der nützt sie, wer sie nicht brauchen will, lässt es bleiben. Es ist alles recht, es ist gar kein Vorurteil da

(sol lucet omnibus). Es war niemand da, der ein Opfer gefordert hätte. Keiner verlangt ein Opfer, weder die Sonne noch sonst irgendwelche Götter. Es ist überhaupt niemand da, der etwas will. Im Gegenteil, die Sonne gibt nur und verlangt nichts, die kann darauf verzichten. Ich bin im wahrsten Sinne des Wortes ein «Bauernopfer.»

Vorgeschichte:
Ich wohne da am Anfang mit meiner Familie im Dorf, Eltern, Grosseltern, Geschwister, es ist fast schon eine Stadt. Häuser aus Steinen und Dächer aus Holz. Wir wohnen etwas ausserhalb, so wie auf einem Hof. Wir sind Bauern mit Ziegen und Schafen und Land zum Bearbeiten. Kartoffeln und Gemüse bauen wir an. Es müssen Abgaben an die Priesterschaft geleistet werden. Sie versorgen die Leute mit Schulung, ärztlicher Hilfe. Es sind Gelehrte (Ärzte, Architekten, Agronomen etc. Es kommen drei zu unserem Hof und sie schauen mich an und wollen dann mit meinem Vater sprechen. Sie wollen mich für das große Fest haben, wegen der Sonnenfinsternis, dass die Sonne wieder kommt.. Man fragt mich, ob ich bereit sei, etwas zu tun, um meiner Familie zu helfen. Natürlich will ich helfen.

Sie erklären den Eltern, dass der Sonnengott mich auserwählt hat, weil ich ihm gefalle. Man fragt mich: «Willst du ihm dienen?» Das schmeichelte mir, dass ich ihm gefalle und dass er mich auserwählt hat. So entscheide ich, dem Ruf des Sonnengottes zu folgen: «Das kann nicht falsch sein.» Ich weiß nicht, genau, was der Sonnengott ist. Die Priester aber sind Leute denen man glaubt. Sie sprechen von der Sonnenfinsternis, sie wollen dem Sonnengott ihre Dankbarkeit beweisen, damit die Sonne wieder aufgeht. Dazu werden die schönsten Mädchen und Jungen des Landes ausgewählt. «Du bist einer davon, du bist ein vollkommenes Kind», sagen sie. Die Eltern geben mich mit. Es ist keine Träne da, nichts. Ich denke, ich muss mitgehen, wenn sie nichts dagegen tun. Sie bleiben zuhause und schicken mich mit. «Geh und sei dir der Ehre bewusst. Du bist das besondere Kind, was der Sonnengott auserwählt hat.» Sie werden reich belohnt. Sie erhalten Geld und es kommt ihnen die Ehre zugute, ein Kind für die Opferung zu geben. Das gibt ihnen lebenslange Anerkennung und setzt ihren Status hoch.

Weitere Entwicklung:
Ich gehe dann mit den Priestern mit. Ich habe ein komisches Gefühl, von zuhause weg zu gehen. Man instruiert mich, wie das abläuft und was ich zu tun habe, dass ich dem Sonnengott zu dienen und ihm nicht zu widersprechen habe. Wenn ich nicht gehorche, dann würde Elend und Not über die Gemeinschaft kommen, Hunger und Naturkatastrophen. Nach einigen Tagen brechen wir in das Gebirge auf. Wir sind einige Tage unterwegs, bis wir dort sind. Der Weg ist anstrengend. Ich werde bevorzugt behandelt auf der Reise. Das Opfer ist neben dem König die wichtigste Person, ich fühle mich gut dabei.
Wir kommen dann oben am Berg an. Ich werde zurecht gemacht, bekomme neue Tücher und werde geschmückt. Ich muss warten bis die Zeremonie stattfindet. In der Wartezeit esse ich gut. Ich bekomme Alkohol zu trinken, dass macht mich ruhig. Es erleichtert das warten. Coca-Blätter bekomme ich, weil es so kalt ist. Drei Tage vor der Zeremonie bekomme ich nichts zu essen (wegen der Reinheit), man verabreicht mir aber Drogen, ich habe dann keinen Hunger. «Als Opfer hast du eine grosse Verantwortung der Gemeinschaft und der Familie gegenüber», sagt man mir. Ich soll aushalten was kommt, nicht mit dem Schicksal hadern. Die Belohnung dafür ist die Befreiung durch den Sonnengott. Das ist ein erhabenes Gefühl. Ich halte dem Dorf die Stange, dort hoch in den Bergen, am Tor zum Himmel. «Die Leute verlassen sich auf dich» sagen mir die Priester. Dann geht es weiter, wie zu Beginn beschrieben.

Problem:
Ich habe eine Wut, gegen den König, die Priester und die Eltern. Ich werfe den Eltern vor, mich einfach hingegeben zu haben. Sie sind dumm, naiv und leichtgläubig Sie sind auch berechnend wegen den materiellen Vorteilen, die sie dadurch kriegen. Sie haben auf jeden Fall gewusst, dass ich bei dieser Sache sterben würde.
Die Priesterelite glaubt schon an den Sonnengott, an die Götter, aber sie wissen auch, dass Opfer nicht notwendig sind. Es ist aber ein Fanatismus da, aufgrund eines Bekenntnisses. Die normale Bevölkerung glaubt, dass diese Priesterelite von Göttern eingesetzt wird, deshalb sind sie Übermenschen, sie stammen von der Sonne ab.

Mein Entscheidungsspielraum ist aber nicht gross gewesen. Die Eltern hätten mich wohl auch gegen meinen Willen gegeben, und die Priester hätten sich auch gegen ein «Nein» von mir durchgesetzt. Es kommt aber auch wieder das zum Vorschein, dass mir wichtig ist, was die anderen denken und richte mich nach anderen, das macht mich zum Opfer.
Ich sehe meinen Wert als geringer an, als den der Priester. Ich stelle die Priester höher als mich, das Kind eines Bauern. «Wenn ich Bauer bin, dann kann ich auch nichts geben, das von Nutzen ist», meine ich. Ich werde zum Opfer, wenn ich andere höher stelle, als mich.
Ein wichtiges Kriterium ist auch, dass es eine Ehre für mich ist, Opfer zu sein. Ich bleibe da also fein säuberlich sitzen, weil mich die anderen in die Pflicht genommen haben, weil ich dann was Besonderes bin. Wenn ich mich für weniger wert halte, muss ich mich auf der anderen Seite erhöhen. Das ist der andere Pol. Deswegen kommen die Priester auch bei uns vorbei. Hätte ich mich nach dem Grundsatz gerichtet: «Alle Menschen sind gleich», wäre mir das nicht passiert. Da hat mich der Status des «Auserwählten» in die Falle gebracht. In meine Ego-Falle. Geködert haben sie mich mit dem «Helfen»: «Wenn ich helfe, bin ich was Besonderes.» Kein Wunder mag ich heute nicht helfen. Gleichzeitig aber fühle ich mich anderen verpflichtet, wenn die Firma was will. Dummheit. Ich habe mir damals aber im Nachhinein gesagt: «Ich werde zum Opfer, wenn ich anderen helfen will, also helfe ich den anderen nicht mehr.»
Rückblickend auf dieses Opferleben ist es so gewesen, dass mir die Arbeit als Bauer nicht passte. Sie ist langweilig, monoton und hart gewesen. Da habe ich an deren Stelle das Angebot erhalten, Opfer zu werden. Ich habe so auf pervertierte Weise einen Job erhalten, eine Aufgabe mit Bedeutung. Im Glanze des Lichtes.
Als Bauer bin ich genauso viel wert, denn ich bin nützlich. Dann hatte ich meinen Platz an der Sonne im Zentrum. Mein Fehler ist, dass ich den Nutzen am Effekt messe, den ich auslöse. Am Echo, das ich kriege. Wie ein Schauspieler, der seine Leistungen am Applaus misst, den er kriegt. Wie ich die Priester. Da fällt man auf den Effekt rein. Wenn ich darauf verzichten muss, fühle ich mich isoliert und verloren im All. Ich denke, wenn man etwas ins All schiesst und es kommt nicht zurück, dann ist es weg und wertlos. Wie ein Raumschiff, das nicht auf die Erde, auf das Zentrum zurück-

kommt. Es könnte aber auch einen Nutzen haben für andere, wenn es nicht zurückkommt.
Heute vermeide ich eben, auffällig und attraktiv zu sein. Ich verstecke mich lieber und will unauffällig sein, weil ich aus diesem Leben her befürchte, für Sachen missbraucht zu werden, die mir zum Schaden sind. Ich verzichte darauf, im Zentrum zu sein, wichtig zu sein, beklage mich aber, wenn ich nicht im Mittelpunkt stehe. Vor allem habe ich alle meine Gefühle unterdrückt, damit ich ein gehorsames Opfer bin. Ich mache heute auch alles mit, damit man mir wohlgesonnen bleibt.
Jemand der wichtig ist und Ehre hat, ist kein passives Opfer, sondern ein aktiver Macher. Das eine geht Richtung Leben, das andere Richtung Tod. So lebe ich auch heute noch: Irgendwo in einem Felsen und schaue zu, wie ich erfriere. Ich meide heute auch die Sonne. Ich sollte auch wieder auf die Sonnenseite des Lebens gehen. Damals bedeutete dieser Platz meinen Tod.

Reinkarnation und Besetzung

Im Tod verlässt die Seele des Menschen den menschlichen Körper. Nun befindet sie sich in der sogenannten «Erdgebundenheit». Das ist die Ebene, in die sie unmittelbar nach ihrem Tod eintritt. Auf dieser Ebene empfindet sie wie zu Lebzeiten. Sie hat Emotionen, Gefühle und Gedanken, wie im gerade abgeschlossenen, vergangenen Leben. Meist hat sie die gleichen konditionierten Denkstrukturen und die gleichen Emotionen, wie Wut, Hass, Aggression, aber auch Vereinnahmungswünsche, wie im Körper, den sie gerade verlassen hat.
Die grundsätzliche Aufgabe der Seele ist es, über ihr vergangenes Leben wertneutral zu reflektieren, dann ihre neue Lebensaufgabe festzulegen und sich anschließend ihrer nächsten Inkarnation zu widmen. Normalerweise bleibt sie nur sehr kurze Zeit in der Phase der Erdgebundenheit. Meist bis der Körper beerdigt ist und sich die Menschen von ihr verabschiedet haben. Dann geht sie weiter über die Schwelle ins Licht auf die wertneutrale Ebene. Auf dieser Ebene ist sie wieder «eins mit allem» ohne Konditionierun-

gen und Emotionen. Häufig wird dieser Vorgang auch nur als «ins Licht gehen» bezeichnet.

Viele Seelen von Verstorbenen, sie werden vielfach auch als Geister bezeichnet, gehen diesen Weg über die Schwelle jedoch nicht und halten sich mehr oder weniger lange auf der Ebene der Erdgebundenheit auf. Häufig verweilen die Seelen noch bei den Personen, die ihnen zu Lebzeiten nahestanden. Wir sprechen dann von einer «Besetzung» durch die Seele des Verstorbenen, wenn die Präsenz der Seele zu stark, zu nah und vor allem dauerhaft da ist.

Warum nutzen viele Seelen ihre Möglichkeit nicht, ins Licht zugehen? Was hindert sie daran, über die Schwelle zu gehen und sich ihrer neuen Aufgabe bewusst zu werden? Was wollen die Seelen bei ihren Angehörigen, Freunden, Nachbarn, Arbeitskollegen? Fatalerweise kann die außerordentlich starke dauerhafte Präsenz der Seele bei einer noch lebenden Person dazu führen, dass die Menschen, ohne es zu wissen, das Schicksal dieser verstorbenen Person teilen.

Für dieses Phänomen gibt es verschiedene Ursachen, die in der Seele des Verstorben liegen.

- Sie glaubt nicht daran, dass sie tot ist.
- Sie ist in einen Schockzustand.
- Sie fürchtet die Konsequenzen aus dem vergangenen Leben.
- Sie kann sich einfach nicht von den Lebenden / Besitz trennen.
- Sie will begangene Fehler korrigieren.
- Sie hat den Absprung verpasst, über die Schwelle zu gehen.

Seelen haben nach dem Tod nach wie vor einen freien Willen und entscheiden, welchen Weg sie einschlagen. Seelen, die sich im Energiebereich eines lebenden Menschen befinden, ziehen dessen Energie ab.

Es kommt vor, dass Klienten sich melden und darum bitten, dass man sie von ihrer Besetzung befreit, weil ihnen gesagt wurde, sie hätten mehrere Besetzungen: Die Erfahrungen haben gezeigt, dass es sich in solchen Fällen lediglich um Lebensblockaden handelt und nicht um eine Besetzung. Manchen Menschen ist eine Besetzung mehr willkommen, als die Eigenverant-

wortung für ihre Probleme zu übernehmen. Natürlich ist es sinnvoll, den Menschen von seinen Anhaftungen zu befreien. Der Prozess unprofessioneller Befreiung von Anhaftungen birgt Gefahren mit sich; durchaus kann man die Geister verärgern, wenn man versucht, sie dazu zu bewegen über die Schwelle zu gehen. Es ist ratsam, aus diesem Grunde beispielweise ohne Ausbildung keine Ablösung von Besetzungen durchzuführen. In der Praxis gebe ich keine Empfehlungen ab.
In der Reinkarnationstherapie arbeiten wir sorgfältig auf, aus welchem Grund sich der Klient die Seele eines Verstorbenen anzieht. Zudem wird geprüft, ob es von Seiten des Klienten Festhaltemechanismen, gibt, die die Seele einlädt, sich anzuhaften. Die Beziehung sollte gründlich aufgearbeitet werden. Allein das kann durchaus schon zur Ablösung der anhaftenden Präsenz führen. So können Wiederholungen vermieden werden.
Es ist grundsätzlich keine ultimative Lösung, Fremdenergien, zu denen auch Flüche oder Verwünschungen gehören, einfach «wegzumachen.» Die Erfahrungswerte zeigen, dass das auf Dauer wenig Erfolg hat. Insbesondere Flüche bleiben erhalten. Es bedarf einer gründlichen Bearbeitung der Entsprechung, um diese aufzulösen.

Selbstrückführung

Eine Selbstrückführung ist eine ganz einfache Sache. Es gibt eine genaue Vorgabe, wie und was zu fragen ist; es kann also nichts schief gehen. Wäre da nicht die Macht des Unbewussten. Das Unbewusste ist eine, vom rationalen Verstand nicht kontrollierbare Instanz.
Bei einer Selbstrückführung hat der Mensch zwei Rollen zu bewältigen: Er ist sein eigener Klient und sein eigener Therapeut. Er hat demnach zwei Aufgaben gleichzeitig, vergleichbar eines Säuglings, der gleichzeitig seine Mutter ist. Das würde ihn völlig überfordern. Neunzig Prozent der Menschen, die in Emotionen geraten, fehlt die Möglichkeit gelassen zu reagieren und folgerichtig nach Lösungen zu suchen. Selbst in den Therapiesitzungen

ist es für den Klienten oft nicht einfach, durch eine hochtraumatische Situation zu gehen.
Fällt ein Mensch bei der Selbstrückführung in eines seiner traumatischen früheren Leben, dann kann er das sehr wahrscheinlich selbst schlecht handhaben. Das bedeutet, dass ihm sein eigener Therapeut nicht zur Verfügung steht, weil sein eigener Klient sich mitten im Trauma befindet und seine Emotionen stärker sind, als der Verstand.
Vielfach steigen Menschen bei der Selbstrückführung einfach aus und beenden die Selbstrückführung, weil sie mit den Emotionen und den Körperreaktionen nicht klarkommen. Das kann fatale Folgen haben. Im unangenehmsten Fall beginnt der Mensch die Identität des früheren Lebens zu leben. Ähnlich verhält es sich, wenn der Mensch - ohne es zu bemerken - in ein Täterleben hineinrutscht.

Beispielhaft erlebt hat das ein Mann, der sich bei einer Selbstrückführung in einer Uniform in der Zeit des Zweiten Weltkrieges wahrgenommen hat. Er sah sich an der Front kämpfen; es war ein hartes entbehrliches Dasein, hat aber sein Essen mit den Kameraden geteilt. Er sah, wie er unversehrt aus dem Krieg wieder zu seiner Familie zurückkam. Noch am selben Tag fing er an, nur noch im Befehlston zu reden, knallte die Hacken bei jeder Gelegenheit zusammen und war immer bestrebt, die Hand zum Gruß zu heben. Sein neues Verhalten wirkte sich selbstzerstörerisch auf sein Leben aus.
Fakt war, dass die Realität in der Selbstrückführung sehr wenig mit der tatsächlichen Realität des früheren Lebens zu tun hatte. Das Erleben war in der Selbstrückführung stark geschönt worden. Zudem war das frühere Leben nicht ursächlich bearbeitet worden; das hatte die Charakteränderung zur Folge.

Jeder Mensch hat eine Art Selbstschutzmechanismus. Einer davon ist, dass die Erinnerung blockiert ist und der Mensch seinen eigenen Rechtfertigungsmechanismus nicht durchbrechen kann. Der andere, dass lediglich geschönte Versionen eines früheren Lebens ins Bewusstsein gegeben werden. Da das frühere Leben aber restimuliert ist, wirkt es trotzdem schädlich ins Leben hinein. Selbstrückführungen können durchaus Sinn machen, jedoch besteht die große Gefahr, dass sich der Mensch in schmerzlichen

Situationen nicht selbst auffangen kann. Das zeigen die Erfahrungen der Therapiepraxis. Das Unbewusste kündigt nicht vorher an, welches Trauma es ins Bewusstsein hoch gibt und ob der Mensch das bewältigen kann.
Man sollte wissen, dass gerade die ersten Rückführungen niemals rein positive frühere Leben sein können. Es werden immer traumatische Erfahrungen darin enthalten sein.
Selbstrückführungen sollten nur Menschen mit längerer Reinkarnationstherapie durchführen: Sie kennen sich selbst, ihre früheren Leben, ihre Absichten, ihre Rechtfertigungen und ihre Schuld. Sie haben gelernt, ein Trauma zu bewältigen und damit umzugehen, wenn sie mit einer Schuld konfrontiert werden. Sie haben gelernt, wie sie sich an ihre eigenen Ursachen bringen können. Anderes wäre selbstüberschätzend mit unbewussten selbstzerstörerischen Zügen, wie auch ein Mangel an Verantwortung sich selbst gegenüber.

Reinkarnation und Astrologie

Ein Horoskop gibt, durch die Konstellation der Planeten zur Geburtsstunde, Auskunft über Verhaltensweisen, Erlebnisse und Handlungen in früheren Leben, wie auch über Aufgabenstellungen im heutigen Leben. Die Deutung eines Horoskops, in Beziehung zu früheren Existenzen und die Ermittlung der Aufgabenstellung, tragen zu einem besseren Verständnis des eigenen Lebens bei. Entwickelt wurde diese Deutungsmethode von dem Astrologen Karlheinz Dotter aus Wien. Sie ist eine gelungene fundierte Synthese zwischen dem astrologischen Wissen und den Erkenntnissen aus der Reinkarnationstherapie.
Aus meiner langjährigen praktischen Rückführungsarbeit konnte, anhand einer Fülle von Fallstudien und der jahrelangen Forschungsarbeit von Karlheinz Dotter, diese Vorgehensweise untermauert werden. Auf der Grundlage der zahlreichen Therapien und des umfangreichen therapeutischen Materials entwickelte der Astrologe die Analogie zwischen dem Horoskop und früheren Leben.

Es konnte bewiesen werden, dass die Inhalte der früheren Leben exakt den Konstellationen im Horoskop entsprachen. Durch die Erfahrungen aus den umfangreichen Fallstudien kann die Sichtweise, dass man das Karma an anderen Horoskopfaktoren, wie z. B. der Mondknotenachse, ablesen kann, nicht geteilt werden.
Das Horoskop zeigt das aktuelle Leben des Menschen, spiegelt aber gleichzeitig seine früheren Leben. Es ist ein Spiegel der Seele und gibt Aufschluss über die Anlagen des Menschen, seine gehemmten Anlagen und seine Entwicklungsrichtung, die sich aus dem Karma des Menschen ergibt. Die Seele trägt ein gewisses Maß an Abspaltungen im Bewusstsein (s. Kap. 2, S. 53, Ego contra Seele) und versucht sich Inkarnation für Inkarnation wieder in ihrer Ganzheit kennenzulernen. Die Ursache dafür liegt in der Polarisierung, der Schaffung eines Ichs und der Bildung des Egos.
«Alles, was abgespalten ist, muss sich im Außen manifestieren.» Wenn als Gesetz gilt, dass sich alles manifestieren muss, was abgespalten ist, muss das Horoskop ein Abbild der Abspaltung sein. Das bedeutet, dass ablesbar ist, was der Mensch in sich abgespalten hat und folglich nicht mehr wissen will. Es ist wie ein giftiger Schatten, der aus der Versenkung heraus konfrontiert. Homöopathisch betrachtet, sind Gift und Heilmittel allerdings von gleicher Natur. Daher kann man nur Gleiches mit Gleichem heilen. Das Horoskop zeigt also das Gift, aber gleichermaßen auch das Heilmittel – demnach also das Problem und die Lösung.

Die Verbindung von Reinkarnation und Astrologie kann die Reinkarnationstherapie bereichern und effizient unterstützen. Wichtige frühere Leben können, aufgrund des Horoskops, gezielt angesteuert werden.

Die meisten Menschen wissen in welchem Sonnenzeichen (Sternzeichen) sie geboren sind: «Was bist du?» Antwort: «Ich bin Stier.» Wir finden, beispielweise im Sonnenzeichen des Menschen, die Handlung und die Schuld, mit der er sich in früheren Leben erhöht hat. Das diente zur Steigerung seines Selbstwertes. Die meisten Reinkarnationstherapien beginnen daher auch automatisch mit früheren Leben, in denen sich der Klient erhöht hat. In einem Horoskop ist der Lebensbereich ablesbar, in dem die Erhöhung stattfand.

Der Aszendent zeigt auf, wo der Mensch seinen blinden Fleck sich selbst gegenüber hat. Hier finden wir die früheren Leben, die am wichtigsten für die Weiterentwicklung des Menschen sind. Diese enthalten aber auch die Schuld, die am wenigsten sichtbar werden soll. In der Therapie finden sich diese früheren Leben daher kaum am Anfang, sondern eher später im Therapieprozess.

Das Geburtshoroskop zeigt:

- ⊙ Die Art der Machtausübung auf andere
- ⊙ Die Ansprüche des Egos
- ⊙ Typische frühere Leben
- ⊙ Die Schuld in den früheren Leben
- ⊙ Typische Rechtfertigungen
- ⊙ Den Schmerzpunkt
- ⊙ Die Problematik im aktuellen Leben
- ⊙ Den Weg zur Heilung

Grundsätzlich ist das Geburtshoroskop eine Aufgabe zur Selbstreflektion und Weiterentwicklung. Die Entwicklungsaufgabe und der Entwicklungsprozess des Menschen werden nicht nur durch sein Geburtshoroskop bestimmt, sondern auch nach seiner aktuellen Zeitqualität. Sind Konstellationen durch die aktuelle Position der Planeten angesprochen, ist das meist mit einem nächsten Entwicklungsschritt verbunden. Fängt ein Mensch eine Therapie oder eine Reinkarnationstherapie an, findet man in seinem Horoskop sicher eine aktuelle Konstellation, die ihn dazu bringt, ein bestimmtes Thema in Angriff zu nehmen.
Zu beobachten ist, dass der Stand des Planeten Pluto im Aspekt zu einem oder mehreren Planeten des Geburtshoroskops, der Auslöser für Klienten war, eine Therapie zu beginnen. Pluto ist im Horoskop der Planet, der aufzeigt, in welchem Bereich Abspaltungen in der Persönlichkeit des Menschen zu finden sind. Das Horoskop zeigt durch Aspekte der Planeten untereinander, aktuell anstehende Aufgaben an.
Es gibt also auch einen Zeitpunkt, wann die Zeit reif ist, dass der Mensch bestimmte Problemkreise und Themen am besten bearbeiten kann. Verpasst

der Mensch diese Zeitqualität, wird ihm der Therapieprozess eventuell erschwert vorkommen.

Die Synthese zwischen Astrologie und Reinkarnationstherapie

Aus der Synthese zwischen astrologischem Wissen und den Erkenntnissen aus der Reinkarnationstherapie ergibt sich: Es ist nicht die Anzahl der früheren Leben maßgebend, die ein Mensch rückführt und kennenlernt; es ist die Qualität der früheren Leben, die er kennenlernt und die seine Weiterentwicklung ausmachen. Es ist ausschlaggebend, was er von sich kennenlernt und wie tief er in sich reinschaut. Vor allem aber, ob er sich selbst dabei auf die Schliche kommt und ob er sich seiner Abspaltungen bewusst wird und diese aufheben kann.
Probleme zu lösen und karmische Verquickungen aufzuarbeiten, ist eine Schritt-für-Schritt-Aufgabe. Der Mensch kann sich nicht selbst überholen und erwarten, dass er all das, was er sich im aktuellen Leben vorgenommen hat, in wenigen Wochen oder Monaten aufarbeiten kann. Es gelingt ihm schon allein deshalb nicht, weil sich manche Themen momentan noch gar nicht zeigen können, weil die Zeit dazu nicht reif ist. Aufgaben zeigen sich erst, wenn der Zeitpunkt gekommen ist.

Das ist die Chance zur Transformation!

∞

«Wer einmal sich selbst gefunden hat, der kann nichts auf dieser Welt mehr verlieren»
(Stefan Zweig)

Literaturverzeichnis

Henri F. Ellenberger (2005): Die Entdeckung des Unbewussten, Bern: Huber 1973, Neuauflage

Sigmund Freud: Studienausgabe, 10 Bände, Frankfurt am Main: Fischer 1975 ff., darin u. a.: Bd. III: Psychologie des Unbewußten

Carl Gustav Jung: Die Beziehung zwischen dem Ich und dem Unbewußten (1928) sowie: Über die Psychologie des Unbewußten (1943), beide in: Gesammelte Werke, Bd. 7: Zwei Schriften über Analytische Psychologie, Olten/Freiburg: Walter 1995

Hermann Meyer (1989): Die Gesetze des Schicksals - Die Befreiung von unbewussten Zwängen, 2. Auflage

Dieter Eichler, Armin Pohl (1996): Reinkarnation – Kreislauf des Lebens, Video der Modern Video Library, Stuttgart

Falls Sie Kontakt aufnehmen möchten:

Ursula Schmitz
Ausbildungen, Seminare, Therapie
Tel.: +49 (0)711 610101
Mail: info@tiefenwandel.de
Web: www.tiefenwandel.de

Bereits erschienen

Ursula Schmitz / Thomas Menthe / Martin Emrich
Coaching (er-)leben
Faszinierendes Systemisches Coaching
Leitfaden für Praxis und Ausbildung

ISBN: 9783744817974

Ingrid Vallières / Karlheinz Dotter
in Zusammenarbeit mit Ursula Schmitz
Astrologie und Reinkarnation

ISBN 3-927913-57-X

Dieter Eichler und Armin Pohl
in Zusammenarbeit mit Ursula Schmitz
Reinkarnation - Kreislauf des Lebens (DVD)
Originalversion mit Ingrid Vallières
Mitwirkung: I. Vallieres / R. Zürrer / R. Dahlke

Lightning Source UK Ltd.
Milton Keynes UK
UKHW010636190319
339430UK00001B/67/P

9 783744 819053